神武天皇論

（抄）

橘孝三郎

展転社

天皇論出版についての挨拶

内外正に危殆の秋、国家民族の大本に立つ根本理念が今日ほど深刻に要望される時節はありますまい。民族の歴史と道統を忘れた幾多の政策や時論に、何等の権威がないことは、既に国民が承知しています。戦後すでに二十年、日本人は漸く日本の歴史に還り、お互い手を取り合って、更に新しい世紀の歴史を創造しなければなりません。

日本民族の歴史は、天皇の問題（天皇・国家・民族の本質、使命）を命題として、建設的にとり上げない限り、日本再建の歴史は発見できないと思われます。

茲に、至誠至純の学徒、橘孝三郎は、二十数年来、この根本理念と根本史観に基く、「天皇論」著述の大事業に文字通り、畢生の努力を傾けて参りました。

水戸学因縁の地、水戸市新原町の愛郷塾に陋居し、潔斎すること幾年、著者は、寝食を忘れてこの著作に専念し、嚮に「天皇論」第一篇「神武天皇論」の第一巻「すめらみこと信仰」を世に送り、第二巻「大嘗祭」（上）、第三巻「橿原宮」を、更に自筆を以て、「神武天皇論」、「橿原宮」の二巻千五百頁の大冊を書き上げ、之を伊勢皇大神宮、橿原神宮、明治神宮、靖国神社、天皇陛下の五大所に奉献したのであります。

これは、神武天皇の元首者性格が、世界史上比類なき救済主であらせられる事実を究明し、神武天皇が創建された国家社会が、世界史上比類例なき宗教的文化国家である事実を、厳密多彩の学的論証を以て明確にしたものであります。

天皇論は、実に全巻六十冊、原稿用紙八万枚に及ばんとする厖大な著作で、今後稿了する迄に二十ヶ年の歳月を要するものでありますが、今や国家内外の現況は、一日も早く天皇論の完成を要望する時故に、茲に天皇論の要点を三巻に収めて出版する事になった次第であります。

すめらぎの道をかしこみ　聖筆執《まふでと》る
聖筆とりつゝ、天にのぼらむ

これは、著者が感懐を詠んだ一首であります。

著作は、高邁独自の歴史哲学によって、シュペングラー及びトインビーの史観を更に発展展開せんとする者であり、敢て旧来の進化論的史観に与しません。

故に、「天皇論」の期する所は、東西文明の本質的相異性を明確にし、原子力時代を頂点として急転崩壊の命運に在る近世西洋科学唯物文明に替るべき日本皇道・支那王道・印度菩薩道の三大道による世界救済文明が興らざるを得ない歴史的必然性を予言致しております。

願くば、国本と国基に溯り、日本民族の世界史的大使命を感得し、先人未到の大誓願を成就せんとする「天皇論」の著者、橘孝三郎氏を心から励ましてください。

茲に、「天皇論刊行会」を設立して、その趣意を申し上げ、諸賢各位、道友同志の懇切不断、物心両面に亘る御指導、御協力、御賛助を仰ぎたいと存じます。

昭和四十年八月一日

天皇論出版についての挨拶

天皇論刊行会
会長　徳川　義親

序

（略）

マルクス共産主義と資本主義といふ二つの言葉を標語とする近世西洋科学唯物文明は、昭和四十年の今日、現実に、常識論的には考へも及ばない、それこそ、世界史未曽有の歴史的速度を以て、没落過程を開始してゐる。即ち、南ヴェトバムの現状に観らるゝ、真に驚く可くもまた理解に全く苦しむ、世界史的現実のそれである。而して、我々日本人がここに学ばねばならぬ重大根本問題は、我々日本人は一日も早く、拝西思想を清算脱皮せねば自滅する以外に陥る結果は皆無であるといふ事実である。これは問題の裏である。が、表を曰へば、これまで何事に依らず、西洋のまねばかりして、その尻馬に乗つてやつて来た拝西態度をほうり出して、新しい偉大なる世界開発時の至上命令を自主、自助的に遂行すること、即ち日本の世界史的大使命を成就するの一点に帰一するといふ事実である。――而して、銘記す可き世界開発の根本原則は自主、自助なき所に、互助・協力は実在せず、自主・自助而して互助協力なき所に世界開発を生命眼目とする協力的創造運動は実在し得ないといふ人類史的原理である。即ち、新しき偉大なる世界開発時代とは新しき偉大なる世界協力創造時代を意味する。

かくて、問題のすべては、この新しき偉大なる世界開発時代、即新しき偉大なる世界協力創造時代に於ける、日本民族の世界史的大使命達成のために拠る可き民族創造文明史的原理を如何なる文明秩序に見出すべきかの一点に帰着する。換言すれば、マルクス共産主義及び資本主義を標語とする近世西洋科学唯物文明没落而して、新しき偉大なる世界開発時代、即世界協力創造時代の至上命令に従つて、自主・自助を以て、日本民族の世界史的大使命達成の為に採る可き、歴史創造指導原理を、如何なる文明秩序に求め且つ見出さねばならんかである。答へは唯一つである。即ち、皇道文明のそれのみである。而して、この唯一の回答のために、私が、ここに取り上ぐる所のものは国史三大問題。(一)神武肇国、(二)大化改新、(三)明治維新である。——期する所は、すめらみこと統一国家の、正に世界無比無類根本大事実を最も明確にし、かくして、すめらみこと天皇の大救済主的文化的元首者性格を確定し、而して、すめらみこと天皇を中心主体として、日本民族が文字通り、打つて一丸となつて、国史上に赫々創造打出せるわが皇道文明の世界史的優越性を確論し、かくして、歴史的現実主義の名の下に許さる可き、偉大なる開発時代、即偉大なる、世界協力創造時代が至上命令する所に従つて、日本民族が採らねばならぬ歴史的創造指導原理を確立せんとするにある。而して、私は

(一) 第一部、神武天皇論
(二) 第二部、天智天皇論
(三) 第三部、明治天皇論
(四) 第四部、皇道文明優越論概説
(五) 第五部、皇道哲学概論

以上、五部を天皇論として予定する。

プラトーン哲学くらゐ偉大な人類愛哲学はない。プラトーン哲学くらゐ偉大な祖国愛哲学はない。プラトーン哲学くらゐ偉大な理想主義哲学はない。而して、プラトーン哲学くらゐ偉大な歴史的現実主義哲学もまたない。かくて、プラトーン哲学は東西古今世界思想の最高峰にそびえ立つ。その偉大なるプラトーン哲学のかなめを成するものは、人も知る、理想国家論である。このプラトーン哲学のすべてを之に観得る理想国家は、しかし、単なるアカデミックな所産ではない。彼はその実現のために、文字通り、いのちを賭して、混乱紛争の歴史のうづまき、現実世界のたゞ中に身を投じて戦つたのである。即ちプラトーンはその人類愛のために、その祖国愛のために、その師ソクラテスの上を超えて進んだのである。その結果として報いられた所のものは、たとひ、師の毒杯でなかつたにしても生ける屍、即ち「奴隷」でしかなかつたのである。まことに偉大なる天才の運命くらゐはかり知ることの出来ないものはない。奴隷プラトーンからアカデミー学園が生れ、そこから世界思想の最高峰プラトーン哲学が生れたのである。かくてプラトーンの、後世に期待するのはその偉大な理想の実現であつたのである。かくて、プラトーンは曰ふ。「哲学者国王を元首とする理想国家——分業協力国家——はヘラスとその隣邦には未だかつて出現しない。」これからだと云ふのである。であるから、プラトーンに代つて、私に曰はしむれば理想国家は西洋には実在しないのである。西洋に実在しない理想国家は印度にも支那にも実在しないのである。かくて、プラトーン哲学は空想哲学の名を以て葬り去らなければならぬ。それは人類史にとつて捨て置けない最も重大な問題である。しかし、私はプラトーン哲学を、この危険から確信を以て救ひ出すことが出来る。即ち天皇論第一部、神武天皇論である。即ち、神武天皇の橿原宮すめらみこと統一国家こそは、実に、実に、人類が、この地上、現実に、歴史的に創造し得た、プラトーンの理想国家の上乗なるもの、またまことに典型的なものにして、無比無類なものである。かくて、私は、かつてその実現のために、身を奴隷に売られ、また死しては空想家の汚名に葬られんとする、人類思想の親、人類文明の大戦士プラトーンを地下に確信を以て救ふことが出来るのである。若し、私が一巻の神武天皇論を携へて、親しくアカデミーを訪れ、プラトーン霊前に奉奠する日が可能とされる日が来るとするならば、プラトーンの霊は歓びの余り、アカデミー学園遺跡の地所をゆり動かすであらう。そして、私は崇高にして偉大なるプラトーンの大神霊と共に、新しき偉大なる世界協力創造時代の到来を祝福し得るであらう。

黄河のほとりに首都してつくり出した周室王道国家を除くならば、ローマのキリスト教会国家くらゐ偉大なる文化国家は、歴史的に実在しない。然し、周室王道国家もキリスト教会国家も共に統一国家ではない。プラトーンの理想国家に遥に遠い所のものである。是に反して、我が橿原宮すめらみこと統一国家は、実に、完全、而して、まことに典型的統一国家である。しかもそれはまた最も偉大なる分業協力国家である。しかもプラトーンの理想国家の上を行く一大文化的理想国家である。こゝには根本的な原因が実在する。即ち、偉大なる歴史的現実主義なるプラトーンはその師ソクラテスと共に、一時も祖国アテネを忘るゝ事をしなかつたのである。しかもアクロポリスなきアテネなるものは歴史的に実在しない。而してアクロポリスから、理想的文化国家は生まれ得るものではない。かくの如きものが歴史的現実主義的宿命である。この歴史的現実主義的宿命のためにソクラテスは毒杯を仰がねばならなかつたのである。プラトーンはいけるしかばね奴隷に売られなければならなかつたのである。かくしてこの史上最も崇高偉大なる人類文明の大恩人はユダ王イエス・キリストの先駆たらねばならなかつたのである。この史上無比の三大偉人が人類救済大道上にまいた人類救済の霊種はローマにその恵まれたる芽生地を見出さねばならなかつたのである。即ち、アエネアースのアルバの丘は、ソクラテス・プラトーンのアクロポリスではなかつたのである、イエス・キリストのエレサレムではなかつたのである。其処は、ヌマとイゲリアを神婚に結びなす可き、分業協力国家形体発祥の神約の霊地であつたのである。而してその最も典型的な霊地こそは我が大和三山、天香山の地に他ならない。而して、この地から、世界史上正に無比無類なる一大理想文化国家、橿原すめらみこと統一国家が生れ出づるのも、蓋し、歴史的現実主義的宿命に他ならないのである。――我々の祖先、稲を生命とする、「稲の民族」日本人が、大和を中心とする豊葦原瑞穂国日本と称せらるゝ、世界史上正に無比無類なる一大理想文化国家すめらみこと統一国家を、歴史的に現実に創造建設したのである。こんな不思議なことはないと人は曰ふかも知れないが、こんな何でもない事はないのである。蓋し、それは歴史的現実主義的宿命に出づる所の、世界史的根本大事実中の大事実と曰ふに過ぎないのである。

しかも不思議は、只今、今日の目の前に大きく覆ひかぶさつて、正に世界無比である。即ち、日本の知識人は、この日本の祖先がなしとげた人類史上赫々無比の世界史的大業大事を抹殺してしまつたのである。しかも、真理のために、学の名に於て。こんな不思議が世界の何処にみられようか。こんな不思議は世界中何処を尋ねても見出せるものではない。然し、この不思議は単なる不思議ですまされない。只今、今日、深くはないにしても、大きく広く我々の目を覆ふて、新しき世界協力創造時代の現実なる到来に目隠ししつゝある、この世界的な日本人の思想的異変状態を一挙にはらひのけない限り、日本の進路、日本の世界史的大使命はおろか、大東京過密・農村荒廃問題を筆頭とする自国内に山積する社会開発難問の山また山をのりこえることは到底企て得ずして、その結果は内部より崩壊を来して自滅する外ない。――由つて来る所、由つて基く所は自明である。即ち拝西思想である。就中、マルクス理論である。無神論的合理主義である。一言拝西的理論迷信である。偉大なる世界協力創造時代の鹿島立に当つて、何よりも急を要する、当面、目の前、焦眉の急は、拝西的理論迷信によつて、世界無比的混乱状態に陥つてゐる日本同胞の思想開発のそれである。

而して道はまことに近きにあつて、脚下のそれである。いや脚下のそれであるよりも、日本同胞各自の心中にある。即ち、日本同胞の頭上にまことに恐る可き魔滅的暴威を独りほしいまゝにし来つた、無神論的合理主義精神より出づる理論迷信そのものである。即ち、敗戦の恐る可きおとし子、獅子身中の大毒虫である。――何故、我々はかくも、みぢめにもまた不甲斐なくも、くさりはて落ちぶれ果てたのであるか。而して、自ら墓穴をほりすゝむか。――然し、こゝには根本的理由がある。而して周知だ。聯合国の占領行政である。そして、負けて却つて負けぶくれにふくれ上がつた一部の日本人戦後派指導の招ける亡国的大罪である。

リディア王クロイソスは、首都サルディスを救はんとして却つて、全リディアを滅亡せしめた。キュロスがサルディス都民の反乱を怒つて、サルディスを焼土化し、全サルディス都民を奴隷として売却せんとした時に、捕はれながらも許され、却つてキュロスに重用されてゐたクロイソスはキュロスに勧告した。「サルディスは既に王の所有である。それを焼きはらふなぞといふ損なまねはなさるな。たゞ青年に再び武器をとることをなからしむるがために、楽器を執らせなさるがよい。そして、青年をして口に紅し、眉に墨し、薄化粧せしめ、振り袖を身にまとはしめて、美酒に酔はしめて、夜を通して、をどりたのしましめなさるがいゝ。サルディスは、外に何事にも要せずに、完全に王の要求を満足せしむるに、少しも事欠くものではありません。」キュロスは「なるほど」と云ふて、クロイソスの云ふ通りにした。クロイソスはかくてサルディスを焼土の難から救つた。が、同時に、クロイソスはリディアを世界史から抹殺したのである。大東亜戦の日本占領行政のなす所もまた全くこれと同一である。日本占領行政くらゐ巧妙な占領行政を見出し得ない。同時にこれほど拙悪な占領行政も見出し得ないのである。何故なれば、米国は勿論、ソ連もまた、そして中共と雖も、腰抜け日本、自滅日本を相手に策の施す可き術を知り得ないからである。即ち、新しき偉大なる協力的創造時代は、あらゆる国々に正しく強からんことを、戦ひに、建設に、全面的に至上命令するからである。

私は、今、ギリシア民族の偉大さをつく〴〵仰ぎ見る。即ち、僅々三百余の手兵を携げて、クセルクセス二百六十五万の大軍をテルモピラエに釘付にして一歩も進むことを許さない。若しエフィアルテスの裏切り行為がなかつたなら、クセルクスは、食糧欠乏のために後退をせねばならなかつたのである。が、テルモピラエはぬけた。クセルクセスは一挙にアテネを占領した。アテネ人はいち早く、その全婦女子をサラミス島へうつした。そしてサラミスの一戦、クセルクセスはあわてふためいて、本国に二百六十万の兵をつれもどさなければ、ナポレオンのモスクワ進撃の、実に、世界無比の先蹤を作らなければならなかつたのである。――日本同胞諸君、一度くらゐ戦争に負けたからとて、これほどまでに腰を抜かすには至らないのだ。このくらゐの事で腰を抜かすやうな民族は、歴史から抹殺されずには置かれないのだ。即ち、自滅する。これが最も厳粛なる歴史的淘汰の大理法である。

　されば日本同胞諸君よ、起て、先づ、拝西思想、無神論的理論迷信、敗戦のおとし子獅子身中の大魔虫を、ひしぎつぶし、とりすてよ。而して道は脚下、いや、我々自身の中に深く深く横へられて蓋し千古不滅なるものである。歴史に還れ。而して、すめらぎの道皇道を仰げ、皇道を仰ぎつゝ新しき偉大なる世界開発時の、偉大なる協力的創造時代の至上命令に従つて、自他一切の救済の大道を行ぜよ。進め!、進め!　私は日本同胞諸君にこの一書、神武天皇論を献げ、こひねがはくは、祖先に謝すると共に、子孫に尽くし得ることを無上の歓び、無上の光栄とするものである。

昭和四十年八月十日

橘　孝三郎

（天皇論のはじめにしるす）

凡例

一　底本について

本書は『神武天皇論』（昭和四十年九月二十日発行、天皇論刊行会）を底本とした。

二　省略箇所について

（〇省略）は底本通りで、（省略）は編者が略した。

目次

神武天皇論（抄）

装幀　古村奈々 + Zapping Studio
題字　三上卓

第一章　緒論

一、目的及び方法

人麻呂が、かう歌つてゐる

玉だすき　畝火の山の
橿原の　日知《ひじ》りの御代ゆ
生《あ》れましし　神のことごと
つがの木の　いやつぎつぎに
天《あめ》の下　知らしめししを
天《そら》にみつ　大和を置きて
あをによし　奈良山を越え
いかさまに　おもほしめせか
天《あま》ざかる　夷にはあれど
石《いは》走る　淡海の国の
ささなみの　大津の宮に
天の下　知らしめしけむ
天皇《すめろぎ》の　神の尊《みこと》の
大宮は　ここと聞けども

大殿は　ここと言へども
春草の　茂く生ひたる
かすみたつ　春日の霧れる
ももしきの　大宮処
見れば悲しも

と、かう人麻呂は歌つて、泣いてゐる。人麻呂をして、かく歌ひ、かく泣かしめずに措かない、そら見つ大和の、玉だすき畝火の山のたつみ（東南）の方に、そこついはね（底磐之根）に宮柱ふとしき立ち、たかまのはら（高天之原）に千木たかしりて、うち建てられた橿原宮を大中心首府とするすめらみこと統一国家は、正に世界史上比類なき大救済国家である。大文化国家である大理想国家である。而して、我が神武天皇こそは、正に世界史上比類なき「救済主的大元首」である。

橿原宮すめらみこと統一国家は世界史上正に比類なき救済的大文化国家にして、大理想国家なるの歴史的根本大事実を最も明確にする事に由つて、而して、我が神武天皇は世界史上正に比類なき「救済主的大元首」なる歴史的根本大事実を最も明確ならしむる事を以て、我が神武天皇の元首者性格を最も明確に論定せんとするもの、即ち、本論の目的である。

所で、最初に、注意して置かねばならないことは、神武肇国といふ国史無双の大偉業は、一人の超絶的巨人の超絶的事業ではないといふ事である。恰度アレクサンダーに観るを得るやうな歴史的現象である。神武肇国には、アレクサンダー大征服に於て観らるゝやうな超絶性は皆無であるといふ点である。神武肇国は稲を生命とする、稲の民族、日本人の総協力によつて成就されたものであるといふ根本点である。この根本点は、神武肇国検討に当つて、特に注意されなければならぬ。――我々の祖先、稲の民族日本人の民族精神は古語に、是をムスビと称してゐる。私は是を「協力的創造精神」と称する事にしてゐる。神武肇国は日本民族固有精神協力的創造精神の歴史的自己実現に他ならないのである。こゝに神武肇国の根本が厳存する。この根本を忘るゝならば、神武肇国の真相とその本質は把握し得ない。この点は最も注意せねばならぬ。

さて次に一言せねばならぬ点は従来の神武天皇元首者性格観である。先づ、日本書紀に伝へらるゝ所を以て観得る所のものである。日本書紀の神武天皇紀と、史記の周の武王紀とを読みくらべてみると、誰にも強く感ぜられる事であると思はれるが、神武天皇はまるで史記からぬけ出して来た周の武王のやうに観える。書紀、神武紀、辛酉条に、「号《みな》を神日本磐余彦《かみやまといはれひこ》火火出見《ほほでみ》天皇《すめらみこと》と曰す。」（黒板勝美編、日本書紀、中巻、二五、〈岩波文庫本以下日本書紀よりの引用は当本を以てする〉）とある。謚して「神武」と称し、勅によつて淡海御船の撰する所と伝へられてゐるが、御船はかみやまといはれひこ（神日本磐余彦）の「神」といふ文字と、周の武王の「武」といふ文字とを組合せて「神武」としたのであらうと解釈してもあてずつぽうなこととは言へまい。兎もあれ、大日本史は日本書紀を正史として、こゝに観らるゝやうな神武天皇元首者性格観を一歩も出ることをしてゐない。が同時に神武天皇元首者性格観に於て、国学もまた同一である。而して、水戸学及び国学に観らるゝかやうな神武天皇元首者性格観は明治以降昭和の今日に至るまで一貫して不変である。「日本国天皇」を英訳して'The Emperor of Japan'としてゐるが、神武天皇はその第一代とされる。即ち神武天皇は皇帝或は Emperor とされてゐる。より具体的に謂ふなれば、神武天皇は周の武王に類する封建的軍事国家を創立せる放伐革命王と観なされて来たのである。

所で、明治以降西洋思想が、やたらにはこびるやうになつてから、神武天皇の元首者性格観に対して、一つの新説がつけ加へらるゝに至つた。即ち、征服国家学説に基く所のものである。即ち、神武天皇の橿原宮すめらみこと統一国家建設運動は征服行動であると観るのである。そして、橿原宮すめらみこと統一国家は征服国家であると観るのである。従つて神武天皇は征服王であるといふのである。神武天皇はウィリアム征服王に類するものと解釈さるゝに至つたのである。

であるからして、神武天皇は周の武王のやうな支那的な放伐革命王であらうか、或はヨーロッパ的な征服王であらうか、最も明確な回答を与へる責任を私は取らねばならない。

そこで、私は本論に於て、神武天皇創立の橿原宮すめらみこと統一国家は支那的な封建的軍事国家、或はヨーロッパ的征服国家とは全くその機構性格を異ならしむる所の、救済的大文化国家にして且つ大理想国家なるの歴史的根本大事実を最も明確にする事に由つて、神武天皇は周の武王的放伐革命王でもなければ、或はウィリアム征服王の如き征服王でもなく、世界史上正に比類なき救済主的大元首であるといふ、歴史的根本大事実を最も明確にすることを以て、神武天皇の元首者性格の何たるかを最も明確にするの方法を採らねばならぬ。

二、歴史的現実主義

さて、次の問題は、検討方法である。先づ以て強調力説して置かねばならぬことは本論に於ける検討はあくまで史実に忠でなければならないといふことである。神武肇国、或は、神武天皇の橿原宮すめらみこと統一国家建設運動は歴史的大事実であり、神武天皇は歴史的実在人である。であるから、橿原宮すめらみこと統一国家の国家的性格及びその中心主体なる神武天皇の元首者性格は肇国史実を離れて考へ得るものでもなく、また考ふ可きものではない。故に、本論に於ける検討方法の根本は肇国史実にあくまで忠なることのそれを以てせねばならぬ。本論神武天皇論の次に来る可き天智天皇論と、更に第三の明治天皇論に於ても同様でなければならぬ。即ち、天皇論を一貫して、あくまで史実に忠なることのそれを以て検討上の根本的方法たらしめねばならぬ。このあくまで史実に忠なることの検討方法を私は歴史的現実主義と称してゐる。

ことに、日本の現状に照して、最も戒めねばならぬ事柄はマルクス主義を宗とする経済階級至上主義である。而して、それは根柢する所の合理主義的無神論である。先づ、「持てる者」と「持たざる者」とを以てする経済関係を前面に押し出して来る。そして、合理主義的無神論をはびこらせる。かくて、神武肇国史実は否認されねばならぬ。神武天皇の歴史的実在は否定されねばならぬ。まことにもつて、途方途轍も無いことである。経済階級至上主義及び合理主義的無神論は無用、厳に戒めねばならぬ。

三、古代社会の主宗教的性格

そこで、古代社会の主宗教的性格が特に強調されなければならぬ。古代社会に於ては、国家集団は勿論のこと、氏族（宗族）集団、家族集団からトーテム集団に至るまですべて神々の信仰、神々の礼拝祭祀を至上基本としないものは実在しない。即ち、古代社会の主宗教性格である。古代社会の主宗教的性格は人類史上の最も根本的にして且つ顕著な事実であつて、古代社会検討上、何事よりも先に確認されねばならぬ。而して、古代社会の主宗教的性格はマルクス主義を宗とする経済階級主義及び無神論的合理主義をうけつけるものではない。申す迄もない所であるが、検討対象無き検討はナンセンスそのものである。而して、事実の前に理論を先行せしめ、理論の為に事実を曲ぐるの誤り、即ち理論迷信に陥るが如きことは断じて許されない。而して、神武肇国は古代国家現象であるといふ根本史実を忘れることは許されないのである。

そこで、神武肇国検討上、特に注意す可き根本問題について一言する必要を覚えしめられる。といふのは、稲の民族日本人が有してゐたすめらみこと信仰は、世界史上、全く比類なく崇高な現人神信仰といふ根本史実のそれである。そして神武肇国は、その世界史上比類なく崇高なる現人神信仰すめらみこと信仰を中心力基本力とする所の救済的文化国家建設史であるといふ根本大史実の確認である。この根本大史実の確認なくしては、神武肇国検討は成立しない。であるから、本来ならば、すめらみこと信仰の比較宗教学的検討を欠くことは許されない。然し、問題は余りにも大きすぎる。本論の範囲とする所が是を許さない。随所に、その要点について断片的に触れる以上に出ることが出来ない。甚だ遺憾、且つ申しわけがない。

四、資料

そこで、次の問題は資料である。この問題に就いて、日本人我々くらゐ恵まれた者は、世界中何処にも無い。日本古代史を、無上明確性と最高権威を現代の我々に伝へてゐるすめらみことと神話は、そのまゝ最も立派な史書たるの内容を備へてゐる。即ち、古事記、日本書紀、古語拾遺、旧事紀の四大古典によつて伝へられてゐるすめらみことと神話のそれである。これに重ぬるに、日本全国数千を以て数へらるゝ、その起源をすめらみことと信仰と同一たらしむる所の神社群である。真に驚嘆す可き事柄は、その大神社群が、水田に於ける稲の栽培と共に、神代的本質を今日に失はずに現存することである。而して、すめらみことと神話とすめらみことと神社体制との間に見出さるゝ相互説明の成立に拠つて、すめらみことと統一国家体制の本質とその根本性格を最も明確に知ることが出来るのである。世界中これほど恵まれた資料を有する民族或は国民は何処にもあるものではない。

ロバートソン・スミスが古代宗教研究に在つては、神話を先にしてはならない。祭祀を先にす可きであると強調力説してゐる。この革命的スミス学説は本論のために用意されたものと言ひ得る。何故ならば、この革命的スミス学説の最も適切な適用は、すめらみこと信仰を至上とし、すめらみこと祭祀を基本として発生成立する日本古代国家（豊葦原瑞穂国）の研究に於て、初めて見出し得る所のものであるからである。即ち、すめらみこと神話とすめらみこと大神宮を中心大本社とするところの正に世界史上無比の大神社体制のそれである。

五、記紀の資料価値

日本古代国家（豊葦原瑞穂国）機構に於ける大中心本社は、国史上、初に高千穂宮と称し、次に橿原宮と称し、次々に何々宮と称するすめらみこと大神宮である。そこにまつらるゝ主神はその聖母天照大御神八咫鏡と同床共殿体制下にいつきまつらるゝすめらみことである。日本古代国家（豊葦原瑞穂国）はすめらみこと大神宮を首府とし、現人神すめらみことを中心主体即ち元首たらしむる所の世界史上最大無比なる典型的大現人神国家である。而して、世界史上最古無比なる典型的現人神国家、日本古代国家（豊葦原瑞穂国）即ちすめらみこと統一国家発生成立史とその建設運動史を語り伝ふるものとは、とりもなほさず、記紀に克明なるすめらみこと大神話に他ならないのである。

日本古代国家史はすめらみこと大神話以外に実在しない。記紀の資料価値は絶対である。特にことわつて置く。

六、現人神国家

新約聖書に伝へられるイエス・キリストは現人神である。而して、イエス・キリスト自らその口を以てユダヤ国王と称してゐる。若し、イエス・キリストが十字架につけられずして、自任せる通り、ユダヤ国王の立場に即くことが出来たとすれば、ユダヤ人はさゝやかではあるが、一つの現人神国家を実現したのである。而して、現人神国家の由来する所は遠くして深い。現にブレステット教授はイクナトンに於て、イエス・キリストの大先駆を見出し得ると解してゐる。而して、古代エジプトが最も古く最も大いなる現人神国家であるといふ、世界史上のまぎれもない大史実は誰もの知る所である。フレーザーに言はせれば、ローマですらもその起源は現人神国家であるといふ。ギリシャに於てすらも同様であると言ふ。況んや、バビロン、スメル等の東方の最古にして最大なる諸国皆然らざるものなしと言つてゐる。

而して、豊葦原瑞穂国と称する日本古代すめらみこと統一国家こそは正に世界史上無比なる最古にして最大、而して最も典型的なる大現人神国家である。蓋し、本論のかなめとする所のものである。

七、本論の構成

第一、東征。

最初に、神武天皇の東方大移動行動の行動性格検討に従ふ。先づ、其の地誌的検討である。第二章　荒坂津、第三章　八咫烏、第四章　天香山の三章を是に充てる。次に、その重要人物検討である。第五章　長髄彦、第六章　饒速日命、第七章　宇摩志麻治命、第八章　天日方奇日方命、第九章　天香語山命で、第五章より第九章の五章に亘る。――以上第二章より第九章を以て、神武天皇の東方大移動行動が、東征と称せらるゝ所の軍事行動に非ざる根本大史実を最も明確にする。

而して、第十章　くにまぎ（国覓）に於て、神武天皇の東方大移動行動が文化的建設行動なる根本大史実を最も明確にする。尚、十一章、東から西へに於て、神武天皇のすめらみこと統一国家建設大運動の起原と基盤が「西」に在らず「東」に存するの大史実を最も明確にする。

第二、橿原宮。

かくて、第十二章　橿原宮、第十三章　とものみやつこ（伴造）、第十四章　くにのみやつこ（国造）の三章に於て、橿原宮すめらみこと統一国家が、典型的なる文化的祭司国家なる根本大史実を最も明確にする。

第三、理想的救済国家。

第十五章「部」の社会的性格、第十六章　古代国家比較論概説に於て、橿原宮すめらみこと統一国家は封建的軍事国家に非ず、理想的救済国家なるの根本大史実を最も明確にする。

第四、すめらみこと祭祀。

第十七章　現人神信仰、第十八章　大嘗祭、第十九章　高皇産霊神の三章を以て橿原宮すめらみこと統一国家成立の基本を為す、すめらみこと祭祀の概説を下す。是が詳説は本論の範囲とする所に非ず、止むを得ず概説に止める。

第五、神武天皇の元首者性格。

第二十章　神武天皇の元首者性格に於て、神武天皇が世界史上正に比類なき救済主的大元首たる根本大史実を最も明確にし、本論の目的とする所に従つて結論を下す。

かくして、第二十一章　最後に於て、結論を下してかく言ふ。

神武肇国は日本民族の歴史的性格に於ける最初にして且つ最も偉大なる日本民族固有の復古的大前進運動であり、日本民族固有精神協力的創造精神の歴史的自己実現である。而して是に大中心主体する我が神武天皇は世界史上正に比類なき崇高にして偉大なる救済主的大元首である。

八、お中分

例へば日本全国、それこそ津々浦々幾千、いや幾万といふ数知れぬ神社である。これが日本古代国家（豊葦原瑞穂国）即ちすめらみこと統一国家に於ける国家機構である。この大神社網機構の検討一つにすら、本論に費せる紙面の幾倍、いや幾十倍かのものが費やされなければならない。他はまた推して知る可きのみである。——お中分のない事である。何時にしてこの責をふさぎ得るか。涙が浮んで来る。

第二章　荒坂津

荒坂津
吉野河の河尻

一、荒坂津

神武天皇の東方大移動行動に関する日本書紀及び古事記の記述には二つの盲点がある。一つは荒坂津であり、他は吉野河の河尻である。先づ、この二盲点を拭ひ去る必要がある。宣長はかく述べてゐる。「さて此の時の行幸の路次は正しくは何の地ともさだかに知りがたけれども、（略）吉野へは越坐るなるべし。」（古事記伝、十八）かく宣長は大杉越えを主張してゐる。右に対して武郷は十津川遡上説を主張してかく述べてゐる。

「丹敷浦と云処は、上に云へる三輪之碕、狭野など云へるあたりの海湾を今も錦の浦と、国人云り。（略）十津川は熊野川の源なり。それよりあまたの郷々を歴つゝ下れば、宇智郡阿陀に到る。これ即ち記に吉野河之河尻と云る処なり。」（日本書紀通釈、巻之二十二）

然し、宣長説も、武郷説も採るわけにはゆかない。何故ならば神武天皇一行は竜田越すら越え得ない、くにまぎ行列、或は群行であるからである。大杉谷越えは問題にならない。十津川遡上についても同様である。この場合、新宮より船出して、熊野灘を北上する皇舟が北から南へ逆戻りするやうな台風の風向きは有り得ない。尚、此の問題の決定点の随一は、神武天皇の到る処必ず国神の御膳供奉斎形式が不可欠条件である点である。

かうして見ると、名草邑に立ち寄つた神武天皇はそこの国神、紀伊国造の祖、天道根命の御膳供奉斎を受けて留まること一ヶ月にして、一路舟を熊野神邑即ち新宮に向けて進め、其処の国神にして熊野国造の祖、高倉下即ち天香語山命の出迎を受け、御膳供奉奉斎をうけ、さて其処の神庫或は神蔵の所在する高峯、天磐盾に登つて、東の太平洋を足下一眸に見はるかして、次の寄港地と大和入国道とを按ずれば、七里の浜のはつる所、木本港が何より先に目に映つたであらう。木本港は東熊野街道始発地である。その終着地は吉野の国栖である。吉野の国栖にはイハオシワクノコ（石押分之子）やヘニモツノコ（贄持之子）や井ヒカ（井氷鹿）などの国神が神武天皇を待つてる事を高倉下即天香語山命は前以てよく承知してゐる。更に東熊野街道なら神武天皇の群行を難なく通し得ることもよく承知してゐる。またこの外に採り得る途のないこともよく承知してゐる。そこで、神武天皇は高倉下のすゝめに従つて、木本目差して船出した。日本書紀に、

「六月（○戊午）乙未朔乙巳、軍、名草邑に到りて、則ち名草戸畔《なくさとべ》といふ者を誅ふ。遂に狭野を越えて、熊野神邑に到、すなはち天磐盾に登りて、仍りて軍を引きて漸にすすむ」

と書かれてゐる。神武天皇船団が、木本港に向つて、熊野灘北上航行の光景がありありと眼に映るの思がする。所が、木本入港寸前、いきなり、思ひも設けなかつた風速六十メートルの大型台風がおそひかゝつて来た。たまらない。

「海の中にしてにはかに暴風に遇ひて、皇舟ただよひぬ。時に稲飯命《いなひのみこと》乃ち歎きて曰く『あゝ、吾祖は則ち天神、母則ち海神なり。如何ぞ、我を陸に厄め、復た我を海に厄むるや。』のたまひ訖りて、乃ち劒を抜きて海に入りて鋤持神《さひもちのかみ》となる。三毛入野命《みけいりぬのみこと》恨みて曰く、『我が母及び姨は並に是れ海神なり。いかんぞ、波瀾を起し、以ておぼらすや』といひて、則ち浪秀を踏みて常世郷《とこよのくに》に往

ましぬ。天皇独皇子手研耳命《たぎしみみのみこと》を帥ゐて進み、熊野荒坂津〈亦の名は丹敷浦《にしきのうら》〉に至ります」と日本書紀に書かれてゐる。木本港の入口沖で大型台風にふきまくられたとすれば荒坂津即ち丹敷浦に舟はぶちあげられる外にない。申す迄もない話であるが、台風が逆に舟を三輪のほとりにはこぶやうな事は考へ得るものではない。上掲に見られるやうに、日本書紀に戊午年六月としてある。恰度台風シーズンである。恐らく伊勢湾台風であつたであらう。

所で荒坂津は木本の東二里くらゐである。この二里に足りない坂路は嶮岨であつても神武天皇の群行を通し得ない程のものではない。そして荒坂津から木本へ出れば、東熊野街道へ出る。八咫烏命に「イザハヤ、イザハヤ」とせきたてられるまゝに久米子等の健脚は神武天皇の神輿を肩に乗せて、木本から、吉野の国栖まで二十四時間で突破するに困難を感ずるはずはない。

（略）

熊野荒坂津史蹟考証書に曰ふ大神坂は右に、狼坂となつてゐる。これが日本書紀に曰ふ山中嶮絶の嶮道に相当することがわかる。しかし仁木島港から新鹿まで其間一里と云ふに照して見れば、神武天皇の一行は高倉下と八咫烏の力に援けられてこの嶮道を難なく通過し得たと日本書紀に書き伝へられてゐる。肯定され得る。――所で、大日本地名辞書にかく見られる。（略）

東熊野街道は、申迄もなく、南朝の手によつて開拓されたものではない。而して、南朝をして、これだけの行動を許し、且つ、それだけの遺蹟を伝へせしむる由来は、遠く神代にまでさかのぼつて考へられなければならぬ。

さて、木本から神上まで三里である。神上から北山川と大山川との合流地点紀伊国と大和国との国境まで大体四里余、合せて七里と見られる。路は其処で北山川沿岸から大山川沿岸に切り替へられて北へとすゝむ。さて、大日本地名辞書にかく見られる。（略）

大台原山に源を発して、南流七里する澗水とは即ち大山川である。であるから木本から北山川に沿ふて大山川まで七里、大山川に沿ふて北上、大台原山麓に至るまで七里、こゝまで東熊野街道は十四里を行く。所で、大台原山に発源して大山川が南流すると正反対の方向、即ち北に向つて、大台原山から吉野川が発源する。この二川は大台原東麓に於て、その源頭と源頭が頭を打ち合ふ形となる。かくて東熊野街道は木本から十四里、大台原山麓で大山川におさらばを告げて、吉野川に切り替へられてゆく。即ち吉野郡川上村へ通ずる。大日本地名辞書にかく見られる。（略）

即ち川上荘は北山荘と共に、南朝を語る歴史の地である。こゝは神秘につゝまれた、山間最幽境である。そして川上荘は幅三里、東南七里の谿谷を成してゐる。であるから熊野街道の里程は木本から国栖まで前の十四里に加ふること七里、合計二十一里と見られる。

かうして、木本で元気を充分回復することの出来た神武天皇の一行は、恐らく七里を北山川に沿ふて大山川まで進行して、こゝで一服休憩したであらう。さて、大山川谿谷と川上川谿谷とは伯母峠を頂点して、幅三里、長さ十二里のベルトを成してゐる。であるから神武天皇は久米の子等の肩にのつて、まるで子供がデパートのエスカレーターにでも乗つたやうな気楽な気持ちで恐らく一日で突破することが出来たであらう。日本書紀に、

「既にして皇師中洲に趣かむと欲す。而も山の中嶮絶《さがしく》して、復た行くべき路なし。乃ち棲遑《しじま》ひて、其のふみゆかむ所を知らず。時に夜夢みたまはく、天照大神、天皇に訓へまつりて曰く、『朕八咫烏を遣はす。宜べ以て嚮導者と為したまへ。』果して八咫烏有り。空より翔び降る。天皇曰く、『此の鳥の来ること、自ら祥夢に叶へり。よきかもさかりなるかも。我が皇祖天照大神、以て基業《あまつひつぎ》を助け成さむとおもほせるか。』是の時に大伴氏の遠祖日臣命、大来目を帥ゐ、元戎に督将として、山を踏破蹈み行《みち》を啓きて、乃ち鳥のむかひのまにまに仰ぎ視て追ふ。遂に菟田穿邑にとほりいたる」

と書かれてゐるが、正に真相を最も明確に伝へてゐる。何故なれば、南朝回天の志士の復往する所を、久米子等はその幾倍かの安易さを以て果したであらう事は何の疑をもはさむ余地は見出し得ないからである。久米子等は、神武天皇の神輿を肩にして、八咫烏の翔ると同じ速度を以て十余里の渓谷を走破するのに何の困難もあらう筈はない。但し、こゝに八咫烏といふは鴨建角身命であつて、鴨建角身命は役行者の祖であり、いはゞ忍法の神である。

（略）

口碑、伝説は人を迷はしむる要素を雑多に交へるのを常とするが、それでも右に於て神武天皇の東熊野街道経由の状況を明確に考定し得る根拠を充分に見出し得る。而して、之を古事記の伝ふる所と併せ考へれば、神武天皇の東熊野街道経由、大和の宇陀の穿邑到達行動を動かす可らざる史実と考定し得らるゝものと考へられる。古事記の記す所は次の如くである。

「ここに亦高木大神の命もちて、覚し白したまはく、『天神の御子、此より奥方にな入りましそ。荒ぶる神いと多かり。今天より八咫烏を遣せむ。故其の八咫烏みちびきてむ。其の立たむ後よりいでますべし』とさとしまをしたまひき。かれそのみさとしのまにまに、其の八咫烏の後よりいでまししかば、吉野河の河尻に到りましき。時にやなをうちて魚取る人有りき。ここに天神の御子、『汝は誰ぞ』と問はしければ、『あは、国神《くにつかみ》、名は贄持《にへもつ》之子』とまをしき。（こは阿陀鵜飼の祖）其地よりいでませば、尾ある人、井より出で来。その井光れり。『汝は誰ぞ』問はせば、『あは国神、名は井氷鹿《ゐひか》』とまをしき。（こは吉野首が祖なり）かくてその山に入りししかば、亦尾ある人遇へリ。此の人巌を押分けて出で来。『汝は誰ぞ』と問はせば、『あは、国神、名は石押分之子《いはおしわくのこ》。今天神の御子いでますと聞ける故に、参向へまつるにこそ』とまをしき。（こは吉野の国巣《くず》の祖なり）。其地より蹈穿ち越えて、宇陀にいでましき。故宇陀之穿とぞいふ。」

熊野大遭難の神日本磐余彦は、天神の被護の下に、熊野荒坂津からまつしぐらに東熊野街道を、八咫烏の後を追つて、吉野の国栖の地に達して、こゝでこゝの国神等の出迎を受けて、御膳供奉奉斎以て、いつきまつられたのである。すめらみこと神話は神武天皇の東方大移動の経路を具体的に説明して、最も明確、毛程針程の疑問をさしはさむ余地を示さない。

二、吉野河の河尻

所で、第二の盲点、「吉野河の河尻」であるが、宣長の述ぶる所はかうである。

「河尻。書紀仁徳巻に流末《かはじり》ともあり。(〇中略)かれ思ふに、此の時の幸行は、熊野より吉野の内の東方の山中を経て、宇陀へ越坐るにて、河尻と云より、石押分のことまでは、此時の事に非ずして、是は後に別に幸行る時の事なりしが、混ひつる伝へならむかし。」(古事記伝、十八)

久米子等が天照大神八咫鏡同輿の現人神神日本磐余彦の神輿を大杉谷越から吉野川流域を下へかつぎおろしてはまた引きかへして、それをかつぎあげて宇陀へとほりぬける情景を描き得る根拠を見出す事は全然不可能である。尚この地域の地勢については神なる智慧を有する八咫烏鴨建角身命が、神武天皇の神輿を伊勢と大和のよりによつた山奥をあてどもなく引きまはすなぞといふことは考へられないことである。問題にならない。そこでこの宣長によつてなげだされた「吉野河の河尻」といふ問題にならない問題は、一に何処から何処までを吉野河と云ひ、而して紀川と云ふか、二河の流域不明に起因するので、この点さへはつきりすれば、この問題にならない問題は煙の如く消え去る性質のものである。であるから此問題は古事記及び日本書紀が最も古く「吉野」と「吉野川」に就て、何を語つてゐるかの検討を以て回答する外によき途を見出し得ない。先づ古事記であるが、次のやうに見られる。

「又吉野の国主等《くず》、大雀命の佩かせる御刀をみて歌ひけらく、
品陀《ほむだ》の日の御子
大雀《おほさざき》
佩かせる大刀

本つるぎ、末ふゆ
冬木のす、からが下樹《したき》の
さやく〳〵
又吉野の白檮上に横臼を作りて、其の横臼に大御酒を醸みて、其の大御酒を献る時に、口鼓を撃ち、
伎を為て歌ひけらく、
白檮《かし》の生《ふ》に、横臼《よくす》を作り
横臼に醸みし大御酒
うまらに、きこしもち食《を》せ
まろがち
此歌は国主等大贄献る時々恒に今に至るまで詠ふ歌なり。」
この段、日本書紀にはかく見られる。
「十九年（○応神天皇）冬十月戊戌朔、吉野に幸す。時に国樔人まゐけり。因りて醴酒を以て天皇に献りて歌よみして曰く、カシノフニ、ヨクスヲツクリ、ヨクスニ、カメルオホミキ、ウマラニ、キコシモチヲセ、マロガチ。歌よみ訖りて、即ち口を打ちて以て仰ぎて咲ふ。今、国樔土毛《くにつもの》を献る日に、歌ひ訖りて即ち口を撃ちて仰ぎて咲ふは、蓋し上古の遺則なり。それ国樔は其の人となり甚だ淳朴なり。毎に山の菓《このみ》を取りて食ふ。亦蝦蟆《かへる》を煮て上味と為す。なづけて毛瀰と曰ふ。其の国は京より東南、山を距てて吉野川の上《ほとり》に居り、峯嶮しく谷深くして、道路狭くさがし。故れ遠からずと雖も、本より

まゐくること希なり。」

かうして、神武天皇以来「国栖」と「吉野」といふ言葉は不可分に結び付けられてゐる。であるから、国栖と吉野とは異名にして同地と考へ得るであらう。而して国栖の地に流れこむ川上川と吉野川もまた異名にして同川と考へ得られるのである。上掲日本書紀に曰ふ吉野川は川上川と解す可く、その下流を含まないと考へ得らるゝ。

「其の国は京より東南、山を距てて吉野川の上に居り、峯嶮しく谷深くして、道路狭くさがし。」

とある一文が特に注目される。この場合「吉野川の上」とあるを「吉野河の河尻」と書き改め得ると考へられる。即ちまた上掲神武段の古事記の文面に見らるゝ所と全く一致する。かくて、この第二の盲点「吉野河の河尻」もまた、第一盲点「荒坂津」と共に、あとかたなく拭ひ去ることが出来る。

所で、国栖の地即ち吉野本来の地は神代から開拓されてゐたもので、神武天皇を迎へる条件を完備してゐたのである。この条件なくしては神武天皇の東熊野街道行は実在たり得ない。而してこの条件を最も明確にするものは此の地の神社体制であってその中心大神社に他ならない。而して、国栖の中心大神社は大名持神社である。大日本地名辞書にかく見られる。（略）

茂山又は妹山は三輪山と同型の自然聖所であって、その祭神は大名持神即ち大物主神である。此の地の開拓者は日本民族最古構成者なる地祇族なる事を明確に知り得る。所で紀川の河口名草の地、日前国懸神宮の所在する所に当神宮以前に、伊太祁曾神社・大屋都比売神社・都麻都比売神社（神名帳、三社共に名神大社）の三大地祇神社がある。大和の吉野即ち国栖から紀川河口名草に至るまで、紀川沿岸地帯は天孫降臨以前、早くも地祇族によつて開拓されてゐたのである。神武天皇は決してモーゼのくにまぎの如くに、無人の曠野に転々するものではないのである。

所で、上掲万葉集の

「人ならば母の最愛子《まなど》ぞあさもよし紀の川の辺の妹と背の山」

の一首は、「吉野河の河尻」考上特に注目に値する。即ちこの一首によつて宮滝の下流、国栖の大淀、妹兄山の間を流るゝ、河の名は上古「紀の川」であつたといふ事を明確に知り得るからである。さすれば川上河は吉野川であり、それ以下は紀の川である。宣長によつて提起された問題にならぬ問題「吉野河の河尻」問題は煙の如く立ち消えする。

第三章　八咫烏

古の吉野川即ち川上川は国栖の地に於て宇陀の高見山に発源する小川と合流する。吉野川と小川と会流して紀川となるのであるが、その形はY字形を成す。八咫烏命は神武天皇一行を導いて、吉野川から小川に路を切り替へる。かくて国栖から鷲家を経て、宇陀の穿邑にとほりぬけてゆくのである。この路は山路であつても東熊野街道がさうであると同様に、神代から開けた吉野と宇陀を結ぶ古道であつて、この間里程はほゞ五里である。穿邑は宇賀志村と書かれる。高見山の西麓の地である。さて古事記に上掲分につゞけてかく見られる。

「かれこゝに、宇陀に兄宇迦斯《えうかし》、弟宇迦斯《おとうかし》と二人有りけり。かれ先づ八咫烏を遣して二人に問はしめたまはく、『今、天神の御子いでませり。汝等仕へ奉らむや。』(略)かれ其地を宇陀の血原となも謂ふ。然して其の弟宇迦斯が献れる大饗《おほみあへ》をば、悉に其の軍共に賜ひき。」

この段日本書紀の記述内容は右古事記とほゞ同様である。たゞ兄宇迦斯は日本書紀に兄猾と書かれ、弟宇迦斯は弟猾と書かれてゐる。所で、一言注意して置かねばならぬ点は、この場合の「兄」と「弟」とあるのを血縁的関係を意味するやうに解釈してはならないといふ点である。こゝに「兄」と云ひ「弟」といふのは、宇陀の宇賀志の地に於ける、相対立する二つの勢力の表象であつて、「兄」の方は優勢を表はし、「弟」の方は劣勢を表はすものと解釈されなければならぬ。「兄」の方は優勢にして、従つて神武天皇に対して抵抗的であり、「弟」の方は劣勢であつておとなしく、神武天皇に対して帰順的である。兄猾の方は宇陀の宇賀志に於ける抵抗勢力の長を意味し、弟猾の方は前者に対立する帰順勢力の長を意味するものと解さねばならぬ。

所で、宇陀に於ける猾族が地祇族か天孫族か詳になし得る根拠を見出し得ない。これが土蜘蛛族でない点だけは、弟猾が宇陀水取郡のカバネに任ぜられてゐる点から推して明確である。更に上掲古事記の記述する所に照して、八咫烏と深い関係にあることがわかる。八咫烏即ち鴨建角身命は葛城族の祖神である。従つて弟猾は宇陀の宇賀志に於ける葛城族のカバネであると推測される。弟猾はこの地に八咫烏神を奉斎して、此の地をおさめてゐた葛城族のカバネであつて、この地の国神であると解釈される。であるから紀・記に伝へらる丶神大和磐余彦命、熊野灘遭難、大和入国神話に依つて説かる丶所は、神大和磐余彦命は熊野に於ける天孫族と、大和に於ける葛城族の協力下に、熊野灘大遭難の大危機から救ひ出されて、大和入国の大目的を達成し得たのである、といふ事である。すめらみこと神話は史実そのものをそのま丶に伝へるといふ根本大事実を最も明確に知る事が出来る。そこで先づ高倉下即ち天香語山命と八咫烏即ち鴨建角身命は、神武天皇の東方大移動行動の、従つて橿原宮すめらみこと統一国家検討上の、従つて神武天皇元首者性格検討上の、最も大いなる検討対象として最初に取り上げられなければならない。天香語山命に就いては第九章に於て検討する。こ丶第三章に於ては先づ八咫烏、鴨建角身命を先にして取り上げることとする。釈日本紀、巻九（述義五）頭八咫烏の項に次のやうに見られる。

「山城国古風土記に曰く、可茂社、可茂と称すは、日向の曾の峯に天降り坐す神、賀茂建角身命なり。

神倭《かむやまと》石余《いはれ》比古命《ひこのみこと》の御前に立ち坐して、大倭の葛木山の峯に宿り坐しき。彼《そこ》より漸に遷りて山城国岡田の賀茂に至り、山代河のまにまに下り坐して、葛野河と賀茂河と会ふ所に至り坐しき。（略）乃ち外祖父の名に因りて賀茂別雷神と号く。所謂丹塗矢は乙訓に坐す火雷命なり。賀茂に在す建角身命と、丹波の神伊可古夜日売と、玉依日売と、三柱神は蓼倉里の三井社に坐す。」

八咫烏は鴨建角身命の別称である。姓氏録、鴨県主の註によれば八咫烏は神武天皇下賜の賜称とされる。

所で、上項の次項「八咫烏神」に見らるゝ所は特に注目するを要する。

「八咫烏神事。

加茂建角身命――玉依日子　可茂県主等遠祖也（〇下略）
　　　　　　　└玉依日売――賀茂別雷命
　　　　　　　　鴨御祖神是也

大和国宇陀郡八咫烏神社
山城国愛宕郡久我神社
同国同郡三井神社、
　巳上鎮坐三個所」

右に於て特に注目す可きは賀茂建角身命を祭る三神社の第一に宇陀郡八咫烏神社が挙げられてゐる点である。即ち当社を以て八咫烏神社の本原社なる事を暗示するものと云へよう。この事はとりもなほさず神武天皇入国以前、宇陀郡の八咫烏神社の存在を物語るものである。かうして弟猾は神武天皇入国以前、この地の葛城族のカバネの立場に於て、八咫烏神をいつきまつるところの宇陀の国神であるといふ事を考へ得る頗る有力な根拠を見出し得る。そこで上掲古事記の文面中に「弟宇迦志が献れる大饗」といふ文字に特に注意を払はねばならぬ。即ち八咫烏の道案内を得て、飛ぶやうに荒坂津から吉野の国栖まで、東熊野街道二十里の最幽深の山路を突破し、こゝで吉野の国神岩押分之子以下の御膳供奉奉斎を受けて、元気をとりもどす事の出来た神武天皇とその一行は、息もつかせず八咫烏神の本拠の地、宇陀の宇賀志へ導かれて行つたのである。徳川封建の世に東海道を我が物がほに荒し廻つたどんな雲助共でも、みつ〳〵し久米之子等の足下へもおひつくものではない。何しろ畠山重忠は自が乗馬を肩にかついで、ひよどりごえの急坂をまかりおちたといふのであるから舌を巻く外ないが、この事は上代へゆけばゆく程輪が掛る。みつ〳〵し久米之子等はいづれも横綱大鵬や柏戸にしんにゆうを五つ六つかけたであらう。とても我々の想像の及ぶところではない。道臣命の号令に従つて、八咫烏神のあとを飛ぶやう、久米之子等が神武天皇の神輿をかるがるとかつぎあげて、一息に宇多の穿邑まで韋駄天走にすつとんだと日本書紀に書かれてゐるのは額面通りに受け容れなければいけない。

　さて高皇産霊神及天照大神、即ち皇親神漏岐・神漏美命のみことのりによつてさしつかはされた八咫烏神の道案内を得て、宇陀宇賀志に到達した神武天皇は、この地の抵抗勢力をはらひのけて、弟猾の忠誠に依つてこの地にがつちりと前進基地を設定して、これからいよ〳〵本格的大和平定行動に移る段取りになる。かくして八咫烏神の立場と役割はまことに決定的にして重大なものである。八咫烏神の根本性格を明確にせねばならぬ。

　先づ、八咫烏神の神系を明かにせねばならない。がこの神は鹿島大神なぞとはその趣を頗る異にするものであつて、すめらみことの神話はこの神の神系について何事も説いてゐない。八咫烏神の神系を、記紀等の古典に尋ね得ない。そこで先づ姓氏録をとり上げて見る。山城国神別の部にかく見られる。

「賀茂県主。

神魂命孫武津之命之後也。（略）」

姓氏録には八咫烏、鴨建角身命は神皇産霊神の孫とされてゐる。所で旧事紀、巻一の神代系紀にはかく掲げられてゐる。（略）

葛野鴨県主の初祖は天神玉命《あめのかみたまのみこと》であつて、この命は神皇産霊神の児と系されてゐる。右二書（○姓氏録山城国神別の部、旧事紀、巻一の神代系紀）に照して、之を系図すれば

「神皇産霊神――天神玉命――鴨建角身命」となるわけである。

所で、旧事紀巻三、天神本紀中に掲げられる天押穂耳尊天降三十二部神表中に、「天神魂命。葛野鴨県主等祖」とある。であるから天神玉命は天押穂耳尊の長子なる饒速日尊に供奉して、最初に河内の哮峯即ち生駒山に天下つたが、その子鴨建角身命に至つて、葛城山に遷つたと考へられる。かうして見ると、鴨建角身命は日向の曾の峯に天下つたのではなく、大和又は河内の生駒山に天降り、その後葛城山へ遷つたといふのがほんとのことであらう。従つてその神系は饒速日命に属し、従つて葛城族は物部族及び地祇族に深いと見られる。即ち、神武天皇の東方大移動に当つて、はじめてその姿を示現するに至ると云ふのも、この神系に根差すものであることを明確に知ることが出来る。

所で、次に八咫烏神即鴨建角身命の神性格について考へて見なければならぬ。

上掲山城国古風土記逸文照して見てもよく窺ひ得るやうに鴨建角身命は宇陀へも行つてる。各地に転々遷り住んで、その本居を定めない所に著しい性格が窺はれ、猿田彦神によく似てゐる。何処にも見られるが、何処にもわからない性格、いはゞ蔭武者的性格である。或は忍者的性格である。道びらきの神と忍者は共通した性格を有してゐる。そこで鴨建角身命は葛城山を本居とすると伝へられてゐる事が特にこの神の性格検討上見逃せない。何故なれば、葛城山は修験道、山伏の最古の道場であつて、また忍術の起原をこゝに尋ねなければならぬ霊山とされるからである。而して葛城山を大霊山たらしめる修験道の開祖は役小角とされる。役小角は姓加茂を称する。続日本紀、文武天皇紀三年五月条にかく見られる。

「丁丑、役小角を伊豆島に流す。初め小角葛木山に住みて、呪術を以て称せらる。外従五位韓国連広足師とす。後其の能を害し、讒するに妖惑を以てす。故に遠所に配す。世相伝へて云ふ。小角能く鬼神を役使して、水を汲み薪を採らしむ。若し命を用ゐざれば、即ち呪を以て之を縛すと。」

呪術とあるは忍術としてもさしつかへなささうである。役小角は葛城山を本居たらしめると書かれてゐる。所で霊異記には、

「役優婆塞は、加茂の役公氏なり。今の高賀茂朝臣也。大和国葛木上郡茅原村の人なり」

とある。姓氏録に拠れば加茂朝臣の初祖は大国主命とされてゐて鴨建角身命ではない。然し同書によつても知られる所であるが、賀茂朝臣は世々賀茂神社の祭司を職とする者であつて出雲大社には何の関係もない。賀茂朝臣と鴨建角身命の関係は、この点に重点して考へなければならぬ。而してその

本居を葛城山たらしめるのである。役行者小角は鴨建角身命に起原を尋ねる可きものである。役小角は鴨建角身の現化であると考へ得る根拠は充分であると言はねばならぬ。（略）

葛城山の一言主神は影の神、響の神、案内の神である。つまり八咫烏神の復原形であるといふ事である。――因に、旧事紀、巻四、地神本紀中に載せられてゐる地祇系譜には「葛木一言主神を素神の児と系してゐる。一言主神を地祇に加へること考へられる事であらうが素神の児とすることは後世附会の説であらう。一言主神は葛城山固有の地域神以外一歩も出ることはない神とされてゐる。――かくして役行者から一言主神に行き、一言主神から八咫烏神にたどりつく。であるから八咫烏神から一言主神が生れ、一言主神から役行者が生れたと考へ得る充分な根拠を見出し得る。そしてこゝに八咫烏神即鴨建角身命の根本性格を明確になし得る根拠を見出し得る。即ち鴨建角身命は影の神である。忍者の神である。而して手引きの神、みちしるべの神である。神武天皇の東方大移動、而して大和入国、橿原建都大業成就のためには、この影の神、この忍者の神、手引きの神、みちしるべの神はなくてはならない大神であると記紀神話は説いてゐる。正に額面通りに受け容れねばならぬ。

津田左右吉教授が八咫烏神に就て次のやうに説いてゐる。

「記紀そのものに於て、系譜と其の系譜に現はれる神なり人なりに関する記載との矛盾する場合がある。例へば神武紀に於いて、ヤタガラスを純粋の鳥としながら、『葛野主殿県主（県主殿主?）部』を其の苗裔としてゐる。ヤタガラスが鳥であることは、古事記にも書紀にも明記されてゐるのみならず、それが神のはからひとして天から下されたといふ話からも、また此のあたりの物語の全体を貫いてゐる一種の宗教的精神からも疑は無いので、それはたぶん、日神の御裔たる天皇を導きまゐらせるといふ思想から、暁の鳥として考へ出されたのであらう。（太陽と鳥を結びつけることは支那にもあるが、此の話は必ずしもそれによつたものとはしなくてもよからう。）ところが、これを葛野の県主の祖先として見るのは明に此の物語の精神と矛盾してゐる。だから、これは後人のしわざに違ない。」（古事記及び日本書紀の新研究、三三四）

津田教授は、日本今日の戦後派史学の開祖の立場を占めてゐる。津田学説は今日の史学会に対して大御所的学説の地位に立つものである。こゝにかんがみて、少くとも霊鳥神話を、比較神話学の世界に就て、一瞥せずには止まれまい。

先づノアの洪水が思ひ出される。ノアは箱舟から鴉と鳩を様子見に飛び出させてゐる。ノアの鴉に於て神武天皇の八咫烏神話の原型を見出し得るであらう。つまりセム族は根源的に霊鳥神話を有してゐたことがわかる。旧約聖書中に霊鳥神話の何たるかをこれ以上に尋ね得ないが、ギリシャ神話になると事の趣は頗るちがつてゐる。霊鳥神話は頗る目立つ形を取つてそこ、こゝに窺はれる。そして八咫烏神話と頗る似た内容をもつてゐる。プルタークがこんな事を書き伝へてゐる。

「当時エゲクラテスが予言祭司であつたが、ペルシャ戦争の時、神はアテネの優勢を予言した。又、ペロポネソス戦争に際して、デロス人がその島から逐ひ出された時、デルフィから神託が届けられた。曰く、『アポロの出生地を見つけ、其処に於て犠牲を供へよ。』そこで、彼等は自分の島にではない、他国に在るアポロ出生地をたづねてがらがらぽつつり、あてどのない旅をつづけたのであつたが、その途中、再びデルフィの御座から別の神託が届けられた。『鳥がその場所を教へるぞよ』といふのであつた。彼等はそのも一つの神託を受けて、更に進んでカエロニアに到り、ある宿屋へとまりこんだのであつた。すると、その宿で、宿のおかみとテギュラ行きのある旅人とが神託に就て話あつてゐるのを立聞した。旅人がおかみに別れを告げる時、おかみの名を呼んだのであつたが、その名が何と『鳥』といふ名であつた。デロス人は神託の謎を解くことが出来たのである。そこで、彼等はテギュラへ行つてアポロに供犠して、間もなく、故郷に帰ることの出来る路を見出したのであつた。」(モラリア中の「神託の名残」)

鳥はアポロの聖鳥とされる。そしてアポロの霊鳥は嚮導的性格が与へられてゐる。しかも右に於て見らるゝ最も注目す可き点はアポロ聖鳥の霊鳥が人物に配同されてゐる点である。八咫烏神話とアポロ霊鳥神話とは、どうやらその出自を一つにしてゐるもののやうにすら思はれる。アポロはギリシャの日神である。――所でアポロニウスノアルゴノートの物語の一節に、こんな物語が見出される。

「と、かういふ彼女の言葉に、それはうまい了見だと、皆の者が喜び合つた。

すぐさまアイソンの子をたゞ独り仲間の者から切りはなした。

アルゴスは彼の兄弟から、朝まだき、メデアが、

野を横ぎつて、彼を導きゆくと、聞かされたので、

彼等二人には鳥卜の名人アムピュキゴースの子、モプソスが附いて行つたのだから、

万事うまく話をまとめるであらうと思つたのだ。

(○中略)
さて、ヘカテ神社の側を通る野路のかたへに、
五百枝ポプラが一本立つてゐた。
その枝に烏が、よく巣をつくるのだが、
すると、一羽の烏が、ポプラの枝に高くとまつて、
羽ばたきして、ヘラの神託をかう告げた。
『子供等でさへ知つてゐることを、当そこねるなぞとは、
はてさて、へまな先見者どのかな、
だつて、見知らぬものが近くにゐるのに、
どんなをとめごでも、若い者に色よい言葉が掛けられるかよ。
とつとと消えて行きなはれ。野暮な情けない予言者どのよ、おまえさんにはキプロスも、
やさしい恋の女神も、うまい思を吹き込まないよ。』
いざわ、いざわとせき立てる、神から出る烏の音《こえ》を聞いて、モプソスは、
彼等二人に、かくうながして言ふのである。
『さあ、行け、社にまつすぐ行け、アイソンの子よ、をとめごに直に会へ。
キプリスの神のおさそひだぞ。をとめごは汝をことのほかにやさしく迎へるぞよ。
女神は、アゲノールの子プィネウスが前以てあかしを立てたやうに、

この勝負はお前の勝だとな。
わしとアルゴス二人は、お前の帰りを、
これ、この処で待つてるぞよ。
お前は、たゞ一人でやつてのけるのだ。
お前は、神の嘆願者となつて、下手に出て、をとめごを為止めるのだぞ。』」

書紀、神武紀、戊午年十一月項に、

「皇師大に挙りて、将に磯城彦を攻めむとし、先づ使者を遣して磯城彦を徴さしむ。兄磯城命を承けず。更に八咫烏を遣して召す。特に烏其の営に到りて鳴きて曰く、『天神子、汝を召す。いさわいさわ。』」

とあるが、右のアルゴノート物語に見らる丶霊鳥神話と異曲同工である。——就中、有名なのはアレクサンダーの場合である。プルタークはかく伝へてゐる。

「しかし予言者達は、大王の造る町が豊かに栄光をあらゆる種族の人間を養ふやうになると云つて、元気を出すやうに勧めたので、係の人々に着工を命じ、自分はアンモーンの神殿に参るために長い道を急いだ。（○中略）とにかくこの時の旅行では、様々な困難に応じて神から与へられた救ひが、その後の託宣よりも一層信頼を得た。否、或る意味では、此の時の救ひから託宣に対する信頼が生じたのだとさへ云へる。例へば、先づ天から大雨と十分な湿りが来て渇きの心配をなくし、砂の乾燥を消し止め、砂は潤つてしつくりと固まり、空気も一層澄んで呼吸し易くなつた。又、道案内が目標としてゐた物が掻乱されて、歩いて行く人々が様子がわからず迷つてばらばらになると、鴉が幾羽も現はれて道案内を引受け、随つて来る人々の先に飛んで促したり、くたびれて遅れる人々を待合せたりした。殊に最も不思議だつたのはカルリステネース（○アレクサンダー大遠征従軍記者）の記録してゐるところによると、夜途に迷つた人々を鳴き叫んで呼び戻し正しい道に連れ戻したさうである。」（英雄伝、河野与一訳、（九）四二――四三、岩波文庫本）

そこ、こゝに拾へば尽きさうにもないが、この辺で止める。一言、津田学説に惑はされるやうな事があつてはならない。厳に戒めねばならない。

さて最も重要な問題は八咫烏神社そのものである。――所で延喜式神名帳、大和国「宇陀郡十七座」の神社表はかうなつてゐる。

「宇陀郡十七座。（第一座、小十六座）

（略）」

次に各神社の祭神を見る。

（略）

以上によつて、宇陀郡十七座の神社とその祭神を併せ表示すれば次の如くである。

「宇陀郡十七座

宇陀水分神社　　水分神。

阿紀神社　大宜都比売神。
門僕神社　御門神。
丹生神社　水分神。
御杖神社　天照大神。
椋下神社　天香語山命。
高角神社　鴨建角身命。
八咫烏神社　同上。
味坂比売神社　須勢理毘売。
御井神社　御井神。
岡田小秦神社　同上。
神御子牟須比命神社　大物主神。
櫻実神社　木花開耶姫。
劔主神社　天香語山命。
室生竜穴神社　水分神。
都賀那木神社　同上。」

神武天皇は八咫烏神の案内によつて宇陀の宇賀志村に到り、こゝを前進基地として、こゝに丹生川上厳斎執行、高皇産霊神の神助の下に、高皇産霊神聖山天香山、聖地磐余に入るといふのが神武天皇の東方大移動、大和入国、橿原宮建設大神話の主題とする所である。而してこの大神話と右に見らるゝ宇陀郡の神社体制とを比較すれば、両者間に成立する相互説明の完全性は全く符節を合するのそれなるに真に驚きを禁じ得ない。記紀其の他古語拾遺、旧事紀に伝へられるすめらみこと神話は歴史そのものである。而して、史実を今日に伝ふる唯一無上の史料である。

八咫烏神検討上、八咫烏神社は最重要である。八咫烏神社地誌に就いて、大日本地名辞書に見らるゝ所を参考として、左に掲げて置く。

「（略）

八咫烏神社

山路山の西面に在り。宇陀村大字高塚に属す。神祇誌志料云、八咫烏神社旧鷹塚村にありて、をところすの社と云。今其旧址僅に存れり。〈和州旧跡幽考・大和志・神名帳考証・古事記伝〉神魂命の孫鴨建角身を祭る。（○略）太平記に、昔大和国宇陀森に鬼神ありて人を害す。頼光朝臣の従者渡辺綱之を打取、鬼の手を斬りたる事見ゆ。今高塚の辺に大字母里《もり》有り、此即ち宇陀森にあらずや。」（大日本地名辞書・二八七）

神武天皇厳斎執行の地丹生川上の地である。神武天皇、大和平定行動、橿原宮建設運動上最も重要な霊地である。――さて神武天皇はこゝから日神を背にして、東から西へと高皇産霊神聖山、天香山めざして進み行くことになる。

第四章　天香山

丹生川上顕斎
磐余
天香山

一、丹生川上顯斎

日本書紀、神武天皇戊午年九月項にかく見られる。（略）

神武天皇の高見山西麓の宇賀志から、天香山目ざして進む形相は正に日神のいきほいを背にしよって行くのそれである。さて、日本書紀にかくつゞけられる。

「天皇くにみたまふ。是夜自ら祈《うけ》ひて寝ませり。夢みたまはく、天神有り、訓へまつりて曰く、『宜べ天香山の社の中の土を取り、以て天平瓮八十枚を造り、并せて厳瓮を造りて、天神地祇を敬ひ祭れ。此の如くせば、則ち虜自らにむきしたがひなむ。』天皇つゝしみて夢の訓を承けたまひ、依りて以て行はむとしたまふ。」

上文中天皇にさとす天神は、古事記に曰ふ高木大神、即ち高皇産霊神に他ならない。神武天皇は常に高皇産霊神及び天照大神即ち天神のみことのりのまにまに行動すると説かれてゐるのであつて、ここに神武天皇東方大移動、橿原宮建設運動の主体がある。最も注意す可き点である。

――さて、日本書紀にかくつゞけられる。

「時に弟猾又奏して曰さく、『倭国の磯城邑に磯城八十梟帥有り。又高尾張邑に赤銅八十梟帥有り。此の類皆天皇と距ぎ戦はむと欲す。臣竊に天皇の為に憂ひまつる。宜べ今当に天香山の埴を取り、以て天平瓮を造りて、天社国社の神を祭《いは》ひて、然し後に虜を撃ちたまはゞ、即ち除ひ易けむ』といふ。天皇既に夢辞《ゆめのおしへごと》を以て吉兆なりと為たまふ。弟猾の言を聞こしめすに及びて、益懐に喜びたまふ。」

特に注意す可き点は、弟猾の言ふ所には、王国らしいところものは零である点である。最も注意す可き点は、磯城八十梟帥及び高尾張邑即ち葛城の八十梟帥の名はあげられてゐるが、長髄彦の長見られない点である。若し神武天皇の東方大移動而してこゝに説かれてゐる当面の大和平定行動が、その目的となる所を大和に実在する長髄彦王国であつたとするならば、その全軍とこゝ大和の中洲、天香山磐余の地に於ける、長髄彦軍との決戦前に於ける陣容が何事よりも前に述べられてゐなければならぬ。所が、長髄彦軍どころか、ナガスネヒコの「ナ」の字も見当らないのである。挙げられてゐる人間的存在としての名としては単に磯城、葛城の八十梟帥、即ち土蜘蛛のみである。大和には如何なる王国をも実在せずといふ根本事実を最も明確ならしめ得る。

も一つ最も注目すべき点がある。といふのは、ナガスネヒコの「ナ」の字も見られないのに反して、神武天皇についても、弟猾についても、申し合せたやうに、天香山の埴土の天平瓮と厳瓮の事が説かれてゐる点である。天香山は高皇産霊神の聖山である。その聖山の埴土を以てつくられる天平瓮及び厳瓮は高皇産霊神の聖器である。その聖器を以て高皇産霊神奉斎執行の儀を以て、神武天皇の大和平定行動の最重にして最高最大なる行事たらしむるものであると説かれてゐる。

而して、この事に拠つて、最も明確になし得る最根本最重大問題は神武天皇の東方大移動行動は高皇産霊神信仰を基本とするといふのそれである。神武肇国の大事大業は放伐革命軍事行動ではない。それは高皇産霊神信仰を基本とする所のすめらみこと統一国家建設運動を以てするところの大救済、大文化運動たるの根本大史実を最も明確に知ることが出来る。

さて日本書紀にかくつゞけられる。

「乃ち椎根津彦に弊《いや》しき衣服及び蓑笠を着せて、老父の貌につくらし、又弟猾に蓑を被けて、老嫗の貌につくらしめ、勅して曰く、『宜べ、汝二人、天香山にゆきて、潜にその巓の土を取り来りかへれ。其業《あまつひつぎ》の成否は、当に汝を以て占はむ。愼め。』(略)二人其の山に到ることを得て、土を取りて来帰れり。是に天皇甚に悦びたまひて、乃ち此の埴を以て八十平瓮、天手抉八十枚、厳瓮をつくりたまひて、而して丹生川上にのぼりて、用て天神地祇を祭りたまふ。」

モーセはヱホバ聖山シナイに於て十誡石板を授けられ、是をヱホバ聖体として契約櫃に収め、是を奉戴して神約の聖地カナン回復、即イスラエルのヱホバ神権国家建設運動を推進したとモーセ五部書に書かれてゐる。が、しかし、旧約、列王紀略下、第十八章、ヒゼキア伝にモーセのつくつたヱホバ本来神体はネホシタン、即ち蛇形神体であると書かれてゐる。これがほんものであらう。砂漠の神リビアのアンモンの聖獣は蛇である。蛇は砂漠、曠野の大案内神とされてゐる。モーセのネホシタンはこのアンモン聖獣蛇形神体に由来するものと考へられる。まことに原始的なものである。神武天皇の丹生川上顕斎に一脈相通ずるもの、存する事を思はしめられる。所でモーセの場合とは全くその内容を異にするものであつて、ある国家建設運動に対する最高原始形体を示すものではあるが、我が神武天皇の右の天香山聖土器奉斎の場合に驚くほどの類似を示してゐる一例をプルタークの「モラリア」中のギリシャ研究中の一節に見出し得る。

「アエアニアン人の曰ふ『乞食の肉』とはなんぞや。

アエアニアン人は幾度か移動した。最初に、ドチア平原に住みついたのであつたが、ラヒトス人によつてアエチキヤへ逐やられてしまつた。こゝから彼らはアウアス河のほとりなるモロシア地方を領有せんとして出て行つた。それでアエアニアン人はパラアウアイ人とも称せられた。この後彼等はキルハを占領した。こゝで彼らは信託に従つて、その王オエノクロスを石殺して、イナコス河畔に降つて行つた。この地には既にイナコス人とアカエア人が住んでゐた。所が、こんな神託が下つた。『若しイコナス人がどれほど小さくともその土の一部を失はゞ、全土を失ふに至るべし、若しどれほど小なりとも、イナコスの或る人が進んで与へる土をアエアニアン人が貰ひうけることが出来れば、アエアニア人はその全土を得るに至るべし』といふのである。そこで、アエアニアン人中にその人ありと曰はれたテモンは『弊しき衣服』を身にまとひ、ずだぶくろを首に下げ、乞食のすがたに身をやつしてイナコス人の中にもぐりこんで行つた。イコナス王は此を見てあざけりわらつて、テモンに一塊の土くれをなげ与へたのであつた。テモンはしめたと思つて、それを大切にずだぶくろの中にしまひこんだ。そして、あとは何物もねだらずに、さつさと立ち去つた。が、イコナス長老は驚いた。神託に気が附いたからである。彼等は国王のもとに出向いて行つて、乞食を見くびつてはならない。とりにがすなと申し立てた。長老等のたくらみを見て取つたテモンはアポロに無事のがれせしめたまへ、百頭牛犠牲をさゝげますと、うけひして、どん〳〵にげ出したのであつた。

この事件の後、二人の国王は一騎打のとりきめをした。アエアニアン王ペミウスが、犬をつれて近寄つて来るイナコス王ヒペロコスに、『助太刀をつれて来る方があるか』となじつた。ヒペロコスが犬を追ひ払ふと後を向く所を目掛けて、はつしとばかり石つぶてをなげつけて、倒してしまつた。アエアニアン人はアカエア人もろ共、イナコス人を逐つぱらつて、ナナコス河畔一帯を占領した。彼等はその石を聖体としてあがめ、いけにへの脂肉で之をつゝんでいつきまつつた。そして、アポロに百頭牛のいけにへを供へ奉るときには、またゼウスには牡牛を供へ奉ることにした。そして、いけにへの最上等肉を取り除いて、之をテモンの子孫に与へた。而して彼等は之を『乞食の肉』と称したのである。」

ギリシャ人の都市国家建設運動の原始形体を知ることが出来る。而して右書紀神武紀戊午九月条に見らるゝ所と余りにも似た所を示してゐるのに驚かされる。そして、このプルタークの伝ふるイナコス人の「乞食の肉」なる最も原始的な一国家建設神話に於て、我々の祖先日本人もまたかの如き国家建設運動の原始段階を通過したといふまことに注目す可き根拠を見出し得ると考へられる。そして神武天皇の丹生川上顕斎神話は、この原始的国家建設運動の復元形態であると考へ得るであらう。而して、こゝに最も注目す可き点は、神武天皇の橿原宮すめらみこと統一国家建設運動は日本民族の歴史生活の奥底から生れ出たものであるといふ根本大事実を考へ得る点である。——さて、日本書紀にかくつゞけられる。

「則ち彼の菟田川の朝原に於て、譬へば水沫の如くに児著《かじりつ》くる所有り。天皇因りて祈ひて曰く、『吾れ当に八十平瓫を以て水無しにして飴を造るべし。飴成らば、則ち吾れ必ず鋒刃《つはもの》の威《いきほひ》を仮らずして、坐ながら天下を平らげむ。』乃ち飴を造りたまふ。飴即ち自らに成りぬ。」

飴を「たがね」と訓ぜしめてゐる。こゝの飴は我々の考へるやうな「あめ」ではなくて、「たがねもち」である。桃太郎の「きびだんご」であらう。

「又祈ひて曰く、『吾れ当に厳瓮を以て丹生の川に沈めむ。もし魚大小と無く、悉く酔ひて流れむこと、譬へば猶まきの葉のうくが如くならば、吾れ能く此の国を定めてむ。如し其れしからずば、はたして成る所無けむ。』とのたまひて、乃ち瓮を川に沈めたまふ。其の口下に向けり。しばらくありて、魚皆浮き出て、水のまにまにあぎとふ。」

大日本地名辞書（二八五）にかく見られる。

「榛原《はいばら》

又萩原《はい》に作る。宇陀郡西北隅に在り。西吉隠山を踰ゆること一里にして磯城郡初瀬に達す。東は三本松を経て伊賀に入り、内牧・曾爾を陟れば伊勢に達すべし。小駅なり。神武紀小野榛原の地此といへり。（〇略）

丹生

宇陀の丹生神社は神武天皇祈禱の遺跡なれど、後世甚だ著れず。丹生神社延喜式に列し、今榛原大字雨師に在り。神武紀云、吾今当以厳瓮、沈于丹生之川。（〇略）」

さて日本書紀にかくつゞけられる。

「時に椎根津彦見て奏す。天皇大いに喜びたまひて、乃ち丹生の川上の五百箇真坂樹をぬとじにして、以て諸神を祭ひたまふ。此より始めて厳瓮のおきもの有り。時に道臣命に勅すらく、『今高皇産霊尊を以て朕れ親ら顕斎《うつしいはひ》を作さむ。汝を以て斎主と為て、授くるに厳媛の号を以てせむ。』而して其の置ける埴瓮を名づけて厳瓮と為し、又火の名をば厳香雷と為し、水の名をば厳罔象女と為し、粮の名をば厳稲魂女と為し、薪の名をば厳山雷と為し、草の名をば厳野雷となしたまふ。」

丹生川上顕斎執行に九月ほゞ一杯が費されるといふのである。かくして、――

「冬十月癸巳朔、天皇其の厳瓮の粮を嘗めたまひ、兵を勒へて出たまふ」

と日本書紀に書かれてゐる。かくて、十月項にかくつゞけられてゐる。（略）

この次、十二月項は長髄彦決戦となる。然し、長髄彦を誅したのは饒速日命又は宇摩志麻治命とされてゐる。神武天皇自身の軍事行動は、右の兄磯城討伐に終つてゐる。所で古事記には、「又兄師木、弟師木を撃ちたまへる時に、御軍暫しは疲れたりき。その時の歌」として、伊那佐山の歌が載せられてゐるのみで、余は何事も書き伝へられてゐない。然し日本書紀の方も例の漢意潤色の尾鰭を切り捨てて見れば、古事記の伝ふる所と同様であつて、単に兄磯城を打ち取つたといふに過ぎないのである。であるから宇陀の兄猾の場合と、事の性質は少しも異るものではない。即ち兄磯城は兄猾同様、磯城に於ける抵抗地祇勢力の表象に他ならないのである。放伐革命軍事行動を考へ得る根拠は絶無である。征伐軍事行動を考へ得る根拠は皆無である。かくて神武天皇の東方大移動行動、而して大和平定行動は、之を一貫して放伐革命軍事行動に非ず、且つ征服軍事行動に非ざるの歴史的根本大事実を明確にする事が出来た。

而して、神武天皇の東方大移動行動、大和平定行動は、高皇産霊神及び天照大神、即ち皇親神漏岐、神漏美の命以ちて、成就されたる所の、すめらみこと統一国家建設大運動を以てする所の、大創造、大建設、大文化運動であるといふ歴史的根本大事実を明確にすることが出来る。而して、この場合、特に重大なるは丹生川上顕斎である。

釈日本紀、巻九、述義五にかく見られる。

「顕斎。

斎主。

兼方案ずるに、顕斎とは高皇産霊尊を斎ひ祭るの義なり。顕とは露顕の義なり。神代下に云く、高皇産霊尊、大己貴神に勅して曰く、『汝が所治す顕露《あらはに》之事《のこと》は、宜しく是れ吾孫治すべし。云々。』斎主とは、今の祭主の濫觴なり。」

神武天皇が現人神の立場に立つものであるか、最高祭司の立場に立つものであるか不明である。所で、武郷はかく述べてゐる。

「親作顕斎。又云。熈近日、天皇自作㆓顕露之斎慎㆒也。とあり。されど、顕露の斎慎とは、何なることにかおぼつかなし。また重胤説に、天神の御霊を眼前に令㆑坐奉りて、斎かせ御在し坐由なりと云れど、いかにしてか眼前に令坐まつるべき。其由をいはねば詳らかならず。故つら〳〵考ふるに、顕斎とは、顕に神主と為り給ひて、さて斎主にいつかれ賜ふなるべし。さるは神明は顕に坐すが如く斎き奉るとも、目に顕れては見えまさぬを、今は天皇自ら高皇産霊尊となりたまへば、神武天皇の御身に帰坐して、現に神と現れ賜ふなり。神功紀なる皇后親ら神主と為り賜ふに同じ。即其御時の事を

記に帰《よる》レ神と云へり。偖其神を傍より斎奉るは竹内宿禰に坐す。」（通釈、千百五十八）

武郷は、顕斎の語義を、高皇産霊神、神武天皇二位一体を祭神として執行するすめらみことであると解してゐる。蓋し正解である。すめらみこと祭祀常規の根本体制は天照大神八咫鏡・すめらみこと同床共殿のそれを以てする。が、丹生川上顕斎の場合にはこの神武天皇二位一体を祭神として執行するすめらみことであると解してゐる。蓋し正解である。すめらみこと祭祀常規の根本体制は天照大神八咫鏡・すめらみこと同床共殿のそれを以てする。が、丹生川上顕斎の場合にはこの常規のすめらみこと祭祀根本体制の型を破つて、高皇産霊神、神武天皇二位一体を以て取つて代らしめたのである。而してこゝに之を顕斎と称したのは神武天皇は丹生川上に臨んで、禊して、大嘗祭に於けると同一の潔斎に伏した故であらうと解せられる。高皇産霊神霊山天香山の聖土を以て作られたる高皇産霊神聖器天平瓮と厳瓮を以て高皇産霊神への神饌を供へて、顕斎を執行するといふのであるが期する所は一に高皇産霊神聖山天香山即ち高皇産霊神聖地磐余に到達して、こゝにすめらみこと大神宮建設適地を、高皇産霊神の神助に依つて、発見せんとするのそれである。こゝに神武天皇の東方大移動、大和平定行動の根本目的、いやすべてがある。されば、神武天皇はその御名を神日本磐余彦火火出見天皇と称するのである。

二、磐余

上掲日本書紀、神武戊午年の条につゞけて、己未年条にかく見られる。

「己未年春二月壬辰朔辛亥、諸将に命せて士卒をととのふ。（略）天皇前年の秋九月を以て、潜に天香山の埴土を取り、以て八十平瓮を造り、躬自ら斎戒して諸神を祭りたまふ。遂に区下《あめのした》を安定《しづ》むることを得たまふ。故に土《はに》を取りし地を号けて埴安《はにやす》と曰ふ。」

神武天皇東方大移動の結着点が、天香山麓、磐余到達の一事に厳存するの歴史的根本大事実がつぶさに書き伝へられてゐる。

「三月辛酉朔丁卯、令を下して曰く、『我れ東を征ちしより茲に六年になりぬ。皇天の威を頼りて、兇徒就戮《ころ》されぬ。辺土未だしづまらず、余妖尚梗《こは》しと雖も、中洲の地復た風塵無し。誠に宜しく皇都を恢廓《ひらぎひろ》め、大壮《みあらか》をはかりつくるべし。而して、今運屯蒙《ときわかくくらき》にあひ、民心朴素なり。巣棲穴住、習俗常となれり。夫れ大人《ひじり》の制を立つ、義必ず時に随ふ。苟も民に利有らば、何ぞ聖造《ひじりのわざ》にたがはむ。且たまさに山林を披払ひ宮室を経営《をさめつく》りて、恭しみて宝位《たからみくらゐ》に臨み以て元元を鎮むべし。上は則ち乾霊《あめのかみ》の国を授けたまふ徳に答へ、下は則ち皇孫正を養ひたまふ心を弘めむ。然して後に六合《くにのうち》を兼ねて以て都を開き、八紘《あめのした》を掩ひて宇《いへ》と為むこと、亦よからずや。夫の畝傍山の東南橿原の地を観れば、蓋し国の墺《もな》区《か》か。みやこつくるべし。』是の月、即ち有司に命せて、邸宅をつくり始む。」

宣長千古の卓説、書紀に観らるゝ漢意潤色、最も甚しき文面であるが、右、日本書紀に伝へらるゝ所は、神武天皇大和平定行動の目的とする所は、磐余に橿原宮を建設するの一事に厳存するの歴史的根本大事実を伝へて最も明確である。――古事記にはかく見られる。

「又兄師木・弟師木を撃ちたまへる時、軍暫しは疲れたりき。このときの歌、
楯並《たてな》めて　伊那佐の山の　木の間よも　い行きまもらひ　戦へば　吾はや飢《え》ぬ　島津鳥　鵜養がとも　今助に来ね
かれここに邇《に》芸《ぎ》速日命《はやびのみこと》参きて、天神の御子に白さく、『天神の御子天降り坐しぬと聞きつる故に、追ひて参降り来つ』とまをして、即ち天津端を献りて仕へ奉りき。かれ邇芸速日命、登美毘古が妹、登美夜毘売に娶ひて生める子宇摩志麻遅命（こは物部連・穂積臣、婇臣の祖なり）かれかくの如荒ぶる神等を言向け平和《やは》し、不伏人等《まつろはぬひとども》をはらひたひらげたまひて、畝火の白檮原宮に坐しまして天下治しめしき。」

長髄王国だの出雲国家だのといふやうなものは何処にもない。たゞあるものは磐余である。

三、天香山

神武天皇の東方大移動行動の、そして大和平定行動の、そして橿原宮建設の、一言、神武天皇の橿原宮すめらみこと統一国家建設大業の核心は天香山そのものである。――天香山のすめらみこと信仰即すめらみこと宗教上の意義、――こゝに神武天皇の東方大移動行動の、而して大和平定行動の、而して橿原宮建設の、一言、神武天皇の橿原宮すめらみこと統一国家建設大業の核心が厳存する。天香山のすめらみこと信仰即すめらみこと宗教に於ける宗教的意義を明確にせずして、橿原宮すめらみこ

と統一国家の根本的国家性格と神武天皇の根本的元首者性格を明確ならしむることは絶対的に不可能である。而して、是を最も明確に説明するものは、すめらみこと神話の核心天岩屋戸神話そのものである。

　此の時、伊邪那岐命いたくよろこばして詔りたまはく、『吾は子を生み生みて、生みの終に三はしらの貴の子得たり』とのりたまひて、即ち其の御頸珠の玉の緒もゆらに取りゆらかして、天照大御神に賜ひて詔りたまはく、『汝が命は高天原を知らせ』と事依さして賜ひき。次に月読命に詔りたまはく、『汝が命は夜之食国を知らせ』と事依さしたまひき。次に建速須佐之男命に詔りたまはく、『汝が命は海原を知らせ』と事依さしたまひき。

（略）

　こゝを以て八百万の神、天安之河原に神集ひ集ひて、高皇産霊神の御子思金神に思はしめて、常世の長鳴鳥を集へて鳴かしめて、天安河の河上の天堅石を取り、天金山の鉄を取りて、鍛人天津麻羅をまぎて、伊斯許理度売命におほせて鏡を作らしめ、玉祖命におほせて、八尺勾玉の五百津の御須麻流の珠を作らしめて、天児屋命・布刀玉命を召びて、天香山の真男鹿の肩を内抜きに抜きて、天香山の天波波迦を取りて、占合へまかなはしめて、天香山の五百津真賢木を根こじにこじて、上枝に八尺勾玉の五百津の御須麻流の玉を取つけ、中枝に八咫鏡を取りかけ、下枝に白丹寸手・青丹手を取りしでて、此の種類の物は布刀玉命布刀御幣と取持たして、天児屋根命布刀詔戸言禰ぎ曰して、天手力男命神戸のわきに隠り立たして、天宇受売命、天香山の天之日影をたすきにかけて、天之真拆を蔓として、天香山の小竹葉を手草に結ひて、天岩屋戸に誓槽伏せて、ふみとどろこし、神懸して胷乳を掛き出で、裳緒を番登に忍し垂れき。

かれ高天原動りて、八百万の神共に咲ひき。

ここに天照大御神怪しとおもほして、天の岩戸を細目に開きて、内より告りたまへるは、『吾がともり坐すに因りて、高天原自らくらく、葦原中国も皆くらけむとおもふを、などて天宇受売は楽し、亦八百万神もろもろ咲ふぞ』とのりたまひき。

すなはち天宇受売『汝が命にまさりて貴き神ゐますが故にゑらぎ楽ぶ。』とまをしき。

かくまをす間に、天児屋命の布刀玉命其の鏡を指し出でて、天照大御神にみせ奉る時に、天照大御神いよゝ奇しとおもほしてやゝ戸より出でて臨み坐す時に，其のかくり立てる天手力男命、その御手を取りて引出しまつりき。

即ち布刀玉命尻久米縄を其の後方に控度して、『此より内にな還り入りましそ』とまをしき。かれ天照大御神出で坐せる時に、高天原も葦原中国も自ら照り明かりき。

こゝに八百万の神共に議りて、速須佐之男命に千位置戸を負ほせ、亦ひげを切り、手足の爪をも抜かしめて、神やらひやらひき。

何といふ崇高にして偉大な国家発生建設大神話であるかよ！ かゝる崇高にして偉大なる国家建設

大神話はギリシャ神話などには、とても見出し得るものではない。しかもこの崇高偉大きはまりなきところのすめらみこと大神話の中核を成す天岩屋戸神話は、天照大御神以上に偉大なる不壊、不滅、無限の至上創造神とされる天照大神八咫鏡創造神話に他ならないのである。従って天岩屋戸神話は天照大神八咫鏡・すめらみこと同床共殿体制説明神話に他ならないのである。従ってまた大嘗祭の、而して一般すめらみこと祭祀形体説明神話に他ならないのである。その主体は実に高皇産霊神創造根源大神その神である。舞台は実に大和の天香山である。

高皇産霊神聖山天香山はすめらみこと統一国家建設大運動の根本霊場、総本山である。かくの如きが天岩屋戸神話の説く所であつて、かくの如きが天香山の有する、すめらみこと信仰、即すめらみこと宗教上の宗教的意義である。

かくして、神武天皇の橿原宮すめらみこと統一国家建設大運動は最も崇高にして偉大なる復古運動であり、而して、同時に最も崇高にして偉大なる大前進運動なるの根本大史実を最も明確にする事が出来る。

モーセ五部書を見ると、いかにもモーセのエジプト脱出、カナン回復行動が征服軍事行動であるかのやうな印象を与へられる。然し、モーセのエジプト脱出カナン回復行動は征服軍事行動ではない。第一、当時パレスタインにはある国家形体は実在しない。ある国家形体がパレスタインの地に発生したのはダビデ国家にはじまるので、それ以前には国家形体の実在は見られない。多くの異種族が雑居してゐたに過ぎない。そしてモーセの目的は此等雑居種族を征服し此を奴隷化して、一つの征服国家を建設しようと企てたものではない。モーセの目的は一にその祖アブラハム永眠の故地回復であつたのである。具体的に云へばヘブロンである。然し、モーセはヘブロンに到達し得ずして死んで行つた。モーセ無きあとのイスラエルは、パレスタインの諸異種族に吸収される以外に結果しようがなかつた。而してイスラエルのエホバ神権統一国家の出現は、モーセの死後凡そ四百年を待たねばならなかつた。ダビデはヘブロンから起つてゐる。ダビデはモーセの真の後継者である。モーセの行動も、ダビデの国家建設運動も明かに復古運動である。不思議にも我が神武天皇の橿原すめらみこと統一国家建設とその本質を共通にしてゐる。そして不思議にもヘブロンと天香山はその民族史的性格を同一にしてゐる。

そこでこの重大無上な天香山の日本民族史的根本性格検討は、磐余と十市とに於ける神社体制を以てせねばならぬが、此れは、第十九章「高皇産霊神」に譲る。

神武天皇の大移動行動検討上、荒坂津と宇陀とそれから磐余の三つの地名に依つて知り得る地誌関係は最も重要である。以上、第二章・第三章・第四章の三章に亘つて、その大要を明確にした。さて次に人物検討に移る。先づ長髄彦である。

第五章　長髄彦

孔舎衙坂

金鵄

一、孔舎衙坂

日本書紀、神武戊午年の条にかく見られる。

「戊午春二月丁酉朔丁未、皇師遂に東にゆく。舳艫相接けり。方に難波之碕に到るとき奔潮有りてはなはだはやきに会ひぬ。因りて名づけて浪速国《なみはやのくに》と為す。亦浪華と曰ふ。今難波《なには》と曰ふは訛れるなり。三月丁卯朔丙子、遡流而上、ただに河内国の草香邑（日下村）の青雲白方之津に至ります。夏四月丙申朔甲辰、皇師兵を勒へて、歩より竜田に趣く。」

青雲白方津は今日の枚方町である。こゝに上陸して、生駒山を左手に仰ぎつゝ、そのふもとを南下して竜田越めざして進行した。その経路が具体的に明確に示されてゐる。さて、かくつゞけられてゐる。

「而るに其の道狭くさかくして、人並《な》み行くことを得ず。乃ち還りて、更に東のかた胆駒山を踰えて、中洲に入らむと欲す。」

神武天皇は最初に竜田越えから大和中洲即ち大和三山磐余の地めざして、進行したのである。神武天皇の目的は最も明確である。はじめから磐余にあつたのである。長髄彦ではないのである。所が竜田越は嶮岨であつて、「人並み行くことを得ず」と書かれてゐる。最も注意す可き点である。何故ならば、この事は神武天皇一行が軍隊でない事を明示してゐるからである。若し神武天皇一行が軍隊であつたとするならば敵の居ない、竜田越を越え得ないなぞといふ事は考へ得るものではない。それが竜田越えを越え得ないといふのは神武天皇一行は軍隊ではなくて、「群行」であるからである。

日本書紀、上掲戊午年条の前文に、

「乙卯年春三月甲寅己未、うつりて吉備国に入りまして、行宮をつくり以てまします。是を高島宮と曰ふ。三年ふる間に、舟楫をそろへ、兵食を蓄へて、将に以て一たび挙げて天下を平けむと欲す」と書かれてゐる。まるで史記の周本紀、武王紀から抜け出して来たやうな書振りで大軍事行動を起すでもあるかのやうに書かれてゐる。がこれは例の漢意潤色なるのそれであつて、ごまかされないやうに気を付けなければいけない。この点古事記の方は、書紀と違つて能く真相を伝へてゐる。かく書かれてゐる。

「神倭伊波礼毘古命、其の伊呂瀬五瀬命と二柱、高千穂宮に坐しまして議りたまはく、『いづれの地に坐さばか、天下の政をば平らけく聞し看さむ。猶東のかたにこそいでまさめ』と云りたまひて、即ち日向より発たして筑紫にいでましき。

かれ豊国の宇沙に到りませる時に、」其の土人《くにつかみ》、名は宇沙都比古。宇沙都比売二人、足一騰宮を作りて大御饗《おおみあへ》たてまつりき。」

大御饗の文字に注目せねばならぬ。すめらみこと、ゆくところ、何処へ行つても御膳供奉奉斎は不可分である。

「其処よりうつらして、筑紫の岡田宮に一年坐しましき。

亦其の国より上りいでまして、安岐国の多祁理宮に七年坐しましき。

亦其の国より上りいでまして、吉備の高島宮に八年坐しましき。

かれ其の国より上りいでます時に、亀の甲に乗りて釣しつゝ、打ち羽挙り来る人、速吸門に遇ひき。かれよびよせて、『汝は誰ぞ』と問はしければ、『僕は国神、名は宇豆毘古』とまをしき。又、『汝は海道を知れりや』と問はしければ、『能く知れり』とまをしき。また、『従に仕へ奉らむや』と問はしければ、『仕へ奉らむ』とまをしき。かれすなわちさをを指度して、其の御船に引入れて、槁根津日子といふ名を賜ひき。（とは倭国造等が祖なり）かれ其の国より上りいでます時に、浪速の渡を経て、青雲の白肩津に泊てたまひき。」

即ち、くにまぎ（国覓）である。而して神武天皇一行は群行行列団体である。その事実を古事記は最も明確に伝へてゐる。かうして書紀に竜田越を越えられないと書かれてゐるのは、神武天皇一行は軍隊でないことを最も明確に示すものとして最も注目す可き点である。竜田越は、軍隊なら楽々通れるが、「群行」の通過を許さないのである。大日本地名辞書に参看すると、こんな風に記事されてゐる。

「竜田山

三郷村の西なる嶺を云ふ。信貴山の南に接し、河内堅上村（大県郡）に跨る山也。而も一峯の名づくべきなし。（○略）

立田越

竜田考云、立田越の事を玉林抄に聖徳太子初めて開きたまふとあれど非なり。日本書紀に神武天皇又履中天皇の御事蹟あるぞかし。（略）

春三月諸郷大夫等下難波時歌

白雲の竜田の山の、滝の上の、小鞍の嶺にさきををる、桜の花は山たかみ、風のやまねば、春雨の、つきてふれれば、ほつえはちりすきにけり、下枝にのこれる花は、しはらくはちりな乱れそ、草枕、旅行く君の、帰り来むまで。〔万葉集〕」（大日本地名辞書、二三〇―二三二）

河内から大和へ越ゆる峠は北から南へ、善根寺越、暗峠と竜田越の三つである。が前の二者は胆駒山にかゝるもので、極めて難路である。此に比較すると竜田越はなだらかであつて通りやすい。且大和の中洲、三山磐余に達するには一番の適路である。神武天皇一行が最初に、竜田越を取つたといふのは最も合理的である。それでも軍隊なら楽々通れるにしても、神武天皇の神輿を通すことは不可能である。神武天皇一行は群行であつたからである。そこで神武天皇一行はもと来た路を取つて返して、胆駒山の善根寺、即ち直越から大和に入らうとした。さて書紀にかくつゞけられる。

「時に長髄彦聞きて曰く、『夫れ天神の子等のいでます所以は、必ず将に我が国を奪はむとす。』則ち尽に属兵を起して、孔舎衙坂にさへぎりて、与に会戦ふ。」

神武天皇は生駒山の孔舎衙坂で長髄彦勢とはじめてぶつかつた。然し神武天皇は長髄勢と計画的にぶつかつたのではない。全く偶然にぶつかつたのである。長髄彦にぶつかるまで神武天皇の頭の中には長髄彦は存在しないのである。生駒の天嶮に拠れる長髄彦の前を、敵に側面をさらして竜田越目指して南下するやうな作戦行動は考へやうとしても考へられるものではない。神武天皇群行一団は長髄彦と全く偶然に孔舎衙坂でぶつかつたのである。であるからその結果はわかりきつてゐる。書紀にかくつゞけられてゐる。

「流矢有りて、五瀬命の肱脛に中れり。皇師進み戦ふこと能はず。天皇憂ひたまふ。乃ち神策をみこゝろのうちに定めたまひて曰く、『今我は是日神の子孫にして、日に向ひて虜を征つは、此れ天道に逆れり。退き還りて弱きことを示して、神祇を礼《ゐやま》ひ祭《いはひ》て、日神の威を背に背負ひたてまつりて、影のまにおそひぶまむに若かじ。かからば則ち曾て刃に血ぬらず、虜必ず自らに敗れなむ。』みな曰く、『然り。』是に於て軍中にのりごちて曰く、『且く停まれ、復たな進みそ。』乃ち軍を引きて還りたまふ。」

神武天皇一行は軍隊ではない。天嶮生駒に拠る長髄彦にぶつかつた結果はかくの如きもの外に有り得ようはないにきまつてゐる。だから、河内から大和に入るの道がとざされた事を知つた神武天皇一行は紀伊半島を大きく迂回して、熊野灘に出て、そこの木本港から、東熊野街道を取つて、吉野から宇陀に入る以外に大和に入る道はない。古事記には、

「此の時、登美能那賀須泥毘古軍を興して、待ち迎へて戦ひしかば、御船に入れる楯を取りて下り立ちたまひき。かれ其地の号を楯津と謂けつるを、今に日下之蓼津となも云ふ。ここに登美毘古と戦ひたまふ時に五瀬命御手に登美毘古が痛矢串を負はしき。かれここに詔りたまはく、『吾は日神の御子として、日に向ひて戦ふことふさはず。かれ奴賤が痛手をなも負ひつる。今よりはも行廻りて日を背負ひてこそ撃ちてめ』とちぎりたまひて、南の方より廻りいでます時に、血沼海に到りて、其の御手の血を洗ひたまひき。かれ血沼海とは謂ふなり。其地より廻りいでまして、紀国の男之水門に到りまして詔りたまはく、『賤奴が手を負ひてや、死《いのちす》ぎなむ』とをたけびして崩りましぬ。かれ其の水門を男水門とぞ謂ふ。陵はやがて紀国の竈山に在り」

と書かれてゐる。

「孔舎衙役」なぞといふ言葉をよく見受けるが、まるで二つの独立国家間の戦争ででもあるかのやうな印象を受ける言葉である。が右に於て、さうした軍事行動を考へ得る根拠は何処にも見出し得ない。況んや放伐革命軍事行動又は征服軍事行動の如きは全然問題にならない。

問題が問題である。孔舎衙坂の地誌に関して大日本地名辞書に参看する。

「生駒山

北生駒村の西に聳ゆ。大和河内の国界を為し、頂点海抜六四〇米突。山路を辻子越と曰ふ。宝山寺より河内の芝村興法寺に通ず。辻子越の南に暗峠あり。河内枚岡へ出づ。（河内国草香参看）辻子越の北に又別路あり。善根寺越と曰ふ。河内国日下へ出づ。古の孔舎衙坂此なり。

久方の雲井に見えし胆駒山、春はかすみのふもとなりけり。〔新勅撰集〕　後京極摂政

孔舎衙坂　日本書紀、神武天皇、欲東踰胆駒山（〇略）按するに神武帝浪速より草香津に次し、生駒を踰えたまふ。草香、今、日根市村大字日下《クサカ》是なり。然らば孔舎衛は孔舎衙の誤なるべく、その故道も今善根寺の北路にて、草香山の直越是なり。旧説多くは生駒南路暗峠に充てたるは精からず。

妹かもと馬に鞍して射駒山うち越え来ればもみちちりつゝ〔万葉集〕（大日本地名辞書、一二二六―一二二七）（略）

「富小川

生駒郡の北界、北倭村高山より発源し、南流五里にして佐保川に合し、大和川（立田川）と為る。此川鳥見の地をすぐれば、富小川といふ。又斑鳩を過ぐるを以て斑鳩寺を詠ずるに此水を授く事、典故あり。

斑鳩やとみの小川の流れこそ絶えぬ御法の始なりけり〔新千載集〕

いかるかや富小川の絶えばこそ、我が大きみの御名は忘れめ〔拾遺集〕

上宮聖徳法王帝説云、上宮薨時、巨勢三大夫歌、

いかるかの止美のをかはのたえばこそ、わがおほきみのみなわすらえめ。」（同前書、一二一）

富小川上流、冨小川の盆地は長髄彦の本居の地である。長髄彦といふ言葉は八掬脛と同意語であつて、ジャイアントの意味である。登美毘古即鳥見彦は鳥見のジャイアントであつて、天物部に一なる鳥見物部の首領を意味するものと考へらるゝ。即ち天物部族の鳥見の土酋である。尚名草戸畔、丹敷戸畔、宇陀の兄猾等とその性格を等しくする者と考へられる。而してこの鳥見彦が鳥見盆地に於て一つの国家形体を建設経営したといふ史実を考へ得る根拠に至つては絶無である。

二、金鵄

日本書紀、神武戊午年十二月項にかく見られる。

「十有二月癸巳朔丙申、皇師遂に長髄彦を撃ちて、しきりに戦へどもかつこと能はず。時に忽然天《ひ》

陰《し》けて、雨氷《ひさめ》ふる。乃ち金色の霊鵄有りて、飛び来りて皇弓の弭に止れり。其の鵄てりかがやきて、状電流の如し。是に由りて長髄彦が軍卒皆まどひきて、復た力戦はず。長髄は是れ邑の本の号なり。因りて以て人の名と為す。皇軍の鵄瑞を得るに及びて、時の人仍りて鵄邑と号く。今鳥見《とみ》と云ふは是れ訛れるなり。昔、孔舎衙の戦に五瀬命矢に中りて薨りましき。天皇ふふみもちたまひて、常にいくゝみうらむることを懐きたまふ。此の役に至りて、意にきはめころさむと欲す。乃ちみうたよみして曰く、ミツミツシ、クメノコラガ、アハフニハ、カミラヒトモト、ソノガモト、ソネメツナギテ、ウチテシヤマム。又謡ひたまはく、ミツミツシ、クメノコラガ、カキモトニ、ウヱシハジカミ、クチヒビク、ワレハワスレズ、ウチテシヤマム。因りて復た兵を縦ちて忽に攻めたまふ。凡て諸の御謡をば皆来目歌と謂ふ。此は歌へる者をさして名づくるなり。時に、長髄彦乃ち行人《つかひ》を遣して天皇に言して曰さく、『むかし、天神の子ましまして、天磐船に乗りて天より降いでませり。号を櫛玉饒速命《くしたまにぎはやひのみこと》と曰す。是れ吾が妹の三炊屋媛を娶りて、遂に児息をうましむ。名をば可美真手命《うましまてのみこと》と曰す。故に吾れ、饒速日命を以て君と為て奉へまつる。夫れ天神の子豈両種まさむや。奈何ぞ更に天神の子となのり、以て人地を奪はむや。吾れ心に推しはかりみるに、いつはりならむ。』天皇曰く、『天神の子亦多に有り。汝が君と為す所、是れ実に天神の子ならば、必ず表物《しるしもの》有らむ。あひみせよ。』長髄彦即ち饒速日命の天羽羽矢一隻及び歩靫を取りて、以て天皇にみせたてまつる。天皇みそなはしてまことなりけりと曰ひて、還して、みはかせる天羽羽矢一隻及び歩靫を以て長髄彦にみせたまふ。長髄彦即ち其の天表を見て、益かしこまりを懐く。然れども凶器已に構へて、其の勢い中に休むることを得ず。而して、猶迷図を守りて、復た改意なし、饒速日命、本より天神のねもごろに唯天孫に是れ与したまふことを知れり。且つ夫の長髄彦の稟性、いすかしまにもとりて教ふるに天人《きみたち》の際《あひだ》を以てすべからざることを見て、乃ち殺しつ。その衆を帥ゐてまつろふ。天皇素より饒速日命は是れ天より降れりといふことを聞しめせり。而して今果して忠効を立つ。即ち褒めてめぐみたまふ。此れ物部氏の遠祖なり。」

神武天皇と饒速日命の本来の関係は主従のそれである。而して、饒速日命と長髄彦との関係である。長髄彦は神武天皇の陪臣である。不忠の陪臣長髄彦を忠誠なる臣饒速日命が斬るの忠誠行為に就いて、放伐革命又は征服をかれこれするやうなことは全く問題にならない。ナンセンスである。

右のやうにして、長髄彦問題は饒速日命の根本性格を明確にすることを以て確答されねばならぬ。饒速日命の根本性格検討は章を改める。

所で問題は「金鵄」である。是に就いて津田左右吉教授はかく述べてゐる。

「大和河やクサエ坂の水で大軍を進めることが出来たとも思はれず、また後世にもさういふ例があつたことを聞かぬ。またヤマトに攻め込むにクマヌを迂回するといふことも甚だむづかしい話であつて、そんな方面からの攻撃に対してはヤマトに根拠を有するもの丶防禦力は、西面におけるよりも幾層か強大であるべき筈である。もつともこれには神力の加護があつたといふ話であるが、神の話は固より人間界のことではない。ヤタガラスや金色の鵄の物語も亦勿論其の例であるが、後者は書紀にのみあつて古事記には見えてゐないことから考へると、恐らく前者の分身であつて、其の現はれたのは

書紀もしくはそれに採られた史料が始めてであらう。」（古事記及び日本書紀の新研究、五〇二）
　何しろ「金鵄」は、あとにも前にも見られず、右書紀、神武戊午年十二月、長髄彦軍壊滅の段にのみ限つていきなり飛び出して来て、またどこともなく消え失せてしまつてゐるのであるから検討を下し得ない。右津田教授のやうな説が飛び出すのも無理からぬ事である。然し神武天皇の大和平定行動、検討上、高皇産霊神と並ぶ主体の立場に立つ「金鵄」を八咫烏から飛び出させるといふのではひどすぎる。――所で松岡教授はかく述べてゐる。
「瑞兆の存在は今人にも尚信ぜられて居ることであるから、神武天皇時代の人が異常の天候に際し、鳶の出現を見て之を霊奇とし、羽毛から光を放つやうに感じたのは決して有り得ぬことではないが、長髄彦の根拠地は本来ナガスネと呼ばれたのが、鵄の瑞を得るによりトビと名づけられ、更にトミに転化したといふ紀の所説の信ずべからざることは既に前篇（第五巻、一九六頁）に述べた通りである。（〇中略）従つて此名号所由説は、後人がトミといふ語から案出したもので、金鵄出現も亦作話とせねばならぬ。」（記紀論及、建国篇、神武天皇、二〇四）
「金鵄」は八咫烏から飛び出したもの、金鵄神話はおとぎばなしに毛の生えたものとされてしまつたのでは、神武天皇の大和平定行動の真相本質は葬りさられなければならぬ。何故ならば長髄彦軍は金鵄の神霊力によつて壊滅したと説かれてゐるからである。
　所で書紀、神武四年条にかく見られる。
「四年春二月壬戌朔甲申、詔して曰く、『我が皇祖の霊、天よりくだりひかりて、朕が躬をてらし助けたまへり。今諸の虜已に平ぎ、海内無事なり。以て天神を郊祀《まつ》りて、用て大孝をのべたまふべき者なり。』乃ち霊時《まつりのには》を鳥見山の中に立つ。其の地を号けて上小野榛原、下小野榛原と曰ふ。以て皇祖天神を祭りたまふ。」

皇祖天神は高皇産霊神と天照大神である。こゝでは主として、天照大神を指してゐる。是に照して見れば、「金鵄」は天照大神象徴なる事最も明確である。換言すれば、金鵄は八咫鏡と並ぶも一つの天照大神神体なること最も明確である。困つたことにはこの金鵄神体に対する神話の説明は全く見当らない。比較神話学の世界に於て其の説明を見出だす外ない。そして第一に頭に浮んで来るのはパロに於ける「金鷹」である。パロに於ける「金鷹」は、神武天皇に於ける「金鵄」と瓜二つであるのに驚く。是に就いてマイヤー教授の述べる所は、頗る参考す可きものである。

「上部エジプトの此等の諸神にまじはつて、ここに他の全エジプト的意義を有する大神がをる。それは既説のセトとホルスである。この二柱の大神は、ここ上部エジプトではオシリ及びイシスと何等の結び付きもなく、二神は敵対的関係に立つ兄弟神とされてゐる。セトは暗黒破壊神であり、ホルスは光明創造神とされる。ホルスは光耀天体の形を取つてその姿を示現し、且つ鷹形神となつて大空を翔り飛ぶ。そしてその両の眼は日神と月神とされる。所で、ホルスはその兄弟神セトと永久に常勝の戦斗を交へる。がしかし、セトを滅亡させるやうな事はしない。月蝕の夜、セトはホルスの目を抉り、ホルスはセトの睾丸を切断する。が、ヘルモポリスの紅鶴神トオトが月神として、姿を現はし、両者の痛手を癒してやり、且つ両者を仲直りさせる。そして、二神は妥協して、エジプトの支配権を分つて、之を分治することにする。ホルスはエジプト本土を治め、セトは砂漠を治める。（○中略）ホルスの神都はエジプト第二区のエドヒュ（アポリノポリス・マグナ）である。此処でホルスは完全な日神と転化する。そして、その神体はウライエス蛇をまきつけた、そして左右に大きく両翼を張る円鏡の形を取るに至つた。」（古代史、第一巻第二分冊、八一―八二）

ウライエス蛇はセト象徴である。セトはその根本的神格性を我が素神と同一にする。両翼は鷹神ホルス象徴である。円鏡は日神の象徴である。このホルス日神神体から、やがてイクナトンの偉大なるアトンが生れる。アトンと我が八咫鏡は双生児のやうに似てゐる。古代エジプト中期王朝の偉大なパロの戦斗浮彫に見らる丶、二羽の大きな鷹神が、剛弓を満月のやうにしぼつてゐる戦車上ゆたかな大パロを我が児のやうに掩つて空をかけりゆく図は、日本人我々の間にもよく見受けらる丶所のものである。このテーマは神武天皇の弭の金鵄とそつくりである。どつちが兄でどつちが弟かを知る由もない。然し、共に生れ故郷を等しくするだけはたしかであらう。

神武天皇の東方大移動而して大和平定大神話は主題と副題が、まるでソナタ構成のやうにつゞりなされてゐる。その主題は高皇産霊神に属するもので、丹生川上顕斎を主要部としてゐる。此に対して副主題を成すものは天照大神に属するものであつてその主要部分は金鵄である。換言すれば神武天皇の東方大移動、而して大和平定神話は二つの主体を有してゐる。その正主体は高皇産霊神である。此を最も明確にするものは丹生川上顕斎である。その副主体は天照大神である。此を最も明確にするものは金鵄である。長髄彦伝は、この副主体の本質の存する所を明確にする点で、橿原すめらみこと、統一国家検討上最も重要である。

第六章　饒速日命

饒速日命

記紀共に饒速日命に就いては徴するに足る記述を留めてゐない。饒速日命の根本性格を右二書に依つて明確にすることは不可能である。我々の検討は最も重大な危険に投げ込まれずには置かれない。何故なれば、饒速日命の根本性格を明確になし得なければ、大和に於ける推測国家の実在非実在を明確になし得ないからである。が幸いにもこの最も重大な危険から我々を救ひ出してくれる恩恵者を見出し得る。即ち旧事紀である。旧事紀、巻五、天孫本紀にかく見られる。

天照《あまてる》国照《くにてる》彦《ひこ》天《あめの》火《ほ》明《あかり》櫛《くし》玉《たま》饒速日尊《にぎはやひのみこと》。

（亦の名は天火明命。亦の名は天照国天火明尊。亦は饒速日命と云す。亦その名は、胆杵磯丹杵穂《いきしにきほ》命。）

天照《あまてらす》孁貴《ひるめむち》の太子、正哉吾勝勝日天押穂耳尊、高皇産霊尊の女万幡豊秋津師姫栲千千姫命を妃と為て、天照国照彦天火明櫛玉饒速日尊をあれます。天照太神、高皇産霊尊相ひ共に生れます。故に天孫と謂ひ亦皇孫と称す。

天祖、天璽瑞宝十種を以て饒速日命に授けたまふ。則ち此尊天神御祖の詔を禀け、天磐船に乗りて、河内国の川上哮峯に天降り坐す。則ち大倭国鳥見の白庭山に遷り坐す。天降りたまふよそほひ、天神紀に明なり。所謂天磐船に乗りて、大虚空を翔りめぐりて、是の郷を巡りみて天降りたまひき。虚空《そら》見日本《みつやまと》と謂ふは是れなり。

饒速日尊、長髄彦の妹御炊屋姫を娶りて妃と為して、宇摩志麻治命をあれます。はらみて未だ産まざる先に、饒速日尊をとめにおほせたまはく、『汝がはらめる、若し男子ならば、味間見命《うましみ》と号けよ。若し女子ならば色麻見命《しこまみ》と号けよ。』既として産れませるは男子なり。因りて味間見命と号く。

饒速日尊既に神さり坐しぬ。復天に上りたまはざる時に、高皇産霊尊、速飄神にのたまはく、『我が神御子を葦原中国に使はしぬ。而るにうたがはしと思ふ所有り。故れ汝能く降りましてかへりごとまうせ。』その時、速飄神勅をうけたまはりて降り来て、当に神さり坐せるを見て、即ち反り上りて復命して云く、『神の御子は既や神さりましぬ。』高皇産霊尊あはれとおもほして、即ち速飄神を使はして、命を以て天上に将《ゐ》て上り、其の神の屍をおきて、日には七夜《なぬ》には七《ななよ》を以て遊楽《えらぎ》したまひて、みねなきたまひて、天上に歛め竟へたまひき。

饒速日尊夢に妻御炊屋姫に教へたまひて云く、『汝が子吾が形見の物の如くせよ。』即ち天璽瑞《あまつしるしみずの》宝《たから》を授けたまふ。亦天羽羽弓・天羽羽矢、復神衣・帯・手貫《たぬき》の三物を、登美の白庭邑に葬し歛めて、此を以て墓と為す。

天照国照彦天火明櫛玉饒速日尊天道日女命を妃と為て、天上にして天香語山命をあれます。天降りたまひて、御炊屋姫を妃と為て、宇摩志麻治命をあられます。」

所伝最も具体的である。所で、この段古事記には次のやうに書かれてゐる。

「ここに天照大御神・高木神の命以ちて太子正勝吾勝勝速日天忍穂耳命に詔りたまはく、『今、葦原中国平けをへぬと白す。かれことよさし賜へりしまにまに降りまして知ろしめせ』とのりたまひき。ここにその太子正勝吾勝勝速日天忍穂耳命の白したまはく、『僕は降りなむよそひせし間に、子生れましつ。名は天邇岐志国邇岐志天津日高日子番能邇邇芸命《あめにぎしくににぎしあまつひたかひこほのににぎのみこと》、この子を降すべし。とまをしき。この御子は、高木神の女万幡豊秋津師比売命にみあひまして生みませる子、天火明命、次に日子番能邇邇芸命にます。』

右古事記曰ふ天火明命は旧事紀の天照国照彦天火明櫛玉饒速日尊、亦の名を天火明命である。両書全く一致してゐる。たゞ古事記には天火明命といふ名はたゞ一回右の如く見らるゝのみで、全文面から全くその名を消え失させてゐるので、これが饒速日命に当るのかどうか考へ得ようがない。書紀の方は一層ひどくまぎらはしくて、手がつけられない。幸いに右の如くこの神武天皇東方大移動、而して大和平定、橿原宮建設、一言橿原宮すめらみこと統一国家検討上、最も重要な検討対象なる饒速日命に就いて、旧事紀に於て右の如き最も具体的且つ明確な伝を見出し得る。そこで更に、饒速日命と其の父なる天押穂耳尊の関係を具体的に明確にせねばならぬ。旧事紀、第三巻、劈頭にかく見られる。

「正哉吾勝勝速日天押穂耳尊。

天照大神詔りして曰まはく、『豊葦原の千秋長五百秋長の瑞穂国は吾が御子正哉吾勝勝速日天押穂耳尊の知らす可き国なり』とことよさしのりごちたまひて天降したまふ時に、高皇産霊尊の児思兼神《おぼしがねのかみ》の妹、万幡豊秋津姫栲千千姫を妃と為て、天照国照彦天火明櫛玉饒速日尊をあれませる時、正哉吾勝勝速日天押穂耳尊奏して曰まはく、『僕は将に降らんと欲して装束しつる間に、生れませる児あり。此を以て降したまふべし』とのたまひき。詔して許したまふ。天神御祖、天璽瑞宝十種を授けたまふ。謂ゆる羸都鏡一つ、辺都鏡一つ、八握劔一つ、生玉一つ、死反玉一つ、足玉一つ、道反玉一つ、蛇比札一つ、蜂比札一つ、品物比札一つ、是なり。天祖御祖教へ詔よつて曰く、『若し痛む処あらば、茲の十宝を令て、一二三四五六七八九十と謂してふるへ。ゆらゆらとふるへ。かく為ば、死《まが》れる人も反り生きなむ。』是れ則ち所謂る布瑠之言の本なり。

高皇産霊尊勅して曰まはく、『もし葦原中国の敵、神人を拒ぎて待ち戦ふ者有らば、能く方便を為して、誘欺《おとずり》防拒《ふせ》ぎて治め平け令めよ』とのりたまひて、三十二人を令して並に防衛《とものを》として、天降り供へ奉らしめたまひき。

天香語山命　尾張連等祖
天鈿女命　猿女君等祖
天太玉命　忌部首等祖
天児屋命　中臣連等祖
天櫛玉命　鴨県主等祖
天道根命　川瀬造等祖
天神玉命　三重県主等祖
天椹野命　中跡直等祖
天糠戸命　鏡作連等祖
天明玉命　玉作連等祖

（略）

五部神を副へ従として天降り供へ奉らしめたまふ。

（略）

五部造を伴領と為て、天物部を率ゐて天降り供へ奉らしめたまふ。

（略）

天物部二十五部人、同じく兵仗を帯びて天降り供へ奉らしめたまふ。

（略）

船長同じく共に梶取等を率ゐて天降り供へ奉らしめたまふ。

（略）

饒速日尊天神御祖の詔を稟けて、天磐船に乗りて、河内国の河上哮峯に天降りまし、則ち大倭国の鳥見の白庭山に遷りましき。」

饒速日命はすめらみこと第一世天押穂耳尊の長子である。とかく旧事紀に伝へらるゝすめらみこと神話は説くのであるが、饒速日命は父なる天押穂耳尊供奉体制をそのまゝうけついで、河内国の哮峯、即ち生駒山に天降り、こゝから東に向つて、おそらくくにまぎ（国覔）とほつて、大和国の鳥見の白庭山に——さうとははつきり書かれてゐないにしても——底津磐根に宮柱太敷き立て、高天原に千木立知りて、あきら御神と神しづまりましたと説かれてゐる。かくて最初に取上げなければならぬのは、上掲供奉体制表に見らるゝ諸部神及び諸部である。

其ノ一、三十二部神

第一、天香語山命。

上掲饒速日命伝に見られる如く、この命は天降り以前、天上に生れた饒速日命の子である。即ち熊野の高倉下と、異名同神である。饒速日命から神武天皇に至るまでのすめらみこと統一国家大建設運動史上最重要極まりない立場に立つ大部神である。第九章に於て本格的検討に従ふ。

（略）

第五、天櫛玉命。

上掲三十二部神表中、この命は「鴨県主等祖」と註されてゐる。所で神代系紀中に、神皇産霊尊の児天神玉命もまた「葛野鴨県主等の祖」とある。であるから、天櫛玉命は天神玉命の子であると解せられる。所で鴨建角身命は鴨県主の祖である。「神皇産霊尊―天神玉命―天櫛玉命―鴨建角身命―玉依比古命」と系図し得るわけである。天櫛玉命は饒速日命と共に大和の生駒山に天降り、やがて山城の葛野に遷り、こゝを本居の地たらしめて、他の諸武神と協力して、すめらみこと統一国家建設運動の最深奥基盤を築き上げたことが考へられる。

（略）

以上のやうにして饒速日命供奉三十二部神は、おほむねその出自を高皇産霊神及び神皇産霊神に尋ね得る所の最古にして最大の部神である。而して此等の諸部神は大和或は畿内を中心として全国に散り分れて、しかも協力以て、すめらみこと統一国家建設運動の大基盤を構築したものと考へられる。

たゞ、饒速日命との直接的関係は余りにも漠然として、雲をつかむやうなものである。が実はこゝに最も注目す可き問題点がある。即ち上掲旧事紀の饒速日命伝に曰ふ、

「饒速日命既に神さりまして、復た天に上りたまはざるの時、高皇産霊尊、速飄神に詔りし曰まはく、『吾が神御子饒速日尊を葦原中国に使はしぬるに、うたがはしと思ほす所あり。故れ汝能く降りてかへりごとまうせ。』とのりたまひき。その時速飄神勅を奉りて降り来て、当に神さり坐せるを見て、即ち反り上り復命して云く『神御子ははや神さり坐しぬ』とまをしき」

といふによつて説明されてゐる。即ち饒速日命は生駒山、哮峯のふもと鳥見の地を中心として大和にすめらみこと統一国家を実現し得ずに終つたと説かれてゐる。

其ノ二、五部人。

（略）

其ノ三、五部造。

（略）

其ノ四、天物部二十五部。

（略）

其ノ五、船長。

（略）

如上、第一項より第五項に及ぶ検討を以て之を最も明確になし得るすめらみこと統一国家建設史上、

即ち日本民族史上、真に驚嘆す可き歴史的根本大事実は饒速日尊及び天香語山命を主軸とし、大和を中心地とする一大物部族の実勢力が強大極まりなかつた事のそれである。——それにも拘らず、饒速日命と天香語山命の記伝はわづかにそして幸に旧事紀のみに伝へられて、日本書紀と古事記からは全く其の姿を潜めてしまつてゐる。そして後代物部族は独り宇摩志麻治命によつてその命脈をつなぎとめらるゝの結果を来してをる。こゝに問題点がある。即ち饒速日尊すめらみこと統一国家は流産に終つたといふ事である。神武天皇の橿原宮すめらみこと統一国家建設運動検討上最重要点を如上の検討を以て、之を最も明確ならしめ得たと信ずる。

即ち、神武天皇東方大移動、而して大和入国、橿原宮建設以前に於て、大和に国家形体は実在しないのである。

而して橿原宮すめらみこと統一国家は放伐革命封建軍事国家ではない。同時に征服国家ではない。

而して、神武天皇は放伐革命王ではない。同時に征服王でもない。

我々の当面する問題は地誌関係に対する一考をはぶくことを許さない。大日本地名辞書（二一一〇）に見得る所を左に掲げて考に備へて置く。（略）

「鳥見郷

富小川の上游にして、今北倭村富雄村と曰ふ。続紀和銅七年条に登美箭田二郷とありて、和名抄又矢田郷あり。日本書紀、神武天皇長髄彦を撃ちたまふ条に、『有金色霊鵄（○略）長髄是邑之本号焉（○略）』

と述ぶ。今按に鵄瑞あるが故に其地を鵄邑と云ひ、後鳥見に訛といふは事因顚倒なるべし。鳥見は長髄彦の本邑にして、此地蓋是なり。磯城にも鳥見と名くる地あれど、彼の鳥見は皇師の長髄彦を破れる地にして、同名異地とす。神武天皇初め河内国より生駒山を踰えんとして、長髄彦に会戦したまふ。長髄彦の生駒山下層富県に占拠したる事推論すべし。長髄も邑名にて、鳥見の別称たるべし。其邑主をば長髄彦と云ふ。

白庭山

哮峯は河州北河内郡天之川の上、生駒山の北嶺なり。即ち大和生駒川の上とす。〔大和志・河内志〕白庭山は富小川の畔にして、延喜式登弥神社の地か。姓氏録に拠れば、鳥見姓は饒速日命の裔にして、長髄彦は其の外戚に当る。史料通信叢誌云、春日若宮嘉禎二年文書に拠るに今の磐船越をば上鳥見路と曰ふ。饒速日命を歛めし白庭は北倭村大字上の真弓山長弓寺の辺にありて弓塚と称す。」

饒速日すめらみことと国家の如きは影も形も映らない。さて、次に鳥見即ち層或は添地帯に於ける神社体制に就て一瞥するを要する。

神名帳、大和国添下郡にかく掲げられる。

「添下郡十座。（大四座小六坐）

（略）

各社の祭神を見る。

（略）

神社と祭神を併せ表示すれば次の如くである。

「添下郡十座。

矢田坐久志玉比古神社　饒速日命。

添御県坐神社　同上。

菅田比売神社　御炊屋姫命。

佐紀神社　不明。

菅原神社　饒速日命。

登弥神社　同上。

菅田神社　同上。

伊射奈岐神社　伊弉諾尊。」

神話の説く所と全く符節を合する。而して、右の如き神社体制を中心主体とする神社国家の実在を問題にすることは全く不可能である。

そこで饒速日命が御炊屋姫を妻として、忘形見として大和にのこした宇摩志麻治命の検討に移る。

第七章　宇摩志麻治命

宇摩志麻治命伝
石上神宮
宇摩志麻治命の根本性格

一、宇摩志麻治命伝

旧事紀、巻五、天孫本紀に、宇摩志麻治命検討上無上の資料を我々に恵む宇摩志麻治命伝が載せられてゐる。次の如くである。

「天照国照彦天火明饒速日尊。

児天香語山命。

弟宇摩志麻治命。（亦は味間見命と云ふ。亦は可美真手命と云ふ。）

天孫天津彦瓊瓊杵尊の孫、磐余彦尊、天下をしろしめさむと欲ほして、師を興して東を征ちたまふ。往く往く命に逆らふ者、蜂のごとく起りて未だまつろはず。中州の豪勇長髄彦本より饒速日尊の子、宇摩志麻治命を推して君と為てつかへまつる。此に至りて曰く、『天神の子豈両種あらんや。吾は他あることを知らず。』遂に兵を勒へて之を距ぐ。天孫の軍、連に戦へどもかつこと能はず。時に宇摩志麻治命舅の謀に従はず、もとれるを誅殺して、衆を帥ゐて帰順す。時に天孫、宇摩志麻治命に詔して曰まはく、『長髄彦、ひととなり狂はしく迷ひて、兵勢猛く鋭し。敵として戦ふに至らば誰か敢て勝に堪へむ。而るに舅の謀に拠らず、軍を帥ゐて帰順し、遂に官軍にまことあり。朕その忠節を嘉す。』特に褒寵を加へて、授くるに神剣を以てし、其の大勲に答へたまふ。凡そ厥の神劔韴霊の剣刀は、亦の名は布都主神の魂刀。亦佐土布都神と云ふ是れなり。復宇摩志麻治命、天神御祖の饒速日尊に授けたまひし天璽瑞宝十種を以て、天孫に奉献る。天孫大いに喜びたまひて、特に寵異を増したまふ。復宇摩志麻治命、天物部を率ゐて荒逆をきりたひらげ、亦軍を率ゐて海内を平定してかへりごとをまをす。天孫磐余彦尊有志に詔命して、始めて邸宅を造る。大歳辛酉庚申朔、天孫磐余彦尊、橿原宮に都して初めてあまつゆひつぎしろしめす。号して元年と曰ふ。皇妃媛蹈鞴五十鈴媛命を尊みて、立てて皇后と為す。即ち大三輪神の女なり。（略）

此日物部連等祖、宇摩志麻治命と、大神君の祖天日方奇日方命と、竝に拝《ま》けて申二食国政一大夫と為す。その天日方奇日方命は皇后の兄なり。但し中二食国政一大夫とは今の大連大臣なり、凡そ厥の瑞宝を斎き奉りて寿祚を祈み鎮め、兼ねて霊劔を崇めて国家を治め護る。此の如きの事、裔孫相承けて、大神を斎き奉る、具なる件左の如し。

児宇摩志麻治命。

この命は、橿原宮御宇天皇（神武）の御世に、元は足尼と為て、次には申二食国政一大夫と為て、大神を斎き奉る。活目邑の五十呉桃が女子師長姫を祀と為て、二児あれます。」

右、宇摩志麻治命伝によって、饒速日命とその子たる宇摩志麻治命との関係を最も具体的に明確に知ることが出来る。更に、長髄彦と饒宇両命との関係を具体的に知る事が出来る。而して更に饒宇両命及び長髄彦三者と神武天皇との関係を最も具体的に知る事が出来る。而して此の事によって、これまで各章に於て、検討を重ねて来た根本目的を最も具体的にして明確に知ることが出来るのである。即ち神武天皇大移動而して大和入国平定、而して橿原宮建設、一言橿原宮すめらみこと統一国家建設大業成就以前に於て、大和には鳥見即添を中心とする饒速日すめらみことと小国家は実在しなかったといふ歴史的根本大事実である。この歴史的根本大事実を、右宇摩志麻治命伝によつて最も具体的に明確に知ることが出来るのである。換言すれば、大和は各地域毎に分立して、統一なく、各地に於ける雄族首長による分治状態下に置かれ、国家的秩序実在せず、このまゝに推移するとせば国家的破産自滅に陥るの実情に在つたといふ歴史的根本事実を最も具体的に明確に知ることが出来る。即ち書紀、神武紀巻頭条に書かれてゐる所のそれである。

「神日本磐余彦天皇、諱は彦火火出見、彦波瀲武鸕草葺不合尊の第四子なり。母を玉依姫と曰す。海童の少女なり。天皇生れましながら明達、みこころかたくつよくます。年十五にして立ちて太子と為りたまふ。ひととなりたまひて、日向国の吾田邑の吾平津媛を娶りて、妃と為したまひ、手研耳命を生みたまふ。年四十五歳に及びて、諸兄及び子等に謂りて曰く、『昔、我天神、高皇産霊尊、大日孁尊、此の豊葦原瑞穂国を挙げて、我が天祖彦火瓊々杵尊に授けたまへり。是に火瓊々杵尊、天関を闢きて、雲路をおしわけ、みさきはらひおひていたります。是の時に運《よ》鴻荒にあひ、時草昧《くらき》にあたれり。かれ蒙《くら》くして以て正を養ひ、此の西偏をしろす。皇祖皇考、及神聖《かみひじり》にして、慶を積み、暉を重ね、多に年所を歴たり。而るに遼邈之地、猶未だ王沢に霑はず、遂に邑に君有り、村に長有り、各自ら疆を分ちて用て相凌轢はしむ。」

天物部族が鳥見即添に拠つてゐる。葛城族が葛城或は宇陀に拠つてゐる。就中、地祇族は強く大きく磯城即ち磐余にがんばつてゐて磯城彦の立場は他を圧するものである。このまゝで行けば、大和を中心としてのみ統一さる可きすめらみこと統一国家は自滅する外ない。神武天皇はこの日本の国家的自滅の大救済主として、東方大移動行動をおこし、大和を平定して、橿原宮に都した、即ち橿原宮すめらみこと統一国家建設大業を成就したのである。上掲旧事紀、巻五、天孫本紀に見らるゝ宇摩志麻治命伝は、この歴史的根本大事実を最も具体的に之を明確にしてゐる。

　右宇摩志麻治命伝中、特に注意せねばならぬ点が一つある。それは神劔師霊を神武天皇が宇摩志麻治命の忠誠帰順の功に報ゐむがために恩賞として下賜したと書かれてゐる点である。こんなデタラメは有り得ない。神武天皇は宇摩志麻治命に師霊を授けて、大和平定の最後の軍事行動をとり行はしめたのであることは、最初に天香語山命が神劔師霊の威力によつて、熊野灘大遭難、荒坂津に於ける死地の状態から神武天皇を救ひ出したと事の性質は全く同一である。天香語山命が奉献した神劔師霊については何事も具体的に書かれてゐないから、推測を下し得るに過ぎないのであるが、しかし、神劔師霊奉斎職が天香語山命から宇摩志麻治命の手に遷つてゐる点から見れば、長髄彦は神劔師霊の神霊の威力によつて斬りはらはれたのであると断定しうる。而して是によつて大和平定最後の目的が達成されたのであると断定し得る。かくて宇摩志麻治命伝に見らるゝ所はまた日本書紀に見らるゝ所と完全に一致する。

「天皇独皇子手研耳命と軍を帥ゐて進み、熊野荒坂津に至ります。因りて丹敷戸畔といふ者を誅ふ。時に神毒気を吐きて、人物ことごとにをえぬ。是に由りて皇軍復た振ること能はず。時に彼処に人有り、号を熊野高倉下と曰ふ。忽に夜夢みらく、天照大神武甕雷神に謂りて曰まはく、『夫の葦原中国猶さやけりなり。宜べ汝更た往きて征て。』武甕雷神対へて曰さく、『予まからずと雖も、予が平国《くにむけ》之《し》劔《つるぎ》を下さば、則ち国将に自らにむけなむ。』天照大神曰く『うめなり。』時に武甕雷神すなはち高倉下に謂りて曰く、『予が劔の号を韴霊と曰ふ。今当に汝が庫の裏に置べし。宜べ取りて天孫に献れ。』高倉下『唯唯《おお》』と曰すとみて寝めぬ。明旦、夢の中の教に依りて、庫を開けて視るに、果して落ちたる劔あり。倒に庫の底板に立てり。即ち取りて以て進る。」

天照大神高倉下に託宣して、大和平定は出雲平定と同様、神劔韴霊神霊の威力即鹿島大神神霊の威力によつて成就さるべしといふのである。神劔韴霊の長髄彦誅滅は正にこの天照大神大神託に基づいて成就されるといふ神話的説明を右に於て見出し得る。宇摩志麻治命検討上の最重要点がこゝにある。即ち宇摩志麻治命の根本性格は鹿島大神に在ると説かれてゐる事を見出し得るからである。

そこで石上神宮が問題になる。

二、石上神宮

上掲宇摩志麻治命伝の後に、物部系譜はかくつゞけられる。

「児宇摩志麻治命。

（略）

六世孫武建大尼命。（欝色雄大臣の子）。

孫妹伊香色謎命。（大綜杵大臣の子）。

此の命は軽境原宮御宇天皇立てて皇妃と為て彦太忍信命をあれます。天皇崩りまして後、春日宮御宇天皇、即ち庶母を以て立てて皇后と為して皇子をあれます。即ち是れ磯城瑞籬宮御宇天皇（○崇神）なり。尊びて皇太后と為す。纏向天皇（垂仁）の御世に追て太皇太后を贈る。

弟伊香色雄命。

此の命は、春日宮御宇天皇の御世に以て大臣と為る。磯城瑞籬宮御宇天皇の御世に大臣に詔りして神物を班つ者と為す。天社国社を定め、以て物部八十手が作れる祭神之物を以て、八十萬の群神を祭る。時に建布都大神を大倭国の山辺郡の石上邑に遷す。則ち天祖の饒速日尊に授けたまひて天より受け来し天璽瑞宝も同じく共に蔵めて斎ひまつる。号けて石上大神と曰す。（○略）」

石上神宮建立の事情を具体的に知る事が出来るが、崇神天皇朝に於ける宗教大革命に際して、これまで、天照大神八咫鏡と共に天皇同殿に奉斎されて来た韴霊も、天照大神八咫鏡が五十鈴宮に遷されたと同様に大和国、山辺郡の石上邑に遷され、之を称して石上神宮と曰ふに至つたのである。そして宇摩志麻治命以来、韴霊奉斎の職に任じて来た物部宗家の者をして、宇摩志麻治命にはじまる韴霊奉斎職をうけつがしめて、専ら石上神宮管掌の事に当らしめたのである。こゝに宇摩志麻治命の根本性格がある。

三、宇摩志麻治命の根本性格

宇摩志麻治命の根本性格は鹿島大神の根本性格を以てするといふ一語に尽きる。而して鹿島大神の根本性格は忠誠至上大神たることを以てする。而して之を最も明確に説明するものは国土平定神話である。また神武天皇の大和平定神話は鹿島大神国土平定神話の複製神話に他ならない。

であるから、宇摩志麻治命の根本性格を明確にするためにはどうしても鹿島大神の根本性格を明確に知らねばならぬ。が、鹿島大神の根本性格検討は第九章「天香語山命」に譲る。こゝでは宇摩志麻治命はその根本性格を鹿島大神のそれを以てし、しかも鹿島大神奉斎をその特殊職務とするところの物部伴造であつて、他の諸伴造と共に、すめらみこと中央祭司として、橿原宮すめらみこと統一国家の中央政府構成員の一人として、神武天皇側近の大忠至誠の重臣であるといふ点のみを明確になし得れば足りる。

であるからその根本性格に至つては中臣、大伴、猨女等の神代大雄族のカバネと少しも異るものではないのである。こゝに放伐革命現象又は征服現象を観得るや否やに至つては超愚論、問題となし得る限りの事柄ではない。

所で、上掲、宇摩志麻治命伝中には、師霊に関する記述と共に最も注目す可き事柄が述べられてゐる。それは宇摩志麻治命が神武天皇皇后媛蹈韛五十鈴媛命の兄即ち天皇外戚、天日方奇日方命と竝んで中二食国政一大夫即ち後の大連に当る最重要ポストに就いて橿原宮構成の大任に当つたと書かれてゐる点である。実にこゝに橿原宮すめらみことと統一国家の大基礎が厳存する。因つて、天香語山命の検討より前に天日方奇日方命をとり上げねばならぬ。

第八章　天日方奇日方命

一、天日方奇日方命伝

書紀、崇神天皇七年条にかく見られる。

「天皇夢の辞を得て益心に歓びたまひ、天下に布告ひて、太田田根子をもとめたまふ。即ち茅渟県、陶邑に於て大田田根子を得て貢る。天皇親ら神浅茅原に臨まして諸王卿及び八十諸部を会へて、大田田根子に問ひて曰く、『汝は其れ誰の子ぞ。』対へて曰く、『父をば大物主大神と曰ふ。母をば活玉依媛と曰ふ。』陶津耳の女なり。（亦云ふ。奇日方天日方、武茅渟祇の女なり。）」

右には天日方奇日方命が逆に「奇日方天日方」になつてゐるが、書紀に見得る天日方奇日方命の名はわづかにこのくらゐのものである。橿原宮すめらみこと統一国家検討上、饒速日命及び宇摩志麻治命と同様に――ある意味では遥かに重大な――重要な検討対象たるべきものなるにも拘らず、これまで諸家の検討対象たり得ずに埋れて来た。であるからこゝに天日方奇日方命名を挙げるを見て怪しみ思はるゝであらう。――さて古事記には右相当段にかく見られる。

「此の天皇の御代に疫病多に起り、人民死せて尽きなむとす。ここに天皇愁嘆たまひて、神牀《かむどこ》に坐しませる夜、大物主大神、御夢に顕れてのりたまはく、『是は我が御心ぞ。かれ意富多多泥古を以て、我が御前を祭らしめたまはば、神の気起らず、国平安《たひら》ぎなむ』とのりたまひき。是を以て駅使を四方に班ちて、意富多多泥古てふ人を求むる時に、河内之美努村に其の人を見得て貢進りき。ここに天皇『汝は誰が子ぞ』と問ひたまひき。『僕は大物主大神、陶津耳命の女活玉依姫に娶ひて生みませる子、号は櫛御方命の子飯肩巣見命の子建甕槌命の子僕、意富多多泥古』とまをしき。」

こゝでは櫛御方命と書かれてゐる。そして、大物主大神の子とされてゐる。また媛蹈鞴五十鈴媛命の兄である。旧事紀と食ひ違ひはない。「大物主神――天日方奇日方命――飯肩巣見命――建甕槌命――大田田根子命」と系せられるわけである。所で書紀、崇神天皇八年条に、「所謂大田田根子は今の三輪君等の始祖なり」とあるが、三輪君の本来の初祖は天日方奇日方命である。

――所で、書紀、神代上、最後の一書に、

「是の時大己貴神問ひて曰く、『然らば汝は是れ誰ぞ。』対へて曰さく、『吾は是れ汝が幸魂奇魂なり。』大己貴神の曰く、『うべ然なり。廼ち汝は是れ吾が幸魂奇魂なりけりと知れぬ。今何処にか住まむと欲ふや。』対へて曰さく、『吾れ日本国の三諸山に住まむと欲す。』かれ即ち宮を彼処につくりて就きてましまさむ。此れ大三輪の神なり。此の神の子、即ち甘茂君等、又姫蹈鞴五十鈴姫命なり」

とあるが、これは、「甘茂君等、大三輪君等が祖天日方奇日方命、又姫蹈鞴五十鈴姫命なり」と書かる可きものである。所で、古事記には姫蹈鞴五十鈴姫命は伊須気余理比売になつてゐる。神武段にかく見られる。

「ここにその伊須気余理比売命の家狭井河の上に在りき。天皇其の伊須気余理比売のもとにいでまして、一宿《ひとよ》御寝ましき。其の河を佐韋河と謂ふ由は、其の河辺に山由理草多かりき。故其の山由理草の名を取りて佐韋河と号けき。山由理草の本の名左韋と云ひき。」

狭井は三輪山の北ふもと、狭井神社のある処である。こゝにまた天日方奇日方命の本居を考へ得るであらう。天日方奇日方命は高倉下が熊野の国神であり、八咫烏が宇陀又は葛城の国神である時に此等の大和の大いなる国神、大和中心部磯城の大国神なることがわかる。此の点は天日方奇日方命検討上最も重大である。天日方奇日方命は大物主大神の神裔であり、而して大和第一の国神の立場に於て、その妹媛蹈韛五十鈴媛命を納れて神武天皇皇妃たらしめ、かくして奇日方命は天皇外戚として橿原宮すめらみこと統一国家の大バックボーンたる根本大事実を最も明確に知る事が出来るからである。

所で、古事記にかく見られる。

「神沼河耳命、葛城高岡宮にましまして天下治しめしき。此の天皇、師木県主の祖、河俣毘売を娶りて生みませる御子師木津日子玉手見命。」

師木県主の祖、河俣毘売はあり得ない。師木県主の祖の下には県主の姓名某と「女」(むすめ)が脱字してゐる。(略)

所で書紀、綏靖紀に、

「元年春正月壬申朔己卯、神渟名川耳尊即天皇位。(○中略)二月春正月、五十鈴依媛を立てゝ、皇后と為したまふ。即ち天皇の姨《みをば》なり。后、磯城津彦玉手看天皇をあれます。」

とある。五十鈴依媛命は河俣比売異名同人であるが、綏靖天皇の姨であつて、神武皇后、媛蹈韛五十鈴媛の妹である。――かくて天日方奇日方命は神武・綏靖・安寧の三大に亘つて、外戚であつて、橿原宮すめらみこと統一国家の現実なる大バックボーンであるといふ歴史的根本大事実を最も明確に知る事が出来るが、天日方奇日方命は橿原宮すめらみこと統一国家建設大業成就上、他の如何なる重臣、即ち伴造「とものみやつこ」即中央すめらみこと祭司よりも遥かに重要な立場に立つ者であるといふ歴史的根本事実を最も明確に知る事が出来る。而して天日方奇日方命と天皇との関係を具体的に明確に伝ふるものは、旧事紀、巻四、地神本紀に載せらるゝ地祇系譜に如くものはない。

「素戔嗚尊。

児大己貴神。（亦の名は大国主神。亦大物主神と云す。亦国造大穴牟遅命と云す。亦顕見国玉神と云す。亦葦原醜雄命と云す。亦は八千矛神と云す。竝せて八名あり。其の子凡て百八十一神なり。）

（〇中略）

孫都味歯八重事代主神。

八尋熊鰐となりて、三島の溝杭の女玉依姫に通ひて、一男二女を生れます。

児天日方奇日方命。

此の命は、橿原朝（神武）の御世、勅して食国政申大夫と為て供へ奉る。

妹姫蹈鞴五十鈴姫命。

此の命は、橿原朝立てて皇后と為て、二児をあれます。即ち神沼名河耳天皇。（綏靖）次に彦八井耳命是れなり。

次妹五十鈴依姫命

此の命は、葛城高岡朝（綏靖）立てて皇后と為し、一児をあれます。即ち磯城津彦玉手看天皇（安寧）なり。

三世孫天日方奇日方命。（亦の名は阿田都久志尼命）

此の命は、日向の賀牟度美良姫を娶りて一男一女を生れます。

児建飯勝命。

妹渟名底姫命。

此の命は、片塩浮穴御宇天皇（安寧）立てて皇后と為て四児をあれます。即ち大日本根子彦耜友天皇。（懿徳）次に常津彦命。次に磯城津彦命。次に手研彦友背命なり。」

天日方奇日方命は第四代懿徳の外祖父である。

所で、書紀、懿徳紀、巻頭に、

「大日本根子彦耜友天皇は磯城津彦玉手看天皇の第二子なり。母を停名底仲媛命と曰ふ。事代主神の孫鴨王の女なり」

とある。天日方奇日方命はまた鴨王と称せられる。鴨王命は十市御県神社の祭神であるが、和州五郡神社神名帳大略注解附録、十市県主系図は、天日方奇日方命検討上、頗る参考に資す可きものであり、左に掲げて置く。

（略）

右に照らして見れば、天日方奇日方命即鴨王命から、史上、頗る注目す可き春日県主、後の十市県主が出て、数多き皇妃を出してゐる。

天日方奇日方命の統率下に置かれたる大和の大地祇族は、橿原宮すめらみこと統一国家の現実なるバックボーンであるといふ歴史的根本大事実を最も明確に知る事が出来る。しかもこゝに最も注目すべき点は、この偉大なる外戚的勢力を以てして、漢史に見らるゝ如き外戚的擅権現象を示さなかった点である。この事の由来する所は一に天日方奇日方命の忠誠性格にあると断ぜねばならぬ。この事は橿原宮すめらみことゝ統一国家建設運動検討史上最も重要な点である。大物主神及びその子と系せらるゝ事代主の性格検討を省略するわけにはゆかない。

二、大物主神の根本性格

地祇族は素戔嗚尊を以て元祖とする。素神には誓約三女神の外に大国主神等多くの児がある。旧事紀巻四、地祇本紀の地祇系譜にかくの如く掲げられてゐる。

「素戔嗚尊。

此尊、天照太神共に誓約ひて、則ちあれませる三女、是れ爾が児なりと。

号田心姫命。

（亦の名は奥津島姫命。亦瀛津島姫命。宗像奥津宮に坐す。是れ遠瀛島に居ます者《かみ》なり。）

次市杵島姫命。

（亦の名は佐依姫命。亦は中津姫命と云す。宗像中津宮に坐す。是れ中津宮に居ます者なり。）

次湍津姫命。

（亦の名は多岐津姫命。亦の名は辺津島姫命。宗像辺津宮に坐す。是れ海浜に居ます者なり。）

已上の三神は、天照大神あれませる三女神を、『是れ汝が児なり』とのたまひて、因て素戔嗚尊に授けたまひて、則ち葦原中国に降します。『宜しく筑紫国の宇佐島に降り居して、北の湖の道中に在るべし』とのりたまふ。号を道中貴と曰す。因りて教へて曰まはく、『天孫を助け奉りて、天孫の為に祭きまつれ。』即ち宗像君の祭《いつき》まつる神なり。亦云ふ。水沼君の祭まつる竝三柱の神は宗像君の斎き祠る三前の大神なり。

次五十猛神。（亦大屋彦神と云す）

次大屋姫神。

次抓津姫神。

已上の三柱の神は、竝に紀伊国に坐す。則ち紀伊国造の斎き祠る神なり。

次事八十神。

次大己貴神。（倭国城上郡大三輪神社に坐す）

次須勢理姫命。（大三輪大神の嫡后なり）

次大年神。

次稲倉魂神。

次葛木一言主神。（倭国葛上郡に坐す）」

其の性格を根本的に異ならしむる所のいくつかの神団が素神下に包摂されてゐる。就中、出雲の大国主神と三輪大物主神とは大己貴神、「オオナムヂノカミ」の名によって、同神化されてゐる。出雲大国主神と大和大物主神とは共に地祇大神であつて、素戔嗚尊の児とされるものではあるが、この二地祇大神はその性格を根本的に異ならしむる所の別神であつて、是を同神とすることは許されないものである。所が崇神・垂仁の大物主神信仰を基本とする宗教大革命の結果、高皇産霊神と三輪大物主神との主従関係を切り離つて、三輪大物主神を出雲大国主神に結び付けて、しかもこの二神を同神化するに至つた。かうして三輪大物主神は出雲大国神主とその性格を同一にするかの如く誤られてしまつたのである。かくの如き崇神・垂仁宗教人革命の結果もたらさるゝに至つた三輪大物主神と出雲大国主神との同神化は、三輪大物主神の根本性格を根本的に誤ることになるから、三輪大物主神根本性格検討上特に注意を払はねばならぬ。

所で三輪大物主神神話を先づ、最初にとり上げることにする。古事記にかく見られる。

「かれそれより大穴牟遅と少名毘古那と二柱の神相並ばして、此の国作り堅めたまひき。然て後には、其の少名毘古那神は、常世国に度りましき。（○略）

ここに大国主神愁ひまして、『吾独りしていかでかも此の国を得作らむ。孰れの神と与に、吾は此の国を相作らまし』と告りたまひき。是の時に海をてらして依り来る神有り。其の神の言りたまはく、『我が前を能く治めてば、吾共与に相作り成してむ。若し然らずば国成り難てまし』とのりたまひき。かれ大国主神曰したまはく、『然らば治め奉らむ状はいかにぞ』とまをしたまへば、『吾をば倭の青垣東の山上にいつき奉れ』とのりたまひき。此は御諸の山上に坐す神なり。」

三輪大物主神は出雲大国主神をたすけて豊葦原瑞穂国を修理固成したが、出雲大国主神とは説かれてゐない。三輪大物主神はその根本性格を少名毘古那神と同一にする所のものであつて出雲大国主神とは異なる神であると説かれてゐる。そこで、三輪大物主神とその根本性格を同一にするものとされる少名毘古那神に就いて神話の説く所に聴いて見る必要がある。すると古事記の同所に、

「かれ其の少名毘古那神を顕し白せりし所謂久延毘古は、今に山田の曾富騰といふ者なり。此の神は、足はあるかねども、天下の事を尽に知れる神になもありける。」

少名毘古那神は稲の神であると説かれてゐる。

——日本書紀、神代上附録一書神話に、

「一書に曰く、大国主神、亦の名は大物主神、亦は国作大己貴神と号す。亦は葦原醜男とまをす。亦は八千戈神とまをす。亦は大国主神とまをす。亦は顕国玉神とまをす。其の子凡て百八十一神ます。夫の大己貴命、少彦名命と力を戮せ心を一にして天下をつくる。復た顕見蒼生及び畜産の為に、則ち其の病を療む方を定む。又鳥、獣、昆虫のわざはひを攘はむ為には則ちその禁厭之法を定む。是を以て百姓今に至るまで咸恩頼を蒙れり」

とある。少名彦名神は最も大いなる医薬神とされる。また大物主神も同様である。所で医薬神少彦名神本来の性格は酒神である。古事記、神功皇后の段にかく見られる。

「ここに還り上り坐せる時に、其の御祖息長帯日売命、待酒を醸みて献らしき。かれ其の御祖の御歌。

この御酒は　わが御酒ならず
くしの神　常世にいます
石立たす　少名御神の
神寿ぎ　寿ぎくるほし
豊寿ぎ　寿ぎもとほし
まつり来し　御酒ぞ
あさず食せ　ささ

かく歌はして大御酒献らしき。ここに建内宿禰命、御子の為に答へ奉れる歌、

この御酒を　醸みけむ人は
その鼓　臼に立てて
歌ひつゝ　醸みけれかも
舞ちつゝ　御酒の、あやに
うた楽し　ささ

此は酒楽の歌なり。」

所で日本書紀、崇神天皇八年条にかく見られる。

「八年夏四月庚子朔乙卯、高橋邑の人活日《いくひ》を以て大神の掌酒と為したまふ。冬十二月丙申朔乙卯、天皇大田田根子を以て大神を祭らしめたまふ。この日に活日自ら神酒をさゝげて天皇に献る。仍りて

歌よみして曰く、

コノミキハ　ワガミキナラズ
ヤマトナス　オホモノヌシノ
カミシミキ　イクヒサ、イクヒサ

かく歌ひて、神宮に宴したまひき。即ち宴竟りて、諸大夫歌ひて曰く、

ウマサケ　ミワトトノ
アサトニモ　イデテユカナ
ミワノトノドヲ

ここに天皇歌みして曰く、

ウマサケ　ミワトノノ
マサトニモ　オシヒラカネ
ミワノトノドヲ

即ち神宮の門を開きていでます。」

大物主神は少彦名命と同様、本原的酒神であると説かれてゐる。即ち三輪大物主神は、出雲大国主神のやうな弓矢神ではないと説かれてゐる。——古事記に大国主神についてかく見られる。「御祖命、子に告りたまはく、『須佐能男命の坐す根堅洲国にまゐでてよ。必ず其の大神謀りたまひなむ』とのりたまふ。

（略）

かれ其の大刀・弓を持ちて其の八十神を追ひくる時に、坂の御尾ごとに追ひ伏せ、河の瀬ごとに追ひはらひて、国作り始めたまひき。」

この弓矢大国主神に就いて、三輪の大物主神のやうな酒神的性格は一言も語られてゐない。所で三輪大物主神根本の中核問題はすめらみこととの根本関係である。此点に就いて先づ出雲大国主神に就いて説かれてゐる所は即ち国土平定神話である。古事記にかく見られる。

「天照大御神の命以ちて、『豊葦原之千秋長五百秋之水穂之国は我が御子正勝吾勝勝速日天忍穂耳命の知らさむ国』と言因さしたまひて、天降したまひき。ここに天忍穂耳命、天浮橋に立たして詔りたまはく、『豊葦原之千秋長五百秋之水穂之国はいたくさやぎてありなり』とのりたまひて、更に還り上らして、天照大御神にまをしたまひき。かれ高御産巣日神・天照大御神の命以ちて、天安河の河原に、八百萬の神を神集へに集へて、思金神に思はしめて詔りたまはく、『此の葦原中国は我が御子の知らさむ国とことよさしたまへる国なり。かれ此の国にちはやぶる荒振る国神の多なるとおもほすは、いづれの神を使はしてかことむけまし』とのりたまひき。ここに思金神また八百萬の神議りて、『天菩比神是れ遣はしてむ』とまをしき。かれ天菩比神を遣はしつれば、やがて大国主神に媚びつきて、三年になるまでかへりごとまをさざりき。」

大国主神はすめらみことの敵対神でないにしても、忠誠神ではないと説かれてゐる。天菩比神の次に天菩若日子が、国土返上説得使として大国主神のもとに派遣されたが、

「ここに天若日子其の国に降りつきて、やがて大国主神の女、下照比売を娶とし、亦其の国を獲むと慮りて、八年になるまでかへりごとをまをさざりき」

で、大国主神は説得し得る神ではない。すめらみこと敵対神ではないが、無限抵抗神であると説かれてゐる。即ち武力神を遣はして、国土を平定せしめる外に途はない。そこで鹿島大神が遣はされる。

「出雲国の伊那佐の小浜に降りつきて、十掬劔を抜きて、波の穂に逆さまに刺し立てて、其の劔の前《さき》に趺み坐て、其の大国主神に問ひたまはく、『天照大神高木神（○高皇産霊神）の命以ちて問ひに使はせり。汝がうしはける葦原中国は、我が御子の知らさむ国とことよさしたまへり。かれ汝が心いかにぞ。』ととひたまふ時に、こたへまつらく、『僕は得まをさじ。我が子八重事代主神、これをまをすべきを鳥の遊、すなどりしに御大之前に往きて、未だ還り来ず。』とまをしき。かれここに天之鳥船を遣して、八重事代主神を徴し来て問ひ賜ふ時に、その父の大神に、『かしこし、此の国は天神の御子にたてまつりたまへ』と言ひて、即ちその船を蹈み傾けて、天逆手を青柴垣に打成して隠りましき。」

右に於て、最も注目す可き点は、事代主神の忠誠神的性格が最も明確に説かれてゐる点である。そして、出雲大国主神は事代主神の説得に従ふ事を肯じないと説かれてゐる点である。この二神の忠誠神非忠誠神の対立関係は最も注目を要する。即ち事代主神は出雲の神ではなくて、大和の神である。而して事代主神は大物主神を父とする。であるからこの事代主神の忠誠神性格は大物主神に由来するものであつて、大物主神は本源的忠誠神であるといふ説明を見出し得る。而してこゝに大物主神の根本性格がある。前に大物主神は酒神であつて、弓矢神なる出雲大国主神とその神性格を根本的に異ならしむるものであると云ふ神話の説明を見出し得たが、次にこゝでは大物主神は忠誠神であるのに対して大国主神は非忠誠神或は抵抗神であるといふ説明を見出し得る。

「かれここに其の大国主神に問ひたまはく、『今汝が子事代主神かくまをしぬ。亦まをすべき子有りや。』ととひたまひき。ここに亦たまをしつらく、『亦我が子建《たけ》御《み》名《な》方神《かたのかみ》あり。此をおきてはなし。』かくまをしたまふをりしも、其の建御名方神、千引石を手末にさゝげて来て、『誰ぞ、我が国に来て、忍び忍びかく物いふ。然らば力くらべせむ。かれ我れ先づ其の御手を取らむ。』と言ふ。かれ其の御手を取らしむれば、即ち立氷に取成し、亦劔刀に取成しつ。かれ懼れて退き居り。ここに其の建御名方神の手を取らむと乞帰して取れば、若草を取るがごとつかみひしげて投げ離ちたまへば、即ち逃げ去にき。かれ追ひ往きて、科野国の洲羽海にせめ到りて、殺さむとしたまふ時に、建御名方神まをしつらく、『恐し、我をな殺したまひそ。此の地を除きては、他処に行かじ。亦我が父大国主神の命にたがはじ。八重事代主神の言にたがはじ。此の葦原中国は天神の御子の命のまにまにたてまつらむ』とまをしたまひき。かれ更にまた還り来て、其の大国主神に問ひたまはく、『汝が子等事代主・建御名方神二神は、天神の御子の命のまにまにたがはじとまをしぬ。かれ汝が心いかにぞ』ととひたまひき。ここに答へまつらく、『僕が子等、二神のまをせるまにまに僕もたがはじ、此の葦原中国は命のまにまにはや献りぬ。ただ僕が住所をば、天神の御子の天津日継しろしめさむ、とだる天之御巣なして、底津岩根に宮柱太しり、高天原に氷木高しりて治めたまはば、僕は百足らず八十坰手に隠りて侍ひなむ。亦僕が子等百八十神は、八重事代主神、神の御尾前となりて仕へ奉らば、たがふ神はあらじ。』

かくまをしてかくりましき。』

右によれば出雲国家の最大の抵抗神は信濃建御名方神であると説かれてゐる。この信濃の建御名方神の抵抗神的性格は、事代主神の忠誠心的性格がその父とされる三輪の大物主神に由来するものであると同様に出雲大国主神に由来すると説かれてゐるのを見出し得る。而して此等の出雲国家に於ける抵抗神の忠誠神への復帰の主体神は事代主神であると説かれてゐるのである。

であるから天孫天降に於ける国土平定の大業は至大忠誠神鹿島大神を主体として、事代主を副主体とし、この二大忠誠神の協力体制を以て成就されたのであると説かれてゐるのを見出し得るのである。上天孫降臨国土平定神話は、正に神武天皇大和平定神話の本原的平定神話なる根本事を見出し得る。上の如くにして、大物主神根本性格検討上、而して橿原宮すめらみこと統一国家建設運動検討上、最も注目す可き基礎問題の存する所を最も明確に知る事が出来る。——そこで此点に就いての大物主神神話に就いて尚更に検討を加へねばならぬ。

書紀、神代下、一書神話にかく見られる。

「一書に曰く、天神、経津主神、武甕槌神を遣して葦原中国をしづめしむ。（〇中略）既にして二神出雲の五十田狭の小汀にあまくだりて、大己貴神に問ひて曰く、『汝将に此の国を以て天神に奉らんやいなや。』対へて曰さく、『疑ふ汝二神は是れ吾が処に来せるにあらざるか。故れ許すべからず。』といふ。是に経津主神則ち還り昇りて報告す。時に高皇産霊尊乃ち二神を大己貴神に勅して曰く、『今汝が言すことを聞くに、深く其の理あり。故れ更におちおちにして勅したまふ。夫れ汝が治す顕露事、宜しく是れ吾孫治すべし。又汝は則ち神事を治すべし。又汝は天日隅宮に住むべし。今つくりまつらん。即ち千尋栲縄を以て結ひて百八十紐にせん。その宮を造る則は、柱は高く太く、板は則ち広く厚くせん。又田つくらん。又汝が往来ひて海に遊ぶ具の為に、高橋・浮橋、及び天鳥船亦作らん。又汝が祭祀を主らん者は天穂日命是れなり。』是に大己貴神報へて曰さく、『天神の勅教かく慇懃なり。敢て命に従はざらんや。吾が治す顕露事は、皇孫まさに治めたまふべし。吾は将に退きて幽事を治めん。』乃ち伎神を二神に薦めて曰さく、『是れまさに我に代りて従ふ奉るべし。吾は将に此よりさりなん』といひて、即ち躬に瑞の八尺瓊を披ひて長く隠れき。故れ経津主神、岐神を以て嚮導と為して、めぐりあるきつゝしづむ。逆命者をば即ちまたころし、帰順者をばしきりにまたほむ。是の時に帰順ふ首渠は大物主神及び事代主神なり。乃ち八十萬神を天高市にあつめ、帥ゐて以て天に昇りて其のまことの至れるを陳す。時に高皇産霊尊、大物主神に勅すらく、『汝若し国神を以て妻とせば、吾れ猶汝を疏き心ありと謂はむ。故れ今、吾が女、三穂津姫を以て汝に配せて妻とせん。宜しく八十万神を領ゐて、永に皇孫の為に護り奉れ。』乃ち還し降らしむ。」

出雲大国主神と三輪大物主神とが大己貴神といふ称号のもとに一つに折り重なつて解けないまでに混同されてゐるが、この混同は崇神垂仁宗教大革命後に発生したものである。そこで上文中から出雲関係神話、即ち五十田狭小汀と、天日隅宮を除かねばならぬ。即ち、「汝が祭祀を主らん者は天穂日命是れなり」とある前文を除き去って、「是に大己貴神報へて曰さく」以下だけを取り上げて見なければならぬ。そして、「大己貴神」の代りに「大物主神」を以てせねばならぬ。かくして読返して見ればまがふかたなき三輪大物主神神話である。であるから、上文に照して見ても、最後の部分には「大己貴神」とは曰はずに「大物主神及び事代主神」なつてゐる。そしてこの最後の部分に於て、大物主神本来神話を見出し得る。即ち再録すればかうである。

「是の時に帰順ふ首渠は大物主神及び事代主神なり。乃ち八十万神を天高市にあつめ、帥ゐて以て天に昇りて其のまことの至れるを陳す。時に高皇産霊尊、大物主神に勅すらく、『汝若し国神を以て妻とせば、吾れ猶ほ汝を疏き心ありと謂はむ。故れ今吾が女三穂津姫を以て汝に配せて妻とせん。宜しく八十万神を領ゐて、永に皇孫の為に護り奉れ。』」

大物主神はその子事代主神と全く同一性、最も偉大なる忠誠神であると、最も明確に説かれてゐる。而して、こゝに大物主神の根本性格が存することを最も明確に知る事が出来る。――この大物主神の根本性格は橿原宮すめらみこと統一国家建設運動検討上最も注目す可き点である。何故ならばこゝに橿原宮すめらみこと統一国家建設運動の大根柢が厳存するからである。

三、磯城・高市神社体制

そこで磯城・高市の神社体制が最も重大な問題として取り上げられねばならぬ。

(略)

(イ) 磯城神社体制

延喜式、神名帳、大和国城上郡卅五座に次の如く掲げられてゐる。

「城上郡卅五座。（大十五座、小廿座）

（略）

次に祭神を見る。

（略）

以上の結果に基き、城上二十五社及び城下十四社、合計三十九社の社号とその祭神とを併記すれば次の如くである。

「磯城三十九社

大神大物主神社	大物主神。
神坐日向神社	天日方奇日方命。
穴師坐兵主神社	素戔嗚尊。
巻向坐若御魂神社	稚産霊神。
他田坐天照御魂神社	饒速日命。
志貴御県坐神社	天日方奇日方命。
狭井坐大神荒魂神社	大物主神。
忍坂坐生根神社	同上。
長谷山口坐神社	大山祇神。

忍坂山口坐神社　同上。
等彌神社　饒速日命。
殖栗神社　同上。
水口神社　同上。
桑内神社　同上。
曳田神社　大物主神。
宇太依田神社　同上。
玉列神社　同上。
伊射奈岐神社　伊弉諾尊。
綱越神社　大物主神。
稔代神社　大宣都比売神社。
穴師大兵主神社　大物主神。
若桜神社　饒速日命。
堝倉神社　不明。
高屋安倍神社　大宣都比売神社。
宗像神社　宗像三女神。

（已上城上郡）

村屋坐彌富都比売神社　三穂津姫命。
池坐朝霧黄幡比売神社　幡栲千千姫命。
鏡作坐天照御魂神社　饒速日命。
千代神社　不明。
岐多志太神社　饒速日命。
倭恩智神社　大宣都比売神社。
比売久岐神社　同上。
服部神社　同上。
富都神社　三穂津姫神社。
糸井神社　不明。
村屋神社　三穂津姫神社。
鏡作伊多神社　天香語山命。
鏡作麻気神社　同上。
久須々美神社　不明。
（已上城下郡）」

右に依つて之を最も明確になし得る最重要根本問題は、此に観らるゝ磯城神社体制と前掲日本書紀神代下に見らるゝ一書は大物主神神話及び旧事紀に伝へらるゝ饒速日命神話との間に成立する完全なる相互説明の成立を見出し得る。即ち、神武天皇橿原宮すめらみことゝ統一国家建設運動の根柢の厳存する所を最も明確にすることが出来る。

さて、次に高市神社体制に就いて見なければならぬ。

(ロ)、高市神社体制

神名帳に次の如く掲げられる。

「高市郡五十四座。(大卅三座。小廾一座)

(略)

そこで、各社の祭神を見る。

(略)

そこで社号と祭神を併記表示すれば左の如くである。

「高市郡三十三社

高市御県坐鴨事代主神社　事代主神。

飛鳥坐神社　同上。

宗我坐宗我都比古神社　同上。

飛鳥山口坐神社　大山祇神。

甘樫坐神社　直毘神。

稲代坐神社　稲倉魂神。
牟佐坐神社　生産霊神。
畝火山口坐神社　大山祇神。
高市御県神社　事代主神。
巨勢山坐石椋孫神社　天香語山命。
鷺栖神社　不明。
軽樹村坐神社　同上。
天高市神社　事代主神。
治田神社　不明。
太玉命神社　太玉命。
櫛玉命神社　大物主神。
加夜奈流美命神社　加夜奈流美命。
飛鳥坐宇須多伎比売神社　多伎津姫。
東大谷日女命神社　不明。
呉津孫神社　阿智使主。
川俣神社　事代主神。
気都和気神社　素戔烏尊。

大歳神社　　　　大歳神。
波多神社　　　　不明。
御歳神社　　　　御歳神。
於美阿志神社　　阿智使主。
鳥坂神社　　　　不明。
滝本神社　　　　多伎津姫。
許世都比古神社　不明。
天津石門別神社　石門別神。
波多甕井神社　　天日方奇日方命
久米御県神社　　日臣命。
気吹雷響雷大国栖御魂神社　　軻遇突智。」

大物主神神話及び事代主神話と、この高市神社体制との間に成立を見る相互説明は、前の磯城神社体制に於けると同様、全く完全であつて、符節を合するのそれである。

如上、磯城・高市神社体制と大物主・事代主神神話との間に成立を見得る相互説明は符節のそれなる根本大事実を最も明確にすることが出来た。此事に拠つて、大物主神及び事代主神の根本性格を最も明確になし得る。即ち大物主神及び事代主神のこの磯城磐余の地、即ち大和中洲に於ける主たる国神にして、地祇中心主神は、出雲大国主神及び信濃諏訪建御名方父子神と、その性格を根本的に異ならしむる所の大忠誠神なる事を最も明確にすることが出来る。而して、こゝに橿原宮すめらみこと統一国家建設運動の大根柢が厳存する。而して最も注目す可き点は、この大根柢の大主体は高皇産霊神であるといふ点である。

であるからして、どうしても十市神社体制に就いて検討せねばならない。がしかしこの点は後章「高皇産霊神」に譲る。ここではたゞ一言十市神社体制の中心神社は多坐彌志理都比古神社にして、その祭神は実に高皇産霊神であり、且つ当大神社は磯城・高市・十市、即磐余神社体制の主体大神社であることを述べて置くに止める。

所で三輪大物主神社及び飛鳥事代主神社の決定的重大性に鑑みて、その地誌的関係を明確にせねばならない。大日本地名辞書に見らるゝ所を左に掲げて参考に資する。

「大神郷《オホミワ》

今三輪村大字三輪是なり。三輪山あり。大神鎮坐し、古来国家の崇奉する所なり。三輪の名義は古事記及び姓氏録旧事紀に、績苧三縈の故諺を録す。然れども酒瓮をも、水曲をも古言皆三輪と云ふ。此地初瀬川の迂曲処にあれば、水曲の称先づ起り、其山に名け、其社にも及ぼし、遂に祭神の酒瓮に及ぼしたる者歟。此地美酒を出し、神霊亦造醸を愛したる事、三輪大神宮の条参考すべし。（〇略）

三諸山（三輪山）

後世専ら三輪山と称す。三輪村の東、初瀬村の西、孤峯峻抜にして林木青葱なり。眺望群山に異なり、春日の三笠山と相比すべし。（〇略）

日向神社は延喜式、神坐日向神社、三輪山の嶺にあり。高宮日向王子と称す。大神の裔社なり。〔大和志・神祇志料〕

玉列神社は延喜式刊本或は玉烈に作る。今三輪山の南に在り。朝倉村大字慈恩寺に属す。大神の裔社なり。〔大和志〕

大神大物主神社

三輪山の西面に鎮坐す。又三輪社と称す。今官幣大社に列し、神域三百町、鬱蒼たる霊境なり。（〇略）惟ふに斯神国土修成の功業あり。子孫盛大なるを以て初より此地に祀祭せされ、崇神帝礼典を尽し、神子をして之に侍祠せしめ、威徳益加はる。本社今神殿あれど、前年まで鳥居拝殿のみありて、神の宮室なし。奥儀抄日、大三輪は祭の日に茅の葉を三くゝりて岩の上に置きてそれを祭る。社のおはさぬを怪しとて作りければ、百千鳥飛来てつゝき破り、踏みとぼちて去にける。それより神の誓と知りて社は造らざリしと也云々。（〇略）

三輪

三輪村大字三輪は古三輪市と称し、今に駅舎なり。造酒と索麵を土産とし、店を設け客に饗す。殊に酒は古代より其名あり。

うま酒を三輪の祝のいはふ杉てふりし罪か君にあひがたき。〔万葉集〕

うま酒の三輪のいはひの山てすら秋のもみちは散らまくをしも。〔同上〕（大日本地名辞書二七二一二七三）

かうなると、額田王の絶唱をならべずに措かれなくなる。

「味酒　三輪の山
あをによし　奈良の山の
山の際に　い隠るまで
道の隈　い積もるまで
つばらにも　見つつ行かむを
しばしばも　見さりむ山を
情けなく　雲の
隠さふべしや
　反歌
三輪山を　しかもかくすか　雲だにも　情《こころ》あらなむ　かくさふべしや」（万葉集一）

又赤人の歌。（万葉集巻三）

「三諸の　神奈備山に
五百枝さし　繁に生ひたる
つがの木の　いやつぎつぎに

玉かづら　絶ゆることなく
ありつつも　止まず通はむ
明日香の　旧き京師《みやこ》は
山高み　河とほしろし
春の日は　山し見がほし
秋の夜は　河しさやけし
朝雲に　鶴は乱れ
夕霧に　かはずはさわぐ
見るごとに　哭のみし泣かゆ
いにしへ思へば」

赤人は、三輪の神代をしのんで泣いてゐる。神楽歌の心をかみしめつゝ、泣いてゐるのであらう。

○

神がきの　みむろの山の　さか木葉は　神のみまへに　志げりあひにけり。

○

さか木葉に　木綿とりしでて　たが世にか　神のみまへに　いはひそめけむ。

○

さか木葉の　香をかくはしみ　とめくれば　八十氏人ぞ　まとゐせりける。

二諸山、三輪大物主神社は神奈備山、即ち、自然聖所である。その自然聖所の、この「さか木葉」の歌の意のおくそこから橿原宮すめらみこと統一国家建設大運動が生れ出たのである。

さて、飛鳥である。大日本地名辞書にかく見られる。（略）

以上、大物主神社及び事代主神社の地誌関係一般を知り得るであらう。此を磯城・高市体制と併せ考ふれば、神武天皇東方大移動行動、而して大和平定、橿原宮建設、一言、橿原宮すめらみこと統一国家建設運動の大根柢を最も明確に知る事が出来る。而して、この橿原宮すめらみこと統一国家建設運動の大主体は高皇産霊神である。

であるからして、神武天皇の橿原宮すめらみこと統一国家建設大運動は本質的に大復古運動である。而してこの本質的大復古運動の大バックボーンは実に大物主神の子なる事代主神の子とさる、大地祇族の宗者天日方奇日方命である。

四、天日方奇日方命の根本性格

書紀、神武紀、庚申年条にかく見られる。

「庚申年秋八月癸丑朔戊辰、天皇王妃を立てむとす。改めて広く華冑を求めたまふ。時に人有りて、奏して曰く、『事代主神、三嶋溝杭耳神の女玉櫛媛にみあひまして生める児、号を媛蹈鞴五十鈴媛と曰ふ。是れ国色之秀者なり。』天皇悦びたまふ。九月壬午朔乙巳、媛蹈鞴五十鈴媛を納れて以て正妃と為たまふ。」

旧事紀、巻四、地祇本紀中に見る地祇系譜の事代主神註と同じである。即ち天日方奇日方命は事代主神の児である。かく、天日方奇日方命は事代主神の子であると説かれてゐる事の意味は、事代主神祭司であるといふ事である。而して、事代主神祭司であるといふことは本来大物主神祭司であることを意味する。而してこゝに天日方奇日方命の根本性格がある。即ち

「是の時に帰順ふ首渠は大物主神及び事代主神なり。乃ち八十万神を天高市にあつめ、帥ゐて以て天に昇りて其のまことの至れるを陳す。特に高皇産霊尊大物主神に勅すらく、『汝若し国神を以て妻とせば、吾猶汝を疏き心ありと謂はむ。故れ今吾女、三穂津姫を以て汝に配せん。宜しく八十万神を領ゐて永に皇孫の為に護り奉れ。』乃ち還し降らしむ。」

この大物主・事代主神話に於て最も確なる説明を見出し得る所のものである。何よりも磯城・高市・十市の神社体制即ち磐余神社体制に拠つて之を最も明確ならしめ得る。天日方奇日方命も、中臣・忌部・猨女・大伴・物部の諸部神と全く同一、高皇産霊神を大主体として行動する所のすめらみことの守護部神にして、大忠誠神である。

第九章　天香語山命

熊野高倉下
鹿島大神と天香語山命
天香語山命の根本性格
旧事紀の史料価値

一、熊野高倉下

古事記にかく見られる。

「ここに登美毘古《とみびこ》と戦ひたまふ時に五瀬命御手に登美毘古が痛矢串を負はしき。かれここに詔りたまはく、『吾は日神の御子として、日に向ひて戦ふことふさはず。かれ奴賤が痛手をなも負ひつる。今よりは行廻りて日を背負ひてこそ撃ちてめ』とちぎりたまひて、南の方より廻りいでます時に、血沼海に到りて、其の御手の血を洗ひたまひき。（○略）

かれ神倭伊波礼毘古命、其地より廻りいでまして、熊野村にいでませる時に、大きなる熊山より出でて即ち失せぬ。ここに神倭伊波礼毘古命にはかにをえまし、また御軍皆をえてこやしき。此の時に熊野の高倉下一横刀《たち》をもちて、天神の御子のこやせる地に到て献る時に、天神の御子即ちさめまして、『長寝しつるかも』と詔りたまひき。かれ其の横刀を受取りたまふ時に、其の熊野山の荒ぶる神自ら皆切仆さえて、其のをえこやせる御軍悉にさめたりき。かれ天神の御子その横刀を獲つる所由を問ひたまへば、高倉下答曰さく、『己夢に、天照大御神・高木神（○高皇霊神）二柱の神の命以ちて、建御雷神を召して詔りたまはく、「葦原中国はいたくさやぎてありなり。我が御子等不平み坐すらし。其の葦原中国は専ら汝が言向けつる国なれば、汝建御雷神降りてよ」とのりたまひき。ここに答曰さく「僕降らずとも、専ら其の国平けし横刀有れば下してむ。（この刀の名は佐士布都《さじふつ》と云ふ。亦の名は甕布都神《みかふつのかみ》と云ふ。亦の名は布都御魂《ふつのみたま》。此の刀は石上神宮に坐す。）この刀を降さむ状は、高倉下が倉の頂を穿ちて、其より堕し入れむ」とまをしたまひき。「かれあさめよく汝取り持ちて、天神の御子に献れ。」とまをしたまひき。かれ夢の教のまゝに、つとめて己が倉を見しかば、まことに横刀ありき。かれ是の横刀は献るにこそ』とまをしき。

ここに亦高木大神の命以ちて、覚し白したまはく、『天神の御子、此より奥方にないりましそ。荒ぶる神いと多かり。今天より八咫烏を遣せむ。かれ其の八咫烏みちびきてむ。其の立たむ後よりいでますべし』とさとしまをしたまひき。かれ其の教覚のまにまに、其の八咫烏の後よりいでまししかば、吉野河の河尻に到りましき。」

神武天皇が大和中洲磐余入国の進路を竜田越の嶮峻にはばまれ、更に鳥見の長髄彦に断たれて、即ち天体天照大神にさからふの方角、西から大和へ入るの方向を百八十度変更して、天体天照大神を背中に背負つて、その神霊の助によつて、東から大和中洲磐余に達す可く、難波、大阪湾から紀伊半島を大きく迂廻して、太平洋、熊野灘に出た。熊野灘に出て、熊野から吉野を経て、宇陀へとほりぬけて行く。宇陀からは日神を背負にして磐余に向ふ。熊野はこの方向百八十度転換V字形の底尖になってゐる。このV字形の底尖に当る熊野に、神武天皇を待つてゐたのが熊野の高倉下である。

しかも熊野灘で神武天皇を待ち伏せしてゐたのは、大型台風であつた。古事記には熊野灘大型台風大遭難の場面が脱けてゐるが、日本書紀、神武天皇戊午年条に見られる所は第二章「荒坂津」中に掲げたとほりである。

熊野神邑から荒坂津までが熊野灘大遭難の場面である。そしてV字形の底尖に当る地点が熊野神邑である。即ち新宮であつて、こゝが熊野高倉下の本居の地とする所である。熊野高倉下検討上、最初に取り上げられなければならぬ対象がこゝにある。

所で先づ神武天皇が其処に登つたといふ天磐盾である。（略）

天磐盾は明かに自然聖所である。即ち熊野高倉下の神奈備である。三輪の御諸山が大物主神の神奈備であるやうに、或は飛鳥鳥形山が事代主神の神奈備であるやうに、熊野神邑即天磐盾の神蔵山は熊野高倉下即天香語山命の神奈備である。――天磐盾の盾「たて」は建「たて」であらう。また館「たて」に通ずる。天磐盾は天磐建或は天磐館であつて、天斎蔵であらう。また天斎蔵即天斎庫、また神庫である。――そこで、最初の問題は、何故神武天皇は熊野の高倉下即ち熊野天香語山命の神奈備神蔵山の天磐盾即神庫へ登つたかである。

武郷は

「さて天皇の此磐盾に登坐るは、いかなる事にかと考へるに、始めより皇舟にて、此熊野の浦まで幸行しかども、をり〳〵は陸にも上がり給ひし事は、上にも云るが如し。今此新宮の浦に至坐て、神蔵山の奇しき磐石の、景色の尋常ならぬを見そなはして、其上に登りて、国見を為玉ひ、且はさる神々しき磐盾ならむからには其処に坐す国神などをも、祭り玉ふべき事などありて、登り給ひしものなるべし」（通釈、巻二十二）

と云つてゐる。いはゞ観光的解釈である。然しかゝる観光的解釈を下すべく、場面は余りにも重大である。危機である。神武天皇の新宮、神蔵の高倉下神奈備の神庫登上の目的は最も重大危機克服の目的に出るものと解されなければならぬ。それならば神武天皇は熊野高倉下の神蔵山神庫に於て重大危機克服の為に何ものを得ねばならなかつたのであるか。即ち神劔師霊に他ならない。――天照大神の命のままに、建御雷が高倉下の神庫の中に収めたところの師霊である。

「時に武甕雷神すなはち高倉下に謂りて曰く『予が劔の号を師霊と曰ふ。今当に汝が庫の裏に置くべし。宜べ取りて天孫に献れ。』高倉下唯唯と曰すとみて寝めぬ」（書紀）

と説かれるのそれである。

であるから高倉下神奈備神蔵山の神庫の主体は神劔師霊であつて、神武天皇は天孫天降国土平定が武甕槌神即鹿島大神によつて成就されたる所に従つて、大和平定もまた鹿島大神の神霊に基づいて成就されねばならぬといふ高皇産霊神及び天照大神即ち天神のみことのりに従つて、熊野高倉下即ち熊野の天香語山命の神奈備神蔵山の神庫に於て、神劔師霊をさづけられたのであると解さなければならぬ。

が神武天皇は師霊を高倉下にあづけて、船の中へは請じ入れなかつた。そして新宮から木本に向かつたが、入港寸前で素戔嗚尊に吹きまくられて、荒坂津へたゝき上げられて、へとへとになつてしまつた。そこへ高倉下は師霊を奉戴して、七里浜を韋駄天走にすつとんで来て神武天皇を死地からすくひだしたのだと解さねばならぬ。而してこゝに熊野国神高倉下、天香語山命の根本性格がある。即ち天香語山命は鹿島大神の根本性格を以て自己の根本性格たらしむる所の大忠誠神である

そこで鹿島大神と天香語山命の関係の由来を尋ねてみなければならない。が先づ熊野高倉下即ち熊

野天香語山命に関連する地誌的関係に就いて一瞥せねばならない。――大日本地名辞書（七五二以下）にかく見られる。

「新宮

熊野川の末、七里浜の南部に在り。旧荘名なれど今は新宮町と曰ふ。（七五二）

熊野速玉神社

謂ゆる新宮権現なり。往時は社殿宏麗にして三山の第一に推されしが、明治維新頒幣の例に入らず。同十六年火災に会ひ一山灰じんと為りぬ。」（七五二）（略）

神倉山

速玉社より南七町許、磴道を蹈み、之に登る凡二百尺。山頂に巨石あり。謂ゆる天磐盾是なり。熊野速玉神の旧座所なり。〇三十三所図会云、神倉山権現は古より魔所なりとて申の刻を限りて登山を禁ず。俗に新宮の奥の院と曰ふ。或は竜蔵権現と称す。額に曰く日本第一熊野根本神蔵権現と。本社は巽に向ひ、山腹の岩磐を以て神座とし、其前に建架けたる棧造りなり。此欄干より近く望めば新宮の城下の街衢縦横に連なり、遠くは東南の蒼海一望にして絶景なり。又相伝ふ神蔵山は古神武帝の御時、武甕雷神師霊の宝劔を下し給へる、高倉下命の庫の址なり。故に神倉と号すとぞ。（七五三）

新宮の熊野速玉神社の祭神は一般に伊弉冉尊の子速玉男命と解されてゐる。その根拠は日本書紀、神代上の一書の黄泉国神話に見る伊弉諾尊の子速玉男を以てしてゐるが、これは取り得ない。何故ならば、黄泉国は出雲国に関連するが、紀伊国には無関係であるからである。熊野速玉神社の祭神は熊野神話にその祭神を見出さねばならぬ。書紀神代上の一書神話にかく見られる。
「一書に曰く、伊弉冉尊火神を生みます時に、灼かれて神さりましき。故れ紀伊国の熊野の有馬村に葬りまつる。土俗此の神の魂を祭るに、花のある時には、亦花を以て祭り、又鼓、吹、幡旗をもて歌ひ舞ひて祭る。」
所で大日本地名辞書（七六三）にかく見られる。
「有馬
木本の南一里、今井戸と合併し有井村と改む。神代の名蹟有馬の花窟は木本有馬二村の中間に在り。○三十三所図会云、木本以南有馬阿田和の浦俗に七里の御浜と云ふ。新宮に至る街道にして、右の方は並木の松連なり、左は東南の蒼海渺々として白波磯に打寄せ、向ふに新宮の岬を見渡し風景言語に絶す。（○略）
花窟
有馬の北に在り。大岩高凡百七十尺幅凡百八十尺。峨然海岸に屹立す。岩下に小祠を置きて大神を祭る。毎年十月五色の菊花を岩にかけたる注連縄に挿み之を飾る。即ち上世よりの慣例とぞ。
神祭る花の時にやなりぬらん有馬のむらにかくるゆふしで〈夫木集〉光俊
紀の国のありまの村にます神のたむくる花は散らしとぞ思ふ〈夫木集〉
みくまの御浜によする夕浪は花のいはやのこれぞ白木綿〈山家集〉
三十三所図会云、七里浜有馬村の花窟は日本紀所謂伊弉冉尊を葬り奉りし所なりぞ。例年此巨巌の上より浜松の梢に注連縄を引渡し、縄を以て旗を作り之に付る。祭礼は二月十月の二日にして神官始め村中の男女花を備ふること恰も丘の如し。是神代よりの風なりと。故に花の窟と云ふなる可し。尤窟と称すれども岩窟の類に非ず。只た高さ二十四五間斗りの巨巖也。然れども此地に神の鎮まりますに依り即ち此磐を以て御屋と崇むれば、磐屋と称するならんか。王子岩屋は花の岩屋に対ふ。此所は大神軻遇突智を葬る地と云。」

花窟即ち花斎屋であつて、自然聖所に他ならない。その神体は伊弉冉尊及びその子なる火の大神軻遇突智とされる。この花窟即ち花斎屋に、新宮速玉男神社の本原社を見出し得る。古事記に、

「次に生みませる神の名は、鳥之石楠船神、亦の名は天鳥船と謂す。次に大宜都比売神を生みまし、次に火之夜芸速男神を生みます。亦の名は火之炫毘古神と謂し、亦の名は火之迦具土神と謂す」

とある。又、書紀、神代上、同前所、一書神話に、

「伊弉冉尊火産霊を生みたまふ時に、子の為めに焦かれて神さりましき」

とある。軻遇突智又は迦具土神は火産霊「ホムスビ」とも称せられる。火産霊は火魂とも、又火玉とも書かれ得る。であるから、夜芸速男「ヤギハヤヲ」と「ホムスビ」を重ねて速玉男と書く可能性は充分であらう。即ち火之速玉男「ヒノハナムスビヲ」から「ヒノハヤタマヲ」となる。

所で、神名帳、名草郡にかく掲げられてゐる。

「日前神社。

国県神社。

伊太祁曾神社。

大屋都比売神社。

都麻都比売神社。

鳴神社。

香都知《カグツチ》神社。」

名草郡に軻遇突智神社がある。紀伊国は本来木国である。木国に火の大神軻遇突智神社を見出す事は最も自然である。而して紀川河口も熊野川河口も木材搬出地として、木に最も関係深き地である。就中新宮然りである。その木炭は古来最も有名である。（略）

所で、日本書紀、神代上、一書神話中にかく見られる。

「一書に曰く、素戔嗚尊の所行無状。故れ諸神科するに千座置戸を以てし、遂に逐らひたまひき。是の時に素戔嗚尊その子五十猛師ゐて、新羅国に降到りまして曾戸茂梨の処にましますす。乃ちことあげして曰く、『此の地には我居らまくほりせじ』とのたまひて、遂に埴土を以て舟を作り、乗りて東に渡り、出雲国の簸《ひ》の川上に在る鳥上の峯に到ります。（○中略）

一書に曰く、素戔嗚尊の曰く、『韓国の島は是れ金銀あり。たとひ吾が児のしらする国に浮宝（○船）あらずばよからじ』とのたまひて、乃ち鬚髯を抜き散《あか》つ。即ち杉となる。又胸の毛を抜き散つ。是れ檜と成る。尻の毛は是れ柀《まき》と成る。眉の毛は是れ櫲樟と成る。已して其の用ふべきを定む。乃ちことあげして曰く、『杉及び櫲樟、この両樹は以て浮宝と為すべし。檜は以て瑞宮をつくる材とすべし。

柀は以て顕見蒼生の奥津棄戸に将臥さむ具に為すべし。』夫のくらぶべき八十木種、皆能く播きおほしつ。時に素戔嗚尊の子、号を五十猛命とまをす。妹は大屋津姫命、次に抓津媛命、凡て此の三神能く木種をまきほどこす。即ち紀伊国に渡し奉る。然して後に素戔嗚尊熊成峯にましまして、遂に根国に入りましき。」

熊成峯は熊野山に比定される。右書紀、神代上に見らる、素神一書神話に拠れば、素戔嗚尊は、紀伊国の名草郡、日前国懸の地にその三児五十猛神、大屋津姫命、抓津姫命三柱神をのこして、自らは熊野山から新羅国の曾尸茂梨――蔚山に比定される――に天降り、そこから更に出雲国の鳥上峯に遷つたと説かれてゐる。熊野本宮は、素戔嗚尊の本来神社であると説かれてゐる。であるから新宮速玉男神社即軻遇突神社及び有馬の軻遇突智神社は、熊野本宮より更にもつと古い大神社であるといふ説明を見出し得る。

たぶん神倉山は軻遇突智山とも称したであらう。天香語山命の「カゴ」はこの「カグヅチヤマ」からでたのであらう。軻遇突智は武甕雷神の生親神とされる。であるから軻遇突智山に併せまつられたであらう。そして天香語山命は軻遇突智神と武甕雷神の親子神をもちいつく軻遇突智祭司であつたらう。

熊野三社は神仏集合宗教革命の影響を最も強く受けて、その祭神関係は旧体制を喪失してしまつた。従つて熊野三社を主体とする熊野神社体制の検討は本論の範囲となし得ない。が如上の検討を以て熊野高倉下命即天香語山命の根本性格を最も明確にする事が出来た。即ち熊野高倉下即ち天香語山命は鹿島大神祭司であつて、鹿島大神の根本性格を以て自己の根本性格たらしむるといふ事である。大忠誠神であるといふ事である。この場合はこれで充分である。

二、鹿島大神と天香語山命

（イ）迦具土神話

天香語山命の名は古事記には見られない。書紀には神代下の一書神話中に、

「一書曰、天忍穂尊、高皇産霊尊の女子栲幡千千姫万幡姫命を娶りて、（亦云く、高皇産霊尊の児、火之戸幡姫児千千姫命）而して児天火明命を生む。次に天津彦火瓊瓊根尊を生みまつる。その天火明命の児天香山命、是れ尾張連等が遠祖なり」

とあるのみである。それも原文では「其天火明命児天香山是尾張連等遠祖也」とあつて、「天香山命」と正書されてゐない。前々章饒速日命に於て前言せる如く、幸に旧事紀によつてこの救ふ可からざる欠缺を救はれる。旧事紀、巻五、天孫本紀の尾張族系譜中に天香語山命伝が載せられてゐる。次の如くである。

「天照国国照天火明櫛玉饒速日尊。

児天香語山命。（天降ります名は手栗彦命。亦の名は高倉下命。）

此の命は、御祖天孫尊に従ひ、天より紀伊国の熊野邑に天降ります。時に天孫天饒石国饒石天津彦彦火瓊瓊杵尊の孫磐余彦西宮より発りて、親ら船軍を帥ひ、東征しまふ時、往往く命に逆く者蜂起してまつろはず。中州の豪勇長髄彦兵を勒へて相ひ距ぐ。天孫連りに戦へどもかつ能はず。す丶みて紀伊国の熊野に到る。悪神毒を吐きて、人物咸にをえぬ。天孫患《やくさ》みて出でむ計を知りたまはず。爰に高倉下命此の邑の中に在り。夜夢見らく天照太神、武甕槌神に謂りて曰まはく、『葦原瑞穂国は猶さやぎてありなり。宜べ汝更に往きて之を討て。』建御槌神対へて曰く、『予れまからずとも、吾が国を平けし彼の時の劔を下さば、則ち自ら平ぎなむ。』乃ち高倉下命に謂りて曰く、『予が劔韴霊を今当に汝が庫の裏に置くべし。宜べ取りて天孫に献れ。』高倉下命『をを』と称すとみて、寝めて明る旦庫を開きて視れば、果して劔有り。さかさまに庫の底に立てり。因りて取りて献る。天孫よく寝ませり。忽ちにして寝めて曰まはく、『予れ何ぞ長眠して此に有るや。』尋いで毒に中れる士卒悉く復醒め起きぬ。皇師中州に趣く。天孫劔を得て、日に稜威を増したまふ。高倉下に勅りして、褒めて侍臣と為す。天香語山命異妹穂屋姫命を妻として一男を生む。」

その内容とする所は古事記及び日本書紀に伝へらる丶所と同じことである。が右には天香語山命と正書され、且つ饒速日尊が河内国の河上哮峯に天降つたといふのに対して、天香語山命は紀伊国熊野邑に天降つたと明記されてゐる。この点最も注目す可きものである。即ち前項の熊野神邑、神蔵山神奈備である。天香語山命は神蔵山神奈備を以て本居とすると明記されてゐる。而して神蔵山神奈備の主体は火の大迦具土神である。そこで、先づ火の大神迦具土神神話を取り上げて見なければならぬ。

古事記に見る。

「次に火之夜芸速男神を生みます。亦の名は火之炫毘古神と謂す。此の子を生みますに因り、美蕃《みほ》登炙《とや》えて病み臥せり。（○略）かれ伊邪那美神は火の神を生みませるに因りて遂に神避り坐しぬ。かれここに伊邪那岐命の詔りたまはく、『愛しき我が那邇妹命や、子の一木《ひとつけ》に易へつるかも』と謂りたまひて、御枕方にはらばひ、御足方にはらばひて哭きたまふ時に、御涙に成りませる神の名は、香山の畝尾の木本に坐す、名は泣沢女神。かれ其の神避りましし伊邪那美神は、出雲国と伯伎国との堺、比婆之山に葬しまつりき。」

むしろこゝでは有馬の花窟を採るべきである。何故なれば香山は出雲に関係さるゝよりも、熊野に関係さる可きだからである。

「ここに伊邪那岐命御佩かせる十拳劔を抜きて、其の子迦具土神の頸を斬りたまふ。ここに其の御刀の前に著ける血、湯津岩村に走り就きて成りませる神の名は石拆神、次に根拆神、次に石筒之男神。（三柱）次に御刀の本に著ける血も、湯津石村に走り就きてなりませる神の名は甕速日神、次に樋速日神、次に建御雷之男神、亦の名は建布都神、亦の名は豊布都神。（三神）」

建御雷神は伊邪那美神のいのちを犠牲にして生れた火の大神迦具土神の子である。かくして、この古事記に見る迦具土神話によつて、伊邪那岐、伊邪那美夫婦創造大神と火の大神迦具土神と鹿島大神建御雷神との本原的関係に対する本原的説明を見出す事が出来る。かくして火の大神迦具土或は軻遇突智を主体とする熊野の神蔵山神奈備には火の大神の子なる鹿島大神もまた本原的に併斎されてゐたと云ふ説明を熊野高倉下神話から導き出す事が出来る。――そこで古事記に見る国土平定神話を取り上げる。

「天照大御神の命以ちて、『豊葦原之千秋長五百秋之水穂国は我が御子、正勝吾勝勝速日天忍穂耳尊の知らさむ国』と言よさし賜ひて天降したまひき。

ここに天押穂耳命天浮橋に立たして詔りたまはく、『豊葦原之千秋長五百秋之水穂国はいたくさやぎてありなり』とのりたまひて、更に還り上らして、天照大御神に請したまひき。ここに高御産巣日神、天照大御神の命以ちて、天安河の河原に、八百万の神を神集へに集へて、思金神に思はしめて詔りたまはく、『此の葦原中国は我が御子の知らさむ国と言依さし賜へる国なり。かれ此の国にちはやぶる荒振る国神等の多なるとおもほすは、何れの神を使はしてかことむけまし』とのりたまひき。かれ天菩比神を遣しつれば、こに思金神及八百万の神議りて、『天菩比神是れ遣はしてむ』とまをしき。かれ天菩比神を遣しつれば、やがて大国主神に媚附きて、三年になるまでかへりごとをまをさざりき。

ここを以て高御産巣日神・天照大御神、亦諸の神等に問ひたまはく、『葦原中国に遣はせる天菩比神久しくかへりことをまをさず。亦何れの神を使はしてば吉けむ。』ここに思金神答白しけらく、『天津国玉神の子、天若日子を遣はしてむ』とまほしき。（○中略）ここに天若日子其の国に降りつきて、即ち大国主神の女、下照比売を娶とし、亦其の国を獲むと慮りて、八年になるまでかへりことをまをさざりき。

ここに天照大御神の詔りたまはく、『亦いづれの神を遣はしてば吉けむ。』かれ　思金神及諸の神白しけらく、『天安河の河上の天石屋に坐す、名は伊都之尾羽張神、是れ遣はすべし。若し亦此の神ならずば、その神の子建御雷之男神、此れ遣はすべし。且其の天之尾羽張神は天之安河の水を逆さまに塞上げて、道を塞き居れば、他神は得行かじ。かれ別に天迦久神を遣はして、問ふべし。』とまをしき。かれここに天迦久神を使はして、天之尾羽張神に問ふ時に、『かしこし、仕へ奉らむ。然れども此の道には僕が子建御雷神を遣すべし』と答白して、乃ちたてまつりき。かれ天鳥船神を建御雷神に副へて遣はしき。」

こゝに天迦久神とあるは天香神である。天香神は天香山神、即ち天香語山命と判断される。即ち国土平定神話に於ける天迦久神即ち天香語山命神話に於て、熊野高倉下神話即熊野天香語山命神話の原型を見出し得る。この二つの天香語山命神話を根原的に関連せしむるものは即ち迦具土或は軻遇突智神話である。

かくて天香語山命の根本性格に対する神話の説明は最も明確である。

即ち天香語山命も宇摩志麻治命と同様鹿島大神の根本性格を以て自己の根本性格たらしむるものである。

（ロ）弥彦神社固有大祭祀

伊夜比古神社記（古事類苑、神祇部、八十七）にかく見られる。

「豊葦原千五百秋瑞穂の地《くに》の内、越州蒲原郡桜井郷に鎮座する伊夜比古大明神は、天香児山尊を斎き奉る神社なり。掛けまくも畏き国常立尊より、伊弉諾伊弉冉尊に至りて、神代七代始まり、天照大神より彦波瀲武鸕鷀草葺不合尊に至りて、地神五代終れり。其の五代の始め、天照大神の御子正哉吾勝勝速日天忍穂耳尊、豊幡秋津姫命を妃とし賜ひて、饒速日尊を誕生ます。饒速日尊天降り坐せる時、神皇産霊尊の女天道日媛命を妃とし賜ひて、天香児山尊を誕生ます。此の尊三の御名有り。天降りて木斎国《きのいみのくに》神邑に坐す時、熊野高倉下尊と申す。越後国米水浦に至り賜ふの時、手繰彦尊と申す。（略）」

彌彦神天香語山命は熊野の神邑神蔵山から彌彦に遷つたものとされてゐる。であるから、一方素戔嗚尊は熊野本宮熊野山に天降り、こゝから新羅の曾尸茂梨即ち蔚山にわたり、こゝから再び出雲の鳥上峯にまひもどり天降つて、あの「八雲立つ出雲八重垣つまごみに八重垣つくるその八重垣を」の須賀宮を建てて、こゝから出雲の大国主神が生れて、出雲大国主小国家が発生した。「文武の道を教へ、蒼生に忠孝の志を起さしめ賜ふ元祖」彌彦神は正に鹿島大神の心を心とする大忠誠神であつて、鹿島大神を請じて天孫天降国土平定の大業を成就したのであるとこの伊夜比古神社記に見るを得る彌彦神話は説くのである。

かくして前の古事記に見る迦具土神話即ち天香語山命神話と右の彌彦神話とを併せ見れば、鹿島大神と天香語山命の関係を最も明確に知る事が出来る。そこで問題は鹿島神宮に於ける固有大祭祀及び彌彦神社に於ける固有大祭祀と、この天香語山命神話との間に成立する相互説明である。そこで先づ彌彦神社の固有大祭祀形式に就いて見ねばならぬ。

すると彌彦神社の固有大祭祀は、上掲伊夜比古神社記中にもあるやうに二月朔より三日にかけてとり行はる、神幸祭である。がこの固有大祭は早くすたれて、その古ながらの形式を詳になし得ない。然しその本来形式は決して原型を崩すものではないのであつて、彌彦神社年中行事の伝ふる所によつて、之を明確に知る事が出来る。

「二月朔日

卯の刻、神官社に参り、御膳を献り、先づ神拝。次に常祭の祝詞・中臣祓を披講す。次に巡行。次に一拝。竟りて拝殿を出て、神輿の前にて神主御遷宮の作法を勤む。竟りて惣神官神拝を勤めて退く。日の当人より惣神官に配膳有り。四日までに当人代りて如此し。

午刻御幸祭始る。

行列次第（略）」（弥彦神社叢書、年中行事編、八—一三）

上掲中特に注目さるゝは猿田彦と天鈿女である。この名は明確にこの行列式の性格と天香語山命の性格を示してゐる。この行列は道案内行列である。而して、天香語山命はその性格を猿田彦神及び天鈿女と同一にする所の道案内神である。古事記に見る天迦久神話と符節を合せる。是に拠つて、神幸祭本来の形式を明確にする事が出来る。同前書（四四二）にかく見られる。

「神輿渡御祭

燈籠神事

此の両神事は密接不可分の関係にして、旧くは六月七日御神輿御旅所に渡御、十五日還御せられ、還御の前夜十四日夜、御旅所に至りて燈籠を献じ、神歌楽の舞を奉奏したりしが、旧幕中に既に御旅所廃絶し、七日と十五日とに神輿村内を渡御せられたり。其後七日の渡御の儀は行はず、神輿前に祭儀のみを行ふに至る。猶御旅所は往古は矢作村（現在彌彦村大字矢作）に鎮座の赤崎神社（本社より約一里を隔つ）其後は本社近くなる末社住吉神社付近に選定せられたりと。」

住吉神は最も大いなる航海道案内神いはゞ大パイロット神である。彌彦神はそこに行宮を設けて渡御するの形式は特に注目を要する。

所で、神名帳、紀伊国、牟婁郡六座に左の如く掲げられてゐる。

「牟婁郡六座。（大二座。小四座）

熊野早玉神社。（大）

熊野坐神社。（名神大）

海神社三座。

手力男神社。」

海神社三座は住吉神なりとされる。熊野本宮南一里許七越峯のふもとに在る。熊野川沿の船著の最要所である。この新宮速玉神社との関係を、この彌彦神社と住吉神社に見る。また彌彦神天香語山命は住吉神とも兄弟関係を有することを明確に知り得る。

「十四日の燈籠神事には、一日に舞童選定式、十一日にはお慣《ならし》等の前儀あり、又参拝者の多きこと、当社神事中第一にして境内は勿論、村内人を以て埋り、旅館民家の別なく参拝者の宿泊所となり、旅館も客室の一区劃を撤し、旅客を列座せしめ、箸泣き膳を据ゑ宿料引換に箸を添ふるを例とす。以て雑沓の状を知るべし。

神幸祭

旧事は当日神輿渡御行はれしが、現今は神輿を社殿に奉安して祭儀を行ふのみなり。

当日早旦村人御神輿を祝詞舎に奉安し、神職一同御装飾を奉仕すること、二月神幸神事に同じ。」

右に照らして見れば、二月神幸祭と神輿渡御祭とは同一形式のものであつて、この六月の神輿渡御祭＝燈籠祭を以て彌彦神社固有大祭祀形式を知り得るわけである。——所で、燈籠神事の形式であるが、同前書（四六七以下）にかく書かれてゐる。

「この燈籠は総べて格式が決まつてゐて、まづ台になるべき枠は横の長さが八尺二寸、縦がその半分四尺一寸、高さは二尺七寸ばかりある。そして、その上四隅のところは、御神燈とか、献燈とか書いた雪洞が都合四本立てられる。その中に各々趣向をこらした二基の造花が据ゑられる。色とり〲の桜、梅、菊、牡丹、或は紅葉が雪洞の光に照らされた姿は実物もなほ及び難い風情をもつてゐる。

愈々六月十四日の晩となれば、三条、亀田、新津、さては新潟、長岡から集まつた若者達は鉢巻に股立ち姿も凛々しく、一燈籠五、六十人もかゝつて仮舎から引出し、『わつしよい〱』『よいやさ〱』の掛声も勇ましく、担ぎあげ、前後左右に大波を打たせて揺り動かす。これをおろしては、その廻りを、笛、太鼓、樽拍子などに合せて、手ぶり面白く踊り狂ふ。これを燈籠踊りといふ。また燈籠を持ち上げては『やあとせ、よいとな』と叫びつゝ、堂々まはりをする。

木遣りや盆踊り歌が入る。その周りをとりまいて犇めき合つてゐた群衆の間から声援と喊声が湧き上る。

午後八時、境内を賑わしてゐた燈籠は相ついで町に下りてゆく。街の要所々々、旧神職の家々や講中の宿となつてゐる旅館の前などに置かれると、又もそれ〴〵燈籠踊（盆踊）が始まる。織るやうな人通りの中で、或は早く、或は遅く、開きつ、蓄みつ、左に廻り、右に廻りして、踊は続けられる。たゞ見てゐるだけでは物足りなくなつた人達であらう、燈籠もないのに、御幣をつけた太鼓をとりまき、気勢をあげて踊り出す連中もある。

やがて十時近くになると、神職の家の燈籠が一基、神社へお迎へに行く。『迎へ燈籠』である。これは二の鳥居の傍で、神殿から下りて来るべき行列を待つ。町の人達も、各戸毎に高い竿の先に立てた田楽燈籠を掲げて、お迎に集つて来る。そして一の鳥居には『押燈籠』がお待ち申してゐる。

正十時、宮司、嘉神楽、天犬の両舞童を中心にした行列は迎へ燈籠に先導され、一の鳥居まで下りて来ると、押燈籠が後に着く。町に散つてゐた花燈籠はいつの間にかこゝに集まつて来、二手に分れて、一行の前後に勢揃へをする。

前燈籠——迎燈籠——楽人・舞童・宮司・田楽燈籠などの一行——押燈籠——後燈籠の順に、緩る緩ると前進し始める。長蛇の列を組んだ火の海の行進である。

渡御の道すがら、末社々々の前に来ると、行列は止る。そこで神歌二つの披講が行はれる。

その間鳴を静めて待つてゐた花燈籠の連中は終るを遅しとどつと喊の声をあげて燈籠を担ぎあげて

は揉み、揉んではおろし、そのままはりを拍子をそろへて踊りまはる。

昔は道々互いの燈籠が押し合ひ、へし合ひしたものださうだが、今はその事はない。『迎へ』と『押へ』の二燈籠があるのは、その紛擾から宮司その他の一行を守らうがためで、この神事が「燈籠押し」とも呼ばれるわけも点頭かれよう。

街角や、要所々々にさしかゝると、行列は止つて、また一しきり花燈籠の若者達は揉みあひ、囃したてる。町はづれに来かゝると、かねて用意の仕掛け花火が点ぜられ、夜空にも美しく打揚げ花火の華が咲く。

火の宮、住吉、上諏訪、祓戸、下諏訪の五末社を巡行し、最後に彌彦山頂の御廟所に向つて最後の被講を了へ、還御する頃には最早夜半を過ぎてゐる。

愈々還御となれば、先づ稚児・宮司・楽頭・伶人等は拝殿前にしつらへられた舞台に登る。二十数個の花燈籠はその周囲に隙間もなくぴつたりと並べられる。恰も燈を点ぜられた花御堂の観がある。

楽が始ると周囲の人々は棒で敷板を突きつゝ、拍子をとる。やがて銀の烏帽子に紅梅の水干姿も可憐な稚児が胸に羯鼓をかけて神歌楽（嘉々楽）を舞ひ出る。それは神武天皇御即位の砌、ご祭神天香山命の奏奏し給うたものと伝へらる。ついで同じく紅梅の水干に天犬の面を戴き、赤熊毛を垂れた稚児により天犬（天狗）の舞が舞はれる。

かくて、さしも華麗を極めた燈籠の神事も、こゝに目出度く終了になる。因みに、よく十五日、午後三時には古式による神輿の渡御が行はれる。

燈籠神事行列の次第

（略）」

であるから前掲の二月朔神幸祭行列と、この燈籠神事行列とを組合せて見れば、彌彦神行列祭形式の全貌を描き得るわけである。而して、この行列の主体を成すものは彌彦神神輿であり、副主体は猿田彦神・天鈿女なること特に注意す可き点である。而して神輿渡御祭＝燈籠神事に於て演ぜらるゝ主なる舞踊が神歌楽舞と天犬舞であつて、前者は彌彦神舞であり、後者は猿田彦舞なる点もまた特に注意す可き点である。即ち天迦久神神話、天香語山命神話と全く符節する。換言すれば天孫降臨国土平定神話と符節する。

そこで問題はこの国土平定神話と符節する彌彦神社固有大祭祀渡御祭＝燈籠神事に対応す可き如何なる固有大祭祀を鹿島神宮のそれに於て見出し得るかである。

（ハ）鹿島神宮固有大祭祀

鹿島神宮に於ける固有大祭祀は二つを挙げ得る。其の一は現今春季祭と称せらる。他は御軍・御船祭である。

（い）春季祭

惜しい事に筆者の名を逸するものであるが、日本百科大辞典（第二巻、七五二以下）「鹿島神宮」項中に頗る要領を得た記述を見出し得る。左に掲げる。

「春季祭

此祭往古は二月初申の日を以て執行したる朝廷班幣の祈年祭にして、春季祭とは明治維新後の改称なり。(略)

かくてその後、天正の頃に至りては僅かに六十六箇村の氏子にて祭事を預ることとなりたれど、当神宮年中百余度の祭典中最も盛なる祭礼なれば、俗に之を祭頭と称し、遠近の諸国に喧伝し、賽者群集す。(略)

現今の春季祭は三月九日にして、午前に祈年祭の奉幣使参向あり。午後二時に至りて左右の両将に擬したる十歳前後の児童、甲冑を着し、両刀を佩び采配を執り、健夫の肩車に乗りて、旗・吹貫を先に立て、これに村長、祭事係及陣笠・陣羽織・甲冑等を着せる警固の総勢左右二組となり、相次で参宮し、祭後左右両将昇殿して神酒頂戴の儀あり。儀終はりて両将各々其の旅舎に就き、更に当番の大字始め、助祭の組合大字は各々隊を組み、毎隊に警固の人夫を配置し、左方或は右方の大頭何大字を大書したる大軍配又は村印の旗幟・吹貫・纒等を推立て、隊々みな異色の半纏に脚絆を附け、草鞋を穿ち、絹、縮緬の襷幾筋となく十字に掛け、手巾を以て鉢巻となし、手毎に八尺ばかりの橿棒を持ち、各隊太鼓を鳴らし、法螺を吹き、その勢千人或は二千人、左右に分れて勢揃の場所に集まり、此処にて更に隊伍を部署し、前後の行列を定め、其受持神職の家に至る。神職衣冠を着して其先に進み、本宮に参向す。兼て其左右の混雑して事故を生ぜん事を憂へ、左方をして先に参宮せしむること古例なり。已に神前に至れば、大将は昇殿して神盃を戴く。此時囃方は祭庭に充満して舞蹈廻奔し、旗幟、纒等を打振り、幾所となく隊をなして棒を組合せ、斎しく祭歌を唱へ、『祭頭、エヤハヤ、鹿島の豊竹、豊穂エー、エー豊穂サ、サアエー』などと囃しつゝ神宮を一週し、尋で又各町を廻り、時々街上に棒を組合せ、纒吹貫等を打振り、跳躍して走ること幾回なるを知らず。（略）

時に号鼓を拍つこと三声す。これを聞きて数の群衆一時に鳴を静め、心目を差符の一点に注ぐ。時に神職『来る明治何年三月九日春季祭当番以二神慮一卜定候事、左方の大頭何大字』と読み上げ了るや、群衆斎しく鯨波を作り、舞蹈し狂奔し、争て其の当籤せし大字の地に向ひ、先陣先陣と呼びつゝ馳せ赴く。又号鼓三声して右方を朗読す。其儀左方に同じ。差符終りて、左右の両将神酒頂戴の式あり。又当籤したる両大字の総代を招きて差符を渡し、受書を出さしむ。

自余の群衆は両将を擁し、又祭歌を唱へて除々に退き去る。」

大出陣形式である。而して天孫天降国土平定、鹿島大神出雲出陣神話に全く符節する。

（ろ）御軍祭・御船祭

右往古の祈年祭に当る春季祭形式を以て、鹿島神宮固有の大出陣形式を最も具体的に知り得るが、然し鹿島神宮固有大祭祀は、二月祈年祭ではなくて七月の御軍祭。御船祭である。鹿島神宮誌（岡泰雄編、二九二以下）に見らるゝ所を左に掲ぐる。

「七月

一、同十日夜祭、出陣之備

楼門之外に、定式の面々着座。七日出す所の宝物を餝り、行事禰宜・枝家禰宜両人祝言之役、常式行事畢りて、各楼門石の上に立ち、揖して鳥居に向ひ、大宮司、大禰宜、錺り大小抜レ之。続いて各帯劔抜レ之。此間町人より奉献之桃燈数百個、青竹に提来り、楼門前にて不レ残焼レ之。鯨波を揚げて各々退下。

一、同十一夜祭祀　凱陣之備

如二十日一各楼門之外へ着座。諸式前夜の通済。

次各楼門石の上に立、揖して鳥居に向ひて鯨波退下。（以上枝家禰宜の神宮儀式帳所載）

抑も此の十日と十一日との祭事は当神宮の最大重要な祭儀であつて、彼の御深草天皇建久元年後、常陸大掾家等勅使代として大祭使役を差遣したのは此の祭であつた。（○中略）又旧総大行事家の記事（年中定例祭式細記）には是を一層詳しく書いてあるから煩雑を厭はないで左に記す。（略）

十一日　例通　大宮司

同夜大宮司並三座向座等其外一同出勤。物忌並当禰宜出勤祭礼あり。兼ねて丸木をゑぐりて軍船に象り、楼門の表に粧る事式あり。物忌扈従の社家行事と云ふもの凱歌を奏す。是を勝鬨の祭事と云伝ふ。例式畢つて一同退散。社僧神宮寺、広徳寺、正等寺楼門の外に出迎へ礼式ありて各相別る。」

「丸木をゑぐりて軍船に象り、楼門の表に粧る事式」といふ事が特に注目される。即ちこのことは明かに「かれ天鳥船神を建御雷神に副へて遣はしき」といふによつて説明さるゝ形式である。三韓征伐は後世の附会なることを最も明確ならしむるものである。後に凱陣祭と解さるゝに至つた已上の御軍祭はこの後に直結して執行さるゝ、御舟祭の前祭であつて、純然たる出陣祭である。前項春季祭形式と併せ考ふ可きものである。――所で御舟祭についてはかく見られる。

「十日の祭事は同書に

御舟祭々式

十日朝辰刻（午前八時）神輿を幣殿に、神宝を拝殿中正に飾る。巳刻（午後二時）大祭式御厨社御供に至るまで例の如し。畢つて直会。

とある。此の神輿の事は後になつて更に述べるが、今迄云つて来た記録の中では此記事を以て始めとする。従来神輿の渡御と云ふ事は久しく中絶してゐて、鹿島年表三年の頃に、『七月神幸祭を復興す』とあるを以て文字の如く、近世の始とする。是を往時に遡つて見て、神幸祭のあつた事は社例伝記に見えるが、是は後になつて述べる。さて明治三年を始とすると云ふ神宮儀式帳には

申の刻（午後四時）大宮司一同参集、酉国（午後六時）に至り、神楽所にて太鼓を打つ。この時屋葺門にて燎火《にはび》を挙ぐ。この御門より提灯群集して之に点ず。この時大宮司始め三等以上屋葺門の敷石の上に列立つ。四等五等は左右に列立つ。次に当番の禰宜神宝の鉾を持参して宮司に進る。宮司鉾をかざして小禰宜に渡す。次に銘々の佩刀をかざす。（略）

十一日は神輿を船に遷しまゐらせて、加藤洲まで渡御あらせられる日である。斯様に御船にて渡御あらせられるから御船祭と申すのである。其の事は当神宮の社例伝記に、

七月上旬の神事は我朝大一の祭礼、三韓降伏、天下泰平之大神事也。具に応神天皇の巻に見えたり。昔彼国之王の頭を鉾に貫き大路を渡り、先陣後陣相共に総て八竜神の楯板を築き神官等甲冑を帯し、

兵仗を捧ぐ。是偏に神功皇后応神天皇三韓降伏之祭事。天地も鳴動し、神兵並に参詣数万人一心に掌を合せ、異口同音に哆叫ぶ声天上にも響き、堅牢地神無間大城も一時に騒ぎ、四大海竜宮も驚き、大小の諸神同心に力を合す。神事の威力にや、御即位大嘗会に異ならず。御社面へ走集り、貴賤甲乙の諸人、身の毛も余立て、如何なる邪魔外道魔神波旬も退散し給ふべし。当社の御請願也。然るにこの祭事を諸神官等、大小の諸人、山野の住民、海浜の白郎に至るまで、大形に念想し奉るに於ては、邪心気を長じて、世上災難を得、風雨の災を請け、五穀の熟せざること多かる可し。

右祭事に付、三社之御船之上に仮屋神輿を造り懸けて、絶之繖及び木綿を結び、梗引三造之船共を並べ、纜を解き、内海へ出し、御座と為し、津の東西と云ふ末社の前にて軍を整へ、異国退治の悦のトキを造り、勇ましく御船を各浪之上に浮べ奉り、下総国香取大明神の末社津宮といふ渚に御船を著け御座す。人力棹さゝず。自ら神風に任せ、丑寅時（夜の二時、四時）には海路を違へず、三十里（〇一里は約六町）の浪を分けて屋の如く岸に着き給ふ。今も劣らずと云へり。参詣群衆の人々に至るまで、此船木を手に附け、身に触るれば、神徳を得、所願成就円満すと云ふ。

とある。抑も此の社例伝記は仮託も多く、主として僧侶の手に成つた者であれば、神仏混淆の跡も少なくないから、奇怪の点も夥しいが、其間に自ら採り得る所も少なからず、殊に御舟祭が近頃始まつた祭事で無く、遠い昔から行はれ、然も香取の津宮まで渡らせ給ふた事が知られ、左様に行はれた事が七月の大祭事であつたとすれば、近世に起つた事でも無いと思はねばならない。」（同前書、三〇五—三〇七）

日本書紀、神代下にかく見られる。
「是の後に高皇産霊尊更に諸神を会へて、まさに葦原中国に遣はすべき者を選びたまふ。みな曰く、『磐根裂神の子、磐筒男筒女があれませる子、経津主神是れ佳けん。』時に天石窟に住む神、御威雄走神の子甕速日神、甕速日神の子熯速日神、熯速日神の子武甕槌神ます。此の神進みて曰く、『豈唯経津主神のみ独り丈夫にして、吾は丈夫にあらざらんや。』其の辞気慷慨。故れ以て経津主神配へて葦原中国を平けしむ。」

御舟祭形式と完全に符節を合せる。御軍、御舟祭りは神功皇后三韓征伐神話に於て、その説明を見出し得るものではない。三韓征伐の主体は住吉神であつて、鹿島大神ではない。何よりもその地誌関係がその然らざる理由を明確にしてゐる。而して御軍・御舟祭は鹿島神宮とその起原を共にすること彌彦神社の神輿渡御祭燈籠神事が彌彦神社とその起原を同一にすると同様である。常陸風土記にかく見られる。

「淡海の大津の朝（〇天智）に、初めて使人をして、神の宮を造らしむ。それより以来、修理ること絶えず。年別に七月、舟を造りて、津の宮に納め奉る。

古老の曰へらく、倭武天皇の世、天の大神、中臣の臣狭山命に宣り玉はく、『社の御舟とせよ。』臣狭山命答へて曰さく、『謹しみて大命を承る。敢て辞む所なし。』と。天大神昧爽復宣りたまはく、『汝が舟は海の中に置きつ』と。舟の主、仍りて見るに、岡の上にあり。又宣りたまはく、『汝が舟は、岡の上に置きつ』と。舟の主因りて求むるに、更に海の中にあり。かくの如き事已に二たび三たびに非ず。爰に則ちおそれつゝしみて新たに、舟三隻を造らしむ。各長さ二丈あまり、初めて之を献る。」鹿島大神の神慮に出づといふ右三隻の舟は御舟祭りの舟である。御軍祭十一日の儀に「丸木をゑぐりて軍船に象り、楼門の表に粧る事式」といふことが併せ考へらるべきである。この三隻の御船は、神功皇后三韓征伐の舟ではない。正に天鳥船神象徴、天孫降臨国土平定、鹿島大神出雲出陣船である。

以上のやうにして、鹿島神宮固有大祭祀は彌彦神社固有大祭祀に対応する所の大出陣祭なる事を最も明確にならしめ得る。また古事記、書紀、其他日本古典に伝へらるゝ天孫降臨国土平定、鹿島大神出雲出陣神話との間に成立する相互説明は符節を合するのそれなる事を最も明確にすることが出来るのである。

また天香語山命と鹿島大神との本原的関係を最も明確になし得る事に拠つて、天香語山命の根本性格を最も明確にすることが出来る。即ち天香語山命は火の大神軻遇突智と、その子鹿島大神の根本性格を以て自己の根本性格たらしむる所の、大忠誠神である、といふことである。

（二）諏訪神社固有大祭祀

そこで進んで、諏訪神社の固有大祭祀に就いて見る所がなければならぬ。所でこの社固有の大祭祀は三月酉の日の御頭祭《おんとうまつり》である。鹿島神宮の春季祭との俗称を等しくする。諏訪大明神絵詞（続群書類従、巻七十三）にかく見られる。

「三月一まつり。十三ヶ日神事相続す。（略）辰の日。先禰宜宣送の儀あり。禰宜の私宅にして饗宴如常。神事以後罰を行ふ。面縛の儀を表はして、縄を人の頸にかく。次神使六人、庭上にして宇壺を左に付けて着座。神官等同座。三献の後打立、野焼に趣。大祝神官の外、氏人（水干）本人数を率して、大宮の前をへて北の鳥居の外、一妙山の鼻より野火を放て、野焼きの社にいたる。御子村小笠懸あり。行騰の上に征矢を付。射礼畢りて、馬上にて三献。盃を右に取り左に落す。鹿の打骨をもて肴とす。帰路万歳をうたふ。次に馬を馳せて時の声をあぐ。戦場利得の礼を表するをや。」

建御名方神降伏神話がそのまゝ演出されてゐる。この諏訪神社固有大祭祀三月酉日祭、即廻神祭と、天孫天降国土平定、鹿島大神出雲出陣神話との間に成立する相互説明は、前項彌彦神社及び鹿島神宮に於けると全く同様、符節を合するのそれであることを最も明確に知ることが出来る。

古事類苑（神祇部八十二）「諏訪神社」項、信府統記中に次の如く見られる。

「総テ諏訪郡中五十余ヶ村ノ内、十六ヶ村ヲ頭村と定メ、余村ハ之ニ属シテ十六ヶ年ニ一度ヅツ輪番ニ祭事（〇三月酉日祭）ヲ勤ム。又其年ノ頭村ヨリ、十歳以下ノ男子ヲ立テ御公殿《オコノドノ》ト云フ、前宮ノ内ニ入レテ、七日間通夜サセ、祭日ニ至レバ出シテ葛ヲ以テ搦メ、馬ニ乗セ、前宮ノ西南ノ馬場ヲ引廻シ、打擲ノ体ヲ為ス。」

この御公殿と、鹿島神宮三月春季祭の「頭に瓔珞の冠を戴き、身に錦繍の衣を着し、手に中啓持し」

て健夫の肩車に乗せられてゆく「御児の祭頭」のほゝゑみかぬる対照に於て、我々は最も明確にすめらみこと国家建設大運動の根源を尋ね得る。まことに驚嘆す可き事である。

（ホ）出雲大社固有大祭祀

（い）身逃神事爪剥祭

諏訪神社から出雲大社に移る。――出雲大社に於ける最も大いなる祭祀は新嘗祭であるが、これはすめらみこと祭祀であつて、大国主神祭祀ではない。出雲大社に於ける固有の大国主神祭祀は「身逃神事」と「神在斎」である。千家尊福著『出雲大神』中にかく見られる。

「身逃神事爪剥祭

身逃神事は、従来は七月四日、爪剥祭は翌五日におこなひしが、今は前者は八月十四日に、後者は翌十五日に行ふこととなれり。毎年八月十一日より、大社禰宜は本社域内会所に参籠して潔斎し、十四日夜に至り、大国主大神の神幸ある御供仕へて、国造家にも赴くなり。此時国造は、古来よりの習慣により、表の広間を掃き清め、荒薦を敷き、八足机を備へて、奉迎の準備をなす。而して神幸の前に当り、国造は自家を出でて、他の社家に赴き、一時仮宿す。是れ身逃れの名ある所以なり。」

こんな大国主神奉迎祭なるものは有り得るものではない。

「大神、国造家より更に稲佐浜、頭の港社に神幸あり。禰宜は始終随従して、後に塩掻島にて塩を焚き、之を持ち帰り、その途にて赤人社に参し、大社に帰れば已に夜明るなり。此日（十五日）宮司は稲穂、瓜、茄子等の七種の物を供へて祭祀す。以上の祭祀に奉仕するものは禰宜なれども、元は別火の役にして、此神幸の際、人に逢へば汚れたりとして更に大社に帰りて、再び出て行くなり。故に此夜は杵築町村の人民恐れて、門戸を閉ぢて外に出づ。案ずるに此神式は大神国譲りの時に、天の御舎を作りて、櫛八玉神の饗せられし故事に基づきし者なるべし。」（出雲大神、二二三―二二四）

鹿島神宮の御軍・御舟祭に引きくらぶれば、百八十度の相異を示してゐる。御軍・御舟祭りが出陣勝利祭なるに対蹠して、この身逃神事爪剥祭は遁走降服祭である。即ち大国主神国避神話そのまゝの形式である。

「神在斎

大社の神在斎は十月十一日より十七日までの七日間にて、国造神職皆庁舎に斎宿し、歌舞音楽を弄ばず、宮庭を掃はず、第宅を営まず、舂杵せず、巷歌せず、尤も静粛に祭祀を奉ずるなり。」（同前書、二二四）

古事記に、

「『此の葦原中国は命のまにまにはや献りぬ。たゞ僕が住所をば、天神の御子の天津日継しろしめさむ、とだる天之御巣なして、底津石根に宮柱太しり、高天原に氷木高しりて治めたまはば、僕は百足らず八十坰手に隠りて侍ひなむ。』かくまをして隠りましき」

とあるのにそつくりそのまゝの形式である。

（ろ）新嘗祭

「出雲大神」にかく見られる。

「新嘗祭は、上古は意宇郡熊野神社にて執行せしを、中古故ありて、同郡神魂神社にて執行し、明治維新後は、出雲大社にて新嘗祭日官祭の後に執行する事となりぬ。抑も此由来は、熊野神社の祭神は、伊邪那伎日真名子加夫呂伎熊野大神櫛気野命にて、大国主神の父神なるが、出雲国造の祖、天穂日命、大国主神の祭主となりし時、櫛気野命より、火鑽臼火鑽杵の祭器を授け給ひしといふ故に代々の国造此器にて火を鑽りて、神饌を調理し、此火を食して斎戒し、以て大国主神の斎主として事ある時は、熊野大神を初め、国内一百八十六座の神等を祭祀し奉る職とは定まりけり。されば代々の国造、神火相続し、新嘗祭も其火鑽臼火鑽杵の起原たる熊野神社にて、執行するは固より其所なり。故に現時も熊野に神火相続新嘗祭執行せし旧跡、所々に残れり。」（出雲大神、二二六―二二七）

出雲大社最大の祭祀新嘗祭は本来神火相続新嘗祭と称せらるゝものである。即ち出雲国造就職のために執行さるゝ、新嘗祭を以てその本来なるものとする。であるから出雲大社の新嘗祭本来形式は出雲国火継式を知ることなくしては、之を明確にすることは出来ない。尚火継式は出雲国造神賀詞奏上式の予備儀式であるから、火継式の本来性格を明確にするためには出雲国造神賀詞奏上式に就いて、之を明確に知る所がなければならぬ。――所で、火継式に就いて、「出雲大神」中にかく書かれてゐる。

「時刻式に列する諸員参集所に着く。

次新任宮司（〇国造）衣冠を着し、伝来の霊器を錦嚢のまゝに奉じ、斎火殿に向かふ。

次斎火殿の入口に於て宮司（〇国造）清祓式を行ふ。

次宮司殿内の上段設けの席に着く。（南面）

次諸員殿内の下段に着座。（東上北面、手水は入口に於てす）

次宮司手水の儀あり。

次宮司殿内の神前に向ひて口伝の皇神を招祭して黙祷。（再拝拍手）

次宮司錦嚢中の燧臼燧杵を出す。

次宮司新に刀を以て燧臼の火口を刻む。

次殿内上ノ段に荒薦を敷き其上に揉みたる木綿に白紙を置き艾を添ふ。

次宮司燧臼燧杵を白紙の上に置く。

次諸員杵をとり、燧臼の火口に当て摩擦して火を取る。

次発したる火を斎火殿主任に渡す。

次主任炊所の爐に火を置き、松丼に柳の木削花を用ゐて焚き付く。

次主任焚き付けたる火にて土鍋をかけ、真名井の水を以て洗浄せる米を煮る。

次飯を大土器二重の上なる分に盛り、高き台膳に置き前左右に土器を（左昆布・右生豆）置き、川柳製の箸を添ふ。

次宮司の座前に敷皮を舗く。

次敷皮の上に台膳を据ゆ。

次宮司箸をとりて飯を三口食し、菜を嘗む。

次台膳を撤し、清水を進む。宮司清水にて嗽ぐこと三度。訖て清水器嗽器幷敷皮を撤す。

次宮司神前に進み黙祷。（再拝拍手）

次諸員主席の者、古昔の家役たりし権検相伝の事を申言す。

次宮司以下諸員退出。」（出雲大神四四六―四四八）

火継式は出雲国造の出雲大国主神祭司職就職式とされて来た。右に照らして看ればこの解釈は根本的に誤れるものであつて、捨てなければいけない。火継式は明かに小現人神祭である。大嘗祭或は新嘗祭と全くその形式を同一にしてゐる。祭らるゝ主体は天穂日神に出づる小現人神としての出雲国造であつて、大国主神或は素戔嗚尊ではない。この場合素戔嗚尊は大嘗祭に於ける御食都神の立場に立つ者であつて、出雲国造は、之を自らまつるの形式を示してゐない。

所で、出雲国造火継式即ち国造就職式は出雲国造神賀式の予備式である。出雲国造本格就職式は、出雲国造負幸物下賜式である。延喜式、巻三、臨時祭の部に次の如く見られる。

「賜出雲国造負幸物。

金装横刀一口。絲廿絢。絹十疋。調布廿端。鍬廿口。

右、国造に任け、訖りて弁一人、史一人、神祇官の庁に就く。次に伯已下祐已上次を以て座に就く。史一人、大蔵録一人、南門より入りて座に就く。史官掌を唱ぶ。仰せて云ふ、出雲国司幷に国造を喚せ。官掌国司国造を率ゐて版位に就く。史亦神部を喚す。神部一人進みて太刀案下に就きて跪く。時に弁宣して云ふ。『出雲の国造と今定め給へる姓名に負幸物を賜はくと宣る。』

国造称唯し、再拝両段、拍手両段す。訖りて太刀案下に進みて跪く。神部太刀を取りて之を授く。拍手して之を賜はる。退きて後取の人に授け、即ち版位に就く。次に大蔵録国造を喚す。

国造祿下に就きて跪く。後取一人進る。先づ絲を取りて国造に給ふ。拍手一度。賜はりて後取に授く。後取退て本列に立つ。絹布鍬も亦之の如くす。国造退きて版位に就く。更めて太刀を取りて出づ。次に録、次に本官、次に史、次に弁退出す。」

かうして負幸物下賜式を以て出雲国造ははじめてその任命を見る。所でこの負幸物下賜式は神賀詞奏上式の予備式である。而して出雲国造の最重要職は神賀詞奏上式執行である。延喜式、上掲「賜二出雲国造一負幸物」の次項にかく見られる。

「国造二奏神寿詞一。

玉六十八枚。（赤水精八枚、白水精十六枚、青石玉四十四枚）金銀装横刀一口。鏡一面。倭文二端。白眼鴾毛馬一疋。白鵠二翼。御贄五十舁。

右国造、負幸物を賜ひて、国に還りて潔斎一年、訖りて即ち国司国造諸祝部幷に子弟等を率ゐて入朝す。即ち京の外の便処に於て、献物を修餝る。神祇官自ら監視す。預め吉日を卜して官に申して奏聞し、所司に宣示す。又後斎一年、更に入朝して神寿詞を奏すること初儀の如し。」

火継式と神賀詞奏上式とを併せ見れば、出雲大社固有の最大祭祀なる新嘗祭は大国主神祭祀でない事、最も明確である。それは出雲国造の小現人神就神式であり、且つ出雲国造のすめらみこと地方祭司就任式である。古事記にかく見られる。

「かれ更にまた還り来て、其の大国主神に問ひたまはく、『汝が子事代主神・建御名方神二神は、天神の御子の命のまにまに違はじとまをしぬ。かれ汝が心いかにぞ。』ととひたまひき。ここにこたへまつらく、『僕が子等二神のまをせるまにまに僕も違はじ。此の葦原中国は命のまにまにはや献りぬ。』（○略）かくまをして出雲国の多芸志の小浜に天之御舎を造りて、水戸神の孫櫛八玉神を膳夫として、天御饗献る時に禱ぎまをして、櫛八玉神鵜に化りて、海底に入りて、底の波邇を咋ひ出でて、天八十毘良迦を作りて、海布の柄を鎌りて燧臼を作り、海蓴の柄を燧杵に作りて、火を鑽り出でてまをさく、『是の我が燧れる火は、高天原には、神産巣日御祖命のとだる天之新巣（○宮殿）の凝烟の八拳垂るまで焼挙げ、地の下は底津石根に焼凝らして、栲縄の千尋縄打ち延へ釣せる海女人が、口大の尾翼鱸さわさわに控依せ騰げて、柝竹のとををとををに天之真魚咋献らむ。』とまをしき。かれ建御雷神返り参上りて、葦原中国言向けやはしめる状をかへりごとまをしたまひき。」

出雲の多芸志浜に、大国主神がその忠誠を尽くすために建てた天之御舎はすめらみこと、大神宮であつて、百足らず八十坰手にかくりて、謹慎これをのみことする降服神大国主の聖所ではない。降服神大国主を天御饗即ち御膳を以てまつらる丶なぞといふことは考へ得ること、有りうることではない。御膳供奉式を以て、八百万の神々にいつきまつらる丶、最高神は天照大神八咫鏡同床共殿体制下に奉斎さる丶、現人神すめらみことのみである。古事記に伝へらる丶、右天孫降臨、国土平定鹿島大神出雲出陣、大国主神降伏神話の説く所を極げてはならない。而して出雲大社に於ける固有大祭祀、新嘗祭を宗として、前の身逃神事爪剥祭、神在斎を体系として見れば、これと、天孫降臨国土平定、鹿島大神出雲出陣、大国主神降伏神話との間に成立を見る相互説明は全く符節を合するのそれなる事を最も明確に知る事が出来る。

かくてまた鹿島大神と天香語山命の関係も最も明確ならしむる事に拠つて、天香語山命の根本性格を最も明確にすることが出来る。

三、天香語山命の根本性格

天香語山命は鹿島大神の根本性格を以て自己の根本性格たらしむる所の大忠誠神である。即ちすめらみこと大守護神である。而して宇摩志麻治命を祖として、大物部族が生れたのと同様に、天香語山命を祖として大尾張族が生れたのである。旧事紀、巻五、天孫本紀中に掲げられる尾張族系譜に左の如く見られる。

「天照国照彦天火明命櫛玉饒速日尊。
児天香語山命。（略）」

天香語山命三世孫天忍人命は葛木の出石姫を妻としてゐる。即ち尾張族と葛城族は婚姻してゐる。天忍人命の弟天忍男は、葛城の国神劔根命のむすめ賀奈良知姫を妻として、これから天香語山命四世孫瀛津世襲命が生れてゐる。この命は「尾張連等祖」と註されてゐる。妹世襲足姫は第五代孝照天皇の皇后となり、尾張族の遠祖瀛津世襲命は外戚として天日方奇日方命の後をうけ継いでゐる。而して瀛津世襲命は葛城国神剱根命を外交とする事最も注目す可きものである。即ち葛城国神剱根命は鴨建角身命の孫とされるからである。即ち熊野の高倉下と葛城の八咫烏の復現をこゝに観得るからである。また天香語山命の根本性格を明確に知るに足る。

四、旧事紀の史料価値

宣長が次のやうに述べてゐる。

「世に旧事本紀と名づけたる十巻の書あり。此は後人の偽り輯めたる物にして、さらかの聖徳太子命の撰び給ひし真の紀には非ず。〈序も、書紀推古御巻の事に拠って、後人の作れる物なり。〉然れども、無き事をひたぶるに造りたる書にもあらず。たゞ此記と書紀とを取り合せて、集めなせり。其は巻を披きて一たび見れば、いとよく知らるゝことなれど、なほ疑はむ人もあらば、神代の事記せる所々を、心とゞめて看よ。事毎に此記文と書紀の文とを、皆本のまゝながら交へて挙たる故に、文躰一つ物ならず、諺に木に竹を接りとか云が如し。」

宣長以来旧事紀の史料価値は抹殺されてしまつて、明治になつても宣長説がそのまゝ昭和の今日に至るまで、通つてゐる。嘗て、久米博士の如きは、「無きをまされりとす」といふやうな極端な意見まで述べてゐる。がかやうな旧事紀史料価値否定説は神話成立根本方法に対する無智性より出づる妄説であつて、全面的にとり除かなければいけない。即ち神話は「書き伝へ」らるゝに至つた以前に「語り伝へ」られたものであるといふ神話成立の根本方法に対する無智性これである。

例へばホーマーである。ホーマーはめくらであつたと伝へられてゐる。即ちイーリアス或はオデッセーをホーマーは書き伝へなかつたのである。語り伝へたのである。むしろ歌ひ伝へたのである。が最も著しい場合はヴェダである。ヴェダ神話は、書くことを禁じられてゐたのである。即ち書くことによつてヴェダの神話の神聖性が汚されると信ぜられたのである。むしろヴェダは言霊「コトタマ」なのである。即ち我が祝詞「ノリト」がそれである。而して、「ノリト」の「コトダマ」的性格はまたすめらみこと神話全般について同一である。

そこですめらみこと神話は書かれたものを基準とするの方法によつて伝へられたものではないのであつて、専ら語り伝へられたのであるから、各雄族間、各地域間にはそれぞれ固有のすめらみこと神話が語り伝へられた事は当然すぎる程当然なのである。此の間の当然を、我々は古風土記に於て最も顕著なものを確認し得る。かくして高千穂宮については高千穂すめらみこと神話が語り伝へられ、大和については大和すめらみこと神話が語り伝へられ、常陸にも出雲にも同様すめらみこと神話が語り伝へられたのである。そして大和すめらみこと神話が主として物部族によつて語り伝へられたものが旧事紀である。

旧事紀の史料価値は古事記及び日本書紀と共に絶対的である。

第十章　くにまぎ（国覓）

モーセのくにまぎ
倭姫命のくにまぎ
神武天皇のくにまぎ

一、モーセのくにまぎ

史記の周本記に、

「九年武王上祭二于畢一、（略）以東伐レ紂」

とある。日本書紀には
「東有二美地一。青山四周。（略）天皇親帥二諸皇子舟師一東征」

とある。両書の書振り、またその内容まことに能く似てゐる。これでは神武天皇は周の武王の日本版と他考へられない。即ち神武天皇の東方大移動行動は放伐革命軍事行動であると言ふのである。然し、大和には饒速日国家は実在しない。神武天皇の東方大移動行動は周の武王に就いて観らるゝやうな放伐革命軍事行動ではない。神武天皇の東方大移動行動はくにまぎ（国覔）行動である。是れの比較を世界的古典に求めんとすれば、モーセの埃及脱出、カナン行である。即ちモーセのくにまぎである。

出埃及記第十九章にかく見られる。

「イスラエルの子孫、エジプトの地を出でて後三月にいたりて、その日にシナイの曠野に至る。即ちかれらレピデムを出たちて、シナイの曠野にいたり、曠野に幕を張り、彼処にてイスラエルは山の前に営を設けたり。爰にモーセ登りて神に詣《いた》るに、ヱホバ山より彼を呼はりて言たまはく、『汝かくヤコブの家に言ひ、イスラエルの子孫に告ぐべし。汝らはエジプト人に物がなしたるところの事を見、我が鷲の翼をのべて、汝らを負ひて、我らにいたらしめしを見たり。然ば汝等若し善く我言を聴き、我が契約を守らば、汝等は諸の民に愈りてわが宝となるべし。全地は我が所有なればなり。汝等は我に対して祭司の国となり。聖き民となるべし。これらの言葉を、汝イスラエルの子孫に告ぐべし。』是においてモーセ来りて民の長老等を呼び、ヱホバの己に命じたまひし言を尽くその前に陳たれば、民皆等しく応へて言ひけるは、『ヱホバの言ひたまひし所は皆我等之を為すべし』。と。」

モーセの目的とする所はヱホバ神権イスラエル祭司国家の建設である。そこで、ヱホバ導くがまゝ、ヱホバ祭司国家建設適地、アブラハムねむるカナンを目指して、エジプトを脱出して、曠野の旅に上つたのである。モーセのエジプト脱出曠野行きはくにまぎ（国覔）である。先づどんな形体を以てするかを見よう。民数紀略にかく見られる。

「エジプトの国を出たる次の年の正月、ヱホバ、シナイの曠野にてモーセに告げて言たまはく、『イスラエルの子孫をして逾越節《すぎこしのいはひ》をその期におよびて行はしめよ。其の期即ち此の月の十四日の晩に至りて、汝等これを行ふ可し。汝等これを行ふには、諸の条例と、その諸の式法に循ふべきなり』」（民数紀略、第九章）

逾越節は、非常時祭である。イスラエルがエジプトに於ける奴隷状態から自己を開放して、ヱホバ神権国家形体を以てする宗教国家を建設せんとするに当つて厳修さるゝ国民的大復活祭祀である。神武天皇の丹生川上顕斎とその宗教的性格を等しくする。――さてかくつゞけられてゐる。

「即ちイスラエルの子孫はヱホバのモーセに命じたまへる所に尽く循ひてこれを為ぬ。時に人の死骸に身を汚して逾越節を行ふこと能はざる人々ありて、その日にモーセとアロンの前にいたれり。その人すなはち彼に言ふ。『我等は人の死骸に身を汚したり。然ば我等は其朝に及びてイスラエルの子孫と偕にヱホバに礼物を献ぐることを得ざるべきか。』モーセ彼等に告げて言けるは、『姑く待て、ヱホバ汝等の事を如何に宣ふべきかを聴ん。』ヱホバ、モーセに告て言たまはく、『イスラエルの子孫に告て言へ、汝等または、汝等の子孫の中、死骸に身を汚したる人も、遠き途にある人も皆逾越節をヱホバに向ひて行ふべきなり。即ち二月の十四日の晩に之を行ひ、酵入れぬパンと苦菜をそへて之を食ふべし。朝までこれを少許も遺しおくべからず。又その骨を一本も折るべからず。逾越節の諸の条例にしたがひて之を行ふべし。されど、人其身潔くあり、また征途にもあらずして逾越節を行ふことをせざる時はその人民の中より断れん。』」

逾越節執行不参加者は死を以て罰せられるといふのである。しかもその主儀は無酵パン聖餐式である。こゝにはくだくだしい宣言もなければ、読経のやうなものは全く見られない。たゞ非常食聖餐式のみがとり行はれる。神武天皇の丹生川上顕斎の水なしにて造られたといふ「たがねもち」聖餐式と全く同一である。――さてモーセはヱホバの命ずるまゝに逾越節を厳修して、曠野行を開始するのであるが、上文につゞけてかく見られる。

「幕屋を建たる日に雲、幕屋を蔽へり。是すなはち律法の幕屋（〇ヱホバ聖所）なり。而して夕にいたれば幕屋の上に火のごとき者あらはれて朝に及べり。即ち常にかくの如くにして、昼は雲これを蔽ひ、夜は火のごとき者ありき。雲幕屋を離れて上る時はイスラエルの子孫直に途に進み、雲の止まる所にイスラエルの子孫営を張れり。即ちイスラエルの子孫はヱホバの命によりて営を張り、幕屋の上に雲止まれる間は営を張りをれり。幕屋の上に雲の止まること久しき時はイスラエルの子孫ヱホバの職守《つとめ》をまもりて途に進まざりき。また幕屋の上に雲の止まる事日少き時も然り。彼等は只ヱホバの命に従ひて営を張り、ヱホバの命に従ひて途に進めり。また雲夕より朝まで止り、朝におよびてその雲昇る時は、彼等途に進めり。夜にもあれ、昼にもあれ、雲の昇る時は則ち途に進めり。二日にもあれ、一月にもあれ、また其よりも多くの日にもまた幕屋の上に雲の止り居る間はイスラエルの子孫営を張居て途に進まず、その昇るに及びて途に進めり。即ち彼等はヱホバの命にしたがひて途に進み、且つモーセによりて伝はりしヱホバの命にしたがひて途に進み、且つモーセによりて伝はりしヱホバの命にしたがひてヱホバの職守を守れり。」

神武天皇の海道行が比較される。

「即ち日向より発たして筑紫にいでましき。

かれ豊国の宇沙に至りませる時に、其の土人《くにつかみ》、名宇沙都比古・宇沙都比売二人、足一騰宮を作りて、大御饗献りき。

其地より遷移らして、筑紫の岡田宮に一年坐しましき。

亦其の国より上りいでまして、安岐国の多祁理宮に七年坐しましき。

亦其の国より遷り上り出でまして、吉備の高島宮に八年坐しましき。」

神武天皇は右の如き海道行を高御産霊神及び天照大神の命のまにまに遷りいでましたのである。

天孫天降国土平定神話の主体が一貫して、高皇産霊神、天照大神両主体神を以てするに徴て最も明確であるが、またモーセの上掲くにまぎ（国覔）行動に於けるヱホバ主体形式に照して、之を明確ならしめ得る。モーセがその曠野くにまぎ行動は一切ヱホバ命令下に、ヱホバ聖所律法幕屋の上を離着するヱホバの雲のまにまに途に進むと同様に、神武天皇は天神の導くまゝに、安岐の多祁理宮に七年、天神をいつきまつり、又、吉備の高島宮に八年、天神をいつきまつりつゝ、その天神のみことのまゝに海道を進むのである。――さてモーセの率ゐるイスラエル集団形体である。

（略）

所で、次にモーセのくにまぎに就いて見らるゝ曠野のいのちとり食糧不足、水不足である。このくらゐモーセのくにまぎと神武天皇のくにまぎとの根本的相異性を特徴づけるものはない。曠野のモーセはその到る処に於て食糧攻め飲料水攻めに遭遇して、しばしばその生命をあやふくする。此とは全く百八十度的正反対に、神武天皇はその到る処に於て国神に迎へられて、御膳供奉式を以ていつきまつられるのである。

而してモーセはそのくにまぎ行動の到る処に於て異民族と戦はねばならなかつたのである。

「茲にヱホバ、モーセに告りて言たまはく、『汝イスラエルの子孫の仇をミデアン人に報ゆべし。其後汝はその民に加はらん。』モーセすなはち民に告て言けるは、『汝らの中より人を選びて、戦争にいづる準備をなさしめ、之をしてミデアン人に攻めゆかしめて、ヱホバの仇をミデアン人に報ゆべし。即ちイスラエルの諸の派の支派につきて、各々の支派より千人づゝを取り、これを戦につかはすべし』と。是において各々の支派より千人づゝを選み、イスラエルの衆軍のうちより一万二千人を得て戦争にいづる準備をなさしむ。モーセすなはち各々の支派より千人宛を戦争に遣し、また祭司エレアザルの子、ビハネスに聖器を吹鳴らす喇叭を執しめて、之とともに戦争に遣せり。彼等ヱホバのモーセに命じたまへるごとく、ミデアン人を攻撃ち、遂にその中の男子をことごとく殺せり。その殺しし人の外にまたミデアンの王五人を殺せり。（○中略）イスラエルの子孫すなはちミデアンの婦人等と、その子女を生擒り、その家畜と、羊の群と、その貨財をことごとく奪ひ取り、その住居の邑々とその村々とを尽く火にて焼り。かくて彼等はその奪ひし物と、掠めし物を、人と畜ともに取り、エリコに対するヨルダンの辺なるモアブの平野の営にその生擒し者と、奪ひし者とを携へきたりてモーセと祭司エレアザルとイスラエルの子孫の会衆に詣れり。時にモーセと祭司エレアザルおよび会衆の牧伯等みな営の外に出て迎へたりしが、モーセはその軍政の領袖等、すなはち戦争より帰りきたれる千人の長等のなせる所を怒れり。モーセすなはち彼等に言けるは、『汝等は婦女らをことごとく生し存しや。視よ、是等はバラムの謀計によりイスラエルの子孫をして、ペオルの事において、ヱホバに罪を犯さしめ、遂にヱホバの会衆の中に疫病おこるにいたらしめたり。然ばこの中の男子を尽く殺し、また男と寝て男知れる婦人を尽く殺せ。但し未だ男と寝て男知れる事あらざる女の子はこれを汝らのために生しおくべし。而して汝らは七日の間営の外に居れ。汝らの中凡そ人を殺せる者、または殺されし者に捫りたる者は、第三日と第七日にその身を潔め、且つその俘囚を潔むべし』と。」（民数記略、第三十一章）

性病との戦ひまでが考へらる丶であらう。日本人我々の想像に絶するかくの如き残酷なる戦争をモーセは異民族相手に戦はねばその目的とする神約の「乳と密の流る丶」その祖先アブラハムの地はふめなかつたのである。此に百八十度正反対、我が神武天皇は到る処に於て、無上の歓喜を以て迎へられて、しかも豊葦原瑞穂国、エデン、天国の福音を宜べ敷いて、オホミタカラを救済の大道に導くのである。

モーセのくにまぎが掠奪的軍事行動的くにまぎなる時、神武天皇のくにまぎは救済的文化的くにまぎである。

二、倭姫命のくにまぎ

（イ）五十鈴宮

倭姫命世記にかく見られる。

「御間城入彦瓊殖天皇（崇神）即位六年己丑秋九月、倭笠縫邑に就きて、殊に磯城神籬を立て、天照大神また草薙劒を遷しまつり、豊鋤入姫命をして斎き奉らしむ。（略）

五十八年辛巳、倭の彌和の御諸嶺上宮に遷り、二年を斎奉る。是時豊鍬入姫、『日足りぬ』と曰しき。姪倭比売命に事依し奉り、御杖代と定めて、此より倭姫命、天照大神を戴き奉りて、いでましき。（相殿の神は、天児屋命・太玉命・御戸開闢神・天手力男神・栲幡姫命・御門神豊石窓・櫛石窓命、並に五部神、相副ひ仕へ奉る。）」

初の天照大神御杖代は崇神天皇の皇女豊鍬入姫命であつたが、老齢その任に堪へず、倭姫命に代る。

姫は垂仁天皇の皇女である。倭姫命は天照大神八咫鏡を奉戴して、三輪の三諸山上宮をふり出しに、一身一生を天照大神八咫鏡同体にして、くにまぎ転々長途の旅に上りゆくのである。

（略）

「其の江を上りいでまして、御船泊てし処の名を、御津浦と号けき。其処よりいでますに小島在りき。其の小島に坐して、山末河内見廻り給ふに大屋の門前なす地有りき。其処の上に坐しまして、其処を大屋門と号けたまひき。其処よりいまして神淵河原に坐しませば、苗草戴く耆女《をむな》参り相ひき。問ひ給はく、『何をか為る。』」耆女白さく、『我は苗草取る女、宇遅都田女』と白しき。『此の国は鹿乃見哉毛為《かのみやもす》る』と白しき。其処を鹿乃見《かのみ》と号けたまひき。『など是く問ひ給ふ』と止可売白しき。其処を止鹿乃淵と号けたまひき。其より矢田宮にいでましき。次に家田々宮に遷りいでましき。其宮に坐します時に度会の大幡主命、皇太神の朝御気夕御気処の御田奉りき。宇遅の家田の田上に在る抜穂田と名くるは是なり。其より奈尾根宮にいでまし給ひき。時に出雲神の子出雲建日子命、一名伊勢都彦神、一名神櫛玉命、並に其の子大歳神の子桜大刀自命、山神大山津見命の子、朝熊水神等、五十鈴川後江にて、御饗奉りき。時に猿田彦の裔宇治土公《うじのつちぎみ》の祖、大田命参り相ひき。『汝が国の名はいかに』と問ひ給ふに、『佐古久志呂宇遅の国』と白して御止代の神田進りき。倭姫命問ひ給はく、『吉宮処有りや。』答へて曰さく、『佐古久志呂宇遅の五十鈴の河上は、是日本国の中に、殊に勝れたる霊《くしび》の地に侍る。其の中に、翁が三十八万《いつのよ》歳のほどにも未だ見知らぬ霊物《くしびもの》有り。照り耀くこと日月の如くなり。惟れおぼろげの物に在らじ。定まる主のいでましまさむその時に献る可しと念ひて、彼処に礼祭れり』と申せり。即ち彼処にゆき給ひて、みそなはしたまひければ、惟れ昔、太神誓願ひ給ひて、豊葦原瑞穂の国の内に、伊勢の加佐波夜の国には、美宮処有りと見定め給ひて、天上より投げ降し坐したまひし天之逆太刀・坂鉾・金鈴等なり。いとみこゝろに喜びたまひて、言し上げ給ひき。」

佐古久志呂宇治五十鈴河上、これが倭姫命くにまぎの終着点である。崇神天皇の六十年に宇多の秋宮をふり出しに、こゝに至るまで三十余年である。天照大神八咫鏡を戴き奉つて、宇陀の大宇禰奈とつれ立つて、秋宮からこの三十余年に亘つて、実に長途くにまぎの第一歩を踏み出した時には、花はづかしいをとめであつたのが、佐古久志呂宇治五十鈴宮の河上に到達した時には、多年の超人的労苦にびんもましろに雪の如くであらう。——モーセは埃及脱出の時八十歳であったと伝へられてゐる。そしてカナンの地を眼前にながめながら、其処には足をふみこむことが出来ずにホル山の頂に死んだ時は百二十歳であつたといふ。モーセのくにまぎは四十年に亘る。我が倭姫命の大くにまぎは女子の身を以て三十三年に及ぶ。然し我々がこゝに問題とする点は、このくにまぎ期間の長短ではない。その形体である。モーセは到る処に於て、異邦の民をみなごろしにしつゝ進まねばならなかつた。その所有の金銀財宝をあらひざらひ掠奪しつゝ進まねばならなかつた。我が倭に至つてはその到る処に於て、豊葦原瑞穂国、地上のエデン、地上の「神の国」の大福音をのべつゝその救済道のめぐみの露をあまねくたれほどこしつゝ進みゆくのである。その花はづかしい御姿は観音菩薩に於てのみその近似を仰ぎ得る。——モーセの姿は実にかうである。

「モーセその律法の板二枚を己の手に執りてシナイ山より下りしが、その山より下りし時に、モーセはその面の、己がヱホバともの言ひしによりて光を発を知らざりき。アロン及びイスラエルの子孫モーセを見て、その面の皮の光を発つを視、怖れて彼に近づかざりしかば、モーセ彼らを呼り。アロンおよび会衆の長老等すなはちモーセの所に帰りたれば、モーセ彼等とものいふ。かくありて後、イスラエルの子孫みな近寄りければ、モーセ、ヱホバがシナイ山にて己に告げたまひし事等を尽くこれに諭せり。モーセかれらとものいふことを終へて覆面帕をその面にあてたり。但し、モーセはヱホバの前にいりてともに語ることある時は、その出るまで覆面帕を除きてをり。また出きたりてその命ぜられし事をイスラエルの子孫に告ぐ。イスラエルの子孫モーセの面を見るに、モーセの面皮光を発つ。モーセは入りてヱホバとものいふまでその覆面帕を面にあてをる。」（出埃及記、第三十四章）

この覆面忍者装束のモーセと采女装束の倭姫命と、如何なる天下の名手と雖も、このコントラストを適切に表現し得ないであらう。言葉の及ぶ所ではない。しかし、この比較くらゐモーセのくにまぎと倭姫命のくにまぎとの根本的性格の相異性を明確にするものはない。モーセのくにまぎの掠奪的軍事的なるものに対して、百八十度相異、我が倭姫命のくにまぎは救済主的文化的なるもの、頂上、典型である。

「廿六年丁巳冬十月甲子、天照大神を度会の五十鈴の河上に遷し奉る。今の歳倭姫命、大幡主命、物部の八十友緒人等に詔りたまひて、五十鈴原の荒草木根刈り掃ひて、大石小石を造りならして、遠山近山の大峡小狭に立てる材を、斎部の斎斧以ちて伐り採りて、元末をば山祇に祭りて、中間を持ち出で来て、斎鉏を以て、天斎柱（一名天御柱、二名心御柱）立てて、高天原に千木高知り、下都磐根に神柱広敷き立て、天照大神を鎮まり定まり坐しまさしめ奉りき。」

天之御舎、すめらみこと大神宮而して大嘗宮に就て記録されてゐる形式と全く同一である。

「時に美船神・朝熊水神等、御船に乗せ奉りて、五十鈴河上に遷りいでまさしめたまひき。その時河際にして倭姫命の御裳裔長くけがれ侍りけるを洗ひ給ひき。其れより以降、御裳須曾河《みもすそかわ》と号けたまひき。采女忍比売、天平賀八十枚を造り、天富命の孫をして、神宝の鏡・大刀・小刀・矛・楯・弓・箭・木綿等を作りて、神宝・大幣を備へ令めき。その時、皇太神、倭姫命の御夢に喩し給はく、『我が高天原に坐しまして、瓱戸《みかど》押し張り、原かして見そなはし、見あらはし、真伎支国の宮処は是処なり。鎮まり定まり給ふ。』と覚し給ひき。時に倭姫命、御送駅使、安部武渟河別命、和珥彦国葺命、中臣国摩大鹿島命、物部途士千根命、大伴武日命、並に度会大幡主命等に、御夢の状、具に教へ知ら令め給ひき。終夜宴楽舞歌すること、日小宮の儀の如し。倭姫命、『朝日の来向ふ国、夕日の来向ふ国、浪音の聞えぬ国、風音の聞えぬ国、弓矢鞆音の聞えぬ国、打摩伎志売留国、敷浪七保の吉国、神風の伊勢の国、百伝ふ度会県の、佐古久志呂五十鈴の宮に、鎮まり定まり給ふ』と国保伎給ひき。時に駅使朝廷に還り詣ゐ上りて、倭姫命の御夢の状を細しく返事白しき。その時、天皇聞し食して、即ち大鹿島命を祭官に定め給ひき。神館造り立て、物部の八十緒の人等を率て雑の神事を取り惣べ、太玉串捧げて供へ奉りき。因りて斎宮を宇治県五十鈴の川上の大宮の際に興し、倭姫命をましまさ令たまひき。即て八尋機屋を建てて、天棚機姫神の孫八千々姫命をして、太神の神衣を織ら令むること、譬へば天上にまします儀の如し。（謂る宇治機殿と号ふは是れなり。一名磯宮と号ふ）次に櫛玉命、大年神、大山津見神、朝熊水神等、御饗奉れる彼処にして神社定め給ひて、神宝を留め置き給ひき。」

右に拠つて、之を明確に知ることが出来るが、倭姫命の大くにまぎ行動の目的とする所は、一に天照大神八咫鏡大神宮建設適地の発見である。神武天皇のくにまぎ行動に於けると全くその形式を同一にする。であるから倭姫命の大くにまぎを以て、神武天皇のくにまぎ行動の性格を律し得る。――さて倭姫世紀にかくつゞけられる。

――「倭姫命御船に乗り給ひて、御膳の御贄所定めたまふ。」

かうして倭姫命五十鈴宮建設と同時に、時を移さず、帯も解かずに志摩の国崎神界島に出かけて御膳の御贄所を設定する。五十鈴宮の宗教的性格検討上最も清す可き点である。（略）

かく、倭姫命は五十鈴宮建設と併せて、志摩国の神界島の御気処を設定する。即ち、五十鈴宮と皇大神朝夕御膳供奉奉斎式は全く不可分の関係を有するといふ、皇大神宮根本体制の厳存する所を、最も明確に知ることが出来る。最重要点、最も注目す可き点である。

所で右二十六年条には、第十五号櫛玉社、（略）。倭姫命世紀、垂仁天皇二十二年条、同二十五年、同二十六年条に倭姫命設定神社以上二十一社を見る。是を改めて列挙すれば左の如くである。

第一、櫛田社

第二、魚見社

第三、真名胡社。

第四、佐々牟江社。

第五、大与度社。
第六、狭田社。
第七、坂手社。
第八、御船社。
第九、御瀬社。
第十、久求社。
第十一、園相社。
第十二、水饗社。
第十三、堅田社。
第十四、江社。
第十五、神前社。
第十六、栗御子社。
第十七、津長社。
第十八、櫛玉社。
第十九、大歳社。
第二十、大山祇社。
第二十一、朝熊水社。

であるから右二十一の末社の大中心に皇大神五十鈴宮を中心大本社とする所の皇大神神社国家形体の成立を観得る。蓋し、すめらみこと統一国の原型である。而して最も注目すべきは、このすめらみこと原型国家は救済的文化国家の原型たる点である。——さて倭姫命世紀にかくつゞけられる。

「廿七年戊午秋九月、鳥鳴声高く聞えて、昼夜止まずてかまびすし。『此れ異し』と宣たまひて、大幡主命の舎人紀麻呂を使に差し使はして、彼の鳥の鳴く処を見せ令めたまひき。罷り行きて見れば島国の伊雑方上の葦原の中に稲二基在り。生へ本は一基に為て末に千穂茂れり。彼の稲を、白き真名鶴咋ひ持ち廻り乍ら鳴きき。此を見顕はせば、其の鳥の鳴く声止みき、と返事申しき。その時倭姫命宣たまはく、『恐し、事問はぬ鳥すら、田作りて皇大神に奉る物を』と詔りたまひて、物忌始め給ひて、彼の稲を伊佐波登美神を為て、抜穂に抜か令めて、皇大神御前の懸久真に懸け奉り始めき。則ち其穂を大幡主の女子乙姫に、清酒に作ら令め、御饌奉り始めき。千税奉り始むる事茲に因れり。彼の稲の生へる地を千田と号けき。島国の伊雑方の上に在り。其処に伊佐波登美之神宮を造り皇大神の摂宮と為す。伊雑宮是なり。彼の真名鶴を号けて大歳神と称して、同処に祝ひ定め奉れり。又其神皇大神の坐ます朝熊河後の葦原の中に石にして坐します。其の神に小朝熊山社造り奉りて祝ひ定め坐しまさ令む。大歳神と称すは是なり。（略）」

真名鶴の千穂八百穂は即ち抜穂、即ち瑞穂である。五十鈴宮は斎庭である。倭姫命大くにまぎの究極目的は瑞穂の斎庭発見そのものである。

而してこの瑞穂の斎庭五十鈴宮に於て、すめらみこと統一国家の原型を見出し得る。また一般人類史上の国家体系の原型を見出し得るのである。ジェームズ・フレーザーの説く所は頗る参考すべきものと考へられる。

「しかし、我々なほ訊ねなければならぬ。古代ラテン諸部族間の王位継承の規則はどんなものであつたか。（略）家に残つた娘たちの或る者は、或はその全部が、炉に燃える聖火につかへるためヴェスタ処女となつて長く或は短かく献し、その中の一人は時に及んで父王の後継者となつたであらう。」（金枝篇、二、一七―一八、永橋卓介訳、岩波文庫本）

創造的聖火御杖代なるヴェスタ処女と、天照大神八咫鏡の御杖代なる倭姫命とはその宗教的性格を同一にする。こゝに最初期の国家形体を発生せしめた社会制度を見得るといふのである。まことに五十鈴宮はこれである。而してこゝに最も注目す可き根本点、本質問題は、五十鈴宮国家原型体制に於て観る創造的即ち建設的性格とその救済的性格である。五十鈴宮原型国家は楽園国家、エデン国家であるといふ点である。

而して神武天皇の橿原宮すめらみことゝ統一国家は五十鈴宮エデン国家を原型とする所の、世界史上全く無比の楽園国家、エデン国家なるの世界史的根本大事実を、最も明確ならしめ得るのである。

（ロ）群行

延喜式、巻五、「斎宮」の巻に左の如く見られる。

「斎宮《いつきのみや》

凡そ天皇位に即き給はば、伊勢太神宮の斎王《いつきのひめみこ》を定む。捌りて内親王の未だ嫁がざる者を簡ぶとして之を卜ふ。訖りて即ち勅使を彼家に遣はし事の由を告げ示す。神祇祐已上一人僚下を率ゐて勅使に随ひて共に向ふ。卜部解除ふ。神部木綿を以て賢木に著け、殿の四面及び内外の門に立つ。其の後日時を択みて百官大祓を為す。」

斎王卜定後、斎王住宅は聖別される。斎王住宅は斎王宮に他ならない。斎王は現人神である。

「又使を遣はして、大神宮に奉幣し斎王卜定の状を告げしむ。」

大嘗祭に准じ、大祓を執行すると共に、奉幣使を皇太神宮に派遣して、斎王卜定報告祭を執り行ふ。

かくて斎王は旧住宅から初斎院に遷される。

「凡そ斎内親王定め畢れば、即ち宮城内の便所を卜ひ、初斎院をそり、祓禊して入る。明年七月に至るまで此の院にて斎《いみこも》る。更に城外の浄野を卜して野宮を造り畢る。八月上旬、吉日を卜ひ定め、河に臨みて、祓禊ひし、即ち野宮に入る。遷り入る日より明年八月に至るまで、此宮に斎る。九月上旬吉日を卜ひ定め、河に出でまして祓禊ひて、伊勢の斎宮に参入ります。」

斎王はその卜定後、前後三年間に亘る厳修に服するといふのである。

「凡そ斎王将に初斎院に入るには、河頭にいでまして祓を為す。（略）弁一人、史一人、史生二人、管掌一人、供奉の諸氏を率ゐて禊所の行事に就く。斎王幕に到れば、流れに臨みて禊す。」

イエスのパブテスマが思ひ浮べられるであらう。

――「イエス、パブテスマを受けて水より上るとき、天忽ち之が為にひらけ、神の霊の鴿の如く降

て其上に来るを見る。又天より声有りて、『此は我心に適ふ、わが愛子なり』と云へり。」（マタイ伝、第三章）
その形式とその性格を全く同一にする。斎王はイエスの如く、禊式の執行を以て現人神の立場に就くのである。（略）
延喜式、巻一、「神祇」の巻頭に、
「凡践祚大嘗祭為二大祀一。祈年・月次・神嘗・新嘗・賀茂等祭為二中祀一」
とあるに拠つて明確に知り得るやうに、すめらみこと祭祀体系は大嘗祭を宗として、祈年・月次・神嘗・新嘗の四中祀を配するものである。上掲野宮祭祀体系もまた全くすめらみこと祭祀体系に準ずる事を明確に窺ひ得る。野宮もまた初斎院と同様すめらみこと神宮である。而してその祭祀体系はすめらみこと祭祀体系である。斎王或は内親王は性を異にするも一人の現人神すめらみことである。
斎王は、初斎院、野宮三年に亘る潔斎厳修に従ふ。（略）
右（延喜式、巻五、「斎宮」）に拠つて、倭姫命群行大行列形体を具体的に考へて見ることが出来る。たゞ右延喜式に見らるゝ斎王発路天皇離別の場面は簡に失して、之を具体的に詳らかになし得ない。こゝは最も重大な場面である。由つて江家次第に就て見る。
「斎王群行
前たつ一日、小安殿の装束常儀の如し。
但し、東西の四間、南方は皆布障子を立て亘す。第三間には大床子を立つ。

大極殿の高御座以東は、第三の間母屋内に至るまで、葉薦を鋪き満む。西の二間には、南北の行に広筵を鋪く。」

「葉薦」に注意を払ふを要する。大嘗祭卯の日、大嘗宮臨御に当つて天皇は、前に敷き後ろに巻く葉薦の上を行く。その葉薦は人踏むことを得ずとされる。天皇はタブーにして、現人神なることを示す。この場合の葉薦もまたその意義を同一にするものと解せられる。即ち斎王は現人神としての取扱ひを受くるものと解せらる。

「（略）

次に天皇額櫛筥を召す。

蔵人頭件の筥を執りて内侍に付す。内侍筥を取りて、蓋を開き、御座の左の方の席上に置く。

内侍仰を奉じて、斎王の許に進みて、近く参り給ふ可き由を申す。

親王近づきて御膳に候ふ。（御乳母抱き奉り、女房几帳を捧げて祇候す。）

天皇櫛を以て其の額に刺し加へたまひて勅す。『京の方に趣き給ふな。』」

私の筆は動かない。涙がとめどなくはふり落ちて、めがねがくもってだめなんだ。私の記憶に一生忘れる事の出来ない思出がこみあげて来る。――私はこのために独房の中で大声上げて泣き出した。担当看守がびっくり仰天とんで来て、錠前の音を特別大きく立てながら、「おい、九四二番どうした。」そしてこの看守は、私の涙と私の大声の感激がたゝつて、七人の彼の子を路頭に迷はすに至つたのである。私の涙の感激の為に、この哀れむ可き看守は私のためにあの小菅のひとやの分厚なコンクリートの壁をぶちぬいたがためである。こんな獄中思出話はやめねばならぬ。

が次に私の頭の中にとび出して来るのはアブラハムのイサク人身御供物語である。

「アブラハム、九十九歳の時、ヱホバ、アブラムに顕はれて之に言ひたまひけるは、『我は全能の神なり。汝我が前に行みて完全かれよ。我が契約を我と汝との間に立て、大いに汝の子孫を増ん。』アブラム即ち俯伏したり。神また彼に告げて言ひたまひけるは、『我汝の名をアブラハム（衆多の人の父）とよぶべし。其は我汝を衆多の国民の父と為せばなり。我汝をして衆多の子孫を得せしめ、国々の民を汝より起さん。王等汝より出づべし。我れ我が契約を我と汝および汝の後の世々の子孫との間に立て、永久の契約となし、汝および汝の子孫の神地を与へて永久の産業《もちもの》となさん。而して、我彼等の神となるべし。』」（創世記、第十七章）

ヱホバはアブラハムの子孫の繁栄の神である。またアブラハムがヱホバに願ひ求むる所もまた子孫の繁栄一事のみである。それ故にこそアブラハムは九十九歳の老齢に於てヱホバからさづけられた最愛のひとり子イサクをヱホバに人身御供にせねばならんといふのである。

「是等の事の後、神アブラハムを試みんとて之を『アブラハムよ』と呼たまふ。彼言ふ。『我此にあり。』ヱホバ言ひたまひけるは、『爾の子、爾の愛する独り子即ちイサクを携へてモリアの地に到り、我が爾に示さんとする彼所の山に於て彼を燔祭として献ぐべし。』アブラハム朝夙に興て、其驢馬に鞍おき二人の少者と其子イサクを携へ、且つ燔祭の柴薪を劈りて起ちて、神の己に示したまへる処に赴けるが、三日に及びてアブラハム目を挙げて遥に其処を見たり。是に於てアブラハムその少者に言ひけるは、『爾等は驢馬と共に此にとどまれ。我と童子は彼処に行きて、崇拝を為し、復汝らに帰らん。』アブラハム乃ち燔祭の柴薪を取りて、其子イサクに負せ、手に火と刀を執りて二人ともに往けり。

イサク父アブラハムに語りて、『父よ』と曰ふ。

彼答へて『子よ、我れ此に在り』と曰ひければ。

イサク即ち曰ふ、『火と柴薪は在り。然れども燔祭の羔《こひつじ》は何処にありや。』

アブラハム言けるは、『子よ、神自ら燔祭の羔を備へ給はん』と。

二人偕に、進み行きて遂に神の示し給へる処に到れり。是に於てアブラハム彼処に壇を築き、柴薪をならべ、其子イサクを縛りて之を壇の柴薪の上に置せたり。斯くてアブラハム手を舒べ、刀を執りて其の子を宰《ころさ》んとす。

時にヱホバの使者天より彼を呼びて『アブラハムよ、アブラハムよ』と言へり。

彼言ふ、『我れ此にあり。』

「使者言ひけるは、『汝の手を童子に按る勿れ。亦何をも彼に為す可からず。汝の子即ち汝の独子をも我がために惜まざれば我今汝が神を畏る、ことを知る。』と。」（創世記、第二十二章）

イサクは代替綿羊によって救はれるといふのであるが、古代社会に於て、或は原始社会に於て、国王は自己自身の生命又はその子の生命を、彼が統治する種族或は民族、万民の繁栄のために犠牲によつて始めて、彼国王の統括下に置かれた集団の歴史的生活が持続することを以て常とする。而してその最も崇高にして最も偉大な実例を、我が斎王の額櫛に於て見出し得るのである。

天皇櫛を以て其の額に刺し加へたまひて勅す。「京の方に趣き給ふな。」

いつそアブラハムのやうに、一思ひにバッサリやつた方が、生き別れよりどれほど楽かわからない。——この天皇の言葉に尽し得ぬ犠牲によつてはじめて五十鈴宮が成立するのである。即ちエデン国家が成立するのである。「おほみたから」の真の繁栄と、平和と幸福が生れ出るのである。

また橿原宮すめらみこと統一国家然り。

三、神武天皇のくにまぎ

(イ)、天孫のくにまぎ

古事記にかく見られる。

「ここに日子番能邇邇芸命、天降りまさむとする時に、天之八衢に居て、上は高天原を光らし、下は高天原を光らす神ここにあり。かれ天照大御神・高木神(○高皇産霊神)の命以ちて、天宇受売神に『汝は手弱女人にあれども、いむかふ神と面勝つ神なり。かれ専ら汝往て問はむは、吾が御子の天降りまさむとする道に誰ぞ如此て居るここへ。』とのりたまひき。かれ問はせ賜ふ時に答へて曰さく、『僕は国神、名は猿田毘古神なり。出で居る所以は、天神の御子天降り坐すと聞きつる故に、御前に仕へ奉らむとして、参向へ侍ふぞ。』とまをしたまひき。

ここに天児屋命・布刀玉命・天宇受売命・伊斯許理度売命・玉祖命、并せて五伴緒を支り加へて天降りまさしめたまひき。」

猿田彦神の後裔宇治土公大田命の佐古久志呂宇治五十鈴河上聖地開顕神話の原型である。が、右、古事記に見らる丶所には、猿田彦神は、はつきりと、日向の高千穂峯を指示してゐない。古語拾遺には古事記とちがつて、それをはつきりと指示してゐる。

「既にして且に降らむとする間に、先駆還りて曰さく、『一神有りて天八達之衢に居る。その鼻の長さは七咫、背の長さは七尺。口尻とは明り曜き、眼は八咫鏡の如し』即ち従神を遣してその名を借問はしむるに、八十万の神皆相ひ見ること能はず。是に於て天鈿女命勅を奉はりて往く。乃ちその胸乳を露はし、裳帯を臍の下に抑し下れて、向ひ立ちて咲噱ふ。是の時に衢神問ひ曰さく、『汝何の故にか然か為る。』天鈿女命反りて問ひて曰さく、『天孫の幸でます路に居る者は誰ぞ。』衢神応へて曰さく、『天孫応に降りたまふと聞はり、故れ迎へ奉りて相ひ待つ。吾が名は是れ猿田彦大神なり。』時に天鈿女命復問ひて曰さく、『汝応に先だち行かむや。将た吾れ応に先たち行くべきや。』対へて曰さく、『吾れ先だち啓き行かむ。』天鈿女命復問ひて曰さく、『汝は応に何処に到るべきや。将た天孫は何処に到るべきや』対へて曰さく、『天孫は当に筑紫の日向の高千穂の槵触の峯に到りますべし。吾は応に伊勢の狭長田の五十鈴の河上に到るべし。』因りて曰く、『吾を発顕しつる者は汝なり。吾を送りて致す可し。』」

かく、天孫天降りの場所は日向の高千穂峯であると明記されてゐる。しかも、猿田彦神自身の住処は伊勢の五十鈴の川上の狭長田であると明記されてゐる。つまり、五十鈴川の斎庭であるといふのであるが、天孫の天降ります場所もまた日向の高千穂峯のふもとの斎庭たるべしといふことが含蓄されてゐる。

——さて、古事記にかく見られる。

「かれここに天津日子番能邇邇芸命、天之石位を離れ、天之八重多那雲を押分けて、いつの道別き道別きて、天浮橋に、うきじまりそりたゝして、筑紫の日向の久士布流多気に天降り坐しき。かれここに天忍日命・天津久米命二人、天之石靫を取負ひ、頭椎之太刀を取佩き、天之波士弓を取持ち、天之真鹿児矢を手挟み、御前に立たして仕へ奉りき。ここに膂肉の韓国を笠沙之御前に真来通りて詔りたまはく、『此地は朝日の直刺す国、夕日の日照る国、かれ此地ぞ甚吉き地。』と詔りたまひて、底津石根に宮柱太しり、高天原に氷椽高しりて坐しましき。」

膂肉の韓国とは韓国峯である。即ち不毛の地であつて、斎庭の地ではない。天孫はその不毛の地、膂肉の韓国峯ふもとの地をすぎて、笠沙之御前へおりて行くのである。笠沙之御前は大淀の河口、即ち橘小門である。であるから天孫は高千穂峯即ち霊峰霧島山を、大淀川に沿ふて下つて、橘小門にくにまぎとほつたのである。神武天皇もまた東に向かつて進んだが、倭姫命もまた東に向つて進むのである。天孫の場合も同様である。東に向つて進む形を明示してゐる。
天孫天降神話はくにまぎ神話の原型である。（略）

（ロ）神武天皇のくにまぎ

（い）猶東のかたにこそ

古事記にかく見られる。

「ここに海神の女豊毘売命自ら参出で白したまはく、『妾已くより妊身めるを、今産むべき時に臨りぬ。此を念ふに、天神の御子を海原に生みまつるべきにあらず。かれ参出到つ』とまをしたまひき。（略）ここを以て、その産れませる御子の名を、天津日高日子波限建葺草不合命と謂す。然れども後は、其の伺みたまひし情を恨みつゝも、恋しきにえ忍へたまはずて、其の御子を治療しまつる縁に因りて、其の弟玉依毘売に附けて、歌をなも献りたまひける。其の歌、

赤玉は　緒さへ光れど　白玉の　君が装し　貴くありけり

かれその比古遅答へたまひける歌、

沖つ鳥　鴨どく島に　わが寝し　妹は忘れじ　世のことごくに

かれ日子穂穂手見命は高千穂宮に伍百捌拾歳坐しましき。」

彦火火出見尊は筑紫に安定すめらみことゝ統一国を創り出すことが出来なかつた。

——所で、古事記にかくつゞけられてゐる。

「御陵は其の高千穂宮の山の西のかたに在り。是の天津日高日子波限建鵜葺草葺不合命、姨玉依毘売命に娶ひまして生みませる御子の名は五瀬命、次に稲氷命、次に御毛沼命、次に若御毛沼命、亦の名は豊御毛沼命、亦の名を神倭伊波礼毘古命。かれ御毛沼命は波の穂を跳みて常世国に渡り坐し、稲氷命は妣の国として海原に入り坐き。」

葺不合尊もまた安定すめらみこと国家をつくり出すことが出来なかつた。さて、古事記にかくつゞけられる。

「神倭伊波礼毘古命、その伊呂兄五瀬命と二柱、高千穂宮に坐しまして議りたまはく、『いづれの地に坐さばか、天下の政をば平けく聞し看さむ。猶東のかたにこそ行でまさめ』と云りたまひて、即ち日向より発して筑紫に幸り行でましき。」

高千穂宮の地は、安定すめらみこと統一国家実現の適地ではない。猶ほ東の方に、すめらみこと大神宮建設適地を求めなければならない。神武天皇の東方大移動行動の動機と目的は明かである。一に安定すめらみこと統一国家建設のためであり、而して、すめらみこと大神宮建設適地発見のそれであると、神話は明確に説いてゐる。――なほ右に就て若干具体的な解釈を試みる要を覚えしめられる。すると、先づ取上げて見なければならないのは、木花開耶姫の無戸八尋殿である。是に就て、旧事紀、巻六、皇孫本紀にかく見られる。

「神吾田鹿葦津姫益恨みて、乃ち無戸八尋殿を作り、其の内に入居て誓約ひて曰さく、『妾が娠める子、若し若し天神の胤に非ずば、必ず轟け滅ぶし。若し実に天神の胤ならば、火も害ふこと能はざれ』即ち火を放けて室を焚く。その火の初めて明る時に、躡み詰びて出ませる児自ら言げしたまふ。『吾は是れ天神の子、名は火明命なり。吾が父何処かにか坐したまふや』次に火の盛りに躡み詰びて児亦た言げしたまふ。『吾は是れ天神の子、名は火進命吾が父また兄は何処に坐したまふや。』次に火炎衰る時躡み詰びて出でませる児亦言げしたまふ。『吾は是れ天神の子、名は火折尊。吾が父及び兄は何処に在すや』次に火熱避むる時、ふみ躡み詰びて出でませる児も亦た言げしたまふ。『吾は是れ天神の子、名を彦火火出見尊。吾が父また兄等は何処に在すや』然て後に、母吾田鹿葦津姫、焼焔の中より出来て、就きて称げして曰さく、『妾が生める児また妾が身、自ら火の難に当れども、少しも損はれず。天孫豈み見たまふや』」

明かに火山神話であらう。即ち阿蘇、霧島の大爆発である。霧島連峯には、東西霧島二上峯のまはりに、夷守嶽と白島山がある。いづれも火山である。その爆発は西より東へと、恰度右の木花開耶姫無戸八尋殿神話に於ける四皇子誕生の順位にならぶの形を成してゐる。然し、是に類する地球上の変化は阿蘇に就ても同類である。その中心地帯に於て、連続の大噴火大爆発が起つたのでは、筑紫に安定すめらみこと統一国家の出現は期待し得べからざる事である。特に神武天皇の東方大移動行動の直接の原因を為したであらうと推測さるゝ、東霧山の大爆発によつて蒙つた、笠沙碕、橘小門即ち大淀川河口宮崎は、ために地勢が一変するほどはげしかつたのである。

次に、豊玉姫の産殿神話である。この場合は、山岳をはなれて、場所を海岸に取つてゐる。釈紀同所にかく見られる。

「鸕鷀羽。大問云く、此の鳥の羽を以て産屋を葺くこと由緒ありや。○先師云く、慥なる所見なし。」宣長も「此の鳥の羽をしも、葺草に用ゐられしこと、いかなる故にかありけむ。」（古事記伝、十七）と云つてゐる。松村武雄教授も、

「何分にも、鵜の羽で産屋の屋根を葺くといふ習俗の有無に関する自分の知見が皆無であるから、この神話の一齣に関しては、手のつけやうがない。」（日本神話第三巻、七九一）と云つてゐる。鵜の宗教的性格を明確になし得る根拠を見出し難い。

鵜は海岸の巌礁に群れ集まるを習性とするものとされてゐるが、またよく水にもぐるたくみな鳥であることは周知である。所で、大国主神国避神話の一節に、

「水戸神の孫、櫛八玉神鵜を膳夫として、天御饗献る時に禱ぎまをして、櫛八玉神鵜に化りて、海底に入りて、底の波邇を咋ひ出でて、天八十毘良迦を作りて」

とある。鵜は水戸神の化身であると説かれてゐる。是に拠つて見れば、鵜はまた海神の化身であると解し得る。

——所で、書紀、神代下の一書神話にかく見られる。

「一に云はく、『頃、吾が児来語りて曰く、『天孫海辺に憂居すといへども、虚実を審らず蓋し有之乎。』彦火火出見尊具に事の本末を申べたまふ。因て留り息みたまふ。海神則ち其の子豊玉姫を以て妻せまつる。遂に纒綿篤愛已に三年に経りぬ。帰りたまはんとするに及至りて、海神乃ち鯛女を召して其の口を探りしかば、即ち鉤を得き、是に此の鉤を彦火火出見尊に進る。因て教へ奉りて曰さく、『此れ

を以て汝の兄に与へたまはん時に、乃ち称く、大鉤・踉蹡鉤・貧鉤・癡騃鉤と言ひ訖んなば、即ち以て後手に投げ賜へ。』已にして鰐魚を召集て問ひて曰く、『天神の孫今まさに還去まさんとす。爾等幾日がうちに致し奉らん。』時に諸の鰐魚長短のまに〳〵各其の日数を定む。中に一尋鰐あり。自ら言く、『一日のうちに即ち致しまつるべし』故れ即ち一尋鰐を遣し以て送り奉る。（〇中略）是より先に豊玉姫天孫に謂して曰く『妾已に有娠めり。天孫の胤、豈海中に生みまつるべけんや。故れ産まむ時に必ず君の処に就でん。如し我が為に産屋を海辺に造りて、以て相俟ちたまへ。』是れ所望ひなり。故れ彦火火出見尊已に郷に還りて、即ち鸕鷀の羽を以て産屋を葺為る。屋甍未だ及合はせぬに、豊玉姫自ら大亀に馭り、女弟玉依姫を将ゐて海を光らして来到る。時に孕月已に満ちて、産期方に急りぬ。此に由りて葺合するを待たずして径に入り居す。已にして従容天孫に謂して曰さく、『妾方りに産まん。請ふな臨ましそ。』天孫心にその言を怪しみて竊に覘ひたまふ。即ち八尋の大鰐に化為りぬ。」

鰐魚は海神の化身とされる。鵜もまた海神の化身とされる。所で鰐魚は船の化身でもある。であるから、彦火火出見尊は海神の化身なる鰐魚の一尋わに船に守護されて、橘小門に帰還して、海神の化身の鵜の産屋に於て、葺不合尊を得たといふのである。すなはち海神の庇護によつて、高千穂宮をとりもどす事が出来た彦火火出見尊は、海神の庇護の下に葺不合尊を得てかくして安定高千穂宮すめらみこと国家をきづき上げようとした。然しそれにも拘らず、安定高千穂すめらみこと国家は成就されずに、神武天皇は東方に大移動行動、くにまぎの旅にのぼらねばならなかつたのであるといふ説明を見出し得る。

所で、前の木花開耶姫の無戸八尋殿神話は火山爆発神話なることを明かになし得るが、この豊玉姫の鵜殿神話は、これに対する如何なる自然力神話であるか。この場合の問題はこれである。すると第一に取り上げられなければならぬ点は豊玉姫が特に、

「我が為に産屋を海辺に造りて、以て相待ちたまへ。」

といふ一文である。明かに海辺の波浪が含意されてゐる。「鵜屋」は波浪守護神に他ならないと説かれてゐる。この解釈は、

「因て教へて曰く、『此の鉤を以て汝の兄に還し与へたまはむ時は、天孫即ち貧窮之本・飢饉之始・困苦之根』と謂ふべし。陰に此の鉤を呼びて、『汝が生子の八十連属、貧鉤・滅鉤・癡駿鉤・踉蹄鉤と称ふべし。以て後手に投げ棄て与ふ可し。以て向ひて授けたまふ勿れ。即ち三たび下唾きたまへ。復汝の兄海を渉らむ時、吾れ必ず迅風洪濤を起てて、其れ没溺辛苦ま令めむ。若し兄怨怒りを発して賊害ふ心有らば、則ち潮溢之瓊をして以て漂溺したまへ。若し、危苦むに至りて愍を求はゞ、則ち潮涸之瓊を出して救助ひたまへ。此の如く逼め悩まさば、自ら臣伏なむ。復兄海に入りて釣りせむ時に、天孫宜しく海辺に在して以て風招したまへ。風招は嘯くなり。此の如くせば則ち吾れ瀛風辺風を起して、奔波を以溺らし悩さむ。』」（旧事紀、巻六、皇孫本紀）

とあることによつて支持される。即ち海神は風波守護神である。風波守護神であるといふことは、台風守護神であるといふに等しい。鵜殿神話は台風神話である。

であるから、木花開耶姫、無戸八尋殿神話及び豊玉姫鵜殿神話を以て、火山爆発と台風の災害との

ために、彦火火出見尊、葺不合尊、神大和磐余彦尊は高千穂宮に於て安定すめらみこと統一国家を実現し得なかつたと神話は説いてゐる。而して、

「いづれの地にまさば、天下のまつりごとをば平らけくきこしめさむ。」

と神武天皇は問はざるを得ないのである。――答へは、

「猶東のかたにこそ。」

（ろ）宇佐八幡

古事記に

「即ち日向より発たして筑紫に幸行でましき。かれ豊国の宇佐に到りませる時に、其の土人、名は宇沙都彦・宇沙津比売二人、足一騰宮を作りて大御饗献りき」

とある。書紀にはかく見られる。

「是の年、太歳甲寅。其の年の冬十月丁巳朔辛酉、天皇自ら諸皇子舟師を帥ゐて、東を征ちたまふ。速吸之門に至ります。時に一漁人有り。艇に乗りて至る。天皇招よせて、因りて曰く、『汝は誰ぞ』対へて曰く、『臣は是国神なり。名を珍彦と曰ふ。曲浦に釣漁す。天神の子来ますと聞り、故れ即ち対へ奉る。』又問ひて曰く、『汝能く我が為に導つかまつらむや。』対へて曰く、『導つかまつらむ。』天皇勅して漁人に椎槁の末を授して執らしめて、皇舟に牽納、以て海導者と為し、乃ち特に名を賜ひて椎根津彦と為したまふ。此れ即ち倭直部《やまとのあたひら》が始祖なり。行きて筑紫国の菟狭に至ります。時に菟狭

国造の祖、号を菟狭津彦、菟狭津媛と曰ふもの有り乃ち菟狭の川上に一柱騰宮を造りて饗へ奉る。この時に勅して、菟狭津媛を以て侍臣天種子命に賜妻せたまふ。天種子命は是れ中臣の遠祖なり。」

速吸之門は寄港に適した良港ではない。地名がこの事をあらはしてをる。神武天皇は一気に速吸之門をのり切つて、最初に宇佐に船を寄せて、其の地の国神にして宇佐国造の祖なる菟狭津彦に迎へられて御膳供奉奉斎を受ける。前項倭姫命くにまぎ形式と同一なる点に注目さる。而して最も注目す可き点は神武天皇も倭姫命と同様、天照大神を戴き奉る事のそれである。即ち、天照大神八咫鏡・すめらみこと同床共殿体制のそれである。天皇が菟狭津彦によつて、御膳供奉奉斎を受るといふことは同時に、天照大神が朝御饌夕御饌式を以て奉斎さるゝと同義である。

所で、倭姫命のくにまぎの基礎形式は、その留まる所の到る処、必ずその地の国造に迎へられて、その国造によつて、斎き奉らるゝ事のそれである。この場合、天照大神八咫鏡は必ず朝御饌夕御饌式を以て奉斎される。而して、国造はすめらみこと地方祭司であつて、国造のある所、必ず国造のもちいつて、当該地方の神社体制の中心を成す、地方大神社が存在する。そこで、問題は、神武天皇のくにまぎに於ても、倭姫命のくにまぎと同一基礎形式の実在を明確にすることが出来るかどうかに在る。換言すれば神武天皇の留まる所、必ず当地の国造或は一般的にすめらみこと地方祭司であり、且つ、そのすめらみこと祭司管掌地方大神が実在するかどうかである。

最初に宇佐八幡の地誌的関係とその神社体制を明確にする。

大日本地名辞書に次の如く見られる。

「宇佐郡

（略）

馬城峯

又御許山とも云ふ。古書㕏峯に作る。宇佐神宮の東南に屹立する一嶺なり。○国志云、馬城峯は神宮より五十町東南に当れり。又御許山と号す。即八幡大神菱形の池にて神告ありし前に、此所にて霊光を顕はし給ひけるに、照耀く事日の光の如くなりしとぞ。其光のうつりし所を日足の里と云ふ。後世八幡宮三所を此所にも祭る。各石体なり。（○略）豊前国志云、御許山は馬城峯とも云ひ、山上に巨石三あり。宇佐宮縁起によれば、此石一丈五尺なるを大とし、二は之より小なり。之を以て三大神のあがめたり。（○略）宇佐大神宮縁起に「応神天皇御霊行の昔、御示現之一也」とあるは信け難し。今は宇佐宮の本宮の如く云ひて、大宮司の初拝と云ふを為なる時は、必此の山に詣ずることとなれり。」

（大日本地名辞書、一四一四―一四一五）

馬城峯即御許山は石体自然聖所形体を有する、古語に曰ふ神奈備であつて、これが宇佐八幡本来宮である。大隅正八幡宮其他の諸八幡宮と同一形体である。祭神は彦火火出見尊である。また高千穂宮と同一形体、斎庭にまつらる、。神武天皇は日向の高千穂宮から「猶東のかたにこそ。」と筑紫に向つて、船出して、第一番目に宇佐八幡宮の地に船を寄せた。そして、此処で、活きてゐる彦火々出見尊として、足一騰宮なる行宮に於て、天照大神八咫鏡同床御膳供奉式を以て、国神宇佐津彦の奉斎を受けたのである。

そこで、次に宇佐八幡宮を中心神社とする豊前国神社体制に就て一瞥せねばならぬ。延喜式神名帳、豊前国に掲せらる、神社は次の如くである。

「豊前六座。（大三座。小三座）

（略）」

所で、各社の祭神を見る。

（略）

以上に依つて、神社、祭神併せ表示すれば次の如くである。

「豊前国

宇佐郡

八幡大菩薩　彦火々出見尊。

比売神社　玉依姫。

大帯姫廟神社　豊玉姫。

田川郡

辛国息長大姫大目命神社　玉依姫。

忍骨神社　彦火々出見尊。

豊比咩神社　豊玉姫。」

宇佐八幡宮を中心社とする豊前国神社体制と海神神話は符節する。

そして、神武天皇は、彦火火出見尊が、豊玉姫に別れを告げて、篤い豊玉彦の庇護の下に、一尋鰐の背に乗つて、海神国から橘小門に還つた海路を逆にして、橘小門から、速吸之門を抜けて一気に宇佐に船を寄せて、またこゝから一気に筑前の岡田宮に入るのであるが、それは日向海岸から、豊後、豊前の海を洗つて、下関、即ち馬関を突破して、筑前の北海岸に出ぬけてゆく暖流の奔流する所である。海神神話は、この暖流の作用を、実に科学的に正しく、且つ最高の芸術的表現方法を以て描いてゐる。――さて、皇舟は岡田宮へ入る。

（は）岡田宮

古事記には「筑紫の岡田宮に一年坐しましき」とある。日本書紀には、「十有一月丙戌朔甲午、天皇筑紫国の崗水門《をかのみなと》に至りたまふ。」とある。所で、書紀、仲哀記にかく見られる。

「八年春正月、己卯朔壬午、筑紫に幸す。時に、崗県主の祖熊鰐、天皇の車駕するを聞りて、予て五百枝の賢木を抜取り、以て九尋船の舳に立てて、上枝には白銅鏡《ますのかがみ》を掛け、中枝には十握劔を掛け、下枝には八尺瓊を掛けて、周芳の沙麼の浦に参迎へて、魚塩の地を献る。因りて以て奏して言さく、『穴門より向津野大済に至るを東門と為し、名籠屋大済を以て西門と為し、没利島、阿閇島を限りて御筥と為し、柴島を割きて御甂と為し、逆見海を以て塩地と為さむ』既にして海路を導きまつりて、山鹿岬より廻りて崗浦に入ります。」

熊鰐は海神の復現に他ならない。しかして、崗県主である。また崗県の国神の復現である。海神の復現にして、崗県主即ち崗国神熊鰐はその子孫の熊鰐が九尋船の舳に、五百津真賢木を建て仲哀天皇を迎へた如くにして、神武天皇を迎へたと積極法を用ゐて言ひ表はし得るであらう。そこで、先づ、崗水門の地誌関係を大日本地名辞書に尋ねて見る。

「崗水門

今蘆屋浦是なり。遠賀川の末にして、洞海に通ずる溝あり。往時は蘆屋村の内方に江湾ありて、之を崗浦又崗津と呼び、其外門を崗水門と曰へる如し。（○略）後世大江口と擬すべき形状なきは、遠賀川の浅く狭くなれるに由る。大船を容るを曰ふは今日の状に非ず。○按に、筑前名寄に、崗の水門とは此辺岡山立ち並べばなりと説く。其水茎と云ふは詳ならず。今按に水茎は仲哀紀に洞海又単に洞ともありて、風土記に岫門《おきと》と曰ふ。此洞（岫にても茎にても同じ）は此地方の古名にて、其岡を洞岡と呼び、其港を洞門と呼べるもののごとし。海湾の形状猶洞穴に同じ。水茎岡とは其海門の一岡にして、郡名の遠賀も之に因りて起る。」（大日本地名辞書、一四六一）

岡県は筑前遠賀郡、即ち遠賀川水域に当る。即ち今日の八幡の地である。（略）

神武天皇は崗県主熊鰐に迎へられて、宇佐から、九州の東海岸をめぐつて奔流する謂はゞ東暖流にはこばれて、吸ひこまれるやうに洞海に入つた情景を明確に描き得る。そして、神武天皇は、こゝで岡田宮に在つて、国神即熊鰐に一年間に亘つて奉斎されたわけである。

所で、上掲仲哀天皇の航路に依つて、明確に考へ得るやうに、崗浦、洞海は九州の東暖流と西暖流の交叉点である。こゝでぶつかつた二条の暖流はこゝで折れて下関海峡をぬけて瀬戸内海に走り入つて、突撃するやうに、広島湾に向かつてゆく。であるから、崗水門は、筑前から大和に向かふ海路と、こゝから日向に向かふ海路との松葉形の頂点を成してゐる。しかして、その松葉形の結目として、海神国が据ゑ置かれる形を成してゐる。そこで、海神国神社体制を見る。神名帳、筑前国、宗像、那珂、糟屋三郡に掲げらるゝのそれを以てする所のものである。

「筑前国十九座。（大十六座。小三座）

（略）」

各社の祭神を見る。

（略）

神社と祭神を併記表示すれば左の如くである。

「筑前国

宗像郡

宗像神社　宗像三女神。

織幡神社　大御食津姫命。

那珂郡

八幡大菩薩　彦火々出見尊。

住吉神社　住吉神。

糟屋郡

志賀海神社　　　　　綿摘津見神。」

右海神国神社体制の中心大社は八幡大菩薩箱崎宮彦火火出見尊で、海神国神社体制と海神国神話は符節する。

活きた彦火火出見尊現人神神倭伊波礼毘古すめらみことは前現人神すめらみこと彦火火出見尊とは逆コースを取つて、宇佐から海神国に遷つて、其処の岡田宮に坐まして一年の間いつきまつられて次に、瀬戸内海にそゝぎ込む暖流に乗つて一路、阿波国の多祁理宮に遷つてゆく。

（に）多祁理宮

古事記には、「その国より上り幸でまして、阿岐国の多祁理宮に七年坐しましき。」とある。書紀には、「十有二月丙申朔壬午、安芸国に至りまして、埃宮に居ましき。」となつてゐる。所で、大日本地名辞書にかく見られる。

「安芸郷（略）」

国府は国造の治府である。また当地の国神の居る所である。而して、府中の地形は宇佐同様である。

「安芸国府は、和名抄「国府在安芸郡、上十四日下十七日、海路十八日、（○略）と見え、今に国府惣社存す。又埃宮址、多家祠あり。（○略）

多祁理宮址

今詳ならず。蓋府中村に在り。通志に多家社は即宮址を転じたるにやとも述べたれど、又府中八幡宮は松原八幡とも、別宮とも称す。建仁文暦年間の文書に已此神祠見ゆ。此祠の境内にタケイ社と称へ来る者あり。未だ其由来を詳にせず。

と。然らば府中八幡は多祁理の地に当り、宮址も即其処にや、多家社の辺にも多祁下の字ありと云へば、多祁理は府中の村内に外ならず。（○略）神武紀の「至安芸国、居干埃宮」とある埃宮は多祁理宮に同じ。古訓エとよみたり。多祁理の南方は往時江湾なりしこと、海田湾安芸郷の下に曰へるがごとし。其の江湾なるを以て埃宮とも称しけん。」（同前書一一三二）

府中の五社宗山が、馬城峯の如く石体自然聖所であるかどうかを詳に知り得ない。尚安芸国造の祖に就ては、旧事紀の饒速日命供奉三十二部神の人、天湯津彦命としてゐるが、この命の神系に就いては何事も書かれてゐない。然し、海神国から難波津に至るこの海道上の最も重要寄港地に彦火火出見尊の八幡宮を考へる根拠は十分なものと云へよう。

所で、神名帳、安芸の国に掲げらるゝ所は左の如くである。

「安芸国三座。（並大）

（略）」

その祭神を見る。

（略）

神社と祭神とを併記表示すれば左の如くである。

「安芸国

佐伯郡

速谷神社　　　　　　　　湍津姫命。

伊都岐島神社　　　　　　市杵島姫命。

安芸郡

多家神社　　　　　　　　田心姫命。」

而して、右に中心するものは国府惣社八幡宮であると考へられる。宗像三女神神話にかく曰ふ。

「已上三神は、天照大神の生れまする三女神なり。是れ汝が児なりと詔りたまひて、因て素戔鳴尊に授けたまひて、葦原中国に降り居まさしむ。『宜しく筑紫国の宇佐島に降り居して北の海の道の中に在すべし』とのりたまひて、号を道中貴と曰す。因て之に教たまひて曰まはく『天孫を助け奉りて、天孫の為に祭つれ。』即ち宗像君の祭つる所なり。亦云く、『水沼君の祭つる三柱神は宗像君の斎き祠る三前の大神なり。』」（旧事紀、巻四、地神本紀）」

安芸国神社体制と宗像三女神話は符節する。

さて、多祁理宮に七年すごして、次に吉備の高島宮に遷る。

（ほ）高島宮

古事記に、

「亦其の国より遷り上り幸でまして、吉備の高島宮に八年坐しましき。」

とある。書紀には

「乙卯年春甲寅巳末、従りて吉備国に入りまして、行宮を起り以て居ます。是を高島宮と曰ふ。三年積る間に、舟楫を修へ、兵食を蓄へて、将に以て一たび挙げて天下を平けむと欲す。」

とある。大日本地名辞書にかく見られる。

「高島

今児島水道、東西両大川の口の間なる浅水中に在り。周囲十一町、三蟠村（上道郡）と甲浦村の間とす。此島及び南岸宮浦は神武帝駐師の故跡とす。当時藤戸の航道に通じ、船艦児島湾を経由して、東征したりと想はるれば、此地の形勢最機宜に合ふ。高島宮と云ふは、宮浦に置かれしにや、又島上に置かれしにや、未だ徴拠を得ず。（○略）」（大日本地名辞書、九一九―九二〇）

児島湾は大規模開田によつて、その沿岸の旧状を詳になし得ない。たゞ、此地を基地として、日本書紀に書かれてゐるやう軍事行動を考へ得る根拠は全く零である。――さて、備前国の神社体制を見る。

神名帳、備前国に掲せらるゝ神社は左之如くである。

「備前国二十六座。（大一座。小二十五座）

（略）」

各社の祭神を見る。

（略）

右二十一社の社号、祭神を併記、表示すれば左の如くである。

「備前国

　邑久郡

美和神社　大物主神。

片山日子神社　天日方奇日方命。

安仁神社　五瀬命。

　赤坂郡

鴨神社　事代主神。

宗像神社　宗像三女神。

石上布都之魂神社　建御雷神。

布勢神社　事代主神。

　和気郡

神根神社　少彦名神。

　上道郡

大神神社　大物主神。

　御野郡

石門別神社　天石門別神。
尾張神社　天香語山命。
天神社　饒速日命。
伊勢神社　不明。
天計神社　手置帆負神。
国神社　不明。
石門別神社　天石門別神。
尾治針名真若比女神社　不明。
　津高郡
鴨神社　事代主神。
宗像神社　宗像三女神。
　児島郡
鴨神社　事代主神。
田土浦神社　不明。」

備前国神社体制は大物主神神社を中心とする。いはゞ地祇体制である。旧事紀、巻四、地神本紀中の地祇系譜に、

「素戔烏尊。

此の尊、天照太神と共に誓約ひて、則ち生れませる三女、『是れ爾が児なり』とのりたまふ。

号田心姫命。

（亦の名は奥津島姫命、亦瀛津島姫命。宗像の奥津島に坐す。是は遠瀛島に居ます者なり。）

次市杵島姫命

（亦の名は佐依姫命、亦は中津島姫命と云す。宗像の中津宮に坐す。是れ中島に居ます者なり。）

次湍津姫命。

（亦の名は多岐都姫命。亦の名は辺津島姫命。宗像の辺津宮に坐す。海浜に居ます者なり。）

已上の三神は、天照太神生れませる三女神なり。（○略）号を道中貴と曰す。（○略）

児大己貴神。（○即大物主神）

先づ宗像の奥津島に坐す神、田心姫命に娶ひまして一男一女を生れます。

児味鉏高彦根神。

（倭国葛上郡高鴨社に坐す。捨篠社と云ふ。）

妹下照姫。

（倭国葛上郡雲櫛社に坐す。）

次に辺津宮に坐す高津姫神に娶して一男一女生れます。

児都味歯八重事代主神。

（倭国高市郡の高市社に坐す。亦た甘南備飛鳥社と云ふ。）

妹高照姫大神命。

（倭国葛上郡御歳社に坐す。）

とあるのに、符節する。

右に拠つて、明確に知り得る最も重要な点は、吉備の高島宮地帯に於て、海神系諸神と、地祇系諸神とが交錯する点である。更に、此に物部系諸神が相交る点である。神武天皇はこゝに至つて、海神系諸神の被護から、物部系諸神及び地祇系諸神の被護下に渡り行くことを知り得る。而して、こゝには放伐革命軍事行動、又は征服軍事行動を考へ得る如何なる根拠も見出し得ないのである。

（へ）白肩津

古事記には、

「かれその国より上り出でます時に、浪速の渡りを経て、青雲の白肩津に泊りてたまひき。」

とある。書紀には、

「戊午年春二月丁酉朔、丁未、皇師遂に東にゆく。舳艫相接けり。方に難波之碕に到るとき奔潮有りて太だ急に会ひぬ。因りて以て名づけて浪速国《なみはやのくに》と為す。今難波と謂ふは訛れるなり。三月丁卯朔丙子、潮流而上、径に河内国の草香邑の青雲白方之津に至ります。」

とある。大日本地名辞書（三一二）にかく見られる。

「伊香郷

今枚方町の中の大字伊加賀泥町の地に当る。一巒突出、淀川の衝に抵り、水勢屈折す。故に伊加賀崎の名あり。

梶にあたる波のしつくを春なれば　いかかさき散る花と見るらん〔古今集〕兼賢王

我はたゝ風にのみこそまかせつれ　いかゝさき〳〵又は行くらん〔続後拾遺集〕和泉式部

枚方

伊加賀泥町三矢岡等の大字あり。北は牧野村天川に接す。古交野茨田両軍の交界に跨り、淀川の水駅なり。（〇略）書紀通証云、神武帝溯流、至河内草香邑、青雲白方之津。今枚方蓋白肩之転語」

神武天皇は吉備の高島宮から、白肩津に入港して河内国にふみこんだ。そして竜田越にさしかゝるのである。そこで河内国神社体制を見なければならぬ。

神名帳、河内国に左の如く掲せらるる。

「河内国一百十三座。（大廿三座、小九十座）

（略）」

以上各社の祭神を見る。

（略）

以上、河内国、九十三社の社号と祭神を併記、表示すれば左の如くである。

「河内国

石川郡

咸古神社　建御雷神。
科長神社　科永津彦神。
建水分神社　水分神。
大祁於賀美神社　闇淤加美神。
美具久留御玉神社　水分神。
佐備神社　建御雷神。
咸古佐備神社　同上。
壱須何神社　同上。
鴨習太神社　同上。

古市郡

利雁神社　饒速日命。
高屋神社　同上。

安宿郡

杜本神社　大物主神。
飛鳥神社　事代主神。
伯太彦神社　伊弉諾尊。

伯太姫神社	伊弉冉尊。
大県郡	
天湯川田尻	大物主神。
宿奈川田神社	少彦名神。
金山孫神社	金山毘古神。
金山孫女神社	金山毘売神。
鐸比古神社	不明。
鐸比売神社	不明。
大狛神社	不明。
若倭彦命神社	饒速日命。
若倭姫命神社	御炊屋姫命。
石神社	素戔烏尊。
常世岐姫命神社	天鈿女神。
高安郡	
恩智神社	大御食津神。
都夫久美神社	饒速日命。
天照大神高座神社	天照大神。

玉祖神社　高皇産霊神。
御祖神社　大物主神。
鴨神社　事代主神。
佐麻多度神社　不明。
春日戸社坐御子神社　饒速日命。
　河内郡
枚岡神社　建御雷神。
津原神社　不明。
梶無神社　不明。
大津神社　不明。
栗原神社　不明。
石切劔箭命神社　建御雷神。
　讃良郡
須波麻神社　不明。
御机神社　不明。
高宮神社　高皇産霊神。
津桙神社　不明。

高宮大社御祖神社　高皇産霊神。
国中神社　饒速日命。
　茨田郡
堤根神社　速秋津彦神。
津島部神社　埴安姫神。
細屋神社　不明。
高瀬神社　不明。
意賀美神社　闇淤加美神。
　交野郡
片野神社　饒速日命。
久須々美神社　不明。
　若江郡
坂合神社　不明。
矢作神社　経津主神。
若江鏡神社　軻遇突智神。
御野県主神社　不明。
石田神社　不明。

川俣神社　不明。
弓削神社　建御雷神。
都留美島神社　不明。
長柄神社　事代主神。
意支部神社　不明。
弥刀神社　素戔烏尊。
宇婆神社　埴安姫神。
渋川神社　水分神。
栗栖神社　素戔烏尊。
加津良神社　同上。
中村神社　天児屋命。

渋川郡

鴨高田神社　事代主神。
横野神社　不明。
波牟許曾神社　不明。
跡部神社　饒速日命。
許麻神社　素戔烏尊。

津留美神社　不明。

志紀郡

志貴県主神社　天日方奇日方命。

長野神社　事代主神。

志疑神社　天日方奇日方命。

黒田神社　饒速日命。

樟本神社　天日方奇日方命。

志紀長吉神社　天日方奇日方命。

伴林氏神社　天忍日神。

志紀辛国神社　天日方奇日方命。

当宗司　不明。

丹比郡

丹比神社　饒速日命。

阿麻美許曾神社　海神。

狭山堤神社　素戔烏尊。

大津神社　海神。

狭山神社　素戔烏尊。

菅生神社　　　饒速日命。
酒屋神社　　　不明。
櫟本神社　　　饒速日命。
田坐神社　　　豊宇気姫神。」

河内国神社体制と天の岩屋戸神話、天孫降臨国土平定神話、而して地祇神話と符節することを最も明確に知ることができる。

所で、河内国神社体制の中心本社の立場に立つ者は高安郡の天照大神高座二座である。その祭神は、大和国の十市郡の多坐弥志理都比古神社二座と同神の、高皇産霊神と天照大神である。その鎮座の地は河内国の高安山で、その東側の大和地内にはこれを信貴山と曰ふ。信貴山の南が竜田山である。こゝが竜田越である。であるから神武天皇が青雲の白肩津に上陸して、さて路をどこに取るかと、うけひをしてみねますと、夢に高皇産霊神が竜田越を行け、生駒越えはあぶないと、みことのりして教へたといふ神話を追創し得るであらう。

であるから、神武天皇はこゝでも、高皇産霊神と天照大神のみことのりのまにまに行動すると云ふくにまぎの行動の原則を明確に知ることができる。

右に就て、放伐革命軍事行動、或は征服軍事行動を考へ得る根拠は爪の垢程も見出し得るものではない。

（と）名草邑

古事記には

「こゝに登美毘古と戦ひたまふ時に、五瀬命御手に登美毘古が痛矢串を負はしき。かれこゝに詔りたまはく、『吾は日神の御子として、日に向かひて戦ふこと良はず。かれ奴賤が痛手をなも負ひつる。今よりはも行廻りて、日を背負ひてぞ撃ちてめ。』と期りたまひて、南の方より廻り幸でます時に、血沼海に到りて其の御手の血を洗ひたまひき。」

とある。此に対して書紀には、

「流矢有りて、五瀬命の肱脛に中れり。皇師進み戦ふこと能はず。天皇憂ひたまふ。乃ち神策を冲衿に運めたまひて曰く、『今我は是れ日神の子孫にして、日に向かひて虜を討つは、此れ天道に逆れり。退き還りて弱気を示して、神祇を礼ひ祭ひて、日神の威を背に負ひたてまつりて、影のままに圧躡まむに若かじ。かからば則ち曽て刃に血ぬらず虜必ず自ら敗れなむ。』」

とある。こゝでは書紀の方が、古事記より真意を、よくよく伝へてゐる。即ち、天神のみことのまにまに進むといふのである。

さて古事記にかくつゞけられる。

「かれ血沼海とは謂ふなり。其地より廻り幸でまして、紀国の男之水門に到りまして詔りたまはく、『賤奴が手を負ひてや死なむ。』と男建して崩りましぬ。かれ其の水門を男之水門とぞ謂ふ。陵は即て紀国の竈山に在り。」

とあつて、これから

「かれ神倭伊波礼毘古命其地より廻り幸でまして、熊野村に到でませる時に」

と、男之水門から、熊野へとんで、名草邑がぬけてゐる。これに対して日本書紀には、

「進みて紀伊国の竈山に到りて、五瀬命軍に薨りましぬ。因りて竈山に葬めまつる。六月乙未朔丁巳、軍、名草邑に到りて、則ち名草戸畔といふ者を誅ふ。」

とある。神武天皇は名草邑、即ち和歌山で、紀伊国造の祖、にして紀伊国名草の国神、天道根命に迎へられて、現人神として、御膳供奉式の奉斎を受けてゐるのである。宇佐宮からはじめて、岡田宮、それから多祁理宮、それから高島宮、それからこゝ名草の浜宮に至るまで、その基本形式は全く同一である。書紀の、

「乙卯年春三月甲寅朔己未。従二入吉備一。起二行宮一。以居之。是二日高島宮一。積二三年一間。備二舟楫一。蓄二兵食一。将欲三以一挙而平二天下一也」

と云ふやうな趣を考へ得る根拠は何処を尋ねて見ても、毛程も、塵程も、爪の垢程も出て来るものではないのである。この種の表現形式は、漢意潤色の最も甚しいものであつて、宣長千古の卓説に服さねばならぬ。即ち、かくの如漢意潤色のおしろひをきれいに洗ひ落して、神話が伝ふ史実そのものを正視得る明をそなへなければいけない。所で、記、紀に欠けたる、神武天皇、名草浜宮、滞在を伝ふるの最も貴重な文献を、紀伊国造系図中に掲げられてゐる天道根命伝に見出し得る。左の如きものである。

「天道根命。

紀氏の元祖。天照太神、…素戔嗚尊甚だ无状く、乃ち天岩窟に入りまして、天磐戸を閉着てて幽居す。故れ六合の内常闇にして昼夜の相殊も知れず。是に於て八百万神その禱きまつる可き方を計る。時に思兼神深く謀り遠く慮りて白して曰さく、『宜しく彼の神の象を図し造りて招禱るべし。』故れ即ち石凝姥命を以て冶工と為て、真名鹿の皮を全剥にして天羽鞴を作り、天香山の金を採りて日矛を作る。則ち国懸太神と号し奉る。又日像鏡を造る。日前太神と称し奉る。

天照太神天石窟を出たまひて後、天神天道根命に勅りして曰はく、『今、石凝姥命の鑄れる日像鏡・日矛は、天照太神の前霊なり。今、汝命に詫けて専ら斎き祭ら令む。』（略）故に天皇行きて見そなはせば、実に美宮地なり。仍りて天道根命に勅りしたまふ。『朕、今群虜を征ちて、国家を安むる所以は、専ら彼の二種神宝の威徳に頼る可し。汝慎みて其の祈禱を懈りそ。』対へて曰く、『唯唯』天皇熊野に到り、大和国菟田の下県に幸でまして、遂に長髄彦を撃ち殺す。」（続群書類従、巻第百八十三、紀伊国造系図）

右の、天道根命伝に拠つて、河内国から、熊野に到る間の空白状を、最も明確に知る事が出来る。即ち、神武天皇はその途中に於て、紀伊の名草邑に於て、紀伊国造祖、名草の国神天道根命に迎へられて、其処で、宇佐宮等に於けると同様に現人神すめらみことゝしていつきまつられてゐる。所で、天道根命伝によつて、之を明確になし得る最も注目す可き点は、神武天皇以前に於て、名草に日前国懸神宮が実在するの事実を最も明確になし得る点である。しかも、日前国懸神宮は天照大神別宮である事実を最も明確に知ることが出来る。

神武天皇は、吉備の高島宮――こゝにも恐らく天照大神の別宮の実在を考へ得るであらう。――から、河内の白肩津に上陸して、高安郡の高安山ふもとにある天照大神高座神宮に遷り幸でまして、こゝから竜田越を取つて、磐余に到達せんと期した。が竜田越は群行大行列を通過させなかつた。そこで生駒越を取つたが、こゝでは長髄彦にがんばられてしまつた。そこで名草へ行つた。であるから、神武天皇は、高安山の天照大神別宮から、名草の天照大神別宮に遷つたことがわかる。所で、熊野の神邑、新宮にもまた天照大神の別宮を考へ得る根拠が充分である。であるから次には、名草の天照大神別宮から、熊野の天照大神別宮に遷るのである。こゝから一すぢに磐余の天照大神大本宮に行くのである。かく、神武天皇は、高千穂宮を出てから、到る処の天照大神別宮から別宮へと遷つて、終に、磐余の天照大神本宮へ入るのである。こゝに神武天皇は大くにまぎ、の基本形式が厳存するの根本大事実を最も明確にならしめ得る。

日前国懸神宮の地誌的関係に就てはこゝでは改めて説くことは不必要であらう。余りにも有名である。こゝでは紀伊国神社体制に就てのみ一瞥すれば足りるであらう。先づ神名帳を見る。

「紀伊国卅一座。（大十三座。小十八座）

（略）」

各社の祭神を見る。

（略）

神社、祭神、併記表示すれば左の如くである。

「紀伊国

伊都郡

小田神社　饒速日命。

丹生都比売神社　天照大神。

那賀郡

荒田神社　同上。

海神社　綿津見神。

名草郡

日前神社　天照大神。

国懸神社　同上。

伊太祁曾神社　五十猛神。

大屋津比売神社　大屋津姫神。

都麻都比売神社　抓津姫神。

鳴神社　軻遇突智神。

香都知神社　同上。

加太神社　綿津見神。
伊久比売神社　大屋津比売。
朝椋神社　五十猛神。
刺田比古神社　猿田彦神。
麻為比売神社　天鈿女神。
竈山神社　五瀬命。
高積比古神社　不明。
高積比売神社　不明。
伊達神社　五十猛神。
志磨神社　大屋津比売神。
静火神社　軻遇突智神。
堅真音神社　同上。
須佐神社　素戔烏尊。
熊野速玉神社　軻遇突智神。
熊野坐神社　素戔烏尊。
海神社　綿津見神。
天手力男神社　手力男命。」

軻遇突智神話及び素神逐放神話と符節する。

所で、名草神社体制は最も注目に値する。即ち、日前国懸神宮を主体として、此に配するに、軻遇突智神社を中心とする、木の神三神を以てしてゐる。そこで、熊野神社体制に比較すれば、この方は軻遇突智神社なる熊野速玉神社を中心とするが、日前国懸神社に応ずる主体神社として天照大神宮が見られない。所が、神武天皇熊野灘遭難救済神は、高皇産霊神と天照大神とされてゐる。前掲天道根命伝によつて知らるゝ神武天皇救済神もまた天照大神が明示されてゐる。是に照らして見れば熊野にもまた天照大神宮が考へられなければならない。此点は神武天皇大く〳〵にまぎ検討上最も重大である。熊野神社体制に就て改めて検討せねばならぬ。

（ち）熊野

古事記にかくある。

「かれ神倭伊波礼毘古命其より廻り幸でまして、熊野に到でませる時に、大なる熊山より出でて即ち失せぬ。（略）かれ夢の教のままに、旦己が倉を見しかば、信に横刀ありき。かれ是の横刀は献にこそ。とまをしき。」

書紀にも同じ、神劔神話が伝へられてゐる。この場合、熊野の高倉下は熊野の国神高倉下、即ち天香語山命であつて、他処の天香語山命でない事は前に明確にした所である。従つて、神劔もまた熊野の神邑の神庫に於て見出るゝものなる点、これまた前に明かにした所である。従つて、天照大神もまた熊野の天照大神であつて、他処の天照大神ではあり得ない。換言すれば、若し熊野の神邑即ち、新宮の地に於て、熊野の高倉下即ち天香語山命を祭神とする神社と、天香語山命がいつきまつる神劔奉祀聖所なる高倉或は神庫が見出されるとすれば、こゝにまた天照大神神宮が見出されなければならぬ。所で、神邑、新宮に於て天香語山命聖所と神劔聖所を見出し得る事実は、既に明らかにすることが出来た。問題は天照大神神宮である。

そこで、新宮と称せらるゝ、早玉神社と、本宮と称せらるゝ熊野神社の祭神関係を検討せねばならない。

所で、前の名草神社体制に就ても同様であるが、熊野神社体制もまた神仏習合宗教革命の深甚な影響を蒙つて、原体制はひどく崩されてしまつてゐる。が、本宮は新宮より、よりよく原体系を保つてゐる。よつて本宮からはじめる。

〔伊〕熊野本宮

中世、平城、清和、宇多天皇等が熊野行幸、諸社に参詣してゐるが、後白河法皇は三十四度詣でたと伝へられてゐる。熊野の祭神問題はしばしばとり上げられてゐる。長寛勘文に見らるゝ所のものである。その一節にかく見られる。

「勘申

伊勢太神宮

日本書紀に曰く、伊弉冊尊火神を生れます時、灼かれて神退りたまふ。故に紀伊国熊野の有馬村に葬したまふ。土俗此の神の魂を祭るには、花時には亦花を以て祭り、又た鼓吹幡旗を以て歌ひ舞ひて祭る。

延喜神祇式に曰く、太神宮（渡会郡宇治郷五十鈴河上に在り。）天照大神一座、伊弉奈岐宮二坐。伊弉諾尊一座。伊弉冊尊一座。同神名式に曰く、紀伊国牟婁郡熊野早玉神社（大）。熊野坐神社（名神大）。

今此等の文を按ずるに、伊弉諾尊は、天照太神の父母なり。彼の神伊勢に坐しまし、又熊野に坐ます。然らば熊野権現は太神宮と、其名異なりと雖も、其神相同じき者なり。右宣旨に依り、勘へ申す状件の如し。

長寛元年四月十五日

従三位行刑部卿藤原朝臣範兼」

右とほゞ同様根拠を挙げて中原朝臣師光が、伊勢・熊野同体論を唱へてゐる。又、藤原朝臣永範も同体論を唱へてゐるがその一節に、

「今按ずるに、熊野櫲樟日命、一書に云く、熊野忍蹈命、又熊野忍隅命と名づく。天照太神勅りして曰まはく、『是れ吾が児なり。』取りて子養したまふと。是の若くむば今の熊野霊神か。」

と述べてゐる。又、藤原朝臣長光も熊野祭熊野久須毘命論を唱へてゐる。是に対して、非同体論の数々が挙げられてゐる。その根拠とする所はおほむね、上掲同様、日本書紀を主たる資料とするもので、いかにも空虚なるものであるが、兎も角も、時の政府首脳の間に伊勢・熊野同体論が唱道された

といふことは注目に値する。

――所で、大日本史神祇志にかく見られる。

「熊野坐神社。（○今本宮村に在り。本宮権現と称す。）蓋し素戔嗚尊を祀る。家津御子大神と号す。伊弉冉尊、速玉男を配す。（略）世に熊野本宮と号す。（略）後新宮を併せて熊野三所権現と称す。（略）又、那智を加へて熊野三山と曰ふ。（略）（長寛勘文。）」

右に拠つて、熊野坐神社即ち熊野本宮の主神を素戔嗚尊とし、その副神を伊弉冉尊及びその子と神話さる、速玉男之神とするに至つた事情を詳に知る事が出来る。然し、右に就て知らる丶解釈は根本的に捨て去らなければいけない。何故なれば、出雲関係神話を以て紀伊に擬することは許されないからである。且つ、出雲神社体制を以て紀伊神社体制と看做すが如き錯誤は絶対的に許されないからである。而して、熊野祭神問題は熊野関係神話と熊野神社体制との相互説明成否を基本原則たらしめねばならないからである。

所で、熊野祭神問題の中心は清原頼業曰ふ所の速玉男命である。所で古事記にかく見られる。

「ここに其の妹伊邪那美命を相見まく欲して、黄泉国に追ひ往でましき。すなはち殿戸より出で向へます時に、伊邪那岐命語らひたまはく、『愛しき我が那邇妹命、吾汝と作れりし国未だ作り竟へずあれば、還りまさね。』と詔りたまひき。（略）かれ御佩かせる十拳劔を抜きて、後手に振きつ丶逃げ来ませるを、猶追ひて黄泉比良坂の坂本に至る時に、其の坂本なる桃子を三箇取りて、持ち撃ちたまひしかば、悉に逃げ返りき。」

「其の所謂黄泉比良坂は、今出雲国の伊賦夜坂となも謂ふ。」右の黄泉国神話は出雲に結び付けられてゐるのであつて、紀伊には結びつけられない。所で、古事記の黄泉国神話、或は諾・冉夫婦神絶妻神話中には速玉男命は書かれてゐない。たゞ、書紀、神代上付録、一書神話にかく見られるのみである。「一書に曰く、伊弉諾尊追ひて伊弉冉尊の在す処に至りまして、便ち語りて曰く、『汝を悲しおもふが故に来つ。』答へて曰く『族や吾をな看ましそ。』伊弉諾尊従ひたまはずして、猶看そなはす。故れ伊弉冉尊恥ぢ恨みて曰く、『汝己に我が情を見つ。我れ復た汝が情を見る。』時に伊弉諾尊亦慙ぢたまふ。因りて将に出で返りなむとす。時に直に黙し帰りたまはず。盟ひて曰く、『族離れなむ。』又曰く、『族負けじ』乃ち唾く神を号けて速玉之男と曰ふ。次に掃ふ神を泉津事解之男と号く。」

右に拠れば速玉之男は伊弉諾尊の唾から生れた神であると説かれてゐる。伊弉冉尊の子ではないと説かれてゐる。尚ほ、黄泉国入りした伊弉冉尊は創造力を失つて子は生めなくなつたのだと説かれてゐるのである。神話の説明を以てしても、黄泉国生れの伊弉諾尊の子とされる速玉之男を熊野本宮及び新宮の主神と解するやうな大きな誤は許されない。

所で、素戔鳴尊に就て説かれてゐる所を見ると、古事記にはかくの如くに書かれてゐる。

「ここに八百万の神共に議りて、速須佐之男命に千位置戸を負せ、亦鬚を切り手足の爪を抜かしめて、神やらひやらひき。

かれやらはえて、出雲国の肥河上なる鳥髪の地に降りましき。」

素神は直接に出雲へ天降つたと説かれてゐる。そして出雲で櫛名田比売を妃として、須賀宮を起てて、やがて大国主神の出雲小国家建設の土台を据ゑたと説かれてゐる。古事記に伝へられてゐる素神神話は素神と紀伊国との関係には全く触れる所がない。是に対して、書紀神代上の一書神話にはかく見られる。

「時に素戔嗚尊の子、号を五十猛命とまをす。妹は大屋津姫命、次に抓津姫命、凡て此三神も亦能く木種を分布す。即ち紀伊国に渡し奉る。然して後に素戔嗚尊熊成峯に居まして、遂に根国に入りましき。」

宣長は熊成峯を熊野山であると解してゐるが、根拠は全く不十分である。たとひ熊成峯を熊野山だとしても、素神はこゝに鎮まつたのではなくて根国に入りして、日本を去つたと説かれてゐる。しかして同書の別の一書にはかく見られる。

「一書に曰く、素戔嗚尊の所行無状。かれ諸神科するに千座置戸を以てし、遂に逐らひたまひき。是の時に素戔嗚尊其の子五十猛神を帥ゐて、新羅国に降到りまして、曾尸茂梨の処に居します。乃ち興言して曰く、『此の国には吾れ居らまゝほりせじ』とのたまひて、遂に埴土を以て舟を作り、乗りて東に渡り、出雲国の簸の川上に在る鳥上の峰に到ります。（略）初め五十猛神天降ります時に、多に樹種をもて下りき。然れども韓地に殖ゑずして、尽く持ち帰りて、遂に筑紫より始めて、凡て大八洲国の内に播殖して青山に成さずといふことなし。所以に五十猛命を称へて有効之神と為す。即ち紀伊国に坐す大神是れなり。」

紀伊国即ち木国の木の大神は五十猛命であつて、素戔嗚尊は出雲の神であると説かれてゐる。

古事記の素神神話と書紀の一書素神神話は共に素神を出雲の大国神となす点で全く一致してゐる。

——所で古事記の大国主神神話の一節にかく見られる。

「ここに八十神見て、且欺きて山に率て入りて、大樹を切り伏せ、夫を茹めてその木に打立て、其の中に入らしめて、即ち其の氷目矢を打離ちて拷殺しき。かれ亦た其の御祖命哭きつつ求げば、見得て、即ち其の木を折きて取出で活して、其の子に告りたまはく、『汝此間に有らば、遂に八十神に滅ぼさえなむ。』とのりたまひて、乃ち木国の大屋毘古神の御所に速がし遣りたまひき。かれ八十神覓ぎ追ひ臻りて、矢刺す時に、木の俣よりくきのがれて去りたまひき。御祖命、子に告りたまはく、『須佐能男命の坐します根堅洲国に参向てよ。必ず其の大神謀りたまひなむ。』とのりたまふ。」

「木国の大屋毘古神」は五十猛神である。であるから五十猛神を以て紀伊国の大国神であると説く点もまた古事記、書紀一書神話全く一致してゐる。

所で、古事記に、

「既に国を生み畢へて、更に神を生みます。かれ生みませる神の名は、大事忍男神、次に石土毘古神を生みまし、次に石巣比売神を生みまし、次に大戸日別神を生みまし、次に天之吹男神を生みまし、次に大屋毘古神を生みまし、次に風木津別忍男神を生みまし、次に海の神、名は大綿津見神を生みまし、次に水戸の神、名は速秋津日子神、次に妹速秋津比売神を生みましき。（大事忍男神より秋津比売神まで并せて十神。）」

とある。大屋毘古神は諾冉二神の初原十神中の一柱であつて、素神の子ではないと説かれてゐる。

しかも、大屋毘古神は石の神なる石土毘古神等国土構成本原要因神と説かれてゐる。是に対して素神は台風神であつて、樹木神の最大敵神であると説かれてゐる。素神は木国即ち紀伊国の大国神ではあり得ない。だから、熊野から根堅洲国へ去らねばならぬと神話は説くのである。大屋毘古神、五十猛神は本原的樹木神である。であるから紀伊国即ち木国の大国神であると神話は説くのである。大屋毘古神話、或は五十猛神話は紀伊の風土を最も正しく説くことを見出し得る。であるから熊野の本来の国神は名草本来国神と同一、大屋毘古神即ち五十猛神であつて、素神ではないと神話は説くのである。この神話の説く所を無視して、単に出雲に熊野神社があり、その祭神が素神であるから、紀伊の熊野本宮の祭神もまた素神であると判断するやうな事は許されない。

右の如き神話の説く所を念頭して、も一度改めて、熊野新宮即ち速玉神社に就て考へ得る地誌関係及び祭神関係及び神社体制に就て考へ直してみなければならない。

〔呂〕熊野新宮

第九章「天香語山命」第一項、「熊野高倉下」中に於て明確にした所であるが、熊野新宮の本原的聖所形体は石体自然聖所形体である。古語に云ふ所の「カムナビ」なるものである。漢字を以て「神奈備」又は「甘南備」等と書かれてゐる。熊野新宮の社体検討上の最も重要な点である。此に照して見れば熊野新宮は、熊野本宮を、今新宮町と云はるゝ地に勧請して、その本宮に対して新宮と称するに至つたものではない。従つて、熊野本宮の主神を素神と解しその副神を諸神子速玉男となし、新宮の主神を速玉男としその副神を素神と解するやうな事は全く許されない。新宮の祭神は速玉男ではない。

所で、通証に、

「神武帝の時に熊野村と云ふは今の新宮なり。後に及び山中にも之を祭り、熊野坐神社の名是の帰せるより従ふて本宮と為すのみ。」

新宮の方が本社であつて、本宮の方はその末社であると解釈してゐる。参考す可きである。この解釈に従ふとすれば、熊野新宮は熊野神宮のそれを「神」を「新」に改書したものと判断される。即ち名草の日前神宮に対して、熊野にもまた、天照大神の神宮があつて、此を熊野神宮と称したと判断される。而して、此の判断に対する最も有力な根拠を、熊野神邑即ち神倉山神奈備本来神が伊弉冉神の最も大いなる子と神話さるゝ火の神軻遇突智と解せられ、此に対応して、日前宮、摂社群の中心社の立場に立つ、延喜式の大社なる鳴神社を見出し得る事である。即ち、当社の祭神は火の神軻遇突智なることである。

所で、南紀名勝志（古事類苑、神祇部九十三、熊野坐神項所載）に次の如く見られる。

（略）

熊野新宮及び熊野本宮の主神は天照大神であることを示明してゐる。この南紀名勝志に伝ふる所は、中央関係文献の却つて伝へ得ざる熊野古代本来の伝統を、より正確に伝ふるものと解し得る。尚、長寛勘文に観る伊勢・熊野同体論の根拠もまた地方伝統に存するものゝ如く考へられる。

かくて、名草神社体制及び熊野神社体制は相似なりといふ判断に到達し得る。而して、この判断に対する最も有力な根拠を、名草及び熊野に於ける同一地名に於て見出し得る。即ち熊野に於ける軻遇突智本来聖所の所在地は「有馬」である。名草に於ける軻遇突智神社、即ち鳴神社の所在地も亦「有馬」である。

（り）熊野神話

以上の如くにして、竜田越え、高安山のふもとの地に於て、天照大神神宮を見出し得るやうに、名草に於ても同大神宮が実在する。而して、熊野の神邑に於ても天照大神神宮の実在を考へ得る。かくして、熊野神話と熊野神社体制との間に成立する相互説明は正に符節のそれなる事を最も明確にすることが出来る。この事は、神武天皇くにまぎ、而して橿原宮すめらみこと建設運動検討上根本的に重大である。何故ならば、神武天皇の橿原宮すめらみこと統一国家建設運動に於ける主動勢力は、西にあらずして、東にあることを最も明確に知り得るからである。さればまた橿原宮すめらみこと統一国家建設運動典型的なる復古的前進運動なる根本大史実を最も明確に知り得るからである。かくて、すめらみこと統一国家建設運動は西に発祥するものに非ずして東に発祥するといふ根本大史実が大きく浮び出す。

第十一章　東から西へ

尾張神話
常陸神話
東から西へ

熊野高倉下神に於ける高倉下即ち天香語山命は尾張及び美濃両国を中心とする東海勢力の象徴である。而して、その神劔符韴霊は常陸両総を中心とする関東東北勢力の象徴である。この両地域を併せて表日本と総称すれば、天香語山命＝神劔は表日本の大象徴である。熊野高倉下神話はとりもなほさず神武天皇の橿原すめらみこと統一国家建設運動に於ける主導勢力が実は西にあらずして東に存するの根本大史実を説くものである。即ち神武天皇の橿原すめらみこと統一国家建設運動に於ける本原力は西におこるにあらずして、東におこるといふ根本大史実を説くものである。神武天皇の橿原宮すめらみこと統一国家建設運動検討上、このくらゐ重要な問題はない。何故ならば、是に拠つて神武天皇の橿原宮すめらみこと統一国家建設運動は、国史上無比なる典型的復古的前進運動たるの本質を最も明確になし得ると同時に、すめらみこと統一国家建設運動は、西より起るものに非ずして東に発るの根本大史実を最も明確にすることができるからである。かくてまた、神武肇国は国史無比典型大復古前進運動であると同時に神武肇国を中心大主題として、之を最も明確になし得るすめらみこと文明は漢文明の輸入の如きものとは、根本的に本質的に之を異ならしむるところの日本民族自身の自己大創造なるの世界史的根本大史実を最も明確に考へ得るからである。

一、尾張神話

古事記に

「ここに伊邪那岐命御佩かせる十拳劔を抜きて、その子迦具土神の頸をきりたまふ。かれ斬りたまへる刀の名は天之尾羽張と謂ふ。亦の名は伊都之尾羽張と謂ふ。」

とある。そして、

「かれ思金神また諸の神まをしけらく、『天安河の河上の天石屋に座す名は伊都之尾羽張神、是遣すべし。若し亦此の神ならずば、その神の子建御雷之男神此れ遣すべし。且つ其の天之尾羽張は天安河の水を逆さまに塞上て、道を塞き居れば、他神は得行かじ。かれ別に天迦久神を使はして、問ふべし。』とまをしき。」

とある。尾張神話である。そして、この尾張神話の説く所は、尾張と常陸と親子関係に結ばれて、表日本大勢力を構成するものであつて、この表日本の大勢力に依らなければ、国土平定は望み得ないといふのである。換言すれば、すめらみこと統一国家建設運動の主動勢を成すものは尾張と常陸の連合勢力、即ち表日本勢力そのものであると説かれてゐる。

所で、日本書紀本文に見らるゝ軻遇突智神話は、上掲古事記に見らるゝ所のものとは全く異なつてゐる。尾張と常陸の関係、即ち表日本勢力関係に就ては何も説く所がない。たゞ、一書神話中の軻遇突智神話には古事記とその内容をほゞ等しきものを伝へられてゐるが、尾張神話と認むべきものではない。これに対し旧事紀は頗る具体的にして明確なるものを伝へてゐる。左の如く見られる。

「（略）

復た劔の鐔より垂る血激越りて神と為る。又、湯津石村に走り就きて成りませる神の名を天尾羽張

神と曰す。（略）

今天安河上天窟に坐す神なり。

児建甕槌神之男神（亦の名は建布都神。亦の名は豊布都神。）

今常陸に坐す鹿島大神。即ち石上布都大神是なり。

復た劔の鋒より垂る血激越りて神と為る。亦た湯津石村に走り就きて成りませる神の名は磐裂神と曰す。児磐筒男磐筒女。二神相ひ生める神の児は経津主神。

今下総国に坐す香取大神なり。」


右に見らるゝ如く建御雷神は常陸国の鹿島大神であり、経津主神は下総国の香取大神であると明記されてゐる。此に対して天尾羽張神の方は尾張国の大神と正書きされてゐずに、天安河上天窟に坐す神となつてゐるが、この天安河は美濃と尾張を貫く木曾川を指すものである。木曾川は古名尾張川と称する。右、神話に曰ふ天安河に他ならない。大日本地名辞書（二二五三）にかく見られる。

「木曾川
木曾川尾張の西北界を繞りて流れ、古名尾張川と曰へり。（略）其幹河線四十六里、本支航路一百里と称するも、治水の方術尽くさざるを以て、利を享こと少く、害を被ること大なり。」
「天安河の河上の天石屋に坐す名は伊都之尾羽張神は天之安河の水を逆さまに塞上げて、道を塞き居れば、他神は得行かじ。」

といふのとまことにぴつたりする。そして、

「かれこゝに天迦久神を使はして、天之尾羽張神に問ふ時に、『恐し、使へ奉らむ。然れども此の道には僕が子建御雷神を遣すべし』」

と曰つてゐるが、天之尾羽張の勢力はこの神がその水を逆さまに塞き上げてゐる天安河即ち木曾川の水利にあるので、木曾川の水利力と利根川の水利力は比較にならない。国土平定力は常陸に限るといふわけである。尾張勢力と常陸勢力の比較論が実にたくみに描き出されてゐる。

かうして、天之尾羽張神話即ち尾張神話は尾張勢力と常陸勢の関係及び、尾張勢力と常陸勢力が親子関係を以て表日本大勢力を構成し、こゝにすめらみこと統一国家建設運動に於ける主動勢力が実在するといふ歴史的根本大事実を、まことにたくみに、そして正確に説いてをることを見出し得る。そこで、次に此に対応する神社体制の有無に就て検討せねばならない。

所で、神名帳にかく見られる。

「尾張国一百廿一座。（大八座、小一百十三座）

（略）」

次に各神社の祭神を見る。

（略）

第二十五、真墨田神社。

大日本史神祇志伝云、

「蓋祇㆓天火明命㆒、即尾張国造之祖也。」

とあり、また、

「神宮雑例集以二天火明天香語山一、為二鏡作氏遠祖一（○略）真清之称、或由レ鏡而起」とある。饒速日命と尾張の関係は神話に尋ね得ない。尾張族の祖は天香語山命であつて、饒速日命と解し得る根拠を神話に見だし得ない。当社の祭神は天香語山命と考へられる。而して、当社は尾張国の一宮なる点最も注目を要する。

（略）

以上に拠つて、社号と祭神を併記、表示すれば左の如しである。

「尾張国

海部郡

漆部神社　天香語山命。
諸鍬神社　同上。
国玉神社　同上。
藤島神社　同上。
宇太志神社　同上。
由乃伎神社　同上。
伊久波神社　同上。
憶感神社　同上。

（略）」

上表中、愛智郡十七座中に掲げらる、熱田神社とその摂社日割御子神社、孫若御子神社と高座結御子神社は景行天皇時代に起るものであつて、この場合の検討外に置かるべきものである。尾張国百余座の中心神社は中島郡の真墨田神社である。当社の祭神は、尾張大国神天香語山命に他ならないのである。而して、上表によつて之を最も明確に知る得るやうに、尾張各郡の神社の祭神はほゞ天香語山命一色に塗りつぶされてゐる。

尾張神話と尾張神社体制との間に成立する相互説明は符節のそれであることを最も明確に知ることが出来るのである。

二、常陸神話

（イ）常総神社体制

古事記の常陸神話には建御雷神だけが出てゐて、経津主神の名は出てゐない。が、日本書紀の方は経津主神が先行して、武甕雷神が後に行くやうに物語られてゐる。然し、神武天皇の熊野神話には武甕雷神一神で、経津主神の名は出てゐない。一般にすめらみこと神話に於て武甕雷神、鹿島大神は常陸神話の主神であつて、常陸勢力の象徴とされてゐる。武甕雷神話或は鹿島大神神話は常陸神話である。常陸神話はとりもなほさず、天孫天降国土平定神話である。これまで、随所に引用を重ねて来た所であつて、重複引用の必要のないものと思はれるが、神武天皇肇国検討上、こゝにとり上げる問題は、最も根本的にして且つ重大なるにかんがみて、古事記に見らるゝ所を改めて、左に掲げる。

「天照大御神も命以ちて、『豊葦原之千秋長五百秋之水穂国は我が御子正勝吾勝勝速日天押穂耳尊の知らさむ国』とことよさし賜ひて、天降したまひき。（略）

かれここに天迦久神を遣して、天尾羽張神に問ふ時に、『かしこし、仕へ奉らむ。然れども此の道には僕が子建御雷神を遣すべし。』とまをして貢進りき。かれ天鳥船神を建御雷神に副へて遣はしき。是を以て此の二はしらの神、出雲国の伊那佐の小浜に降り到りきて、十掬劔を抜きて、浪の穂に逆さまに刺し立てて、其の劔の前に趺み坐て、其の大国主に問ひたまはく、『天照大神・高木神（〇高皇産霊神）の命以ちて問ひに使はせり。汝がうしはける葦原中国は、我が御子の知らさむ国とことよし賜へり。かれ汝が心奈何ぞ。』ととひたまふ時に、答曰へまつらく、『僕は得曰さじ。我が子八重事代主神、是白すべきを鳥の遊、取魚しに御大之前に往きて、未だ還り来ず。』とまをしき。

かれここに天之鳥船を遣はして、八重事代主神を徴し来て問ひ賜ふ時に、その父の大神に、『かしこし、此の国は天神の御子に立奉りたまへ。』と言ひて、即ちその船を蹈み傾けて、天逆手を青柴垣に打成して隠りましき。

かれここに其の大国主神に問ひたまはく、『今汝が子事代主神かくまをしぬ。亦たまをすべき子有りや。』ととひたまひき。

ここに亦たまをしつらく、『亦た我が子建御名方神あり。此を除きては無し。』

かくまをしたまふ間しも、其の建御名方神、千引石を手末にさゝげて来て、『誰ぞ、わが国に来て、忍び〳〵かく物いふ。然らば力競せむ。かれ我れ先づ其の御手を取らむ。』と言ふ。

かれ其の御手を取らしむれば、即ち立氷に取成し、亦劔刃に取成しつ。かれ懼れて退き居り。ここに其の建御名方神の手を取らむと乞帰して取れば、若葦を取るがごと搤み批ぎて投げ離ちたまへば、即ち逃去りき。」

圧倒的な常陸勢力の強大さがいかにも巧みに活写、躍動してゐる。

「かれ追ひ往きて、科野国の洲羽海に迫め到りて、殺さむとしたまふ時に、建御名方神まをしつらく、『かしこし、我を莫殺したまひそ。此の地を除きては、他処には行かじ。亦我が父大国主神の命に違はじ。八重事代主神の言に違はじ。此の葦原中国は天神の御子の命のまに〳〵献る。』とまをしたまひき。

かれ更にまた還り来て、其の大国主神に問ひたまはく、『汝が子事代主神・建御名方神二神は、天神の御子の命のまに〳〵違はじとまをしぬ。かれ汝が心いかにぞ。』ととひたまひき。

ここに答白へまつらく、『僕が子等まをせるまに〳〵僕も違はじ。此の葦原中国は命のまにまに既や献りぬ。唯僕が住所に、天神の御子の天津日継しろしめさむ、とだる天之御巣如して、底津石根に宮柱太しり、高天原に氷木高しりてしろしめし賜はゞ、僕は百足らず八十坰手に隠りて侍ひなむ。亦た僕が百八十神は、八重事代主神、神の御尾前と為りて仕へ奉れば、違ふ神はあらじ。』

かくまをして出雲国の多芸志の小浜に天之御舎を造りて、水戸神の孫櫛八玉神を膳夫として、天御饗献る時に禱ぎまをして、櫛八玉神鵜に化りて、海底に入りて、底の波邇を咋ひ出でて、天八十毘良迦を作りて、海布の柄を鎌りて燧臼を作り、海蓴の柄を燧杵に作りて、火を鑽り出でてまをしけらく、『是の我が燧れる火は、高天原には、神産巣日御祖命のとだる天之新巣の凝烟の八拳垂るまで焼挙げ、地の下は底津石根に焼凝らして、栲縄の千尋縄打ち莚へ釣せる海人が、口大の尾翼鱸さわ〳〵に控依せ騰げて、打竹のとををとををに天之真魚咋献らむ。』とまをしき。

かれ建御雷神返り参上りて、葦原中国ことむけやはしぬるさまを復奏したまひき。

ここに天照大御神高木神の命以ちて、太子正勝吾勝勝速日天忍穂耳命に詔りたまはく、『今葦原中国ことむへ訖へぬとまをす。かれことよさし賜へるまにまに降りましてしろしめせ。』とのりたまひき。

ここにその太子正勝吾勝勝長速日天忍穂耳命の答白したまはく、『僕は降りなむ装束せし間に、子生れしつ。名は天邇岐志国邇岐志天津日高日子番能邇邇芸命。此の子を降すべし。』とまをしたまひき。此の御子は、高木神の女、万幡豊秋津師比売命に御合ひまして生みませる子、天火明命、次に日子番能邇邇芸命にます。是を以てまをしたまふまにまに、日子番能邇邇芸命にみことおほせて、『此の豊葦原瑞穂国は汝しらさむ国なりとことよさし賜ふ。かれ命のまにまに天降りますべし。』とのりたまひき。

かれここに天津日子番能邇邇芸命、天之石位を離れ、天之八重多那雲を押分けて、御威の道別き道別きて、天浮橋にうきしまりそりたたして、筑紫の日向の高千穂の久士布流多気に天降り坐しましき。」

まことに荘厳にして偉大な此上なき、すめらみこと、国家建設大叙詩である。而して、その歴史的根本事実を最も正しく説くことも亦た無上である。即ち圧倒的常陸の大実在のそれである。即ち尾張勢が木曽川水利に厳存するとき、常陸勢力は大利根而して大霞浦の水利に厳存するの根本大事実のそれである。そして、大利根及び大霞浦水域、即ち関東大平野に於ける米穀生産力の地誌的検討の如きは全く不必要である。そこで此場合には鹿島神宮、香取神宮を中心とする常総神社体制のみ就て見れば充分であらう。神名帳にかく見られる。

「下総国十一座。（大一座、小十座）

（略）

「常陸国廿八座。（大七座。小廿一座）

（略）」

次に各社の祭神を見る。

（略）

右に代つて、社号祭神併記表示すれば次の如くである。

「下総国

香取郡

香取神宮　経津主神。

千葉郡

寒川神社　同上。

蘇我比咩神社　建御雷神。

逅瑳郡
老尾神社　経津主神。
印旛郡
麻賀多神社　稚産霊神。
結城郡
高橋神社　不明。
健田神社　不明。
岡田郡
桑原神社　経津主神。
葛餝郡
茂侶神社　同上。
意富比神社　同上。
相馬郡
蛟蝄神社　罔象女神。
常陸国
鹿島郡
鹿島神宮　建御雷神。

大洗磯前神社　同上。
真壁郡
大国玉神社　同上。
信太郡
楯縫神社　経津主神。
阿彌神社　建御雷神。
久慈郡
長幡部神社　建葉槌神。
薩都神社　建御雷神。
天之志良波神社　長白羽神。
天速玉姫命神社　不明。
静神社　建葉槌神。
稲村神社　天香語山命。
立野神社　建御雷神。
筑波郡
筑波山神社　伊弉諾尊。
那珂郡

大井神社　建御雷神。
青山神社　五十猛神。
吉田神社　日本武尊。
阿波山神社　少彦名神。
酒烈磯前神社　建御雷神。
藤内神社　経津主神社。
岩船神社　天鳥船神。
新治郡
稲田神社　奇稲田姫。
鴨大神御子神主神社　事代主神。
佐志能神社　不明。
茨城郡
夷針神社　不明。
羽梨神社　不明。
主石神社　大山祇神。
多珂郡
佐波波地祇神社　天日方奇日方命。

常総神社体制の中心主社は鹿島、香取両神宮である。而して常総各郡に両神宮の別社大半である。特に注目す可きは常陸国久慈郡七座中に、長幡、天之志良波、静の三社あつて、いづれも布織の神であり、就中、静神社は名神大に列せられて、那珂川以北、今日の久慈、那珂、多賀三郡の中心主体の立場に位する点である。日本書紀神代下に、

「二神（〇経津主神、武甕雷神）遂に邪神及び草木石の類を誅ひて、皆已に平け了んぬ。其の服はぬ者、唯星神香香背男のみ。故れまた倭文神建葉槌命を遣はせば則ち服ひぬ。故れ二神天に登る。」

とある。神代、常総の地に於て、日本民族固有の繊維文化の発達を知ることが出来る。しかも、鹿島・香取両神宮を中心として考へらる可きも、最も注目に値する。又、常陸勢力の偉大性を知る最も大いなる根拠をこゝに見出し得る。――以上に拠つて、常陸神話と鹿島・香取両神宮を中心主体とする常総神社体制との間に見出さるゝ相互説明は正に符節のそれであるといふ、真に注目す可き事実を最も明確にする事が出来る。而して、鹿島・香取両神宮を中心主体社とする常総神社体制は、関東大神社体制の中心を成す。かくて、その中心大主社の祭神建御雷神に於て関東、東海、即ち表日本大勢力の大象徴見出す。とりもなほさず、大利根及び鬼怒川水域及び霞ヶ浦水域を以てする関東大穀倉力の大象徴を、こゝに見出す。関東大穀倉力こそ、すめらみこと国家建設運動の大主動勢力なる根本大史実を説くものは常陸神話そのものである。従つて、少なくとも、大利根及び鬼怒両川水域諸国、即ち、武蔵及び両毛の神社体制に見なければならない。

（ロ）武蔵神社体制

神名帳にかく見られる。

「武蔵国四十四座。（大二座、小四十二座）

（略）」

次に各社の祭神を見る。

（略）

以上によって、社号、祭神併記表示すれば左の如くである。

「武蔵国

荏原郡

薭田神社　天児屋命。

磐井神社　大国主神。

都筑郡

杉山神社　五瀬命。

多摩郡

阿伎留神社　味鉏高彦根神。

小野神社　大国主神。

布多神社　少彦名神。

大麻止乃豆乃天神社　大国主神。
阿豆佐味天神社　不明。
穴沢天神社　少彦名神。
虎柏神社　不明。
青渭神社　大国主神。
　足立郡
足立神社　天穂日命
氷川神社　素戔烏尊。
調理社　保食神
（略）」

武蔵国神社体制は出雲神系を以て構成されてゐる。出雲大国主国作神話と鹿島大神国土平定神話、即ち常陸神話との間に見らるゝ相互説明は正に符節のそれである事を最も明確に知ることが出来る。

（略）

足立、埼玉は、鹿島・香取両神宮鎮座の地から、大利根を一路浅間山麓、史上に著名なる碓氷峠に至る直線の丁度中心点、しかして関東大平野の中央に位する。こゝに武蔵の国の国造府が考へられ、今の大宮であつてこゝに当国の一宮なる氷川神社が立つのである。武蔵神社体制は氷川神社を中心主社として体制する。同前書（新編武蔵風土記稿巻）の百五十三、足立郡にかく見られる。

「氷川神社。

文禄五年、伊奈備前守忠次を奉行として、宮社の御造営あり。（〇略）祭神は素戔烏尊にして、伊弉諾尊、日本武尊、大己貴命の三神を相殿とせり。女体社、男体社の東にあり。こは神主角井駿河持にして祭神は稲田姫命なり。相殿に天照大神宮、伊弉冉尊、三穂津姫、橘媛命を祀る。この四座の相殿あることにくさ〴〵異説あれど附会と覚しき伝なれば、爰に記さず。簸王子社、三鳥居を入りて、正面にあり。当社は神主角井監物司れり。祭神は大己貴神命と云。一説に軻遇突智命なりといへど、前にも記す如く、出雲国簸川上に鎮座せる杵築社を移して、氷川明神の号を勅許せられし由伝ふれば恐らくは大己貴命なるべし。杵築祭神大己貴命なる由古記に詳なり。

扨、当所三社の次第につきて、昔より異論あり。或は当社大己貴命本体にして、男体女体は彼父母の神なれば、摂社に祀りしものなりといひ、或はいふ、しかはあらず、男体素戔嗚尊本体にして、男体女体は彼父母の神なれば、摂社に祀りしものといひ、或いはいふ、しかはあらず、男体素戔嗚尊にして、簸王子は火神軻遇突智を祀りて、大己貴命にはあらず。よりて当社と女体とは摂社なりと。此事争論決し難くして、元禄十二年遂に公許となりし時、同き九月、寺社奉行戸田能登守、永井伊賀守、井上大和守等が判にて、此後は三社同格となして、甲乙の次第あるべからず、日神主の次序は家督の新舌を以定むべしとの下知ありしとなり。」

右の氷川神社論争は、武蔵国神社体制検討上の、従って、常総神社体制検討上の、従って、鹿島・香取両神宮を中心主体とする全関東・東北大神社体制検討上最も重要な問題である。従って又すめらみこと統一国家建設運動に於ける基礎構造検討上最も重要な問題である。何故なれば、全関東、東北神社体制の根本は大利根河口に位する鹿島・香取の両神宮の祭神と、大利根のほゞ中心にして、大関東平野の中央に位する武蔵国一宮なる氷川神社の祭神との関係に依つて決定さる可きものであるからである。

所で、氷川神社、祭神論上の根本問題は、当社の主神が軻遇突智であるか大国主命であるかである。素神か大国主かは問題にはならない。共に出雲神話関係神であり、且つ地祇神であつて、父子とされてゐるからである。さて、氷川神社の主神が軻遇突智であるか、大国主であるかの判定上の決定点を成すものは、第三社の神主角井氏の氏族的性格である。新編武蔵風土記稿、同前書にかく見られる。

「神職角井駿河、二鳥居を入て、東側に住す。物部姓とのみ伝へて、由緒詳ならず。」

第三社の神主角井氏は物部族であるとされる。物部族の宗者は大国主神の祭司たり得ない。軻遇突智神の祭司でなければならぬ。即ち熊野大国高倉下に就て、之を最も明確にせし所のものである。氷川神社の第三社の祭神は大国主命ではなくて火神軻遇突智でなければならぬ。しかして、この判断は、何よりも先に軻遇突智神話に尋ねなければならぬ。軻遇突智神話に之を尋ねて、何より先に火の神軻遇突智と建御雷神及経津主神との関係を尋ねて見なければならぬ。軻遇突智神話は建御雷神及経津主神を軻遇突智の子であると説明してゐる。既に之を知つた所のものである。

而して、この軻遇突智神話以上に正しく、そして、たくみに氷川神社と鹿島・香取両神宮の関係を説明する文章を見出し得るものではない。而して、これ以上に関東、東北神社体制と、これによつて最も明確に知り得る常陸勢力或は表日本勢力の何たるかを説明するものもないのである。

そこで次に問題は、氷川神社の主神は火神軻遇突智であつて、大国主神ではないのかといふことである。こゝにまた最も重要な問題が横へられてゐる。何より先に神話に尋ねなければならぬ。

古事記にかく見られる。

「ここに伊邪那伎命御佩かせる十拳劔を抜きて、其の御子加具土神の頸を斬りたまふ。（略）かれ斬りたまへる刀の名は天之尾羽張神と謂ふ。亦の名は伊都之尾羽張と謂ふ。」

建御雷神を生んだ火の神軻遇突智はまた水の神闇淤加美神を生むのであるが、更に多くの山津見神を生む。火神軻遇突智は火山神である。日本が世界の火山国なる所以をまことにたくみに表現説明してゐる。然し、火山神軻遇突智は無数の山々を生むだけで終つてしまつてゐる。所で、無数の山々を生んだ軻遇突智の後からやつて来るのが台風神素戔烏尊である。素戔烏尊は軻遇突智の生んだ無数の山々を樹木で飾るのだが、そこから大国主が生れて、国を作りかためなすのである。かくの如きが、すめらみこと統一国家建設運動に先行する大国主原始国家建設運動過程であると、軻遇突智＝素戔烏神話は説いてゐる。軻遇突智＝素戔烏尊＝大国主神と重なり相ふの形を成してゐる。かくの如きが、すめらみこと統一国家建設に先行するところの大国主原始国家建設運動過程に、関する神話的説明の概要であつて、氷川神社の祭神関係にこれが最も端的に具現されてゐるのを知ることが出来るのである。

氷川神社の本原的主神は軻遇突智であると神話は説くのである。所が次に大国主神が出て来て軻遇突智を下敷きにしてしまつた。自然軻遇突智は大国主神の副神化さるゝに至つた。であるから氷川神社の祭神論争は五分五分の引分けといふことになる。

さて、氷川神社の正神主磐井氏であるが、姓氏家系大辞典（五〇八）左の如く見られる。

「岩井　イハヰ
物部姓　武蔵大宮氷川神社の旧神主家に岩井氏あり、其他にも尠からず。此の岩井氏は物部武諸隈より出づと云ふ。（略）」

岩井氏の岩井は、横見郡に伊波比神社あり、且つまた入間郡出雲伊波比神社があつて、祭神天穂日命からでたものであらう。岩井氏は物部ではなくて出雲神系であらう。足立郡の足立神社は祭神天穂日命である。岩井氏は武蔵国造でなければならぬ。旧事紀の国造本紀に、

「天邪志国造。志賀高穴穂朝世。出雲臣祖名二井之宇迦諸忍之神狭命十世孫兄多毛比命。定二賜国造一。」

とある。上に岩井氏が物部武諸隈より出たといふのは、この、二井之宇迦諸忍とまちがつたのであらう。所で、古事記に、

「天菩比命の子建比良鳥命、此は出雲国造、无邪志国造、上菟上国造、下菟上国造、伊自牟国造（〇略）等の祖なり。」

とある。氷川神社の摂社に祭神を天穂日命とする神社あり、且つ氷川神社の正神主岩井氏は出雲臣同祖天穂日命を祖たらしむるといふ点は、氷川神社と鹿島・香取両神宮との関係を明確にする上に最も重要である。即ち氷川神社と鹿島・香取両神宮を枢軸とせる関東神社小国家の歴史的実在と、是を

以てすめらみこと統一国家建設運動大基盤たらしめるといふ歴史的根本大事実を、最も明確にすることが出来るからである。この歴史的根本大事実を、出雲国神賀詞かく唱へ伝へてゐる。

「高天の神王高御魂・神魂命の、皇御孫命に天下大八嶋国を事避し奉らしし時に、出雲臣等が遠祖天穂日命を、国体見に遣はしし時に、天の八重雲を押し別けて、天翔り国翔りて、天下を見廻りて、返事申し給はく、『豊葦原水穂国は、昼は五月蠅如す水沸き、夜は火瓫如す光く神在り、石根木立青水沫も事問ひて荒ぶる国なり。然れども鎮め平らけて、皇御孫命に安国と平らけく知し坐さしめむ。』と申して、己命の児天夷鳥命に布都怒志命を副へて、天降し遣はして、荒ぶる神等を撥ひ平らけ、国作らしし太神をも媚び鎮めて、大八嶋国の現事顕事避らしめき。」

（八）両毛神社体制

神名帳にかく見られる。

「上野国十二座。（大三座、小九座）

（略）

下野国十一座。（大一座、小十座）

（略）」

次に祭神を見る。

（略）

以上に拠つて、神社祭神併記表示すれば左の如くである。

「上野国
　片岡郡
小祝神社　建御雷神。
　甘楽郡
貫前神社　同上。
宇芸神社　保食神。
　群馬郡
伊香保神社　建御雷神。
榛名神社　同上。
甲波宿禰神社　不明。
　勢多郡
赤城神社　建御雷神。
　山田郡
賀茂神社　事代主神。
美和神社　大物主神。
　那波郡

火雷神社　　　　軻遇突智。

倭文神社　　　　建葉槌神。

　佐位郡

大国神社　　　　建御雷神。

　下野国

　都賀郡

大神社　　　　大物主神。

大前神社　　　　同上。

村江神社　　　　不明。

　河内郡

二荒山神社　　　　事代主神。

　芳賀郡

大前神社　　　　大物主神。

荒樫神社　　　　事代主神。

　那須郡

健武山神社　　　　不明。

温泉神社　　　　少彦名神。

三和神社　　大物主神。

寒川郡

安房神社　　太玉命。

胷形神社　宗像三女神。

上古、上野国及下野国併せて毛之国と称した。両毛神社体制と曰ふより毛之国神社体制と曰ふがより適当である。その両毛或は毛之国神社体制の中心主社は上野国甘楽郡の貫前神社である。大日本地名辞書（三二九六）にかく見られる。

「貫前神社

今一宮明神是なり。国幣中社に班せらる。貫前、又、抜鉾に作る。鉾恐らくは鋒の訛のみ。延喜神名帳頭注、及び一宮記に貫前と抜鉾と注す。而も本国神名帳に正一位抜鉾大神の外に貫前明神を録するは、別に故あることならん。（○略）○山吹日記云、今一宮抜鉾大明神の什物に、此国の神名記あり。其中に貫前の神、抜鉾の神二つの社おはしますは、いかなることにか。和名抄に、甘楽郡のうちに、此二つの郷名をあげたれば、そは一つの神にておはさぬにやあらんと思へども、続後記にしるされたるに、抜鉾の神、赤城の神、伊香保の神たちに従五位を授け奉ると見えたるは、此の国の三ツの大社のいとも初にかかれたれば、此一宮の御事なるべき事明けし。」

何事よりも神話に尋ねて見ねばならない。すると、上掲の如く、

「ここに伊邪那伎命御佩せる十拳劔を抜きて、其の子迦具土神の頸を斬りたまふ。ここに其の御刀

の前に著ける血、湯津岩村にたばしり就きて成りませる神の名は、石拆神、次に根拆神、次に石筒之男神、」（古事記）

とある。「貫前」伊邪那伎命の御佩の抜前から生れた以上の三神を謂ふと、神話は説いてる。

それなら抜鉾の方はどうかといふことになる。すると、上文につゞいて、

「次に御刀の本に著ける血も、湯津岩村にたばしり就きて成りませる神の名は甕速日神、樋速日神、次に建御雷之神、亦の名は建経津神、亦の名は豊布都神。」

となつてゐる。建御雷之男神は鉾と称し得る。それへ、前の抜前神の抜を冠して抜鉾神とすることは充分考へらる丶ことであらう。此等諸神は軻遇突智神の子で、時に兄弟とも親子とも説かれてゐる。前掲地名辞書引用の山吹日記中に、貫前神社の宝物の一に数へらる丶上野十四郡諸社神名帳の冒頭にかく見られる。

「当国当所鎮守当社之神主十社伝記曰、総社大明神者彼神孃云々。彼神者、経津主神也。（是一宮抜鉾神。）孃者、磐筒男・磐筒女神也。（是総社大明神之正体本主也。）」

右に経津主神とあるは古事記に曰ふ建御雷神亦の名経津主神である。かうして、磐筒之男・磐筒之女を祭神とする貫前神社は最古層神社であると軻遇突智神話は説いてゐる。この事は関東神社体制検討上、従つてまた、すめらみこと統一国家建設運動検討上、最も重要な問題である。何故ならば、軻遇突智神話によつて説明される鹿島・香取両神宮が大利根の河口に鎮座する。而して、大利根幹流の頂点、碓氷峠のましたに鹿島同神貫前神社が鎮座する。かくて、軻遇突智神話によつて説明さる丶最

古層に属する三大神社を枢軸たらしむることを以て関東大神社体制が構成さるゝ、といふ歴史的根本大事実を明確になし得るからである。

（二）鹿島と彌彦

我々がこゝに取上げてゐる問題はすめらみこと統一国家建設運動検討上の、従ってまた橿原すめらみこと統一国家建設運動検討上の根本問題である。そこで、鹿島と彌彦の関係を見ないわけにはゆかない。即ち、碓氷峠のふもとに尽きる大利根幹流、水域と、浅間山に発源する大信濃水域との地理的歴史的関係である。換言すれば、大関東大神社体制と越後神社体制との関係である。さて、神名帳にかく見られる。

「越後国五十六座。（大一座。小五十五座）

（略）」

次に各社の祭神を見る。

（略）

以上によつて、社号祭神併記す、表示すれば先の如くである。

「越後国

（略）

魚沼郡

魚沼神社　天香語山命。
大前神社　同上。
坂本神社　不明。
伊米神社　天香語山命。
川合神社　同上。

神原郡

青梅神社　沼河比売。
宇都良波志神社　伊弉冉尊。
伊久礼神社　天香語山命。
槻田神社　同上。
小布勢神社　同上。
伊加良志神社　同上。
伊夜比古神社　同上。
長瀬神社　同上。
中山神社　不明。
旦飯野神社　天香語山命。
船江神社　同上。

土生田神社　同上。
（略）
　磐船郡
磐船神社　天香語山命。
蒲原神社　同上。
西奈弥神社　同上。
荒川神社　不明。
多岐神社　天香語山命。
漆山神社　不明。
桃川神社　天香語山命。
湊神社　不明。」

南から北へと、信濃川水域、魚沼郡、古志郡、蒲原郡と、それに北につらなる磐船郡と越後の大半神社は弥彦神社であつて、祭神天香語山命である。しかしてその本社が信濃河河口の弥彦山、——伊夜彦の、おのれ神さび、青雲の、たなびく日すら、こさめそぼふる。——上に神鎮まります弥彦神天香語山命の弥彦神社である。この弥彦と、かの鹿島とを結びつくれば、大信濃と大利根との、この日本無比の結びつけられて、日本無比の大穀倉が、目の前にデーンと其の神代から今日に至るまでの、歴史的巨姿をそびやかせる。今日、東京の大人口を支へて、日本を現実にその双肩になへ立つものは、実に大信濃、大利根の大穀倉である。即ち、弥彦と鹿島である。こゝにすめらみこと統一国家建設運動の、而して神武天皇の橿原すめらみこと統一国家建設運動の大基盤の歴史的大実在を見出さずに何処に之を見出し得るか。

三、東から西へ

も一度、国土平定天孫天降神話をよみかへして見なければならない。よみかへせば、よみかへすに従つて、かみしめれば、かみしむるに従つて、我がすめらみこと神話が、如何に深く、如何に高く、而して如何に正しく、わが民族の営める歴史的生活に於けるその生活事実と生活真相を我々に恵ましくも伝へてゐるかを、たゞ驚きの目をみはつてみつめる外ない。が、不幸にして、無神論的合理主義精神によつて心の奥のそのまた奥底までむしばまれてしまつてゐる現代人常識のために、こゝに彌彦と鹿島の地誌的基本関係について一を費やさねばならぬ必要を痛感せしめられる。即ち、彌彦と鹿島の連絡関係のそれである。問題の焦点は碓氷峠である。(略)

さて、大日本地名辞書(三三〇三)にかく見られる。

「碓氷峠

坂東平野と、信濃高原の通路に当り、其山険東より上り、西より下る。宛然頭に梯子を架る如し。山路は坂本駅より起程し、新古の二派あり。新道は南に通じ、鉄道亦南方に倚れり。古道は峠町権現祠を経る者にして、新道の北方に在り。碓氷の山険は、北に碓氷嶽、鼻曲山（標高一六四六米突）あり、南に初鳥屋山、妙義山等ありて、其頂界は標高九百五十余米突、而も東に下る二里にして坂本駅は標高三百五十米突とす。即ち登攀二千尺の峻坂たるを知るべし。」

最初に注意を惹くものは、その古道が、坂本から権現祠に至るといふことである。即ち碓井神社である。同前書（三三〇四）にかく見られる。

「碓氷神社　碓井の旧道、峠町に在り。俗に権現と云ひ、熊野神を勧請すと為すも、詳実を得しに非ず。曽我物語に、『碓氷峠に打上げて、矢立の明神にうは矢参らせ。』云とある。」

碓氷神社の祭神は武神であるにちがひあるまい。とすれば、熊野別社ではなくて、碓氷峠ふもとの、毛野国神社体の中心主社なる貫前神社の別社にまちがひあるまい。貫前神社、磐筒之男神とその子建御雷神は、碓氷峠の守護神として、峠町に当然鎮座して、その嶮岨の守護神としてこゝにいつきまつられなければならないであらう。磐筒之男「いはつゝのを」は「岩津路主」に他ならない。即ち峠の馬子のまもり神である。

――「千曲の真砂云、碓氷峠は坂本宿の末より、直に山へ登る。松の木阪、遠見の番所、大阪を過て、さし出たる磐石あり。俗にはんね石といふ。第一の難所を越て、一二三の茶屋あり。名物餅を商ふ。往昔日本武尊の東征し給ひて、碓氷の嶺に登り、辰巳の方を望みて、吾嬬者耶と歎き給ひしは、此処なるべし。」（同前書、同所）

日本書紀、四十年条、日本武尊東方巡行期の一節にかく見られる。

「是に於て日本武尊曰く、『蝦夷の凶首咸な其の事に伏しぬ。唯信濃国、越国、頗る未だ化に従はず。』則ち甲斐より北のかた武蔵、上野を転り歴て、西のかた碓日坂に逮ります。時に、日本武尊毎に弟橘媛を顧びたまふ情あり。故に碓日嶺に登りて東南のかたを望めりて、三たび嘆きて曰く、『吾嬬はや。』故れ因りて山の東の諸国を号けて吾嬬国と曰ふ。（略）」

所で、日本武尊は、碓氷峠を越えて、「吾嬬はや」の歎声をのこして、信濃路へ足をふみこむが、尊は古志路へはゆかずに、浅間山ふもとから左に折れて信濃路を取る。古志と信濃に路を分つ処が名に負ふ追分宿である。大日本地名辞書（二四二九）に、

「追分。——今西長倉村と改む。小諸の東三里半。近世木曽路と善光寺路との岐分たるを以て、駅舎たり。俗曲に追分節といふは、此駅の馬追歌に出づ。〈臼井峠のごんげんさまは、わしがためには守り神。〉」

何といふ、この神韻、日本民族の歴史的生活の奥底のそののど奥底からひゞいて来る、この神韻、こゝに最も高く、最も深く、最も正しく、橿原すめらみこと統一国家建設運動の大基盤がことあげされて、今日になほ我々の心に活ける血潮の吹気をたかならしめてゐるのである。——さて、日本武尊は、宮簀媛のすがたを、あけてもくれても、そのなやましい心からふきけす事が出来ないのである。碓氷峠で、はるか東の方をかへりみて「吾嬬はや」としのぶその心は、「年魚市がた、永上姉子は、我れ来むと、床さるらむや、あはれ姉子は。」矢も盾もたまらない。永上姉子の年魚がたに向つて、まつしぐらに、木曽路を、独り、かけおりるのである。その「山高谷幽。翠嶺万里。人倚杖而難升」の嶮岨を走りゆ

くのである。行けば即ち、諏訪である。こゝに建御名方神が鎮座する。

神名帳、「信濃国、諏訪郡二座、（並大）南方刀美神社二座。（名神大）」とある。

だから、天之尾羽張神が出雲平定行動をおこすとすれば、この日本武尊のかけおりた木曽路を逆にかけのぼる外ない。だから、かれこゝに天迦久神を使して、天之尾羽張神に問ふと、

「かしこし、仕へ奉らん。然れども此の道には僕が子建御雷神を遣すべし。」

といふ外ない。天之尾羽張神には出雲大国主神はとても手に負へない。

所で、吉備武彦は追分で日本武尊と袖を分つて、善光寺路を、信濃川に船を浮べて下るのである。これはまことに無上の観光遊覧の旅である。追分から西へ三里半、藤村の小諸である。小諸は軽井沢と上田の中間、上田から千曲川を、軽井沢から上田までの道程を、舟を漕ぎおろせば、信州信濃の善光寺さま、即ち、長野市である。即ち川中島である。千曲川と犀川と抱き合つて、大信濃川である。こゝまで来れば、何の説く所もいらない。吉備武彦の舟はねむつてゐるうちに、弥彦へ著けられる。だから、吉備武彦は、鹿島大神が鳥之岩楠船神に乗せられて、鳥の天翔りよろしく、大信濃川を弥彦に参詣したのであつて、神験まことにあらたかにして、何の変つた事も起る可き道理はないのである。書紀に何も書かれてゐないのは当たりまへの事なのである。

だから、天之尾羽張神には手に負へない諏訪の神でも、鹿島様にはとても歯が立たない。

「其の建御名方神、千引石を手末にさゝげて来て、『誰ぞ、わが国に来て、忍び〳〵かく物いふ。然らば力競せむ。かれ我れ先づ其の御手を取らむ。』と言ふ。かれ其の御手を取らしむれば、即ち立氷

に取り成し、亦劔刃に取り成しつ。かれ懼れて退き居り。ここに其の建御名方神の手を取らむと乞帰して取れば、若葦を取るがごと搤み批ぎて投げ離ちたまへば、即ち逃去にき。」

といふわけである。すめらみこと統一国家建設運動、また橿原すめらみこと統一国家建設運動の大基盤は、西に非らずして、現実に東に在るの歴史的根本事実を、天孫降臨神話はまことに高く、深く、そして正しく伝へてゐることを最も明確に知ることが出来るのである。

所で、やはり、千曲、信濃水域、即ち善光路各郡に於ける神社体制をとり上げて見ないわけにはいかない。神名帳信濃国、更級郡以下六郡、にかく見られる。

「信濃国卌八座。（大七座、小卌一座）

（略）」

次に各社の祭神を見る。

（略）

以上に拠つて、神社、祭神併記表示すれば左の如くである。

「信濃国

　更級郡

布制神社　天香語山命。

波閇科神社　建御名方神。

佐良志奈神社　同上。

当信神社　不明。
長谷神社　建御名方神。
日置神社　不明。
清水神社　不明。
氷鉇止売神社　御名方妃神。
頤気神社　建御名方神。
治田神社　同上。
武水別神社　同上。
水内郡
美和神社　大物主神。
伊豆毛神社　大国主神。
妻科神社　建御名方妃神。
小川神社　不明。
守田神社　不明。
粟野神社　天日方奇日方命。
風間神社　建御名方神。
白玉足穂命神社　同上。

健御名方神富命彦神社　同上。

（略）」

上掲、建御雷神と建御名方神の力くらべ神話につゞいて、古事記に、

「かれ追ひ往きて、科野国の洲羽海に迫り到りて、殺さむとしたまふ時に、建御名方神まをしつらく、『恐し、我をなころしたまひそ。此の地を除きては、他処に行かじ。亦我が父大国主神の命に違はじ。八重事代主神の言に違はじ。此の葦原中国は天神の御子の命のまに〳〵献る。』とまをしき。」

とある。この神話の説く所が、そつくりそのまゝ、信濃神社体制に写し出されてゐる。

所で、書紀崇神紀にかく見られる。

「十年秋七月丙戌朔己酉、群卿に詔して曰く、『民を導くの本は教化に在り。今既に神祇を礼ひて災害皆耗きぬ。然るに遠荒人等猶正朔を受けず。是れ未だ王化に習はざるのみ。其れ群卿を選びて、四方に遣して朕が意を知らしめよ。』九月丙戌朔甲午、大彦命を北陸に遣はし、武渟河別を東海に遣はし、吉備武彦を西道に遣はし、丹波道主命を丹波に遣はしたまふ。」

注意さるゝ事は大彦命を特に北陸に遣はし、その子武渟川命を東海に遣はしてゐる点である。崇神天皇当時、国家的安危を決する、国家的大基盤が、現実に関東、東北に厳存するの歴史的根本大事実を最も明確に知ることが出来る。所で、この段、古事記に左の如く見られる。

「又此の御世に大毘古命をば高志道に遣はし、其の子武沼河別命をば東の方十二道に遣はして、其のまつろはぬ人等を平け和さしめ、又日子坐王をば旦波国に遣はして、玖賀耳之御笠を殺らしめたま

ひき。」

とあり、更に

「かれ大毘古命は先の命のまにまに古志国に罷り行しき。ここに東の方より所遣けし武沼河別其の父大毘古と共に相津に往き遇ひたまひき。かれ其地を相津と謂ふ。是を以て各所遣けつる国の政和平け覆奏したまひき。かれ天下平らぎ、人民富み栄えき。」

とある。――所で、この間僅に一年少しばかりであつて、しかも、四道将軍派遣命令発令後、埴安彦の大乱が起り、これを鎮圧するのに三ヶ月を要し、四道将軍発足は崇神十年十月となつてゐる。そして、帰還したのが十一年の四月である。書紀にかく見られる。

「冬十月乙卯朔、群臣に詔して曰く、『今、返けりし者悉に誅に伏し、畿内事無し。唯海外の荒俗騒動ぐこと未だ止まず。其れ四道の将軍等今急に発れ。』丙子、将軍等共に発路ちぬ。

十一月夏四月壬子朔己卯、四道将軍等戎夷を平けた状を以て奏す。是歳、異俗多く帰きて国の内安寧なり。」

右に照して看れば、大彦命と武渟河別父子は、十年の十月に大和を出発して、恐らく十一年の初に会津に落合つて、其の四月に帰還してゐるので、出発から帰還まで、その間半歳である。半歳の間にこれだけの大道程をマラソンし得る根本条件、こゝに埴安彦大乱未発鎮定、而して、国家的安寧秩序維持の根本が厳存する。即ち、鹿島・香取両神宮を中心とする関東東北の大神社体制の歴史的実在そのものである。かうなると、陸奥の神社体制に見る所がないといふわけにはいかない。神名帳にかく見られる。

「陸奥国一百座。（大十五座。小八十五座）

（略）」

各社の祭神を見る。

（略）

以上に拠って、神社、祭神併記表示すれば左の如くである。

「陸奥

　白河郡

都都古和気神社　磐筒男神。

伊波止和気神社　同上。

白河神社　建御雷神。

八溝嶺神社　大物主神。

飯豊比売神社　建御雷神。

永倉神社　不明。

石都都古和気神社　磐筒男神。

　苅田郡

苅田嶺神社　水分神。

名取郡
多加神社　不明。
佐具叡神社　岐神。
宮城郡
伊豆佐売神社　不明。
志波彦神社　建御雷神。
鼻節神社　岐神。
多賀神社　不明。
黒川郡
須伎神社　御食津神。
石神山精神社　大山祇神。
鹿島天足別神社　建御雷神。
行神社　御食津神。
賀美郡
飯豊神社　建御雷神。
加美石神社　同上。
色麻郡

伊達神社　同上。
　玉造郡
温泉神社　少彦名神。
荒雄神社　不明。
温泉石神社　少彦名神。
　亘理郡
鹿島伊都乃比気神社　建御雷神。
鹿島緒名太神社　同上。
安福河伯神社　速秋津日子神。
鹿島天足和気神社　建御雷神。
（略）」

右、陸奥国神社、祭神表に照して、之を最も明確に知る事が出来るやうに、陸奥国の到る処に鹿島別社を見出し得る。陸奥国、神名帳一百神社の大半が鹿島御児神社であるといふ根本大事実を最も明確に知る事が出来る。三代実録、貞観八年、正月段中に、

「常陸国鹿島神宮司言。大神之苗裔神三十八社在二陸奥国一」

とある。この三十八社と註せらるゝ、陸奥国に於ける鹿島御児神社はその起源を鹿島神宮と共にするものと考へらるゝ、この歴史的大事実は神武天皇に於ても正に同一であること、前説の如きものである。

であるから日本武尊の東方巡行以前、崇神天皇時代に於て、現実にすめらみこと統一国家の大基盤たる可くして、関東・東北の大神社体制の大実在を、我々は大彦命及び武渟河別父子の大マラソン東方巡行に於て、最も明確に知ることが出来るのであつて、この歴史的根本大事実は、神代にはじまるすめらみこと統一国家建設運動、即ち天孫天降＝国土平定に起原することを最も明確に知ることが出来る。即ち、すめらみこと統一国家建設運動は西を基盤として西より起るものではない。正に東を基盤として東より起つてゐる。而して、神武天皇の橿原すめらみこと統一国家建設運動のそれに於て、この歴史的根本大事実は全く同一である。

「応神天皇以前に、日本統一国家は存在しない。推古朝以前は史学の対象たり得ない。」これが、戦後派史学の定説である。実にひどすぎる。こんなあきめくら定説は何処へ行つても見当るまい。更に、――この方は戦後派史学ばかりではなく、日本全史学がさうなのであるが、――儒仏文明以前に、日本民族固有のすめらみこと大文明が実在するといふ、この世界史的根本大事実が全面的に否認されてゐる。実にひどすぎる。こんな盲目学説は何処へ行つても見当るものではない。日本古代すめらみこと統一国家は、応神天皇以前も以前、神代に実在する。推古朝以前は史学の対象たり得ない所ではない。全くその正反対で、推古朝以前、遠く、遠く神代に出現せるすめらみこと統一国の実在の確認を基礎とし、根幹たらしめなければ、推古朝の検討も、それ以降の検討も絶対に不可能である。而して、応神天皇以前遠く神代に出現する日本古代国と、そして、推古朝以前遠く神代に成熟する日本古代すめらみこと大文明は、日本民族の自己創造であつて、絶対に漢民族からの借物ではないのであるといふ世界史的根本大事実の確認を前提たらしめぬねば、日本民族の史学的検討は絶対に成立し得るものではないのであつて、遠くは大化改新及び近くは明治維新の史学的検討も絶対に不可能である。而して、日本古代すめらみこと国家及び日本古代すめらみこと文明の日本民族自己創造説に対して、その東方起源説の重大性は蓋し決定的である。即ち、日本古代すめらみこと国家及び日本古代すめらみこと文明は支那大陸に地域を隣する西より起つたものではなくて、それと西をはさんで、山川を遠くかけはなれた東に起るといふこの地域性それ自身が、まことに決定的な大根拠を提供する。が、この地域性にも遥かにまして有力な大根拠を、我々は日本考古学の成果に見出し得るのである。即ち縄文文化及び弥生文化の地域性とその時代層性のそれである。而して、この日本考古学のこの成果と、すめらみこと神話の説く所は全く符節のそれに於て、表裏全く一体たることを最も明確に知り得る点は日本古代すめらみこと国家及び日本古代すめらみこと文明起原説に対して、最も重大であり、且つ最も注目すべき問題である。これから、この問題を取上げなければならんのであるが、そのためには、それ自身に必要とする厖大な著述を以てせねばならぬ。蓋し、本論の範囲たらしめ得ない所のものである。他日を期して、次に橿原すめらみこと統一国家機構の検討に移り行かねばならぬ。

第十二章　橿原宮

序言
ひもろぎ（神籬）
同床共殿
橿原宮大嘗祭
余論一言

一、序言

古事記にかく見られる。

「ここにその伊須気余理比売命の家、狭井河の上に在りき。天皇其の伊須気余理比売命之許幸行でまして、一宿御寝坐しき。後に其の伊須気余理比売、宮内に参入れる時、天皇御歌曰したまはく、

葦原の　しけこき小屋に菅畳　いやさや敷きて　わが二人寝し

然してあれ坐せる御子の名は日子八井命、次に神八井耳命、次に神沼河耳命。」

高千穂の宮に於ける瓊瓊杵尊に就て物語られてゐるのと全く同様に、妃を得て後継天皇を儲けたといふ事以上、何事も語り伝へられてゐない。此に対して書紀にはかく見られる。

「庚申秋八月癸丑朔戊辰、天皇正妃を立てむとす。改めて広く華冑を求めたまふ。時に人有りて、奏して曰く、『事代主神、三嶋溝橛耳神の女玉依姫に共ひして生める児、名を媛蹈鞴五十鈴媛命と曰ふ。是れ国色之秀者なり。』天皇悦びたまふ。九月壬午朔乙巳、蹈鞴五十鈴媛命を納れて以て正妃と為したまふ。

辛酉春正月庚辰朔、天皇橿原宮に即帝位。是歳を天皇の元年と為す。正妃を尊びて皇后と為したまふ。皇子神八井耳命、神渟名川耳尊を生みたまふ。故に古語に称めまうして、畝傍の橿原に、底磐之根に太戸立宮柱、高天之原に峻峙搏風、始馭天下之天皇と曰し、号を神日本磐余彦火火出見天皇と曰す。（略）

四年春二月壬戌朔甲申。詔して曰く、『我が皇祖の霊、天より降鑒りて、朕が躬を光助けたまへり。今諸の虜已に平ぎ、海内無事なり。以て天神を郊祀りて、用て大孝を申べたまふべき者なり。』乃ち霊畤を鳥見山の中に立つ。其の地を号けて上小野榛原下小野榛原と曰ふ。以て皇天神を祭りたまふ。卅有一年夏四月乙酉朔、皇輿巡幸ます。因りて腋上嗛間丘に登りまして、国状を廻望りて曰く、『妍哉、国之獲矣。内木綿の真迮国と雖も、猶蜻蛉の臀呫の如くもあるか。』是に由りて始めて秋津洲の号有り。昔、伊弉諾尊此の国を目けて曰く、『日本は浦安国、細戈足国、磯輪上秀真国。』復た大己貴大神目けて曰く『玉牆内国』饒速日命天磐船に乗りて太虚を翔行りて、是の郷を睨りて降りたまふに乃至りて、故れ因りて目けて虚空見日本国と曰ふ。

四十有二年春正月壬子朔甲寅、皇子神渟名川耳尊を立てて皇太子と為たまふ。

七十有六年春三月甲午朔甲辰、天皇橿原宮に崩りましぬ。時に年一百二十七歳。明年秋九月乙卯朔丙寅、畝傍山東北陵に葬し奉る。」

表現形式は頗るおぼつかないものではあるが、神武天皇の橿原宮に於ける行事は、すめらみこと祭祀執行のそれなることがはつきり窺はれる。換言すれば、神武天皇の為す所の事柄は、天孫瓊瓊杵尊高千穂宮に於て為す所と全く同一であつて、すめらみこと祭祀を基本として、豊葦原瑞穂国を、現人神としてしろしめしたといふ事である。

若干の註釈の必要を覚えしめられる。二年条中に、「道臣命に宅地を賜ひて築坂邑に居らしめ」とあり、又「大来目をして畝傍山以西の川辺の地に居しめ」とあるが、この事は道臣命及び大来目命を、それぞれ地域に於ける封建諸侯たらしめたことを意味するものではない。道臣命も大来目命もその初祖以来のとものみやつこ（伴造）の立場を堅持するものである。即ちすめらみこと中央祭司に他ならない。（略）

次に四年条中の鳥見山中の霊畤、下小野榛原、上小野榛原であるが，此に就て大日本地名辞書にかく見られる。

「榛原
又萩原に作る。宇陀郡西北隅に在り。西吉隠山を踰ゆること一里にして磯城郡初瀬に達す。東は三本松を経て伊賀に入り、内牧・曾爾を陟れば伊勢に達すべし。（○略）」

上小野榛原、下小野榛原は神武天皇丹生川上顕斎執行の霊地である。上掲日本書紀の文面中にこゝに「霊畤」を立つとあつて、此を「まつりのには」と訓ぜしめてゐる。「まつりのには」は「斎庭」であつて、「ゆには」に他ならない。上下二個所を謂ひ分けてゐるのは悠紀斎庭、主基斎庭を意味するものと解せられる。尚ほ抜穂田と解せられる。

であるから、神武天皇はかつての顕斎執行当時の斎庭の瑞穂を以て、橿原宮に於て、践祚大嘗祭を執行したと解せらる。神武天皇の橿原宮に於ける行事のすべてがこゝにある。即ち、神武天皇は、天孫瓊瓊杵尊の高千穂宮に於けると全く同様、すめらみこと祭祀執行を基本として、こゝに橿原宮すめらみこと統一国家建設の大偉業を成就したのである。

所で、旧事紀に就て看るに、その年代記的記事内容は書紀とほゞ同一である。たゞ、その辛酉条には、書紀と頗るその内容を異にし、大嘗祭執行の形式が、頗る具体的に書かれてゐる。次の如くである。

「辛酉を元年と為す。春正月庚辰朔、橿原宮に都して肇めて即二皇位一めす。正妃媛蹈鞴五十鈴媛を尊みて、立てて皇后と為す。即ち大三輪大神の女なり。宇摩志麻治命、天瑞宝を奉献し、乃ち神楯を堅てて以て斎ひまつる。亦た今木、亦五十櫛を布都主剣大神に刺し繞らし、殿の内に崇め斎る。十宝を蔵めて、以て近宿に侍る。因つて足尼《すくね》と号く。其の足尼の号は此より始まれり。天富命は諸の忌部を率ゐて天璽の鏡剣を捧げて正殿に安め奉る。天種子命は天神寿詞を奏す。即ち神世の古事の類の是れなり。宇摩志麻治命は内物部を率ゐて、乃ち矛楯を竪てて威儀を厳増す。道臣命は来目部帥ゐて、宮門を護衛り、其の開闔を掌る。竝に四方の国に天位の貴きことを観せ令む。」

一方、古語拾遺中には、頗る具体的にして要を得たる記述を見出し得る。左の如くである。

「神武天皇の東征に逮びて、大伴氏の遠祖日臣命、督将元戎を帥ゐて、兇渠を剪除し、命を佐くる勲肩比ぶるもの有る無し。（略）

爰に仰ぎて皇天二祖の詔に従ひて神籬を建樹つ。（略）次に宮門を祭る。然して後に物部乃ち矛盾を立て、大伴来目杖を建て門を開き、四方の国を朝でしめて、天位の貴きことを観せ令む。此の時に当りて帝と神と其の際遠からず、殿を同じくし、床を共にすること、此を以て常と為す。」

古語拾遺の伝ふる所、最も具体的にして且つ首尾一貫せる所のものを示してゐる。即ち、神武天皇が橿原宮に於て行つた所のすべての事柄は先づ第一に皇天二祖の詔に従つて神籬「ひもろぎ」を建てたといふ事である。第二に天照大神八咫鏡＝現人神すめらみこと神日本磐余彦同床共殿体制のもとに大嘗祭を宗とするすめらみこと祭祀を執行することを基本として、豊葦原瑞穂国統治の任に当つたといふことである。これ以上、またこれ以下の事は何事も行はなかつたといふ事を、古語拾遺は他の古典よりも、具体的に、而して首尾一貫せる表現形式を以て頗る明確に書き伝へてゐる。

がしかし、こゝで一言注意して置かねばならん事は、古事記、日本書紀、旧事紀、古語拾遺の四大古典の間に、何等の矛盾も見出し得ないといふ点である。それのみならず、それぞれ他に見られない重要点を伝へてゐるといふ点である。

第一、古事記であるが、古事記の伝ふる高佐士野ロマンスは他所には全く見られない。是に拠つて、橿原宮は高千穂の複現、すめらみこと大神宮形体なる根本大事実を最も明確に知ることが出来る。かくて、神武天皇の橿原宮すめらみこと統一国家建設運動の本質の存する所を最も明確に知ることが出来る。即ち、それは大復古大前進運動であるといふ根本大事実のそれである。

第二に日本書紀であるが、宣長千古の卓説に因つて解明された所であるが、漢意潤色によつて、甚しくゆがめられてゐる。がしかし、宣長の教ふる所にしたがつて、漢意潤色を洗ひ落して見れば、他の古典と、その伝ふる所は全く同一である。而して書紀の伝ふる所に拠つて、之を最も明確になし得る、他古典に見られない最も重要な点は、上下小野榛原斎時を伝へてゐる点である。斎時「まつりのには」は古語拾遺に曰ふ所の「ひもろぎ」（神籬）に他ならない。古語拾遺には「ひもろぎ」を何処へ立てたか明記されてゐない。これに対して書紀の方はそれを上下小野榛原と明記してゐる。しかもその上下小野榛原こそ、神武天皇丹生川上顕斎執行の霊地である。神武天皇は、前方、こゝに丹生川上顕斎執行して、高皇産霊神の神慮神助に基づいて磐余なる高皇産霊神聖山天香山に到達し得て、こゝにすめらみことと大神宮橿原宮を建設したのであるが、かくてまた丹生川上のそのかつての霊地に於て「まつりのには」をおこし立てゝ、こゝに践祚大嘗祭の大儀を執行せる事を具体的に明確に書き伝へてゐる。他所に看るを得ざる最も重要な点である。

所で、第三に旧事紀であるが、その伝ふる所の内容はほゞ古語拾遺と同様であるが、しかも、他古典には全く看るを得ない、最重要事項を伝へてゐる。即ち宇麻志麻治命と天日方奇日方命のそれである。この事に関しては第七章及び第八章に於て尽した所のものである。

而して第四に古語拾遺であるが、何と申しても、重大な問題はこの書に看らるゝ「ひもろぎ」（神籬）と天照大神＝同床共殿体制である。

二、ひもろぎ（神籬）

宣長はかく述べてゐる。

「まづ比母呂岐と云物は、栄樹を立てゝ、其を神の御室として祭るよりして云名にて、柴室木の意なるを、布志を切て比といふ也。万葉三に、吾屋戸爾御諸乎立而、これ栄樹を立るを云、又十一に、神名火爾紐呂寸立而、又廿に、爾波奈加能阿須波乃可美爾古志波佐之、これらも同じ。磐境は、伊波紀と訓べし。崇神巻に、磯堅城神籬とある磯堅城と同じことなり。神を祭る場を、石を築周らして、

構へたるなり。」（古事記伝、十五）（略）

ひもろぎ（神籬）はみもろ（御諸又は御室）又、かむなび（神奈備）とその語義を等しくするものであつて、原始神社形体を意味するものであると、諸家は解してゐる。一応念頭に置く可きものと思はれる。即ち、橿原宮はひもろぎ（神籬）即原始神社形体をそのまゝ維持するところのすめらみこと大神宮であつて、高千穂宮をそのまゝ伝統する所の復古的すめらみこと大神宮に他ならないのである。所で、それは神祇院の西院に御巫等斎き奉る二十三座神団によつて守護さるゝ所のものであると上掲古語拾遺に明記されてゐる。こゝに橿原宮の根本性格が厳存する。そこで、先づ、神祇院、西院二十三座神の根本性格を明確に知らねばならぬ。

所で、上掲古語拾遺には、その二十三座神団が、四小神団に再神団されてゐる。第一小神団は神祇院西院の御巫祭八座で、第二小神団は御門巫祭二座であり、第三小神団は座摩巫祭五座であり、第四小神団は生島巫祭二座である。此等の四小神団に再神団さるゝ神祇院西院二十三座神の根本性格の存する所に、橿原宮の根本性格が厳存する。であるから、何事よりも先に本来ひもろぎ（神籬）神団である所の神祇院西院二十三座神の根本性格を明確にせねばならない。――さて、神名帳にかく見られる。

「宮中三十六座。
神祇官西院坐御巫祭神廿三座神。（並大、月次・新嘗）
御巫祭神八座。（並大、月次・新嘗。中宮東宮御巫亦同）

神産日神。
高御産日神。
玉積産日神。
生産日神。
大宮売神。
御食津神。
事代主神。
座摩巫祭神五座（並大、月次・新嘗）
生井神。
福井神。
綱長井神。
波比祇神。
阿須波神。
御門巫祭神（並大、月次・新嘗）
櫛石窻神。（四面門各一座）
豊石窻神。（四面門各一座）
生島巫祭二座。（並大、月次・新嘗）

生島神。
足島神。」

其ノ一　御巫祭神。

延喜式巻七、践祚大嘗祭、抜穂田項に左の如く見られる。

「八月上旬、官に申して宮主一人、卜部二人を差し発遣す。両国卜部各二人、其の一人は稲実卜部と号ひ、一人は禰宜卜部と号ふ。国に到れば各斎郡に於て大祓す。訖りて田及び斎場雑色人等を卜定す。(○中略)作る所は八神殿一宇、稲実公等の屋一宇、酒造児等の屋一宇。並に黒木及び草を以て搆り葺く。(○中略)斎院に於て、神八座を祭る。(御歳神。高御魂神・庭高日神・大御食津神・大宮女神・事代主神・阿須波神・波比伎神。)」

右、抜穂田斎院にまつらるゝ八神は即ち御食津神である。此を上掲、神祇官西院、御巫祭八神に照して見れば、神産日神、玉積産日神、生産日神、足産日神四神の名がはづされてゐる。然し、神皇産霊神、玉積産日神、生産霊神、足産霊神は孰も高皇産霊神別神であつて、その根本性格を同一にする。高皇産霊神が、御食津神の中心主神なる時、此等四別神も亦同一御食津神である。であるから、御巫祭神は御食津神たることを以て、その根本性格たらしむるものである。そこで更に各神に就て一考する。

第一、神皇産霊神

この神と高皇産霊との関係については再考の必要はない。神皇産霊神は高皇産霊二副対神の片割であつて、屡々混同されて、区別し得ない程その性格を等しからしむる所の根源的ムスビ神である。根源的大ムスビ神にして同時に、高皇産霊神と共にすめらみこと最大守護神である。神皇産霊神は最も大いなる御食津神にして、最も大いなるすめらみこと守護である。これが神皇産霊神の根本性格である。（略）

第七、御食津神

御食津神として最も知られた神は豊宇気比売である。それより前に御食津神として古事記に挙げられてゐるのは大宜都比売である。また大御食津神と書かる可きものである。古事記に「又食物を大気津比売神に乞ひたまひき。こゝに大気津比売鼻口また尻より種種の味物を取り出でて、種種作り具へて進る時に、速須佐之男命其の態を立ち伺ひて、穢汚き物進ると思ほして、乃ち大宜都比売神を殺したまひき。かれ殺されたまへる神の身に生れる物は、頭に蚕生り、二つの目に稲種生り、二つの耳に粟生り、鼻に小豆生り、陰に麦生り、尻に大豆生りき。かれ是に神産巣日御祖命これを取らしめて種と成したまひき。」とある。この外に保食神がある。此等の御食津はみなその性格を同一にする所の御食津神の代表神である。その根本性格を前諸神と同一にする。（略）

其ノ五　ひもろぎ（神籬）主神。

書紀、神代下、一書神話にかく見られる。

「一書に曰く、天神、経津主神、武甕槌神を遣して葦原中国を平定めしむ。（〇中略）高皇産霊尊因りて勅して曰く、『吾は則ち天津神籬及び天津磐境を起し樹てて、まさに吾孫の為に斎ひ奉らん。汝天児屋命、太玉命も、宜しく天津神籬を持ちて、葦原中国に降りて亦吾孫の為めに斎き奉れ。』乃ち二神を使はして天忍穂耳尊に陪従へて以て降らしむ。是の時に天照大神、手に宝鏡を持ちたまひて、天忍穂耳命に授けて祝ぎ曰はく、『吾が児この宝鏡を視まさんこと、まさに吾を視るがごとくすべし。与に床を同じくし、殿を共にし、以て斎鏡と為すべし』復天児屋命、太玉命に勅すらく、『惟れ、爾二神もまた同じく殿の内に侍ひて、善く為㆓防護㆒れ。』又勅して曰まはく、『吾が高天原に御めす斎庭の穂を以て亦た我が児に御めさしめまつれ。』」

ひもろぎ（神籬）神団の大主神は高皇産霊神であると神勅形式を以て説かれてゐる。こゝにひもろぎ（神籬）とひもろぎ神団諸神の根本性格に対する、最も根本的な神話的説明を見出し得る。即ち、ひもろぎ神団諸神はひもろぎ諸部神と共に、すめらみこと直接大守護であつて、その根本性格はその主神高皇産霊神のそれに基くものであると、最も明確に説かれてゐる。而して、此の場合最も注目す可き点はひもろぎの大祭神は天照大神八咫鏡同床共殿体制下に存る現人神すめらみことに外ならず、現人神すめらみことは斎庭の瑞穂を以ていつきまつらる可しと、説かれてゐる点である。

三、同床共殿

橿原宮はひもろぎ（神籬）である。ひもろぎなる橿原宮の大祭神は天照大神八咫鏡と同床共殿体制下にいつきまつらるゝ現人神すめらみこと神日本磐余彦尊、その尊である。こゝに橿原宮の、従つて、橿原宮すめらみこと統一国家の根本性格が厳存する。であるから、本来ならば現人神信仰一般に就ての予備知識を欠き得ないが、この問題は章を別にして、後に説く。こゝでは主として天照大神八咫鏡に対する神話の説く所のみとり上げて置くに止める。その前に同床共殿体制について一言するの必要を覚える。崇神紀にかく見られる。

「五年、国の内に疾疫多く、民死亡者《おほむたかられるもの》有り。且大半矣。

六年、百姓流離へぬ。或は背叛くもの有り。其の勢徳を以て治め難し。是を以て晨に興き、夕に惕りて神祇を請罪す。天照大神、倭大国魂二神を並に大殿の内に祭ひまつる。然れども其の神の勢を畏れて、共に住みたまふに安からず。故れ天照大神を以ては、豊鍬入姫命を託けまつりて、倭笠縫邑に祭りたまふ。仍りて磯城神籬を立つ。」

右に依つて、最確に知り得るやうに、天照大神八咫鏡＝すめらみこと同床共殿体制は崇神天皇の六年に及んで廃止されたのであつた。それ以前に於てはすめらみこと天皇は天照大神八咫鏡と同床共殿体制を以て奉斎さるゝ所の現人神であつた。天皇はすめらみこと大神宮の祭神その者であつたのである。神武天皇、神日本磐余彦尊もまた、天孫瓊瓊杵尊が高千穂宮すめらみこと大神宮の祭神なる現人神すめらみことであるのと全く同一にして、橿原宮すめらみこと大神宮の祭神なる現人神すめらみことである。而して、こゝに橿原宮の、従つて橿原宮すめらみこと統一国家の根本性格が厳存する。現人神すめらみことの根本性格を決定する最重大要因は、天照大神八咫鏡その神である。また一言の要なき所のものである。そこで、天照大神八咫鏡に対して神話は如何に之を説明するか。この場合の問題はこれである。そこで先づ、天体天照大神に対して説く所に就て見なければならぬ。古事記に左の如く見られる。

「是を以て伊邪那岐大神の詔りたまはく、『吾は、いなしこめしこめき穢き国に到りて在りけり。故れ吾は御身の禊せな。』とのりたまひて、筑紫の日向の橘小戸の阿波岐原に到で坐して、禊祓ひたまひき。（〇中略）

ここに左の御目を洗ひたまひし時に成りませる神の御名は天照大御神。

次に右の御目を洗ひたまひし時に成りませる神の名は月読命。

次に御鼻を洗ひたまひし時に成りませる神の名は建速須佐之男命。

此の時伊邪那伎命いたく歓喜ばして詔りたまはく、『吾は子生み〳〵て、生みの終に三はしらの貴の子得たり。』とのりたまひて、即ち其の御頸珠の玉の緒もゆらに取りゆらかして、天照大御神に賜ひて詔りたまはく、『汝が命は高天原を知らせ。』と事依さして賜ひき。かれ其の御頸珠の名を御倉板挙之神と謂す。次に月読命に詔りたまはく、『汝が命は夜之食国を知らせ。』と事依さしたまひき。次に建速須佐之男命に詔りたまはく、『汝が命は海原を知らせ。』と事依さしたまひき。」

この次に、素神追逐神話がつゞくのであるが、古事記には月読命の神話は伝へられてゐない。

天照大神と月読命とのこれ以上の関係を知り得ないが、書紀、神代上、一書にかく見られる。

「一書に曰く、伊弉諾尊三子に勅任して曰く、『天照大神は以て高天原を御すべし。月夜見尊は日に配べて天の事を知すべし。素戔嗚尊は以て滄海之原を御すべし。』既にして天照大神、天上にましまして曰く、『葦原中国に保食神ありと聞く。宜しく爾月夜見尊就きて候よ。』月夜見尊勅を受けて降ります。已して保食神の許に到りたまふ。保食神乃ち首を廻らして国に嚮ひしかば、則ち口より飯出づ。又海に嚮ひしかば、則ち鰭の狭もの、亦口より出づ。又山に嚮ひしかば、則ち毛の麁もの、毛の柔もの、亦口より出づ。夫れ品物悉く備へて、百机に貯へて饗たてまつる。是の時に月夜見尊忿然作色して曰く、『穢らはしきかも、鄙しきかも、寧ろ口より吐れる物を以て敢て我に養ふべけんや。』とのたまひて、廼ち劔を抜いて撃ち殺したまひき。然して後に復命して、具に其の事をしたまふ。時に天照大神怒りますこと甚だしうして曰く、『汝は是れ悪しき神なり。相見じ。』とのたまひて、乃ち月夜見尊と一日一夜隔て離れて住み給ふ。」

天照大神は月読命を勘当したといふのである。月読命はこれつきりで、神話は、この命を全く黙殺してしまつてゐる。さて、次に天照大神と素神との関係であるが、古事記にかく見られる。

「かれおの〳〵依さし賜へる命のまにまに知し看すが中に、速須佐之男命よさしたまへる国を知らさずて、八拳須心前に至るまで啼きいさちき。（〇中略）かれ伊邪那伎大神、速須佐之男命に詔りたまはく、『何とかも、汝は事依させる国を知らさずて、哭きいさちる。』とのりたまへば、答曰したまはく、『僕は妣の国根之堅洲国に罷らむと欲ふが故に哭く。』とまをしたまひき。ここに伊邪那伎大神いたく忿らして、『然らば、汝此の国にはな住みそ。』と詔りたまひて、乃ち神やらひ賜ひき。」

素神は、創造根原大神に逐放された神即ち創造力を剥奪された、否創造神、換言すれば破壊神であると説かれてゐる。また、根之堅洲国或いは黄泉国の神にならねばならんといふ、或は自らさうなりたいといふのである。そこで、次にかく書かれてゐる。

「ここに須佐之男命の言したまはく、『然らば天照大神に請して罷りなむ。』とまをしたまひて、乃ち天に参上ります時に、山川悉にとよみ、国土皆ゆりき。」

これから天照大神と素神との誓約子生みの段になる。こゝでは天照大神と素神とは兄弟関係を以て、すめらみこと、第一世天忍穂耳命を生むのであると説かれてゐる。これまでの天照大神と素神との関係は兄弟とされてゐる。

所が、これから先は天岩屋戸神話であつて、素神は勝さびに大あばれにあばれ廻して、天照大神の存在を危険に陥るゝ所の、天照大神の最も恐る可くして、且つ最も大いなる敵対大破壊神に転生する。そこで、

「ここに八百万神共に議りて、速須佐之男命に千位置戸を負せ、亦鬚を切り、手足の爪をも抜かしめて、かみやらひやらひき。」

前に伊牂諾尊に逐放された素神はこんどは八百万神に逐放された謂はゞ二重逐放神であつて、すめらみこと神統組織から抹殺された、謂はゞ抹殺神とされる。つまり天照大神との関係を一切剥奪された破壊神或は黄泉国神とされる。そこで素神は転生する。素神転生神話は、例の八俣遠呂智神話である。

「かれ避追はえて、出雲国の肥河上なる鳥髪の地に降りましき。此の時をりしも箸其の河より流れ下りき。ここに須佐之男命、其の河上に人有りけりと以為して、尋覓ぎ上り往でましかば、老夫と老女二人在りて、童女を中に置ゑて泣くなり。(略)すなはち速須佐之男命其の御佩かせる十拳劍を、

抜きて、其の蛇を切り散りたまひしかば、肥河血に変りて流れき。故れ其中の尾を切りたまふ時、御刀の刃毀けき。怪しと思ほして、御刀の前以ちて刺割きて見そなはししかば、都牟刈の大刀在り。かれ此の大刀を取らして、異しき物ぞと思ほして、天照大御神に白し上げたまひき。是は草那芸の大刀なり。」

八俣遠呂智は大破壊神素神の象徴に他ならない。草那芸劔は転生素神の象徴である。即ち天照大神忠誠神なる素神、換言すれば、すめらみこと大守護神素神象徴である。出雲素神は転生すめらみこと守護神であると神話は説くのである。

であるから、その初めに於て素神は最も偉大なる根源的創造神として天照大神と兄弟関係を有する神とされる。次に高天原参上り素神は天照大神の存在を危険に陥るゝ所の最大敵対神に転生する。それから出雲に天降つて、更に天照大神守護神に転生する。天照大神と素神との関係は君臣のそれである。かくの如きが神話の説く天照大神と素神との基本関係である。

であるから、同位同格に置かれてゐた三貴子、天照大神、月読命、素戔嗚尊三大主神のうち、最初に月読命は主神の立場からとり下ろされた。次に素神も月読命の後を追つて主神の立場からとりはづされた。のこる主神は唯一つ、天体天照大神である、と神話はかく説くのである。この事は天体天照大神と、も一人の天照大神なる八咫鏡との関係に就て考ふる場合の最重要点であつて、最も注意を払ふを要す。そこで、天体天照大神と天照大神八咫鏡との関係に対する神話の説明である。正に問題の核心の存する所が是である、この橿原宮の、従つて橿原すめらみこと統一国家建設運動、即神武肇国検討上の核心問題に対する核心神話こそは、天岩屋戸神話そのもの、即ち、全すめらみこと神話の核心神話そのものである。古事記にかく見らるゝ所は次の如くである。

「ここに速須佐之男命、天照大御神に白したまはく、『我が心清明きが故に、我が生めりし子手弱女を得つ。此に因りて言さば、自ら我勝ちぬ。』と云ひて、勝さびに天照大御神の営田の阿離ち、溝埋め、亦其の大嘗聞し看す殿に屎まり散らしき。（略）

是を以て八百万の神、天安之河原に神集ひ集ひて、高御産巣日神の子思金神に思はしめて、常世の長鳴鳥を集へて鳴かしめて、天安河の河上の天堅石を取り、……」

八百万神天安之河原神集は八百万神の自己集会とされてゐる。高皇産霊神がはづされてゐる。此に対して古語拾遺には、

「高皇産霊、八百万神を天八湍河原に会へて、謝み奉らむ方を議りたまふ。爰に思兼神深く思ひ遠く慮りて議りて曰さく」

高皇産霊招集、そして、天照大神招禱祭立案下命となつてゐる。正にこれに従はねばならぬ。何故なればすめらみこと国家建設神話の主体は高皇産霊神と天照大神だからである。古事記の文面を八百万神天安之河原自己集会を高皇産霊神招集に書き改めて、さて古事記につゞけられてゐる所を見る。

「是を以て高御産巣日神、八百万の神を、天安之河原に神集ひ集ひて、その子思金神に思はしめて常世の長鳴鳥を集へて鳴かしめて、（略）

ここに天照大御神怪しと以為ほして、天岩屋戸を細目に開きて、内より告りたまへるは、『吾が隠りますに因りて、高天原自ら闇く、葦原中国も皆闇けむと以為ふを、何由以天宇受売女は楽し。亦八百万神諸咲ふぞ。』とのりたまひき。

すなはち天宇受売、『汝が命に益りて貴き神坐すが故に、歓喜咲ぎ楽ふ。』とまをしき。

かく言す間に、天児屋命、布刀玉命其の鏡を指出でて、天照大御神に示せ奉る時に、天照大神逾々奇しと思ほして、梢戸よりいでて臨み坐す時に、その隠り立てる天手力男神、其の御手を取りて引出しまつりき。

即ち、布刀玉命尻久米縄を其の御後方に控度して、「此より内にな還り入りましそ。」と白言しき。かれ天照大御神出でませる時に、高天原も葦原中国も自ら照り明かりき。」

八咫鏡は、「この鏡は専ら我が御魂として、吾が前を拝くが如く」いつきまつらる可き、天照大神神体、換言すれば、も一柱の天照大神である。しかも、そのも一柱の天照大神八咫鏡こそは「汝が命に益りて貴き神」なのである。天照大神八咫鏡は、天体天照大神、よりすぐれて、も一柱の天照大神であつて、しかして、此をいつきまつる事によつて天岩屋戸に幽り隠れた天体天照大神を復活せしめ得ると説かれてゐるのである。

であるから、天体天照大神はあらゆる自然神の上位に立つ最高自然神天体天照大神であると説かれてゐるのであるが、も一柱の天照大神なる八咫鏡は、その最高大自然神天体天照大神の更に上位に立つ、最高至貴無上尊であると説かれてゐるのである。そして、この最高至貴無上尊天照大神八咫鏡は、すめらみこと同床共殿にまつらる可き所、即ち天照大神八咫鏡、現人神すめらみこと二位一体、同床共殿体制、此所に橿原宮の、従って橿原宮すめらみこと統一国家建設運動、即神武肇国の核心が厳存する。而して、すめらみこと神話は、

「高皇産霊尊、因りて勅して曰く、『吾は則ち天津神籬（あまつひもろぎ）及び天津磐境（あまついわさか）を起し樹てて、まさに我孫の為に斎き奉らん。』

是の時に天照大神手に宝鏡を持ちたまひて、天忍穂耳命に授けて祝ぎて曰まはく、『吾が児此の宝鏡を視まさんこと、まさに吾を視るがごとくすべし。与に床を同じくし、殿を共にして、以て斎鏡となすべし。』」

とかく説くのである。

而して、天照大神八咫鏡・現人神すめらみこと二位一体大神体を大祭神として、斎庭の瑞穂を以て、之をいつきまつる、

「天照大神また勅して曰く、『吾が高天原に御す斎庭の瑞穂を以て亦た吾が児に御さしめまつれ。』」

と、即ち大嘗祭執行こゝに、橿原宮、従って橿原宮すめらみこと統一国家統治の基本が厳存する。ここに神日本磐余彦火火出見天皇の元首者性格の根本が厳存するのである。

四、橿原宮大嘗祭

高皇産霊神の神勅に基づいて、丹生川上顕斎執行聖地、上榛小野原、下榛小野原に悠紀・主基の斎場、即ちひもろぎ（神籬）が設けられる。こゝから、抜穂行列、即ち御稲行、即ち瑞穂行列が、橿原宮の斎場に入るの形式を、具体的に考へ浮かべ得るであらう。そして、大嘗祭執行の当日に当たつては、饒速日命の子宇摩志麻治命は内物部を帥ゐて橿原宮の内に矛盾を立てゝ、内を守り、天忍日命の孫、道臣命は大伴を帥ゐて宮門を守り且つその開闔を掌り、天児屋命の孫天種子命はふとのり即ち、天神寿詞を奏上し、天太玉命の孫天富命はふとみてぐらを棒持する。そして、猨女君は神楽演奏の任に当る。かくの如き形式を以て、高皇産霊神、天照大神皇天二神、天祖天神の神導神助の下に、神約の聖地、大和三山磐余に到達し得て、すめらみこと大神宮橿原宮を建てると共に、神武天皇は他に何事も為すこと無く、たゞ大嘗祭執行を以てして、かくして、肇国の根本を確立し、同時に豊葦原瑞穂国日本統治の基本を確定したのである。即ち、倭姫命、くにまぎ、五十鈴宮建設行動に照し、之を最も明確に類推し得る所のものである。

「廿五年丙辰春三月、（〇中略）次に家田の田上宮に遷り幸行でましき。其の宮に坐します時に、広会の大幡主命、皇太神の朝御気夕御気処の御田定め奉りき。宇遅の家田の田上に在る、抜穂田と名ふは是なり。（略）その時倭姫命宣たまはく、『恐し、事問はぬ鳥すら、田作りて皇太神に奉る物を。』と詔りたまひて、物忌始め給ひて、彼の稲を伊佐波登美神をして、抜穂に抜かしめて、皇太神御前の懸久間に懸け奉り始めき。則ち其穂を大幡主の女子乙姫に清酒に作ら令めて、御饌奉り始めき。」

右に拠つて、神武天皇、橿原宮大嘗祭執行の様相を最も具体的にして明確に類推し得る。而して、其の大嘗祭の祭祀形式は、延喜式、巻七、践祚大嘗祭に見る所を以て、最も具体的にして明確に類推し得る。

「卯の日平明、神祇官幣帛を諸神に班つ。（〇中略）是の日中臣官人、卜部を率ゐて、宮内省に於て小斎人を卜ふ。（〇中略）別に中臣忌部官人各一人を差して、縫殿大蔵等の官人を率ゐて、衾単を大嘗宮の悠紀殿に置き奉り、内蔵官人を率ゐて御服竝に絹幞頭を廻立殿に置き奉る。主殿寮御湯を供奉すること三度。諸衛仗を立て、諸司威儀の物を陳めること元旦の儀の如し。石上榎井二氏各二人、皆朝服して内物部四十人を率ゐ、（紺布衫を着す）大嘗宮南北の門に神楯戟を立つ。訖りて分れて左右楯下の胡床に就く。伴佐伯各二人、分れて南門左右外掖の胡床に就く。時を待ちて開門。」

前掲、古語拾遺に記さるゝ所に照して事の一端を知り得るであらう。大嘗祭に就いては、章を改めて述べる。

所で、皇大神五十鈴宮鎮座に際して、倭姫命設定の皇大神末社凡そ二十一社の名が倭姫命世記に見られる。孰れも、皇大神に御饗奉る神々であつて、その根本性格を御食津神たらしむものである。しかして、五十鈴宮聖地は斎庭、即ちひもろぎである。ひもろぎ五十鈴宮を大本社として、度会県、多気県、飯野県、飯高県四県に亘る神域に在る無数の皇大神宮末社によつて五十鈴宮神社原型国家が構成される。而して、かくの如き五十鈴宮原型国家構成の基本を成すものは即ち皇大神祭祀である。而して、五十鈴宮原型国家体制に観らるゝこの基本形体は、また橿原宮に於て、全く同一形体である。即ち、橿原宮大嘗祭は全豊葦原瑞穂国神社国家の基本を成すものであつて、また全日本的執行形体を

以て執行さる。最も重大、最も注目を要す。而して、古語拾遺はこの最重大点を最も具体的に伝へてゐる。（略）

五、余論一言

日本文化は大陸輸入であると解釈されてゐる。従つて、すめらみこと国家建設運動も、西に起るものであると考へられてゐる。すめらみこと統一国家建設運動及びすめらみこと文化西方起原説は動かす可からざる定説として今日まで一指だも染め得ざる所とされて来た。然し、このくらゐ甚だしい誤りはないのである。同時にこの無比の謬説西方起原説くらゐすめらみこと統一国家の根本性格を誤り、従つて神武天皇の元首者性格を誤るものはない。その弊害の甚だしきに至つては、とても言葉に尽し得ない。

そして、すめらみこと統一国家機構そのものなる全日本古代神社体制の根本的検討を、何事よりも先にとり上げねばならぬ。実は、本論のために欠く事の出来ない努力であるが、しかし、この事に従ふ可く、それは余りにも本論の範囲を超過する。已むを得ない。目をつぶる外ない。而して、この場合、正に世界史上比類なき大神社国家機構の大中心大社の立場に置かる丶橿原宮にのみ局限せねばならぬ。そこで、次に、大嘗祭に説き及ばねばならないのであるが、この事は後章に廻す。これから橿原宮機構の検討に移る。

第十三章　とものみやつこ（伴造）

すめらみこと中央祭司
神代部
すめらみこと祭祀体系
かむながらの道
現人神信仰

一、すめらみこと中央祭司

古事記の天孫天降段にかく見られる。

「ここに天児屋命・布刀玉命・天宇受売命・伊斯許理度売命・玉祖命・并せて五伴緒を支り加へて、天降りまさしめたまひき。（〇中略）かれ其の天児屋命は中臣連が祖なり。布刀玉命は忌部首が祖なり。天宇受売命は猨女君等が祖なり。伊斯許理度売命は鏡作連等が祖なり。」

また上につゞけてかく見られる。

「かれここに天津日子番能邇邇芸命、天之石位を離れ、天之八重多那雲を押分けて、稜威の道別き道別きて、天浮橋にうきじまりそりたゝして、筑紫の日向の高千穂の久士布流多気に天降り坐しき。かれここに天忍日命、天津久米命二人、天之石靫を取負ひ、頭椎之太刀を取佩き、天之波士弓を手挟み、御前に立たして仕へ奉りき。かれ其の天忍日命は大伴連等が祖なり。天津久米命は久米直等が祖なり。」

以上に見らるゝ天児屋命から天津久米命に及ぶ七人の、各氏々の祖神を称するに友緒といふ漢字を充てゝ之を「とものを」と訓ぜしめてゐる。所で書紀一書にはかく見られる。

「故れ天照大神乃ち天津彦彦火瓊瓊杵尊に八坂瓊曲玉及び八咫鏡、草薙劔、三種の宝物を賜ふ。又中臣の上祖天児屋命、忌部の上祖太玉命、猨女の上祖天鈿女命、鏡作の上祖石凝姥命、玉作の上祖玉屋命、凡て五部神を以て配へ侍らしむ。」

部神といふ漢字を借りて来て、友緒と同訓、之を「とものを」と訓ませてゐる。此等の「友緒」或は「部神」は、すめらみことに直接奉仕する所の小現人神であると同時に、あるとも（友）或はある「部」の首長であることが、明確に汲み取られる。「友緒」又「部神」とものをとは或るとも（友）或はある「部」の首長として、之を統率することに依つて、すめらみことに直接奉仕する所の小現人神であることを明確にくみ取ることが出来る。このとものをを別の言葉で「とものみやつこ」と称してゐる。この言葉に対して「伴造」といふ漢字が充てられてゐる。所で、「とものを」といふ言葉の意味はよく部神といふ漢字からくみとれる。が「とものみやつこ」といふ言葉は伴造といふ漢字からも「部神」といふ漢字からもその意味をくみとり難い、むつかしい言葉である。この言葉に就て先づ宣長に聴くとこんな解釈を下してゐる。

「上ツ代に諸仕奉人等を惣べ挙るには、臣・連・伴造・国造と並べ云り。（書紀巻々に数知らずおほし）亦敏達の巻に、臣・連・二造とも有りて、二造者国造伴造也と註せり。さてその国造とは諸国にて其国の上として、各其国を治る人を云ふ尸《かばね》なり。造は即かの伴造と云ふものにして伴とは部を云ふ。三枝部などの部なり。（○中略）されば二つの造同じ義にて、名の義は御臣なり。（○中略）夜都古といへば、甚賤き者の如く聞ゆれど、本然に非ず。君に対へて臣を云名なり。故れ君臣の意なる臣をば、書紀などにも皆ヤツコと訓り。又官奴を美夜都古と云は別なり。其はもと、私の家の奴婢より起りて、公の奴婢を云ふなり。されどその私家の奴婢も、君臣の意なれば、云ひもてゆけば、本は一つなり。」（古事記伝、七）

右の如く、宣長の解釈に従へば、とものみやつこ（伴造）とは独裁君主天皇の奴隷的臣下なる行政官に他ならない。而して、くにのみやつこ（国造）が地方長官なるに対してとものみやつこは中央政府構成行政官であつて、且つ「部」の首長であるといふのである。篤胤は、「美夜都古と云ふ言の本は御屋之子にて、屋之子（之を都と云は常ある例なり。）とは、君の屋に親しく侍仕ふる子と云義にて、（世にも家子など云めり。）君を親の意に取りて、臣をひろく言へるなり。」（古史伝、八）

と云つてゐるが、君臣の意に解する点は宣長と同様である。また行政官を意味してゐる。古事類苑（官位部二）には次の如く註されてゐる。（略）

宣長と異なるところはない。とものみやつこ（伴造）を行政官視する点では皆同一である。なほ、近代的諸権威の解釈も全く同様である。孰れもとものみやつこを行政官と見做してゐる。然し、かゝる解釈は神話の説く所とは凡そ遠いものである。根本問題はすめらみことの宗教的根本性格である。即ち、すめらみことは現人神として、信仰主体であるといふ事である。現人神すめらみことが信仰主体であるといふ事は、とりもなほさず、すめらみこと統一国家主体であることを意味する。ともの
みやつこ（伴造）の根本性格は一にこのすめらみことの根本性格によつて決定される。上掲、古事記、書紀に見らるゝ、――古語拾遺、旧事紀また全く同様――神話的説明は最も明確にして、疑義を挿む余地を示さない。即ち、とものみやつこ（伴造）はすめらみことに直接奉仕して、直接之を守護するところの小現人神であると説かれてゐる。

そこで、次に取り上げられなければならぬ問題はすめらみことととものみやつこ（伴造）との宗教的即国家的根本関係である。而してこの問題に対して最も明確な回答を与ふるものは、ひもろぎ（神籬）神勅にほかならない。

高皇産霊尊因りて勅して曰く、『吾は則ち天津神籬『あまつひもろぎ』及び天津磐境を起し樹てて、まさに吾孫の為に斎き奉らん。汝天児屋命、太玉命、宜しく天津神籬『あまつひもろぎ』を持ちて、葦原中国に降りて亦吾孫の為めに斎き奉れ。』

即ちとものみやつこ（伴造）はすめらみこと奉斎の執行者即ちすめらみこと祭司であるといふのである。而して、ひもろぎ（神籬）神勅と一つに結び付けられる斎鏡神勅である。

是の時に天照大神、手に宝鏡を持ちたまひて、天忍穂耳命に授けて祝ぎ曰く、『吾が児この宝鏡を視まさんこと、まさに吾を視るがごとくすべし。与に床を同じくし、殿を共にし、以て斎鏡と為すべし』復天児屋命、太玉命に勅すらく、『惟れ、爾二神も亦同じく殿の内に侍ひて、善く為防護れ。」

即ち、とものみやつこ（伴造）はすめらみこと直接祭司であつて、すめらみこと大神宮構成者であるといふのである。換言すれば、とものみやつこ（伴造）はすめらみこと中央祭司であるといふのである。右、ひもろぎ神勅、斎鏡神勅の説くところは、事義全く明確であつて、疑義を挿むべき余地を毫末ものこしてゐない。宣長以降近代諸家の解釈は全く相ひ容れないものである。所で、次に取り上げられなければならぬ問題は奉斎根本体制である。而して此に対して最も明確な回答を与ふるものは天岩屋戸神話そのものである。

高皇産霊神の命以ちて八百万神を天安之河原に神集ひ集ひたまひて、高皇産霊神の子思金神に思はしめて、常世の長鳴き鳥を集へて鳴かしめて、天安河の河上の天堅石を取り、天金山の鉄を取りて、鍛人天津麻羅を求ぎて、伊斯許理度売命に科せて、鏡を作らしめ、玉祖命に科せて、八尺勾璁の五百津の御須麻流の珠を作らしめて、天児屋命・布刀玉命を召びて、天香山の真男鹿の肩を内抜きに抜きて、天香山の天波波迦を取りて、占合へまかなはしめて、天香山の五百津真賢木を根こじにこじて、上枝に八尺勾璁の五百津の御須麻流の玉を取著け、中枝に八咫鏡を取撃け、下枝に白丹寸手青丹寸手を取垂でて、此の種種の物は布刀玉命布刀御幣と取持たして、天児屋命布刀詔戸言ふ禱ぎ曰して、天手力男神戸の掖に隠り立たして、天宇受売命天香山の天之日影を手次に繋けて、天之真拆を蘰と為て、天香山の小竹葉を手草に結ひて、天之岩屋戸に汗気伏せて、蹈みとゞろこし、神懸して、胸乳を掛き出で、裳緒を番登忍し垂れき。かれ高天原動りて、八百万の神共に咲ひき。

とものみやつこ（伴造）おの〳〵、その分担するの職務を異にすることを以て、しかも協力して、すめらみこと祭司執行の任に当り、且つその任とする所を専らにするの形式である。職務分担協力体制である。こゝにとものみやつこ（伴造）即ち、すめらみこと中央祭司のすめらみこと祭祀執行の根本体制があると神話は説いてゐる。而して、こゝにすめらみこと統一国家機構の核心がある。

二、神代部

上掲、古事記の天孫天降神話に先づ、中臣部、忌部、猨女、鏡作部、玉作部の五大部が按ぜられる。次に大伴部及び久米部が見られる。以上七大部は、神代部の代表者であるが、この他に物部部がある。この他に尚多くの神代部が数へられるけれども、以上の八大神代部に就て一考すれば、国家構成単位団体なる「部」の国家的性格と、「部」の首長、とものみやつこ（伴造）即ちすめらみこと中央祭司によつて構成さるゝすめらみこと大神宮中央大本社機構の何たるかを明確にするに充分である。

（イ）中臣部

宣長は、

「中臣連、万葉十七の歌に、奈加等美と書り。名義は中執登臣なり。（○中略）康治大嘗会中臣寿詞に、本末不レ傾、茂槍乃中執持弖、奉仕留中臣云々などとある如く、祖神天児屋命よりして、神と君との御中を執持て申す職なるよしなり。」（古事記伝十五）

と説いてゐる。これでは神代部中の最古にして最大部の一つなる中臣部の国家的性格は明確にする由もない。この種の言語的解釈は全面的に捨て去らなければいけない。何より先に、神話に尋ねて見なければならない。而して後にすめらみこと祭祀執行形式に就て、具体的に考へて見なければならない。かうせねば中臣部の国家的性格を明確にする事は全く不可能である。所で、中臣部に対する神話的説明は、とりもなほさず、その祖神の天児屋命に対する説明そのものに他ならない。即ち、天岩屋戸神話の説く所のものに他ならないのである。而して事は最も具体的にして明確である。即ち、忌部の祖太玉命の棒持するふとみてぐら（布刀御幣）の讃美詞なるふとのりと（布刀詔戸言）即ち祝詞《のりと》の奏上である。中臣部とは祝詞奏上式執行を任務とし、且つそれを職能とする所の国家的職団体に他ならないのである。宣長の説く如き、「中執臣」のごときものとは凡そ縁もゆかりもない国家構成単位団体である。（略）

（ロ）忌部

忌部に就てもまた全く中臣部と同様である。事改めて説く必要を覚えない。が、忌部の場合は、中臣部とちがつて、早く衰へてしまつたから、影が薄くなつてしまつて、橿原宮以前、如何に忌部が偉大な国家構成団体であつたかの歴史的事実を、或は忘れられてしまつたのではないかを思はしめられる所もある。是に就て、古語拾遺は、何者よりも雄弁に弁明してゐる。

「高皇産霊神八百万神を天八湍河原に会へて、謝み奉らむ方を議らしむ。爰に思兼神思ひ遠く慮りて議りて曰さく、『宜しく太玉神をして諸部神を率ゐて和幣《にぎて》を造ら令むべし。』仍りて石凝姥神をして、天香山の銅を取りて以て日像之鏡を造ら令め、長白羽神をして麻を種て清和幣を為ら令め、天日鷲命・津咋見神をして穀木《かぢのき》の種を殖ゑて、白和幣を作ら令め、天羽槌雄神をして文布を織ら令め、天棚機姫神をして神衣を織ら令め、櫛明玉神をして八尺瓊五百箇御統玉を作ら令め、手置帆負・彦狭和二神をして、天御量以て大峡・小峡の材を伐りて、瑞の殿を造り、兼ねて御笠及び矛盾を作ら令め、天目一箇神をして雑の刀斧及び鉄鐸を作ら令む。」

かく、膨大な忌部職能団体の存在を説いてゐる。是を、延喜式、巻七、践祚大嘗祭に記載する所に照して看れば、全日本にまたがる忌部の造備物の多種にして且つ多数多量なることは古語拾遺の伝ふる所と全く符合する。その人員及びその団体規模から観れば、中臣、物部等の大部を遙に凌駕することを思はしめられる。

（ハ）猨女

女の掌る所は神楽であるが、中臣部の祝詞、忌部のふとみてぐらと有機的関連性を以て、神楽執行の儀が、すめらみこと祭司執行上如何に重要な一部門を構成するかに就ても、前二者に於けると同様説くを要しない事であらう。周知のことである。が、猨女演奏の神楽曲目の歌詞は特に重要事項を成すものである。が、是に就ては、後章、大嘗祭中に述べる。而して、猨女もまた国家構成職能団体たる点は、前二者と全く同一である。

（ニ）大伴・久米

頭椎之太刀を佩き、真鹿児矢を手挟むと書かれてゐるのを以て、直ちに天忍日命及天津久米命を将軍と早のみこみをして、大伴部・久米部を軍事団体であると早合点するやうな事に陥ってはならない。天忍日命も天津久米命もとものみやつこ（伴造）たる性格は他の諸伴造と異るところはない。而して、大伴部及び久米部共すめらみこと大神宮の御門の守護開閉をその職務とする国家的職能団体である。

但し、此の「部」と「物部」とは一般に軍事団体であるかのやうに誤られて来たが、此の点に就ては、後章「部の社会的性格」中に於て明確にする。

（ホ）物部

天物部は、こゝでは検討外に置かねばならぬ。高千穂宮及び橿原宮には何の関係もないからである。即ち、天物部は高千穂宮すめらみこと小国家及び橿原すめらみこと統一国家の国家的単位団体を構成しないからである。こゝでは宇摩志麻治命を祖神とする内物部のみだけを取り上げる。内物部は大伴部久米部が殿守護をその職務とするのに対して、すめらみこと大神宮内の警護に当ることを職能とする国家的職能団体である。但し、この部は矛盾をも増備する。

尚、物部は、最も軍事団体と誤られること甚しいもので、この点章後、「部の社会的性格」に於て之を明確にする。

（ヘ）鏡作部

斎鏡は天照大神及びすめらみこと〳〵の大神体である。その鋳造を職務とする鏡作部が最も古い、最も大いなる国家的職能団体たる可きことに就ては、何の説くところもいらないであらう。が、大神体斎鏡に関するあらゆる問題は神秘として厳重な秘密に蔽はれ、従つて鏡作部職能の具体的内容及びその団体規模は、之を明確に考へ得ない。

（ト）玉作部

この部もまた前者と同一である。但し、玉の方は鏡よりも遥かに一般化された神体又は神宝であつて、玉作又は玉造の郷名は全国到る処に散見さるゝこと忌部に似てゐる。そのうちでも出雲の玉造は最も古く最も有名である。玉作部が如何に古く、且つ大いなる神代部であつたかを最も明確に考へ得る根拠を、こゝに見出し得る。

（チ）其他神代部

以上の神代部は各部の部長が、後世名著るるが故に、その歴史的実在性を明確になし得るものである。が、是に反して、その部の首長が、歴史的に有名になり得ずして、歴史的背景に早く没し去つたがために、神代に於ては至つて大いなるものであつたが、その歴史的実在性を失ふに至つたものが少くない。この種の部に属するものとして、早く忌部傘下にあつめられた数多の繊維関係部が見られる。

例へば（1）神服部、（2）長幡部、（3）神麻績部、（4）倭文部、等が見られる。（略）

長幡の郷名は少ないが、常陸久慈郡に式内長幡部神社があることは既に知る所である。当社の祭神は静神社同神建葉槌神であつて、鹿島大神の関係神である。常陸風土記、当神を美濃より遷ると伝ふるも、建葉槌神社即長幡神社は式内、美濃国には見出せない。むしろ美濃の長幡部は常陸から遷つたものであらう。而して、武蔵国児玉郡に長幡部神社がある。神代関東諸国特に常総武一帯に大いなる長幡部の存在せしことを思はしめられる。（略）

次に、倭文部であるが、倭文神は即ち建葉槌神であつて、長幡神であるが、その本社は常陸国久慈郡式内大社静神社である。而して式内倭文神社は伊勢国、甲斐国、駿河国に見られ、倭文の郷名、常陸をはじめ、下野、岩代、陸前等、主として関東陸奥に見られる。この地帯に神代大いなる倭文部ありと考へられる。

以上は、繊維部に就て一考したのであるが、食糧部に就ては一層事の然る所以のものが考へられる。例へば膳夫である。酒部である。水部である。或は海部である。

膳夫は磐鹿六雁命を祖とする膳夫大伴部を以て最も著名なるものとするが、古事記、神武天皇章、忍坂大室段に、「ここに八十建に宛て、八十膳夫を設け」とあるに徴すれば、神武天皇以前、神代に膳夫部があつたことはまちがひあるまい。

神代部としての酒部の実在は文献に徴し得ないが、大いなる酒部がなくならぬことは、すめらみこと、祭祀執行上から見てまちがひない。

次に水部であるが、古事記神武天皇章、宇陀高城段に、「其の弟宇迦斯は宇陀の水取等が祖」とある。これも神代に起原する部であると考へられる。それから、海部の大部は安曇である。

以上、概説を以て、神武天皇以前、神代早創初期に於て、豊葦原瑞穂国日本の全土に亘つて、国家機構単位団体として、国家的職能団体なる「部」が、全日本神社体制と共に歴史的に実在し、而して、とものみやつこ（伴造）即ち、すめらみこと中央祭司分担協力体制の大基礎構造を確立したといふ歴史的根本事実を最も明確に知ることが出来る。

かくて、とものみやつこ（伴造）即すめらみこと、中央祭司はその分担協力体制のもとにすめらみこと祭祀執行の任を完ふすることによつて、すめらみこと統治の大任を担当したのである。であるから、どうしてもすめらみこと祭祀体系に就て概観せねばならない。

三、すめらみこと祭祀体系

（イ）すめらみこと祭祀体系

延喜式、巻一、劈頭にかく見られる。

「四時祭上

凡そ践祚大嘗祭は大祀と為す。祈年・月次・神嘗・新嘗・賀茂等は中祀と為す。大忌・風神・鎮花・

三枝・相嘗・鎮魂・鎮火・道饗・園韓神・松尾・平野・春日・大原野等は小祀と為す。（略）」

天皇がその祭儀に親らたずさはる祭祀は中祀以上であつて、大祀なる大嘗祭をはじめとして、祈年、月次、神嘗、新嘗、賀茂の六祭祀とされる。このうち賀茂祭は中世に起源するものであつて、この場合の検討対象から除かれねばならぬ。而して、すめらみこと祭祀体系は大嘗祭を宗として祈年、月次、神嘗、新嘗を配することに依つて構成される。次に、各祭祀個々に就て概説することにするが、そのうち大嘗祭は、最も重要項目であつて、後に章を改めて説く。のこる、祈年、月次、神嘗、新嘗について説く。

（ロ）祈年祭

公事根源にかく見られる。

「祈年祭

是は太神宮以下三千百三十二座の神をまつらせたまふ。其所々たしかならざるもの有。国々におの〳〵幣をつけらる諸国にも年こひのまつりをば行ふなり。周礼に祈年は豊作を求むるなりと見えたり。神祇官にて行はる。弁かねてより諸国のめし物を、もよほしと、のふ。白猪・白鶏のやうの物なり。天武天皇四年二月にはじめて此祭有。大かた祈年祭、月次両度、新嘗祭をば四箇祭とて国の大事とする也。」（公事根源愚考、故実叢書本、一七五―一七六）

祈年祭もまた、支那の宗廟四時祭の一に擬して、支那の真似をした豊年祭であるかのやうに解釈さ

れてゐる。（略）

所で、延喜式、巻一、四時祭上に見らるゝ神祇官執行の祈年祭形式は次の如くである。

「右神祇官祭る所の幣帛一に前件に依り、数を具して官に申す。三后皇太子の御巫祭る神は各八座。並に幣を案上に奠ず。（略）幣帛班ち奉れ。史称唯す。忌部二人進みて案を夾みて立つ。史次を以て唱ぶ。御巫及び社の祝各称唯して進む。忌部幣帛を頒ち畢る。（太神宮の幣帛は、別に案上に置きて、使を差して、之を進る。）史座に還りて幣を頒ち訖ると申す。詞司退出す。」

右に見らるゝ祭祀形式は中臣の祝詞奏上式と忌部の頒幣を主義とする者である。その本来の形式から頗る崩れてゐることを思はしめらるゝが、それでも尚、忌部の頒つ幣帛に、幣帛の本来者なるふとみてぐら（布刀御幣）を置き替へて見直せば、正に天石屋戸神話によつて説かるゝ所の祝詞奏上御幣棒持原形式が明確に呼び戻されて来る。であるから、上に見得る形式を以てする神祇官の斎院執行の祈年祭は祝詞祭、幣帛祭と称す可きものである。就中、注目さる可き点は中臣の祝詞奏上形式である。これが主義である。而して、一段唱ふ度毎に祝部が称唯し、群官は此に応じて拍手の礼を執る形を示してゐる。明かに祝詞は拝礼の対象である。こゝに観らるゝ祝詞は拝礼の対象であつて、謂はゞことたま（言霊）に他ならない。であるから祈年祭の主体は祈年祭祝詞なることを明確に知る事が出来る。

そこで問題は祈年祭祝詞である。

所で、延喜式、巻八、祝詞巻に収められてゐる祈年祭祝詞は、（一）御年皇神（二）大御巫八神、（三）座摩皇神、（四）御門皇神、（五）生嶋皇神、（六）伊勢皇大神、（七）御県皇神、（八）山口皇神、（九）

水分皇神、以上九段を内容として構文されてゐる。以上、九段に分たるゝ各段の祈年祭祝詞を掲ぐれば、かうである。

第一段、御年皇神。

「御年の皇神等の前に白さく、皇神等の依さし奉らむ奥津御年を、手肱に水沫画垂り、向股に泥画寄せて、取作らむ奥津御年を、八束穂の伊加志穂に、皇神等の寄さし奉らば、初穂をば千穎八百穎に奉り置きて甅の閉高知り、甅の腹満て雙べて、汁にも穎にも称辞竟へ奉らむ。大野原に生ふる物は甘菜・辛菜、青海原に住む物は、鰭の広物・鰭の狭物・奥津藻菜・辺津菜に至るまで、御服は明妙・照妙・和妙・荒妙に称辞竟へ奉らむ御年の皇神の前に、白き馬、白き鶏、種種の色物を備へ奉りて、皇御孫の宇豆の幣帛を称辞竟へ奉らくと宣る。」

第二段、大御巫八神。

「大御巫の辞竟へ奉る皇神等の前に白さく、神魂・高御魂・生魂・足魂・玉留魂・大宮乃売・大御膳津神・辞代主とは御名は白して　辞竟へ奉らば、皇御孫命の御世を手長の御世と、堅磐に斎ひ奉り、茂し御世に幸はへ奉るが故に、皇吾睦神漏岐命神漏美命と皇御孫命の宇豆の幣帛を称辞竟へまつらくと宣る。」（略）

以上九段である。――そこで、第一段、御年皇神祝詞であるが、これは中世神祇宗教発達期に属するものであつて、この場合の検討対象とすることの出来ないものである。取り除かねばならぬ。次に第六段、伊勢皇大神祝詞であるがこれも同様である。それから第九段水分皇神祝詞であるが、これも同様である。これもまた御年神祭祀と同様中世神祇宗教発達期に属することは祝詞の文面によつて最も明確である。除外されなければならぬ。残る所は第二、第三、第四、第五、第七、第八以上の六祈年祭祝詞である。

所で、第二、大御巫八神祝詞、第三、座摩皇神祝詞、第四、御門皇神祝詞、第五、生嶋皇神祝詞の四祝詞はひもろぎ（神籬）神団祝詞に他ならない。正に橿原宮祈年祭に属するものと考へられなければならぬ。而して、第七及び第八共に、橿原宮の末社神であつて、この場合の検討対象たる可きものではない。かくて、以上四祈年祭祝詞に就て順を追ふて概検する。

第一、大御巫八座祝詞。

この祝詞は条件文である。そして、「大御巫の辞竟へ奉る」にはじまつて、「茂し御世に幸はへ奉るが故に」までの前文は条件を示す所の附属文である。その次に来る「皇吾睦神漏岐命神漏美命」から「称辞竟へ奉る」が前の条件を受けてその結果を肯定する所の結文であつて、とりもなほさずこの祝詞の主文である。そこで、問題の核心はこの祈年祭祝詞を以てほめたゝへらるゝ祈年祭の大祭神はこの主文の目的格でなければならんといふ点である。而して、この主文の目的格は実に「皇御孫命の宇豆の幣帛」である。こゝに祈年祭の大祭神がある。こゝに問題の核心がある。即ち、「皇御孫命の宇豆の幣帛」は天岩屋戸神話に於けるふとみてぐら（布刀御幣）そのものである。――こゝに観得る祈年祭形式と天岩屋戸神話の間に成立するを観得る相互説明は、実に不思議なほどぴつたりして、全く動かす可らざるものである。（略）

以上、第一、大御巫八神祈年祭祝詞、第二、坐摩皇神祈年祭、第三、御門皇神祈年祭、第四、生嶋皇神祈年祭、祝詞の賛美の対象たる祈年祭主体神は「皇御孫命の宇豆の幣帛」即ち天石屋戸神話のふとみてぐら（布刀御幣）なるの根本大事実を最も明確にすることが出来る。換言すれば、祈年祭の大祭神は天照大神八咫鏡その大神なる根本大事実を最も明確にすることが出来るのである。天岩屋戸神話に曰く、

「ここに天照大御神怪しと以為して、天岩屋戸を細目に開きて、内より告りたまへるは、『吾が隠り坐すに因りて、高天原自ら闇く、葦原中国も皆闇けむと以為ふを、などて天宇受売は楽びし、亦八百万神諸咲ふぞ。』とのりたまひき。

すなはち天宇受売、『汝が命に益まさりて貴き神坐ますが故に、歓喜咲ぎ楽ぶ。』とまをしき。」

まことに驚く。ぴつたりとあてはまつて動かし得ない。

以上の如くにして、延喜式に伝へらる、祈年祭祝詞の一検討を以て橿原宮祈年祭執行の根本事実を明確にすることが出来る。かくして、その執行の任に当る橿原宮とものみやつこ（伴造）中央すめらみこと祭司団はその分担協力体制下に、之を執行して、現人神すめらみこと神大和磐余彦命の豊葦原瑞穂国日本統治の基本をこゝに確立したのであるといふ歴史的根本大事実の厳存するを最も明確にすることが出来るのである。

延喜式に伝へられる祈年祭祝詞は右の如き重大問題を明確にするに足る所を今日に伝へてゐる。し

かし、その形式に至っては、上掲の如く余りにもおぼろ気で、祝詞に見得る所に対応しない。救ふ可らざる欠陥である。が、幸いに之を救ひ得るに足る所のものを皇大神宮儀式帳に見出し得る。次の如くである。

「二月例

十二日を以て年祈の幣帛使参入り坐して、幣帛進る時の行事。（略）即ち、罷り出でて、荒祭宮の版位に就きて四段拝み短手二段拍ち畢りて、即ち使幷に大神宮司外の直会殿に就坐。」

所謂、玉串奉奠式である。この玉串を「皇御孫命の宇豆の幣帛」即ちふとみてぐら（布刀御幣）に置きかへ、そして、天照大神八咫鏡をすめらみこと同床共殿の本来に還置せしめ、かくしてそのすめらみことの立場に現人神すめらみこと、神大和磐余彦尊を立たしむれば、こゝに歴史的大実在、橿原宮祈年祭の形式が、さながら活ける如くに再現さるゝのである。

所で、皇大神宮祈年祭の主儀を成す玉串奉奠式にはその前祭として、田耕式が挙行される。

「先づ始来の子の日に大神宮朝御饌夕御饌供へ奉る御田の種蒔き下し始む。（略）

又、秋収る時に、小内人祝部等を率ゐて、大神の御田の稲を抜穂に抜きて、長楉の末に就けて、御田の頭に立ちて、即ち九月祭の日に臨み、酒作物父に捧げ令めて、大神宮の御倉に奉上り、三節祭の朝御饌夕御饌供へ奉る。」

祈年祭は抜穂田即ち斎庭まつりに他ならない。それはまた水田・下種起耕式を以てする所のものである。かくの如くにして全日本農民が天照大神、すめらみことの神助の下にそのなりはい、神なる稲をそだてはぐくむのである。かくの如くにして橿原宮構成とものみやつこ（伴造）中央祭司団は、分担協力体制下に、橿原宮すめらみこと統一国家建設の大基本を確立したのである。

（ハ）月次祭

延喜式、上掲祈年祭記の註に、「月次祭准レ之」とある。月次形式は祈年祭形式を以てするものとされる。その祝詞も、祈年祭の第一段御年皇神祈年祭祝詞を除くのみで、他の部分は祈年祭祝詞と全く同一祝詞を以てするとされてゐる。所で、古事類苑（神祇部、二十六）にかく見られる。

「月次祭トハ、月毎ニ祭ルノ意ニシテ其祭幣ヲ六月ト十二月トノ二季に諸社ニ奉幣シ、以テ国家ノ静謐、聖体ノ福祉等ヲ祈請スル祭儀ナリ、此祭ハ中祀ニシテ、其ノ祭神ハ三百四座アリ。（略）後世ニ至ルニ及ビ、月次祭ハ兵乱或は用途ノ不足等ニ由リテ、為ニ延引、若クハ停止スルコトモ多ク、且ツ其頒幣ノ如キモ、伊勢大神宮ノミに限リテ、他社ニハ殆ド其例無キニ至リ、遂ニ応仁ノ大乱ヲ経テ神今食ト共ニ全ク廃絶ニ帰セリ」

延喜式に見らるゝ月次祭形式は殆ど祈年祭と同じものであつて、それ故に、月次祭はその宗教的意義を祈年祭と同一にするものゝ如くに解されてゐる。然し、二月と六月とはいねのみのりに取つて根本的に其の季節的性質を異にする所に従つて二月祈年祭と六月月次祭とはその宗教的意義を根本的に異ならしむるものである。是を延喜式に徴するに、上掲、古事類苑、月次祭註中にも見られるやうに、二月祈年祭には神今食祭の執行が、続行されることがないのに反して、六月月次祭及び十二月月次祭には神今食祭が必ず続行される。むしろ、六月月次祭及び十二月月次祭の主儀は神今食祭であつて、祈年祭と同一形式を有する祭儀はその前祭と見るべきものである。その名称もまたこの解釈を支持してゐる。月次「つきなみ」なる言葉は月々行はれることを意味するものではなく、月嘗「つきなめ」の転訛と解せられる。即大嘗「おおむへ」神嘗「かむなへ」新嘗「にひなへ」に対して月嘗「つきなへ」或は「つきなめ」である。特に、六月と十二月とはいねのみのりに取つて、季節的に重大な二つの月なる所に従つて、神今食祭を主儀として執行し、此を月次祭として、すめらみこと祭祀体系の構成祭祀たらしめたものと解せられる。而して、この解釈は大神宮祭祀体系に於て最も有力な根拠を見出し得る。即ち大神宮祭祀体系は六月月次祭、九月神嘗祭、十二月月次祭を以て三時祭或は三節祭と称して、最重大祭祀たらしめてゐる。かくして、皇太神宮年中行事は、我々に六月月次祭検討に取つて無上の資料を提供してゐる。（略）

　以上、皇大神に於ける、神嘗祭と並ぶ最大祭祀の一つなる六月月次祭の主儀十六夜の由貴御饌祭の形式を最も具体的に最も詳細に知る事が出来る。そして、この皇大神宮六月月次本来の意義の存する所は、陰暦六月、真夏、稲のみのりの最重大期即ち穂孕期に当つて執行さるゝ所の、最も厳粛、最も鄭重なる国家的豊年祭なる所にある。上掲（皇大神宮儀式帳）、祝詞に、

「朝廷の宝位動ぎ無く、常石に堅石に、夜の守、日の守りに護り幸ひ奉り給ひ、阿礼坐す皇子達をも慈しび給ひ、百官に仕へ奉る人等をも、天下四方の人民の作り食ふ五穀豊稔に恤み幸ひ給へと、恐み、恐みも申す。」

ととなへらる丶所以である。

所で、右の如き皇大神宮六月月次祭を以て、神今食祭に擬するに、それは全く双生児である。神今食祭はその形式を大嘗祭及び新嘗祭と全く同一にする。であるから、皇大神六月月次祭と、神今食祭とを祈り重ねれば橿原宮六月月次祭がさながらに浮び出して来る。

而して、橿原宮大嘗祭を最も明確に考へ得、次に橿原宮二月祈年祭を同様、明確に考へ得る時、六月月次祭もまた同様であらねばならんのである。

即ち、橿原宮構成員とものみやつこ（伴造）中央祭司団はその分担協力体制下に二月祈年祭の執行を以て、天下万民の水田耕作下種起耕の国家的指導体制の大任を、現人神すめらみことの神徳を仰ぐことによつて、之を万民に果たすと共に、また六月月次祭の執行を以て、水田耕作上の最大危機六月作業統制指導の大任を果し得るのである。而して、かくの如きにして、とものみやつこ（伴造）中央祭司団はその分担協力体制を以てすめらみこと祭祀執行の大任を担当し、かくの如きにして橿原宮すめらみこと統一国家建設大業の基本をこ丶に確立したのである。

皇大神宮の十二月月次祭は、六月月次祭とその形式を全く同一にする所の由貴御饌祭とされる。然し、その宗教的即国家的本来の意義の存する所を明確に知り難い。十二月月次祭もまた稲のみのりにとつて重大な意義を有することはまちがひない。この方は本来立春に当つて執行されたものではないかと推測される。所が、崇神・垂仁以降にはじまる大陸文化の影響を受けて、支那の宗廟宗教の四時祭の冬蒸祭に擬せられ、其の本来の意義を全く喪失するに至つたものと考へられる。

さて、次に神嘗祭である。

（二）神嘗祭

神嘗祭の祭祀形式等に就ては前者と同一であつて、検討を全く必要としないであらう。たゞ、こゝでは前の二月祈年祭が水田下種起耕祭であり、次に六月月次祭が豊年祭なる時、神嘗祭は収穫感謝祭なる事を一言して置くのみで足りると思はれる。が、念のために、大神宮儀式帳に見らるゝ由貴御饌祭形式だけを左に掲げる。

「十六日を以て天照大神の神教を請ひて、即ち教へたまへる雑罪事を、禰宜を、禰宜の館より始めて、内人物忌四人の館別に解除ひ清め畢る。（略）次に根倉物忌の仕へ奉れる神酒供へ奉り畢る。即ち四段拝み奉りて、内院の御門閇て奉りて、外院に罷り出で、禰宜・内人・物忌等大直会給はり畢り、倭舞仕へ奉り畢る。歌詠は六月祭大御饌歌と同じ。

大御饌歌二首

佐古久志侶　伊須々乃宮爾　御気立止　宇都奈留比佐婆　宮毛止止侶爾。

毛々志貴乃　意保美也人乃　多乃志美止　宇都奈留比佐婆　宮毛止止侶爾。

この二首の大御饌歌くらゐよく神嘗祭の意義の存する所を克明にするものはない。即ち、収穫感謝祭である。――所で、大神宮儀式帳に、上文につゞけてかく見られる。

「同夜に荒祭滝祭行事。

右祭りは大神宮御饌祭に同じ。直会人別に給はり畢る。但し禰宜宇治内人新稲の酒飯食べ始む。」

二月祈年祭執行を合図に田耕しはじめて、九月神嘗祭執行と共に新穀を食べはじめる。その間に豊年大慰労祭がとり行はれる。二月祈年、六月月次、九月神嘗と三大すめらみこと祭祀執行によつて、稲作栽培適期適労主義が、無上の万足性を以て指導されるのである。蓋し、適期適労主義は米穀生産力向上の基礎条件たること神代も現代も永久不変である。むしろ、上へ上へとゆく程、実に驚くばかり、この基礎条件が備へられてゐたのである。即ち、日本全国津々浦々、国々村々、至る所に立つ神社である。そのおまつりである。由つて基づく所は実に橿原宮すめらみこと大神宮であるといふ日本民族の営む民族史上の根本史実の厳存する所を、かくの如くにして、最も明確にすることが出来るのである。而して、その中心に立ち、且つその指導の任に当るものはとものみやつこ（伴造）中央すめらみこと祭司団そのものなのである。

（ホ）新嘗祭

古事類苑（神祇部、二十七）にかく見られる。

「新嘗ハニヒナメマツリト云ヒ、マタ字音ヲ以テシンジヤウサイト称ス、朝廷恒例ノ祭典中ニ在リテ中祀トス。天皇ノ新穀ヲ喫シ給フニ就キテ、先ヅ之ヲ神祇ニ供シ給フモノニテ、其儀大略神今食ニ同ジ」

この中世神祇宗教的解釈はすめらみこと新嘗祭本来の意義を根本的に誤るもので、深く注意せねばならない。新嘗祭は六月月次祭本来なる神今食祭、九月神嘗祭と全く同様に大御膳祭である。天皇が新穀を天神地祇に奠ずることを主義とする天神地祇祭ではない。瑞穂礼拝聖餐式を主義とする天皇祭としての大御膳祭である。この根本を誤ってはならない

所で、延喜式には新嘗祭形式に就て何事も書かれてゐない。が、幸に加茂保隆所伝年中行事、――続群書類従、公事部――の十一月例中新嘗祭に最も詳細に伝へらる丶所に依て、新嘗祭形式に就て、最も明確に知り得る。第十八章、「大嘗祭」(四)「江家次第の大嘗祭」中に引用する所に就て見てもらひたい。

右に拠つて、新嘗祭執行に於ける天皇の行動様式を余すところなく詳に知る事が出来る。就中、最重要、かんじんかなめ点は、天皇の御膳或は神食取扱ひ形式である。天皇は御膳に灌酒の礼をとつて、之をいつきまつるの形式を示してゐる。更に、「頗る頭を低くしたまひて」之をふしをろがみたてまつり、拍手称唯て三嘗するの礼を執つてゐる。而して、新嘗祭執行全過程を一貫して、天皇は御膳以外に如何なる天神をも如何なる地祇をも、之を礼拝する行動形式を示してゐないのである。「天皇ノ新穀ヲ喫シ給フニ就キテ、先ヅ之ヲ神祇ニ供シ給フ」なぞといふことは、妄解もまた全く甚しきものであつて、か丶る解釈を下し得る根拠は、何処にも、そして針の先ほども見出し得ない。新嘗祭執行全過程に於て、天皇が神として礼拝する所の、その礼拝の対象は独り御膳のみであつて、それはまた

瑞穂に外ならないのである。新嘗祭は天皇親斎の瑞穂祭である。天皇の瑞穂礼拝儀式である。

而して、こゝに橿原宮のすべてが、橿原宮すめらみこと統一国家建設大業成就のすべてが厳存するの歴史的根本大事実を最も明確にすることが出来るのである。

而して、之を執行して橿原宮と橿原宮すめらみこと統一国家建設運動とその双肩にになひ立つ者は、分担協力体制下にすめらみこと祭祀執行の任に当るとものみやつこ（伴造）即すめらみこと中央祭司団その者である。

四、かむながらの道

日本書紀、孝徳天皇三年条にかく見られる。

「夏四月丁巳朔壬午、詔して曰く、『惟神（惟神は神に随ふ道を謂ふ。亦た自ら神道有るなり。）も我が子応治むと故寄させき。是を以て天地の初めより君と臨す国なり。始国治皇祖の時より、天下大同くて都て彼此といふこと無りき。』」

書紀、神武天皇辛酉元年条には、

「故に古語に称めまうして、畝傍に橿原に、底磐之根に太立宮柱、高天之原に峻峙搏風、始馭天下之天皇と曰し、号を神日本磐余彦火火出見天皇と曰す。」

孝徳紀に曰ふ始国治皇祖は即ち、始馭天下之天皇神武天皇を指す。世に、上古天皇統治基本道を称して「かむながらの道」と称し、それは神武天皇にはじまるものと古くから解せられて来た。即ち神武天皇は「かむながらの道」の開祖とされてゐる。

所で、宣長は直毘霊（古事記伝一）中にかく述べてゐる。

「皇大御国は、掛けまくも可畏き神御祖天照大御神の、御生坐る大御国にして、大御神、大御手に天つ璽を棒持して、万千秋の長秋に、吾御子のしろしめさむ国なりと、ことよさし賜へりしまに〳〵、天雲のむかふすかぎり、谷蟆のさわたるきはみ、皇御孫命の大御食国とさだまりて、天下にあらぶる神もなく、まつろはぬ人もなく、千万御世の御末まで、天皇命はしも、大御神の御子とまし〳〵て、天つ神の御心を大御心として、神代も今もへだてなく、神ながら安国と、平らけく所知看しける大御国になもありければ、古への大世には、道といふ言挙もさらになかりき。」

宣長は「言挙せざる道」を考へてゐる。即ちある種の秘密教義である。かうした解釈を容るゝとすれば、神武天皇はある秘密教義を基本として日本を統治せる第一世天皇であり、而してある秘密教義の教祖であると解せられることになる。なほ、宣長は「かむながら」の言義に対してかくの如き解釈を下してゐる。

「書紀の難波長柄朝廷御巻に、惟神者、謂㆓随神道亦自有神道㆒也とあるを、よく思ふべし。神道に随ふとは、天下始め賜ふ御しわざは、たゞ神代より有りこしまに〳〵、物し賜ひて、いさゝかもさかしらを加へ給ふなきことをいふ。さてしかして神代のまに〳〵、大らかに所知看せば、おのづから神の道はたらはひて、他に求むべきこととなきを、自有㆓神道㆒とはいふなりけり。」

雲をつかむやう、極めて漠然としてゐるが、儒道、仏道に対する神道が含意されてゐる。神武天皇は天照大神から授けられた秘教神道を基本として、日本を統治せる祭祀王であり、且つ神道教祖であるといふことになる。ナンセンスの甚だしきものである。神武天皇は祭祀王ではない。固より神道教祖ではない。神武天皇は天照大神八咫鏡と同床共殿体制下にとものみやつこ（伴造）即すめらみこと中央祭司団の奉斎の対象主体たる現人神であつて、日本の現人神国王である。而して、一般に、天皇が現人神として、日本を統治するの歴史的根本事実を称し「かむながらの道」といふのである。而して、「かむながらの道」の根本はすめらみこと祭祀執行にある。すめらみこと祭祀執行の根本はすめらみことの瑞穂礼拝のたゞ一点にある。（尚、後章大嘗祭に於て詳しく述べる。）

　而して、我が「かむながらの道」は世界史上まことに比類なくも偉大な救済道である。いさゝか、現人神信仰形体について語る所がなければならぬ必要を覚えしめられる。

五、現人神信仰

　この場合、先づ注意さるゝ問題はアレクサンダー及びオーガスタに就て観らるゝ所である。この二人の史上並びなき偉大な権力王は、その権力を絶対化せむがために、自らを神格化した。我が天皇もまた、此れに倣ふものではないかといふ誤解である。事は全く正反対である。人々を罪の苦から解放せんとしたキリストは、救の道のために自ら「神の子」即ち現人神と称し、且つユダヤ国王と称した。

キリストは現人神国王の一人である。而してキリストは救の道のために十字架に上つた。我がすめらみことは十字架には上らない。がキリストが生きてなしとげ得ざりし大救済国家を歴史的に現実に成就したのが我がすめらみことに外ならない。すめらみことと史上全く比類なく偉大な救済主的国王である。そのためにこそ、我がすめらみことは瑞穂を礼拝する。

所で、救済主的現人神国王信仰形体は、世界史上最古の国家的信仰形体である。その代表的にして、典型的なるものはオシリスである。我がすめらみこと信仰形体はオシリス信仰形体に先行する所の最古にして最大なる国家的信仰形体である。最も注目す可き点であつて、この根本問題に就て正しき認識なくしては、正しき橿原宮と、そのとものみやつこに対する解釈は望み得ない。が、この問題に就いては、後に章を新たにして説く。

さて、こゝへ来て、くにのみやつこ（国造）を取上げねばならない。

第十四章 くにのみやつこ（国造）

神武天皇のくにのみやつこ
一宮
出雲国造

一、神武天皇のくにのみやつこ

宣長はくにのみやつこ（国造）に就て下のやうな解釈を下してゐる。

「さて国造を国宮司と云意とする説は、大誤なり。（略）されば天皇の御臣として、其の国々を治むる人を、国御臣と云ひ、各其の部《むれ》々を掌る人を伴造とは云なり。」（古事記伝、七）

今日で云ふ地方長官である。見当違ひな解釈である。くにのみやつこ（国造）は行政官ではない。とものみやつこがすめらみこと中央祭司なるとき、くにのみやつこ（国造）は、それに対して地方祭司の立場に立つ者の謂であつて、両者は中央と地方との地域別を有してはゐるが、すめらみこと祭司たる点に至つては同一である。とものみやつこ（伴造）が、すめらみこと大神宮に於て執行さるゝすめらみこと祭祀の執行を職任とする所の中央祭司なるに対して、くにのみやつこ（国造）とはそれぞれ地方々々の大神社を管掌することを以て、すめらみこと祭祀の執行を職任とするところのすめらみこと祭司を謂ふ。延喜式に見らるゝ式内社と称せらるゝものですら三千百三十二座と註せられる。この幾倍数のものが日本全国に散在して、世界史上無類の大神社網が張られ、この大神社網の中心大本社がすめらみこと大神宮である。この世界史上無比無類の大神社機構を機関たらしむる事によつて、すめらみこと中央祭司とものみやつこ（伴造）とすめらみこと地方祭司くにのみやつことは世界史上無比無類の大祭司国家を構成するもの、即ち橿原宮すめらみこと統一国家である。

所で、橿原宮すめらみこと統一国家中央とものみやつこ（伴造）機構の何たるかはおほむね前章の検討を以て、之を明確にしたが、くにのみやつこになると、手の下しようがない程資料とぼしい。ただ、幸に旧事紀、巻十国造本紀に最も有力な資料を見出し得る。その国造表中、神武天皇設定と註せらるゝものを拾へば左表の如くである。

「大倭国造。

橿原朝（神武）御世。以二椎根津彦命一。初為二大倭国造一。（略）」

以上（一）大倭国造、（二）葛城国造、（三）凡河内国造、（四）山城国造、（五）伊勢国造（六）素賀国造、（七）紀伊国造、（八）宇佐国造の八国造を拾ひ出し得る。

第一、大倭国造。

日本書紀、崇神天皇七年条に、

「秋八月癸卯朔己酉、倭迹迹速神浅茅原目妙姫、穂積臣の遠祖大水口宿禰、伊勢麻績君三人共に夢を同じくして奏言さく、『昨夜夢に一貴人ありて誨へて曰く、大田田根子命を以て大物主大神を祭る主と為し、亦市磯長尾市を以て倭大国魂神を祭る主と為さば、必ず天下泰平ならむ。』」

とある。

大田田根子は天日方奇日方命の孫であり、市磯長尾市は椎根津彦命の孫である。大田田根子の大物主祭司職は天日方奇日方命よりの伝統職であると同様に市磯長尾市の倭大国魂神祭司職は椎根津彦よりの伝統職である。椎根津彦命は倭大国魂神社を管掌することを以て、大倭国造の職に任ぜられたのである。—日本書紀、神武、甲寅条に、

「十月丁巳朔辛酉、天皇親ら諸皇子舟師を帥ゐて、東を征ちたまふ。速吸之門に至ります。時に一漁人有り、艇に乗りて至る。天皇招せて、因りて問ひて曰く、『汝は誰ぞ。』対へて曰く、『臣は是れ国神なり。名を珍彦と曰ふ。曲浦に釣魚す。』」

椎根津彦は速吸之門の曲浦の国神である。大和に移り住んで、磐余の国神として、すめらみこと地方祭司として、倭大国魂神社管掌の職に就けるものと考へらる。国造は国神に由来する。而して国神は当該地の中心主社なる国魂神社祭司なることが考へられる。

第二、葛城国造。

旧事紀、巻五、天孫本紀中の尾張系譜三世孫天忍人命註に、

「天忍人命。此命。葛木土神劒根女賀奈良姫為レ妻。」

とある。葛城国造劒根命もまた葛城国神である。而して、葛城国魂神社は高鴨阿治須岐詫彦根神社である。葛城国造劒根命は、葛城国神として、葛城国玉神社、高鴨味須岐詫彦根神社管掌を職として、葛城国造に任じたと考へられる。

第三、凡河内国造

凡河内国造の祖は天津彦根命である。天津彦根後裔が、河内の国神として、河内神社体制の中心主社を管掌したことを徴し得る根拠を神話に見出し得ない。が、出雲国造を以て類推すれば、凡河内国造の祖もまたこの地の最大神社管掌を職とするすめらみこと地方祭司であつて、すめらみこと地方祭司の雄者であった点はまちがひないと考へられる。

第四、山城国造

同上

第五、伊勢国造

天日鷲命即ち天日別命に就ては第十一章に於て、この神が伊勢の国神なるを知つた。伊勢国造の由来がこゝにある。後に度会神主が外宮祭司を職とするに至つた由来もまた遠くこゝに尋ねらる可きものであらう。

第六、素賀国造

不明

第七、紀伊国造

天道根命は紀伊名草の国神とされる。その管掌する所は日前国懸神宮である。

第八、宇佐国造

既知。菟狭津彦は宇佐の国神。その管掌する所は宇佐八幡宮である。

以上に拠つて、くにのみやつこ（国造）の由来を、当該地域の国神に尋ね得る。而して、その国神は当該地の中心主社の管掌を職とする者なることを明確にすることが出来る。即ちくにのみやつこ（国造）は神代に起原する所のすめらみこと地方祭司なる根本史実を明確に考へ得る。

所で、古事記、誓約子生神話の段に、「かれ此の後に生れませる五柱の子の中に、天菩比命の子建比良鳥命、此は出雲国造。(略)」とある。上掲神武八国造の外に、(一)出雲国造、(二)无邪国造、(三)上菟上国造、(四)下菟上国造、(五)伊自牟国造、(六)遠江国造、(七)茨木国造、(八)馬来田国造、(九)道尻岐閇国造、(十)周芳国造。以上十国造の名が挙げられてゐる。此等十国造は、前の神武八国造と共に、その起原を神代に尋ぬ可きものであつて、それに由来するすめらみこと地方祭司は神武天皇以前に実在するものと考へられねばならぬ。所で、右十国造を、旧事紀の国造表に照らし合せると、かうである。

「(一)出雲国造。

瑞籬朝。以二天穂日命十一世孫宇迦都久怒一定二賜国造一。(略)」

最初に目に著くのは出雲国造の場合で、出雲国造は天菩比命にはじまるので、その十一世孫宇迦都久怒命にはじまるものではない。たゞ崇神天皇は出雲振根大事件によつて出雲国造が、その職務執行不能に陥つてゐたのを改めて、宇迦都久怒命を国造にとり立てたのであるが、上掲、旧事紀の出雲国造註は出雲国造創定を意味するものではない。注意せねばならぬ。出雲国造即ち出雲国のすめらみこと地方祭司は天穂日命十一世孫宇迦都久怒を初任とするものではないのであつて、出雲国造初祖天穂日命にはじまる。而してそのもちいつく出雲大国玉神は、即ち出雲大国主神である。

所で、熊野国造に就ては、「志賀高穴穂朝御世。饒速日命五世孫大阿斗足尼定二賜国造一。」とあるが、熊野国造即ち熊野すめらみこと地方祭司は熊野の本原的大国神熊野高倉下即天香語山命にはじまるものであつて、そのもちいつく大国玉神は火の神軻遇突智である。

右に照して、之を最も明確に知り得る如く、旧事紀国造表に見らるゝ百数十の国造の初祖はそれぞれ地域に於ける大国神であつて、従つて、旧事紀に見らるゝ百数十の国造即ちすめらみこと地方祭司は神武天皇肇国以前既に歴史的に実在せるものと判断されねばならぬ。そこで問題は最も重要である。即ち此等旧事紀に見らるゝ百数十の国造の初祖が、それぞれ地域に於て如何なる大神社に於て、如何なる地域的大神をいつきまつつたかである。而して、このくにのみやつこ（国造）即ちすめらみこと地方祭司検討上の最重要問題は次の要点を明確にする事に拠つて回答されなければならぬ。

即ち、くにのみやつこ（国造）の治府は国府であり、国府には一宮と称する地域大神社を考へ得る事実に基いて、諸くにのみやつこ（国造）の初祖の立場に立つ各地域的大国神と、各地域大神社一宮の祭神——大国玉神と称せらる——との関係を検討するの方法である。

二、一宮

信友がかく説いてゐる。

「世に一宮記と云書ありて、諸国の一宮と称ふを一社づゝ載せたり。みな延喜式内の神々なり。但し其の中に山城国には、鴨大明神、（注に号下社云々。）賀茂大明神（注に号上社云々。）と二社を載せ、また備中国吉備津宮を載せ、備前備中備後三国一宮也と注せり。さて中むかしの書どもに、一宮と記せる社号を見るに、みな一宮記に合ひ、今も然称ひ来れる社諸国に多かり。然るに其一宮と定められたるは、何の世、いかなる由にて定められたるか詳ならずといへども、唯一神道など云ふ徒の、譌に作定めたるものにはあらず。但し、旧は社号ばかり載たりけむを、今在る本には、神号の書ざま、また社号の下に祭神を注せる中には、いかがなる事もうち交りて聞ゆるぞ、かの神道者流などの所為なるべき。」（神社私考巻一）

右信友の云ふ所は、一宮記を取上げる場合、特に参考に値する。尚、信友は一宮に就てかく説いてゐる。

「さて一宮と云へる称の古く書に見およびたるは、今昔物語集に、今昔周防国ノ一宮ニ、玉祖大明神ト申社在ス、其社ノ宮司ニテ、玉祖ノ惟高トイフ者有ケリ云々と録されたり。此書録されたる隆国卿は万寿二年（後一条天皇の御世）の生にて、承保元年（白河天皇の御世）五十に薨給へり。そのかみ既くより一宮と称す事の、世に普ねくて口なれたる物語の書ざまなり。（延喜式を定めたまへる延長五年より万寿二年まで九十年なり。）」

地域的大神社を一宮と称す事は、極めて古く、且つ一般的であつたことを信友は指摘してゐる。

「此玉祖神社、すなはち一宮記に載たるに合へり。又金葉集に、（大治二年進奏）範国朝臣に具して、伊予の国にまかりたりけるに、正月より三四月まで、いかにも雨のふらざりければ、なはしろもせでよろづにいのりさわぎけれど、かなはざりければ、守、能因に歌よみて一宮にまゐらせて雨祈れと申ければ、まゐりて祈申ける歌、能因法師「雨の川苗代水にせきくたせ天くたります神ならは神」、左注に、神感ありて大雨降りて、三日三夜やまずと家集に見えたり。此事を十訓抄に、（建長四年撰）能因入道伊予守実綱（金葉集には範国）に伴ひて、彼国に下りたりけるに、夏の初、日久しくてりて、民の歎浅からざりけるに、神は和歌にもめで給ふものなり。試によみて三嶋に奉るべき由を、国司頻りにすゝめければ、「天の川苗代水にせきくたせ云々」とよめるを、みてぐらに書て、社司をして申上させたりければ云々と記せり。金葉集に一宮と記されたるは、この三嶋神にて、式に越智郡大山積神社と載され、一宮記に、大山祇神社とある是也。」（同前書、同所）

国司は一宮に於て農民のため雨を祈るのである。一宮と農民との関係及び一宮と国司との関係を窺ひ得るであらう。その由来する所は地域的大神社と国造のそれである。換言すれば、大国神と大国玉神との関係に対して如何なる神話的説明を見出し得るかである。

さて、一宮記に見らるゝ所は、左の六十七社である。（括弧内は祭神註であるが、信友の曰ふが如くいかがはしいものではあるが、参考のため元文のまゝ附記して置く。）

第一、鴨大明神（号下社。大山咋父。故号二御祖一。又白二糺宮一。大己貴命也。）山城国愛宕郡。

（略）

第六十七、和多都美神社（八幡宮也）　対馬上県郡。

以上六十七社であるが、国府と各社の地誌的関係及びその祭神に就て先づ検討を加へる。然る後に、神話との間に見出さるゝ相互説明関係に就て一考する。

（略）

以上、日本全国六十七箇国の一宮を対象として、其の国府との地誌関係と併せて祭神に就て概観し、兼ねて神話との間に見らるゝ相互説明関係に一瞥した。その結果として発見し得る、最も注目す可き歴史的根本大事実は、日本全国六十七ヶ国例外なく、神話に説かるゝ、大根原神を祭神とする神代起原の大神社の厳有する事のそれである。

而して、こゝに橿原宮すめらみこと統一国家に於ける地方国家大機構を最も具体的に最も明確ならしめ得る。

所で、上の検討に於て山城国の場合は特に注目す可き所を示してゐる。即ちその愛宕山が軻遇突智神奈備であるといふ点である。即ち山城国の大国玉神、大根原神が軻遇突智なる事を最確に知り得る点であつて、紀伊国の熊野及び名草に於けると同一軻遇突智神奈備を見出し得、こゝに両国の大国玉神、大根原神を見得る点である。即ち、是を以て類推せば、大和国の大国玉神、大根原神もまた火の大神軻遇突智でなければならぬと考へられる。最も注目す可き問題である。また大和国の大国玉神、大根原神に就て再検討を必要とする。古事記にかく見らるゝ。

「かれここに伊邪那岐命の詔りたまはく、『愛しき我が那邇妹命や。子の一木に易へつるかも。』と謂りたまひて、御枕方に匍匐ひ、御足方に匍匐ひて哭きたまふ時に、御涙に成りませる神は、香山の畝尾の木本に坐す、名は泣沢女神。かれ其の神避りましし伊邪那美神は、出雲国と伯伎国との界、比婆之山に葬しまつりき。」

伊邪那岐命が父の大軻遇突智を切つたのは天香具山であると説かれてゐる。天香具山の畝尾にます泣沢女神は伊邪那岐命の涙から生れた神であるが、天香具山それ自身は火の大神軻遇突智のむくろから生れた軻遇突智神奈備であるといふ説明が含蓄されてゐる。天香具山は天迦具土山に他ならない。とすれば飛鳥神奈備雷岳もまた軻遇突智神奈備である。こゝに大物主以前に就て考へられる大和国の大国玉神、大根原神を見出し得る。

所で、上の検討中杵築宮は最も大いなる盲点である。これがぬぐひ去られなければ、橿原宮すめらみこと統一国家の基礎構造を成す地方国家機構の何たるかを最確にすることが出来ず、とりもなほさず橿原宮すめらみこと統一国家全機構の何たるかを明確に為し得ない。

問題は決定的に重大である。

三、**出雲国造**

旧事紀の国造表にかく見られる。

「出雲国造。

瑞籬朝。以㆓天穂日命十一世孫宇迦都久怒。定㆓賜国造㆒。」

しかし、出雲国造、即ち出雲におけるすめらみこと地方祭司としての「くにのみやつこ」（国造）は天穂日命の十一世の孫と系せらるゝ出雲臣宇迦都久怒或は鸕濡渟に始まるのではない。出雲国造即ち出雲のすめらみこと地方祭司は、出雲大社と共に始まるものであつて、天穂日命に始まるものである。所が、旧事紀、国造本紀には上掲のやうに崇神天皇の世に始まると書かれてゐる。が、旧事紀の記述は誤りではない。旧事紀に上掲のやうに書かれるのには、こゝに根本的なそして最も重大な理由がある。即ち、それは崇神天皇及び垂仁天皇の両朝に亘つて成就さるゝに至つた大物主神信仰新宗教の興隆に基づく、宗教大革命これである。この結果する所は、国史上重大無比なものが現実に存するのであつて、この崇神＝垂仁宗教大革命によつて、日本古代すめらみこと統一国家体制は根本的に崩壊さるゝに至つたのである。即ち、すめらみことと大神宮を中心大本社とする、日本古代すめらみことと神社国家体制根本的に覆り、かくて「とものみやつこ」（伴造）「くにのみやつこ」（国造）すめらみことと祭司国家体制も、それに伴つて基本的にくつがへるに至つたのである。かくて、その後に国造新体制として再建さるゝに至つたのが、景行成務に於ける、国造体制に他ならないのである。故に、上掲の旧事紀の出雲国造は宗教大革命後の国造体制のトップなのである。であるから日本古代すめらみことと統一国家に於ける「くにのみやつこ」（国造）機構は、先づ、崇神＝垂仁両朝宗教大革命の真相を明確にせねば、之を明確になし得ない。先づ、崇神＝垂仁両朝宗教大革命に就て概説する所がなければならぬ。

日本書紀、崇神天皇紀にかく見られる。

「五年、国の内に疾疫多く、民死亡者有り。且大半矣。

六年、百姓流離へぬ。或は背叛くもの有り。其の勢徳を以て治め難し。是を以て晨に興き、夕に惕りて神祇に請罪す。天照大神、倭大国魂二神を並に大殿の内に祭ひまつる。然れども其の神の勢を畏れて、共に住みたまふに安からず。故れ天照大神を以てしては、豊鋤入姫命を託けまつりて、倭笠縫邑に祭りたまふ。仍りて磯城神籬を立つ。亦日本大国魂神を以ては、渟名城入姫命に託けて祭らしむ」

実に重大である。即ち、天照大神八咫鏡＝すめらみこと同床共殿体制がこゝに終りを告げるに至つたのである。神武天皇によつて創建された古代日本すめらみこと統一国家根本体制がこゝにくづれ落ちてしまつたのである。かくて、すめらみこと大神宮はこゝに歴史から抹殺さるゝに立到つたのである。従つて日本古代すめらみこと神社体制も、而して同時に、日本古代すめらみこと祭司系体もまた同様にこゝに最後を遂げねばならなくなつたのである。実に、大変中の大変であつて、かくの如き大変は、戦後の今日以外に、日本歴史の何処にも見出し得ない所のものである。

所で、問題は大物主神信仰宗教新体制である。日本書紀にかくつゞけられてゐる。

「七年春二月丁丑辛卯、詔して曰く『昔、我が皇祖大いに鴻基を啓きたまひき。其の後聖業逾よ高く、王風転た盛なり。意はざりき。今、朕が世に当りて数ば災害有らむとは。恐くは朝に善政無くして、咎を神祇に取るか。盍んぞ命神亀て以て災を致せる所由を極めざらむ。』是に於て天皇乃ち神浅茅原に幸まして、八十万神を会へて、以て卜問ひたまふ。是の時に倭迹迹日百襲姫命に神明憑して曰く、『天皇何ぞ国の治まらざるを憂ふる。若し能く我を敬ひ祭らば、必ず当自平矣。』天皇問ひて曰く、『かく教へたまふ者は誰の神ぞ。』答へて曰く、『我は是れ倭国の城内に居る神、名を大物主神といふ。』時に神語を得て教の随に祭ひ祀りたまひぬ。然れども猶事に於て験無し。天皇乃ち沐浴斎戒して、殿内を潔浄めて祈みて曰く、『朕神を礼ふこと尚未だ尽さざるか。何ぞ不享の甚き。冀はくは亦夢の裏に教へて以て神恩を畢したまへ。』是の夜夢に一貴人有り。殿戸に対ひ立ち、大物主神と自称りて曰く、『天皇復たな国の治まらざることを為愁ましそ。是れ吾が意ぞ。若し吾が児大田田根子を以て吾を祭らしめたまはば、則ち立ちどころに平ぎなむ。亦海外の国有りて自ら帰伏ひなむ。』」

たとひ大物主神は、これまで天照大神と同殿にまつられたにしても、それは鄐霊即ち鹿島大神と共に相殿にまつらるゝ天照大神の副神以上には出なかつたのである。所がこゝに及んで、大物主神は天照大神同格の主神たらんとするといふのである。実に大変な事である。

紀にかくつゞけられてゆく。

「秋八月癸卯朔己酉、倭迹速浅茅原目妙姫、穂積臣の遠祖大水口宿禰、伊勢麻績君三人共に夢を同じくして奏言さく、『昨夜夢に一貴人有りて誨へて曰く、「大田田根子を以て大物主大神を祭る主と為し、亦た市磯長尾市を以て倭大国魂神を祭る主と為さば、必ず天下平ならむ。」』天皇夢の辞を得て益心に歓びたまひ、天の下に布告ひて、大田田根子を求めたまふ。即ち茅渟県の陶邑に於て、大田田根子を得て貢る。天皇即ち親ら神浅茅原に臨まして、諸王卿及び八十諸部を会へて、大田田根子に問ひて曰く、『汝は其れ誰が子ぞ。』対へて曰く、『父をば大物主大神と曰ふ。母をば活玉依媛と曰ふ。』陶津耳の女なり。亦云ふ奇日方天日方、武茅渟祇の女なり。」

一言、註するの必要を覚えしめられるが、大田田根子の言葉に「父をば大物主大神と曰ふ。」この場合大田田根子自ら称して大物大神の子と曰ふのは、大物主大神祭司の意であつて、俗界的父子の意ではない。すめらみこと祭司を「みやつこ」といふたぐひである。而して、大物主神祭司は地祇族宗家の任とする所である。

「天皇曰く、『朕当に栄楽なむとするかな。』乃ち物部連の祖伊香色雄をして神班物者と為むとトふに吉とし。又便に他神を祭らむとトふに吉からず。十一月丁卯朔己卯、伊香色雄に命せて、物部の八十手が作れる祭神の物を以て、即ち大田田根子を以て大物主大神を祭る主と為す。又長尾市を以て倭大国魂神を祭る主と為す。然る後他神を祭ることをトふに吉し。便ち別に八十神の群神を祭りたまふ。」

倭大国魂神は大物主神の荒魂であつて、両神本別の関係に置かれてゐる。市磯長尾市は椎根津彦命の後裔であつて大和直の祖である。かくして、崇神天皇は大物主神祭司の立場に天日方奇日方命即ち磯城津彦の後裔地祇族の宗家太田田根子命を大物主神祭司たらしめ、大和直族の宗家磯市長尾市を倭大国魂神祭司たらしめ、而して物部伊香色雄を信幣帛――しかも、これは武器である。――監造班幣者たらしめ、かくして大物主神祭祀を主祭祀たらしめ鹿島大神、香取大神等八十万群神祭祀を副祭祀たらしめ、そして、新神祇祭祀体制、即ち、新神社体制を新に興すに至つたのである。かくして、「ひもろぎ」を中核主体たらしむる古代日本すめらみこと祭祀国家体制はこゝに全く終止符さるゝに至つたのである。まことに大変、事は重大極まりなきものである。さて、紀にかくつゞられてゐる。

「仍りて店社、国社及び神地、神戸を定めたまふ。是に於て疫病始めて息み、国の内漸くに謐まり、五穀既に成りて、百姓饒ひぬ。」

大流行病は、自然にその勢を衰へせしめて、七年にはおさまつたもの丶やうである。疫病は自然におさまつたもの丶、おさまらないのは政権である。崇神天皇は物部伊香色雄を新幣監造班幣者たらしむる事を以て根本政策たらしむる事に依つて崇神政権打倒を目論むに至つた武彦の叛乱克服に備へたのである。伊香色雄が新幣武器の監造、班幣に任ずるといふことは、とりもなほさず、軍事上の実権を掌握する事を意味する。伊香色雄は崇神天皇外戚である。伊香色雄は実権の掌握者である。実力者である。而して大物主神信仰新興宗教の原動力である。伊香色雄は大物主神信仰を奉じ、崇神天皇を擁して、当時、疫病大流行を契機としてまきおこされた武埴安彦の大叛乱によつて、日本の国家生活は滅亡せんかと見らる程重大な、国史未曽有の大危機を克服したのである。かくて、崇神天皇は親ら大物主神にぬかづくに至つたのである。

「八年夏四月庚子朔乙卯、高橋邑の人活目を以て大神の掌酒となしたまふ。冬十二月丙申朔乙卯、天皇大田田根子を以て大神を祭らしめたまふ。是の日に活目自ら神酒を挙げて天皇に献る。仍りて歌よみして曰く

コノミキハ（此酒）　ワガミキナラズ（我酒非）
ヤマトナス（大倭作）　オホモノヌシノ（大物主）
カミシミキ（醸酒）
イクヒサ、イクヒサ（幾久）

かく歌ひて神宮に宴したまひき。即ち宴竟りて、諸太夫等歌ひて曰く、

ウマザケ（味酒）　ミワトノノ（三輪殿）
アサトニモ（朝戸）　イデテユカナ（出行）
ミワノトノドヲ（三輪殿戸）

茲に於て天皇歌みして曰く、

ウマザケ　ミワノトノノ
アサトニモ　オシヒラカネ（抑開）
ミワノトノドヲ

即ち神宮の門を開きて幸行ます。所謂太田田根子は今の三輪君等の始祖なり。」と、日本書紀に書かれてゐる。而して、こゝに至つて始めてすめらみことは現人神の高御座を下りて、大物主神の大祭司たるに至つたのである。平安朝諸天皇の賀茂におけるそれの先蹤を成すものであつて、中世神祇宗教の起原を遠くこゝに見出す可きものである。さて、日本書紀、崇神天皇四十八年条にかく見られる。

「四十八年春正月己卯朔戊子、天皇、豊城命、活目尊に勅して曰く、『汝等二子慈愛共に斉し。曷れを嗣に為むことを知らず。宜しく夢みるべし。朕夢を以て占へむ。』（略）夏四月戊申朔丙寅、活目尊を立てて皇太子と為したまふ。豊城命を以て東国を治めしむ。是れ上毛野君、下毛野君等が祖なり。」

浄沐して、即ち禊祓ひして身を浄めて、神床に何神に祈つたかは明白である。夢にその山の嶺に登つたと曰ふ三輪の三諸山の大物主神である。であるから、弟の活目尊は大物主神信仰を奉じて、——

恰もヨーロッパ中世の諸国王がローマのカソリック教を奉じて国王の戴冠式を挙げたやうにして、一天皇の位に即く一方、兄の豊城命は東国毛国の大国造に転出したのである。（略）是に拠つて知り得るやうに、崇神天皇にはじまる宗教大革命の進行と共に、「くにのみやつこ」（国造）体制は根本的な変革を来すに至つたのである。所で、その最も著しい、且つ最も注目す可き変革がもたらせられたのは出雲国造そのものであつたのである。日本書紀に、上文につゞけてかく書かれてゐる。

「六十年秋七月丙申朔己酉、群臣に詔して曰く、『武日照命〔一に云ふ、武夷鳥。又云、天夷鳥。〕の天より将ち来れる神宝、出雲大神の宮に蔵む。是れ見ま欲し。則ち矢田部造の遠祖武諸隅を遣はして献らしむ。是の時に当りて、出雲臣の遠祖出雲振根、神宝を主れり。是に筑紫国に往りて遇はず。其の弟飯入根則ち皇命を被りて、神宝を以て弟甘美韓日狭、と子鸕濡渟とに付けて貢り上ぐ。既にして出雲振根筑紫より還り来て、神宝を朝廷に献りつと聞きて、萎其の弟飯入根を責めて、『数日当待。何を恐みてか輙く神宝を許しし。』是を以て既に年月を経れども、猶恨念を懐きて、弟を殺さむとといふ志あり。仍りて弟を欺きて曰く『頃者、止屋淵に於て多に萎生ひたり。願はくは共に行きて見ま欲し。』弟則ち兄に随ひ行けり。是より先に、兄竊に木刀を作り、形真刀に似たり。当時に自ら佩けり。弟真刀を佩けり。共に淵の頭に到りて、兄、弟に謂りて曰く、『淵の水清冷し。願はくは共に游沐せむと欲ふ。』弟兄の言に従ひて、各佩かせる刀を解きて、淵の辺に置きて、水中に沐む。乃ち兄先づ陸に上りて、弟の真刀を取りて自ら佩く。弟驚きて、兄の木刀を取りて、共に相撃つ。弟木刀を抜くことを得ず。兄、弟飯入根を撃ちて殺しつ。故れ時の人歌ひて曰く、

ヤクモタツ（八雲立）　イヅモタケルガ（出雲　帥）
ハケルタチ（所佩大刀）　ツヅラサハマキ（黒葛多巻）
サミナシニ（鋤　無）　アハレ」

えらい悲劇である。出雲臣振根は宗教大革命に断乎として反抗して振ひ起んとしたのだらう。そして、出雲大社の旧神体を躬を以て護り抜かふとしたのである。

「是に於て、甘美韓日狭、鸕濡渟、朝廷に参向て、曲に其の状を奏す。則ち吉備津彦と武渟河別とを遣はして、以て出雲振根を誅す。故れ出雲臣等是の事に畏れて、大神を祭らずして間有り。」

出雲大社の神体は武日照命、（或は天夷鳥命即ち天穂日命の子である。）この命が天からもたらした神宝、即ち天照大神から授かつた神宝、即ち出雲大社の神体は斎鏡でなければならぬ。今、崇神天皇はその同床の天照大神八咫鏡をすら笠縫邑に遷す程の大事を断行するに至つたのである。笠縫邑は神浅茅原同所、三輪山地域内である。こゝに遷された天照大神八咫鏡は、たとひ御杖代として皇女豊鍬入姫命を託け奉つたにしても、大物主神の相殿神でしかあり得ない。実に大変な事である。これ程大変な事をやつてのけた崇神天皇は出雲大社の旧体制をそのまゝにして置くはずのものではない。で、出雲大社の旧神体斎鏡を朝廷に取り上げて、新に大国主神体を、そこへ据ゑて、出雲大社の新神体たらしめんとした事はまちがひない。こゝには大物主神の霊夢があつたでらう。そして、今漸く時を得た大物主神祭司にして地祇族宗家太田田根子命の活躍があつたであらう。何者よりも物部である。伊香色雄は世を去つて、その子大新河命の子の物部宗家第八世をつぐ武諸隅である。武諸隅は勅命を奉じて出雲に趣き、出雲臣振根の留守を幸に、天夷鳥命が、天授された斎鏡を朝廷に回収したのである。自然そのあとへ、大物主神の兄弟分なる大国主神の新しい神体が据ゑられる事になる。然し、出雲振根は、頑強であつた。止屋淵の悲劇をまきおこす程頑強であつた。そのまゝにして置けば思はざる事態が発生せざるを得ない。崇神天皇は四道将軍と謂はるゝつはもの、二人までも出雲にくり出して出雲臣振根を処断せしめねばならなかつたのである。が、出雲大社の新神体は宙に迷つてしまつた。そして、止屋淵の悲劇も由来する所は大社旧神体にある。之をけがした天罰だといふのである。出雲臣振根の亡霊が夜な夜な振根の弟甘美韓日狭と飯入根の子鸕濡渟とをなやましたであらう。これでは大社の祭祀を万足に執行し得るものではない。「故れ出雲臣等是の事に畏れて大神を祭らずして間有り。」神宝と共にその祭祀も宙に迷はざるを得なくなつたのである。然し、このまゝで棄てゝ置ける程なまやさしい問題ではない。事はすめらみことゝ国家制の根本に触れる最重大問題である。

「時に丹波の氷上の人、名は氷香戸辺、皇太子活目尊に啓して曰く、『己が子小児有り。自然言さく、

玉萎鎮石、出雲人祭れ。

真種の甘美鏡、押羽振れ。

甘美御神の底宝御宝主、

山河の水泳御魂、静め挂けよ。

甘美御神の底宝御宝主。

なり。是れ小児の言に似らず。若しくは託言ふもの有るか。』是に於て皇太子天皇に奏す。即ち勅し

て祭らしめたまふ。」

「甘美御神の底宝御宝主」は出雲臣奉斎の旧大社神体であつて、それは真種の甘美鏡、即ち天夷鳥命の天授の斎鏡を指すものと判断さる。崇神天皇は是を朝廷に回収せずに、旧に戻して出雲臣をしてその奉斎に当らしめたのであらう。然し、鸕濡渟は父の非業の最後の後、この旧新宝の満足なる執行に当り得るものではない。そしてこの最も困難な国家最重大問題の解決を活目尊に遺して崇神天皇は、間もなく崩れましたのであつた。

さて、日本書紀、垂仁天皇紀にかく見られる。

「廿五年春月丁巳朔甲子、安倍臣の遠祖　武渟川別、和珥臣の遠祖彦国茸、中臣連の遠祖大鹿島、物部連の遠祖十千根、大伴連の遠祖武日、五大夫に詔して曰く、『我が先皇御間城入彦五十瓊殖天皇、惟れ叡しく聖に作します。（略）

廿六年秋八月戊寅朔庚辰、天皇物部十千根大連に勅して曰く、『屢使者を出雲国に遣はして、其の国の神宝を検校へしむと雖も、分明しく申言す者なし。汝親ら出雲に行りて、宜しく検校へ定べし。』即ち十千根大連、神宝を校へ定めて分明して奏言す。仍りて神宝を掌らしめたまひぬ。

廿七年秋八月癸酉朔己卯、祠官に令ちて兵器を神幣とせむとトはしむるに吉し。故れ弓矢及び横刀を諸神の社に納む。仍りて神地神戸を定めて時を以て祠る。蓋し兵器をもつて神祇を祭るは、始めて是の時に興る。」

崇神天皇の六年、天照大神＝すめらみこと、同床共殿ひもろぎ中核体制がくづれ落ちてからこゝに至るまで、年をけみすること一世紀に近からうとする。崇神＝垂仁両朝に亘る大物主神信仰新興宗教に基づく、国史上、空前、而して戦後の今日を除けば絶後の大変革がかくの如くにして、局を結んだのである。その最後の一節に於て、出雲神宝問題は当時重臣の最有力者物部宗家十千根の手によつて終結を見るに至つたわけである。大社旧神体は改めて朝廷に回収され、此にとつて代つて大国主神体が大社の主神の座にすはりこんで、出雲国造鸕濡渟の後の出雲臣は天下はれて、大国主神をいつきまつるに至つたのである。そして垂仁天皇は出雲大国主神のために、すめらみこと大神とその規格を等しくする大神社を建てたのである。これが今日一般に認識さるゝ出雲大社である。天照大神を主神とする多芸志小浜の天御舎は歴史の表面から姿をかき消すに至つたのである。（略）

崇神天皇が大物主信仰新興宗教の力を大本として、武埴安彦の大叛乱を克服し得たやうに、垂仁天皇もまた、同様に大物主信仰を大本として即位し、且つ、沙本毘古風前燈火の危難を脱し得たのである。かくてゆるぎなき国家的安定と繁栄状態をつくり出す事が出来たのである。大物主神信仰新体制は確乎として確立さるゝに至つた。かくて垂仁天皇は大国主神を公然と出雲大社の主座に据ゑた。そして、皇大神、五十鈴宮鎮座の翌年、治世の二十六年に物部十千根を出雲に派遣して、出雲大社の神体を朝廷に回収し、崇神天皇より約一世紀に亘る、国家的再重大難問題の根本的解決に成功したのである。かくして、崇神天皇によつて、なげはじめられた、すごろくのさいころを（上り）にまでふりあげて、こゝに天社、国社、即ち大物主神を主神とする新神祇体制を開制するに至つたのである。そして、新興出雲国造第一代鸕濡渟の孫岐比佐都美をして、安んじてその職に当らしむるに至つたのである。

以上、記紀の伝ふ所に拠つて、出雲国造は、旧事紀国造表に註するが如く、崇神天皇の治世中、出雲臣第十三代と系せらるゝ鸕濡渟にはじまるものでないといふ歴史的根本大事実を最も明確にする事が出来た。これ以前天穂日命をその初祖とする出雲国造は十二代を重ねてゐるのである。而して、神武天皇践祚大嘗祭に当つては、出雲国造は御祈玉を奉献するの歴史的大事実は最も記憶されねばならぬ。而してこれこそ本来の出雲国造即ち出雲に於けるすめらみこと地方祭司である。

出雲国造は本原的国造の典型者である。他の本原的国造はいづれも出雲国造に准ずるものである。所が、この出雲国造は難問国造の典型者である事、おほむね前説の如きものである。古事記研究の古今の大家宣長をして、取り返しの付かない誤に陥れずは止まない程の難問国造である。就中、その難問中の難問は出雲大社の神体問題である。即ち日本書紀崇神天皇六十年条に見らるゝ所のものである。文中に見らるゝ丹波の氷上人氷香戸辺の小児の託言は、神体問題解決の鍵であるが、これ程難解な文字は一寸見当らないくらゐむづかしい。此に就て宣長はこんな解釈を与へてゐる。

「しづかしは、行をゆかし、佩をはかなしなどといふ格にて、しづきを延べたる詞にて、玉藻しづき厳藻、といふ意につゞきたる出雲の序也。厳は清らかなる意にて、水底にしづく玉藻の、清らかなるよしなり。真種の意は、いまだ考へ得ず。おしはぶれとは、鏡をおしふり挙げて祭れといふこと也。底宝は宝の至極といふ也。すべて物の至り極まるところを、底といふ。甘美は底宝へ係れり。御神には係らず。御宝主は宝の主人にて、司長のよし也。これみな鏡をほめたゝへたる詞なり。御魂は御玉にて、山川の底なる玉をいふ。しづめかけよは、鎮掛けて祭れとなり。甘美御神云々は、鏡と同じく、

玉をほめたゝへたる也。すべての意は、神宝の至極長なる鏡と玉とを以て、出雲臣これを祭るべし。」（玉勝間、四の巻）

まことにつかみ所のない解釈であるが、宣長は神宝の至極長を献げて大国主神を祭ると解しゐるととれるであらう。全く主客を顚倒せる解釈であるが、宣長の出雲大社観の対象を成すものは垂仁天皇に於ける大国主神新信仰形体に基づくものであつて、氷香戸辺小児託言をかくの如く解することは当然である。宣長のことであるから、大国主神の神体は、神話に説かれてゐるやうに、生太刀、生弓矢或は広矛であることを念頭に置いての事であらう。

が、鏡は大国主神の神体ではない。――所で、武郷はかく述べてゐる。（略）

不得要領なる点では皆同じことである。右の如き諸家に観らるゝ不得要領の由来は新興国造を以て本原国造に擬する所にある。垂仁の出雲大社を以て本原大社に擬する所に在る。そこで、この難問検討はスミス学説に従ふ可く、須らく大社の祭祀形式について検討するの方法に訴へねばならぬ。而して、出雲大社、最重の祭祀は「火継式」そのものである。「出雲大神」に次の如く見られる。

（略……一七七―一七九頁参照）

右の如きが、出雲国造火継式として初祖天穂日命から、実に現代今日まで相伝され来つた、出雲大社に於ける、前述新嘗祭と併せての、最重最大祭儀なる火継式形式である。

そこで、右の形式に於ける主体は明かに宮司である。こゝに天穂日命の再現形式を見ることが出来る。しかも、この宮司こそまつらる、主体であつて換言すれば現人神であつて、大国主神をまつる、大国主神祭司ではない。こゝに最も注目を要する核心点がある。而して、右形式に克明なる如く、当式は出雲国造の現人神就神式なること、すめらみことの大嘗祭に於けると少しも異るものではない。たゞ異る所は、すめらみことはその本体なる時、出雲の「くにのみやつこ」（国造）はその別体なる点にある。すめらみことは「おほみたまがみ」（大御魂神）なるのに対して、」出雲の「くにのみやつこ」（国造）は、その「わけがみ」（御子神）たる点である。即ち、すめらみこと出雲の「くにのみやつこ」（国造）との相異は本別の相異にある。出雲の「くにのみやつこ（国造）」はすめらみことの別神として、その最も大いなる守護神であり、且つすめらみこと地方祭司として、すめらみことをいつきまつる立場に於て、すめらみことに代つて出雲国を治むる立場に立つのである。そしてこれが天穂日命である。

――古事記にかく見られる。

「速須佐之男命、天照大御神の左の御美豆良に纏かせる八尺勾玉の五百津の美須麻流の珠を乞ひ度して、瓊音もゆらに天之真名井に振り滌ぎて、さがみにかみて、吹棄つる気吹の狭霧に成りませる神の名は、正勝吾勝勝速日天押穂耳尊。亦右の御美豆良に纏かせる珠を乞ひ度して、さがみにかみて、吹棄つる気吹の狭霧に成りませる神の御名は天之菩卑能命。」

全く明確、出雲国造火継式の主体は、この神話によつて最も厳粛、最も神聖、しかして最も明確犯す可き所なく説明されてゐるのである。また古事記に曰ふ。

（略……二六二―二六四頁参照）

出雲国造火継式形式そのまゝである。寸分も違ひない。たゞ驚を禁じ得ない。

かくて、我々は、上掲「出雲大神」中にその最も権威ある記録を留めてゐる出雲国造火継式形式を以て、この古事記に伝へらる丶鹿島大神出陣神話而して出雲大国主無条件降伏神話が、すめらみこと統一国家建設運動基礎構築根本史実をそのま丶今日に伝ふるの、根本大事実を不動不抜、最も明確になし得ると同時に、此に拠つて本原的国造の根本性格を最も明確にする事が出来るのである。右の「出雲大神」中に見るを得る、出雲国造火継式記録は、前掲、高橋氏文と共に日本古代すめらみこと国家検討上、最も重要且つ貴重なる大文献として永久に保存されねばならぬものである。

であるから出雲国造は出雲大社の神宝、丹波の氷香戸辺の小児託言に曰ふ、あの「真種之甘美鏡」大社大神体をおめ〳〵朝廷にとり上げられて、その代りに大国主神の神体広矛をもちこんで来て、之をうや〳〵しくいつきまつるわけにゆくものではない。それはすめらみこと信仰の大冒瀆、すめらみことに対する大反逆であり、出雲国造の自殺である。止屋淵の大悲劇はさけられない。そして、崇神、垂仁両朝に亘る長期出雲大社空祭状態を招来して、両朝最重最難の国家問題をまき起こさゞるを得なかつたのは当然である。（略）ともあれ、大社本来の大神体は氷香戸辺の小児の託言に曰ふ真種之甘美鏡そのもの、即ち天照大神八咫鏡の模型である。これをたまもしづしにいはひまつるのが出雲国造本然本来の職務である。而して、出雲国造本然本来の大職は御祈玉奉献式そのものである。即ち、出雲国造神賀詞奏上の盛儀そのものである。延喜式、巻三、臨時祭にかく見られる。

「賜出雲国造負幸物。

（略……一七九―一八〇頁参照）」

天穂日命或はその子天夷鳥命又は武日照命の場合ならば金装太刀ではなくて、「天より将ち来れる神宝」「真種之甘美鏡、底宝御宝主」にまちがひない。

延喜式、同書、右につゞけてかく見られる。

「国造奏神寿詞。

（略……一八〇頁参照）」

そして、延喜式、巻八、祝詞の巻に、出雲国神賀詞はかく掲げられてゐる。

「出雲国造神賀詞。

（出雲国造は、穂日命の後なり。）

八十日日は在れども、今日の生日の足日に、出雲国の国造、姓名、恐み、恐みも申し賜はく、挂けまくも明御神と、大八嶋国知し食す天皇命の大御世を、手長の大御世と斎ひまつらむとして、出雲国の青垣山の内に、下津石根に宮柱太知り立て、高天原に千木高知り坐す伊射那伎の日真名子、加夫呂伎熊野大神櫛御気野命、国作り坐しし、大穴持命二柱の神始めて、百八十六社に坐す皇神等を、某甲が弱肩に太襷取り挂けて、伊都幣の緒結び、天の美賀秘と冠りて、伊豆の真屋に麤草を伊豆の席と刈り敷きて、伊都閉黒益し、天の瓱和に斎み許母利て、志都宮に忌み静め仕へ奉りて、朝日の豊栄登りに、伊波比の返事の神賀の吉詞奏し賜はくと奏す。

高天の神王高御魂神魂命の、皇御孫命に天下大八嶋国を事避さし奉らしし時に、出雲臣等が遠祖天穂比命を、国体見に遣はしし時に、天の八重雲を押し別けて、天翔りて、天下を見廻りて返事申し給はく、『豊葦原の水穂国は、昼は五月蠅如す水沸き、夜は火瓮如す、光く神在り、石根木立青水沫も事問ひて荒ぶる国なり。然れども鎮め平けて、皇御孫命に安らけく知し坐さしむ。』と申して、己命の児天夷鳥命に経都怒志命を副へて天降し遣はして、荒ぶる神等を撥ひ平け、国作らしし大神をも媚び鎮めて、大八嶋国の現事顕事事避らしめき。

乃ち大穴持命の申し給はく、『皇御孫命の静まり坐さむ大倭の国』と申して、己命の和魂を八咫鏡に取り託けて、倭の大物主櫛𤭖玉命と御名を称へて、大御和の命奈備に坐せ、己命の御子阿遅須伎高孫根命の御魂を葛木の鴨の神奈備に坐せ、事代主命の御魂を宇奈提に坐せ、賀夜奈留美命の御魂を飛鳥の神奈備に坐せて、皇孫命の近き守神と貢り置きて、八百丹杵築宮に静まり坐しき。

ここに親神魯伎・神魯美命の宣りたまはく、『汝天穂比命は天皇命の手長の大御世を、堅磐に常磐に伊波比奉り、伊賀志の御世に佐伎波閇奉れ。』と仰せ賜ひし次てのまにまに、供斎仕へ奉りて、朝日の豊栄登りに、神の礼白、臣の礼白と、御禱の神宝献らくと奏す。白玉の大御白髪坐し、赤玉の御阿加良毗坐し、青玉の水江の玉の行相に、明御神と大八嶋国知し倉す、天皇命の手長の大御世を、御横刀広らに誅ち堅め、白き御馬の前足の爪、後足の爪踏み立つる事は、大宮の内外の御門の柱を、上津石根に踏み堅め、下津石根に踏み凝らし、振り立つる事は耳の弥高に、天下を知し食さむ事の志の太米、白鵠の生御調の玩物と、倭文の大御心も多親に、彼方の古川岸、此方の古川岸に生り出づる若水沼間の弥若叡に御若叡坐し、須須伎振る遠止美の水の、弥乎知に御袁知坐し、麻蘇比の大御鏡の面を、意思波留加して見行はす事の己登久、明御神と大八嶋国を、天地月日と共に安らけく平らけく知行さむ事の志の太米と、御禱の神宝を挙げ持ちて、神の礼白、臣の礼白と、恐み、恐みも、天津次ての信賀の吉詞白し賜はくと奏す。」

本原的出雲国造本来の職務はこれである。天穂日命にはじまる本原的出雲国造は、出雲大国主神祭司ではない。天穂日命は典型的すめらみこと地方大祭司である。そして出雲国造は典型的本原国造である。

而して、出雲大社は本原的すめらみこと別宮である。而してその祭神は天照大神である。大国主神ではない。

橿原宮すめらみこと統一国家の基礎機構国造国家機構検討上の最大盲点、従って橿原宮すめらみこと全国家機構における最大盲点なる杵築宮、出雲大社は完全にぬぐひ去られて、一点のくもりなからしめ得たと信ずる。

所で、こゝへ来て、橿原宮すめらみこと統一国家の国家的根本性格検討上、最も重大な根本問題、「部の社会的性格」を明確にせねばならない。

第十五章　部の社会的性格

序言
部の発生原理
物部考
部の社会的性格

一、序言

私は第十三章とものみやつこ（伴造）に於て、「部」は国家的職能団体であることを明確にした。本来ならば、其所で「部」の社会的性格、即ち「部」が軍事団体であるか、それとも文化団体であるかを進んで明確にせねばならなかつた。然し「部」に関する、この根問題の検討を、其所で取り上ぐ可く、余りに問題は根本的にして且つ重大なるが故に、特に一章を設けて、之を改めて取り上げることを約して置いた。第十三章に於て橿原宮すめらみこと統一国家に於ける中央国家機構とものみやつこ（伴造）即ちすめらみこと中央祭司機構の何たるかを明確にし、つゞいて第十四章くにのみやつこ（国造）に於て地方国家機構くにのみやつこ（国造）即ちすめらみこと地方祭司機構の何たるかを明確にした。ここへ来て、「部」の社会的性格の何たるかを明確にせねばならぬ。「部」が軍事団体であるか、それとも文化団体であるかといふ根本的にして最も重大な問題は、尚ほ不明に附されてゐる。而して之を最も明確ならしめ得ずしては橿原宮すめらみこと統一国家の根本性格、即ちそれが文化国家であるか、それとも軍事国家であるかといふ根本的最重大問題は解決されない。しかも、日本書紀撰修の古より、昭和三十九年四月の今日に至るまで、この根本的にして最重大問題は全く不問に附せられて来た。そればかりではない。日本書紀撰修の古から昭和の今日に至るまで、橿原宮すめらみこと統一国家は支那と同一な封建的軍事国家であると一般的に解釈されて来た。其の上、明治以降、西洋の思想学問を受け容るやうになると、その影響のもとに、橿原宮すめらみこと統一国家を征服国家であると見做すに至つた。従つて橿原宮すめらみこと統一国家構成単位団体「部」もまた軍事団体と外解釈され得ない。橿原宮すめらみこと統一国家根本性格検討上このくらゐ重大な問題はない。「部」の社会的性格を明確にする事が出来なければ、橿原宮すめらみこと統一国家の根本性格は、之を明確にする事は不可能である。それ故、「部」の社会的性格検討は本格的なるものを欠くことは許されない。然し、それは本論の範囲となし得ない所のものである。止むを得ない。以下、要点のみについて概説を示すに止めなければならぬ。

二、部の発生原理

「部」の社会的性格問題の最高権威者太田亮博士はかく述べてゐる。（略）

太田博士は部を自然発生的地縁団体であると解してゐる。其他の諸権威に至つてはおほむね部を漢民族に於ける氏族団体と同一性格を有する社会団体と解して、自然発生的血縁団体と見做してゐる。即ち、「部」は自然発生的社会団体であつて、国家発生団体とは解してゐない。さて、そこで「部」の発生に対する神話の説明する所を見ねばならぬ。すると、前多くの章に引用して来たひもろぎ（神籬）神話である。是によつて説明さるゝ所は部神は高皇産霊神の勅命によつて部神たる可く決定されたと説かれてゐる。その説くところは「部」は高皇産霊神の勅命によつて設定されたのであるといふ事である。換言すれば「部」は現人神すめらみことによつて設定されたものであると説くのである。即ち神話の説く「部」の発生原理は国家的であるといふのそれである。而して自然発生的なることを考へせしめらる、如き神話の説明は何所にも見出し得ないのである。即ち「部」の設定権は、豊葦原瑞穂国の元首者なる現人神すめらみことと大権であると神話は説くのである。而して、このすめらみことの国家的大権なる「部」の設定権行使の無上の資料を、我々は高橋氏文に於て見出し得る。かくの如く見られる。

「掛けまくも畏き巻向日代宮宇、大足彦忍代別天皇、五十三年癸亥八月、群卿に詔りして曰まはく、『朕愛子を顧ふこと、何日にか止まむ。小確王の所平けたまひし国を巡狩と欲ふ。』是の月伊勢に行幸でまし、東国に入りたまふ。冬十月上総国の安房浮島宮に到りたまひき。その時磐鹿六獦命従駕に仕へ奉りき。（略）

此の時勅りたまはく、『誰が造りて進れる物ぞ』と問ひ給ひき。その時大后奏したまはく、『此は磐鹿六獦命が献れる物なり。』とまをせば、即ち歓び給ひ、誉め賜ひて勅りたまはく、『此は磐鹿六獦命独りが心には非じ。斯は天に坐す神の行ひ賜へるものなり。大倭国は、行事を以ちて名に負へる国なり。磐鹿六獦命は、朕が王子等に、阿礼子孫の八十連属に、遠く長く、天皇が天津御食を斎ひ忌り取り持ちて仕へ奉れ。』と負せ賜ひて、則ち若油湯坐連等が始祖物部意富売布連の佩ける大刀を脱き置か令めて副へ賜ひき。』」

磐鹿六獦命の雑物供奉は天神の神勅に基づく、すめらみこと祭祀の基本形式なる御食供奉式であると説かれ且つ、磐鹿六獦命は雑物供奉式執行の専当者であると説かれてゐる。最も注目す可き点である。

「又この行事は、『大伴立た雙めて仕へ奉る応き物と在れ。』と勅りたまひ。日堅日横、陰面背面の諸国人割ち移して、大伴部と号けて、磐鹿六獦命に賜ひき。又諸人、東方の諸の国造十二氏の枕子、各一人づゝ進ら令めて、平次比例給ひて依さし賜ひき。」

右に拠つて、磐鹿六獦命をとものを（友緒）とする膳夫大伴部の設定事実と設定過程を最も具体的にして且つ最も明確に知る事が出来る。即ち、「部」は天皇の大権に基づいて設定さるゝ所の国家国政単位団体である。自然発生的血縁団体ではない。或は自然発生的地縁団体ではない。

右の如く、高橋氏文は「部」の発生原理検討上、重要無比の資料を我々に恵むものである。然し、高橋氏文に拠つて、之を最も明確になし得る、膳夫大伴部の設定事実及び其の過程は、景行天皇の歴史的大偉業、安房浮島宮新嘗祭執行の歴史的真相と、その歴史的意義の確認なくしては理解し得ない。然し、此所で景行天皇の歴史的偉業、安房浮島宮新嘗祭執行の大事を取り上げるわけにはゆかない。本論の範囲を越ゆる大問題であるからである。此処では、この景行天皇の安房浮島宮新嘗祭執行の大事によつて、すめらみこと統一国家は崩壊から救はれたといふことだけを一言するに止まらねばならぬ。

さて、御子代、御名代、田部、山部、海部等の設定を、書紀の垂仁天皇紀以後の各紀に見得るが、いづれも天皇の部設定大設定大権に基づいて設定されたものである。この天皇の部設定大権は現人神すめらみことに由来するものであつて、是を最も明確に説くものはひもろぎ（神籬）神話そのものである。

三、物部考

宣長がかく述べてゐる。

「物部連。此は先づ母能々布又物部てふ称の事を説て、後に此氏の事を云はむ。抑物部は、母能々布部といふことにて、布弁を約て母能々弁とはいふなり。さて其の母能々布と云は、〔名の義は未だ考へ得ず。〕総て武勇職を以て仕へ奉る建士の称にして、万葉の歌に、是を宇治の枕詞に云るも、いちはやしといふ意なり。又三巻には武士とも書り。後世までも武士をもの丶ふと云り。さて又朝廷に仕奉る人等を凡て母能々布と云て、母能々布之八十伴緒などよめるも、万葉に多きは、上代に武勇職を主とせられし世の古言の遺れしなり。」（古事記伝、十九）

かく、宣長は日本古代すめらみこと統一国家を軍事国家と看做し、且つその国家構成団体「部」を軍事団体と解してゐるのであるが、

「さて、物部と云者は、一部の武士にて、其は上つ代に、殊に勇て武事の勝れたる輩なりし故に、其部を殊に武士部とは名つけられしなり。」（同所）

と説いてゐる。宣長は物部を代表的軍事団体であると説いてゐる。この宣長の物部軍事団体説は定説化されて今日に至つてゐる。それ故、この問題は部の社会的性格検討上、従つて、すめらみこと統

一国家検討上、どうしても捨てて置くことは出来ない所のものである。然し、この問題の本格的検討には厖大な紙面を必要とする。この場合とても企て及ぶことの出来るものではない。止むを得ない。以下その要点のみに触れる。

　さて、物部は二つの範疇に分けられる。即ち天物部と内物部とである。一般には物部とは後者の謂である。

　そこで先づ天物部である。天物部の祖は天香語山命とされる。であるから、天物部の国家的性格乃至社会的性格は、天香語山命の根本性格を以て決定される。

　所で、天香語山命は最も偉大なすめらみこと守護小現人神の一人である。であるから天香語山命の根本性格はすめらみことの根本性格によつて、決定される。すめらみことは文化神であつて軍神ではない。天香語山命もまた小軍神ではあり得ない。小文化神である。天香語山命はすめらみこと守護小文化現人神である。こゝに天香語山命の根本性格がある。従つて、天物部は軍事団体ではあり得ない。文化団体でなければならぬ。

　さて、天香語山命は道しるべの神である。こゝに天香語山命の特殊性格がある。所で、天香語山命はも一つの特殊性格を有してゐる。それは鏡作部の初祖であり、従つて鍛治部の初祖であることにある。即ち、天香語山命は別称鍛人天津麻羅と称せらるゝ所にある。また天物部の国家的社会的性格の存する所である。所で、旧事紀、巻三、天神本紀にかく見られる。

「天照太神詔曰まはく（略…九六―九七頁参照）三十二人を令て竝に防衛として、天降し供奉らしむ。」

天香語山命は現人神饒速日尊の筆頭祭司とされるが、天物部二十五部は、その指揮統率の下に種々の神宝作製に当つた国家的文化的職能団体たる事、中臣、忌部、猨女、大伴等神代部と少しも異る所はないと説かれてゐる。天物部は軍事団体ではない。

さて、内物部であるが、その初祖は宇摩志麻治命である。この命もまた天香語山命とその根本性格を全く同一にする所のすめらみこと守護小文化現人神であり、且つ、橿原宮構成中央すめらみこと祭祀即ち、もののみやつこの一人である。而して宇摩志麻治命の職務は宮内警護であつて、その目的のために内物部を率ゐてその任務の遂行に当るのであるが、兼ねて内物部をして矛盾をつくらしむるのである。内物部もまた他部とその国家的社会的性格を全く同一にするものであつて、軍事団体ではない。

四、部の社会的性格

この問題は橿原宮すめらみこと統一国家検討上の基礎的問題であつて、各代表的神代部に就ての検討は勿論の事、血縁団体、地縁団体との比較検討を必要とする。然し、この種の検討はそれ自身のための厖大なる著述を欠く事が出来ない。この場合の範囲となし得ることではない。

由来、「部」は主として、日本古代すめらみこと統一国家を封建的軍事国家或は征服国家と考へ誤る事によつて、その性格を根本的に誤られて来たものである。特に日本古代すめらみこと国家を拝漢思想擬漢主義に因つて、支那氏族連合封建国家と同一視する所に誤謬の根源がある。そこで、日本古代すめらみこと統一国家と、支那氏族連合封建国家との根本的相異性を明確にせねばならない。

同時に、我が橿原宮すめらみこと統一国家こそは、世界史上、正に無比唯一の救済的大文化国家なる世界史的根本大事実に説き及ばねばならぬ。さて、次に古代国家比較論に就て概説する。

第十六章

古代国家比較論概説

一、序言

天地の　別れし時ゆ
神さびて　高く貴き
駿河なる　布士の高嶺を
天の原　ふり放け見れば
渡る日の　影も隠らひ
照る月の　光も見えず
白雲も　い行きはばかり
時じくぞ　雪はふりける
語り継ぎ　言ひ継ぎ行かむ
不尽の高嶺は

この「語り継ぎ、言ひ継ぎ行かむ不尽の高嶺」は

田児の浦ゆ　うち出て見れば　真白にぞ　不尽の高嶺に　雪はふりける

この赤人の田児の浦の富士こそ、日本一の富士、いや、世界一の富士である。何と力んで見ても、どんなにひいき目に見ても大観描く、雲の上の富士の山は日本一の富士山ではない。況んや世界一は問題になるものではない。日本一、いや世界一の富士は赤人の太平洋の富士である。これと同じことである。世界人類史上のまつたゞ中へ、でんと大きく据ゑてみないと、我が橿原すめらみこと統一国家の、崇高にして偉大なること正に赤人の富士山と同一性な、真価を明確に為し得ない。即ち古代国家比較論である。

先づ、最初に比較さる可き、比較対象は古代エジプト・パロ国家である。が、悲しい哉、この最古にして、最大な国家を比較対象たらしめ得ない。何故ならばエジプトの古代祭司達は、此を全く秘密の、窺き得ない濃霧の中へつゝみかくしてしまつて、世界史上のあかるみへつれ出す事を惜しんでしまつたからである。いかにシアンポリオンのお蔭をありがたがるにしても、あの神聖文字の奇怪には取り組まうとしても取り組み得やうがない。その取り組み得やうのない点ではインドのバラモンも同じ事である。バラモンはあの素晴らしい讃歌と哲学をのこしてくれたが、史をのこしてくれなかったからである。

そこへゆくとヘブルーと、ギリシアとローマとそして支那は、全く事情を異にしてをる。そして我々の取り組む事の出来る、世界史的大文献を、遺産としてゐてくれるのである。

第一にバイブルである。そしてこの中に書き伝へられてゐるダビデ国家である。

第二にはギリシア及びローマの大古典である。うちでも第一に指を屈するはヘロドトスである。第二にはツキデイデスである。第三にはデイオドロス・シルクスである。第四にはデイオニシウス・ハリカルナススである。第五にはリヴイである。最後にプルタークである。此等六大史家によつて、遺産されたギリシア及びローマに関する古史に拠つて検討し得る古代ギリシア都市国家と、古代ローマ王国である。

第三には支那である。第一に詩経である。第二に礼記である。第三に周礼である。第四に史記である。以上の支那の大古典、大史籍によつて知り得る支那古代氏族連合封建国家である。

申すまでもない話であるが、私が意図する古代国家比較論を、学的良心の命ずる所に従つて、こゝでその検討に従ふ事は及びも付かぬ事柄である。本論の範囲外である。私は、事の最も重大なるに思ひを致すとき、この事をやつてのけねばならぬ熱望をおさへつけるわけにはゆかないが、年が年である。誰か後から来る者を見つけて事を託す外ない。そして、こゝでは、そのデッサンもほんのアウトラインだけにして置かねばならぬ。

特にことわつて置かねばならないが、ギリシアとローマに関しては、プルタークの英雄伝だけを限定して取り上げることにする。而して次の四項を選んで、比較対象たらしむることとする。

第一、ダビデ国家

第二、アテネとスパルタ

第三、アルバとローマ

第四、周武封建国家

二、ダビデ国家

（イ）サムエル

日本は言霊の幸はう国とよく歌はれてゐる。憶良は歌ふ。〔万葉集、巻五〕

神代より　言ひ伝て来らく
そらみつ　倭の国は
皇神の　厳しき国
言霊の　幸はう国
語り継ぎ　言ひ継がひけり

が、「言霊の幸はう国」日本位、世界無比すめらみこと国家に就て言葉のすくない国もない。世に「言挙げせぬ国」といふが、まことにその通りである。余りにもだまりこくり過ぎた国である。人麿はいきどりをぶちつけて歌ふ。〔万葉集、巻十三〕

葦原の　水穂の国は
神ながら　言挙げせぬ国
しかれども　言挙げぞわがする
言幸く　まさきくませと
つつみなく　さきくいまさば

荒磯波　ありて見むとも
百重波　千重波にしき
言挙す吾は　言誉す吾は

こんな勢いで、言霊の幸はう国なのだから、事挙、書きつゝ置いてもらへば、こんな大きな世界的貢献はなかつたのであるが、

「神倭伊波礼毘古命、其の伊呂兄五瀬命と二柱、高千穂宮に坐しまして議りたまはく、『いづれの地にまさばか、天下のまつりごとをば平けく聞こし看さむ。猶東のかたにこそ行でまさめ。』とのりたまひて、即ち日向を発たして筑紫にいでましき。」、

この世にも偉大な神武天皇の東方大移動大行動を、こんな物言ひ方、こんな書き方では余りにも言挙げしなさすぎて、何の事かさつぱりわけがわからない。まことにどうも困りはてたる事どもである。これをいきどほる人麿が、すめらみこと国家建設大詩編をのこしてくれたとするならば、是によつて受け得る世界人類的恩恵は、とても測り知ることの出来ないものであるにちがひない。この事挙げせぬ、神ながら、言霊の幸はう日本に比べて、これはまた何といふ驚く可きコントラストであるか、ヱホバは世界史無比の事挙大神である。そして、昼は「契約の幕屋」の上に雲となり、夜はその前に立つ火柱となつて、「サア来い」「サア来い」と曠野の旅を四十年も、あつちへ、こつちへと引つぱりまはして、やつとこすつとこ「蜜と乳の流るゝ国」へとイスラエルをつれ出したのであつた。その目的は恰度、エジプトでイスラエルが四百年に亘つて学び知つた、ヱホバに聖なる大祭司国家を、イスラ

エルをして建設せしむる事であつた。そして、そのひながたは実に詳細綿密、モーセ五部書に書き伝へられてゐる。まことに、人類史上無上の国家建設運動史を成してゐる。

所で、イスラエルがモーセにつれられてカナンへたどりついてからどうしたかといふ点になると、これはまことに驚かざるを得ない話である。あれほどまでに事こまかに書かれてゐるイスラエルのヱホバ神権祭司国家はイスラエルの「イ」の字もなく、あとかたなく消え失せてしまつてゐるのである。我が橿原宮すめらみこと統一国家建設運動と二つならべてみると、墨と雪である。我が橿原宮すめらみこと統一国家建設運動に就て書き伝へられてゐる所は、まことにおぼつかなくもはかなく、且つことの真相を誤る事最も甚だしきものなるにも拘らず、その事実、その実際は実に赫々、世界史上比類なきものである。此に正反して、モーセのヱホバ神権イスラエル祭司国家建設の場合は、あのモーセの五部書の世界史無比の大文献とはおよそ事ちがつて、ヱホバ神権イスラエル祭司国家どころの話ではない。イスラエル十二宗族はおのが己自、くじ引きでひき当てた、めい〳〵の「産業」即ち所領へ、引きうつつて、てんでんばらばらに散れ去つてしまつた。わけても、ヱホバ神権イスラエル祭司国家の中核本営を構成すべきレビは、各宗族間に分散してしまつて、統一国家実現の原動力は全く零に帰してしまつたのである。であるから、その偉大な「くにまぎ」の点ではモーセと神武天皇は、正に、東西の、世界史的双璧を成すものであるが、その国家的大業の実際に於てはモーセと我が神武天皇は比較検討の対象たり得るものではない。

所で、モーセの脱出からソオルに至るまで、その間ほゞ二百二十年くらゐとされるが、イスラエルはその間、士師の指導下に置かれ、国家建設運動は全く問題にならない。が、やがてイスラエルの上にも、国家建設運動を起さねばならぬ日がおとづれて来た。

「サムエル年老いて其子をイスラエルの士師となす。兄の名をヨエルといひ、弟の名をアビヤといふ。ベエルシバにありて士師たり。其の子父の道をあゆまずして、利にむかひ、賄賂をとりて審判を曲ぐ。是においてイスラエルの長老みなあつまりてラマにゆき、サムエルの許に至りて、これにいひけるは、『視よ、汝は老い、汝の子は汝の道をあゆまず。さればわれらに王をたて、われらを鞫かしめ、他の国々のごとくならしめよ。』と。」（サムエル前書、第八章）

こゝへ来てはじめてイスラエルは王をいただいて、国家建設運動に取りかゝらねばならぬ場面にぶつかつたのである。その根本原因は士師の堕落ではなかつた。王をいただくこと「他国のごとくならしめよ。」とあるが、その他国とはペリシテであつて、これより前に、イスラエルはペリシテ国の攻撃に遇つてさんざんにうちのめされ、「戦死はなはだ多く、イスラエルの歩兵仆れし者三万人」（同書、第四章）とあり、またヱホバの櫃すら分捕りにされて、「ヱホバの櫃　七月のあひだペリシテ人の国にあり。」（第六章）とある。イスラエルがその民族の生命とする所の歴史的生存を保持せんがためには、どうしても一人の強力な国王を戴いてペリシテに対抗する以外に採る可き道はなかつたのである。換言すれば一つの軍事国家を建設する外なかつたのである。「その我らに王をあたへて我らを鞫かしめよといふを聞きて、よろこばず。」と書いてあるが、特に注意す可き言葉である。即ち、イスラエルの大予言者の一人であつたサムエルは軍事国家の出現をよろこばなかつたといふ点である。

「サムエル、ヱホバにいのりしかば、ヱホバ、サムエルにいひたまひけるは、『民のすべて汝にいふところの言葉を聴け。其は汝を棄るにあらず、我を棄て、我をして其王とならざらしめんとするなり。かれらはわがエジプトより救ひだせる日より今日にいたるまで、我をすて丶種々の所行をなせしごとく、汝にもまた然す。……』」（同書第八章）

イスラエルはヱホバの理想とするヱホバに聖なる祭司国家建設の大業を忘れ、ヱホバを捨て去つて、バールやアスタルテ信仰を事として、ちりぢりになつたと書かれてゐる。しかも今、祭祀国家建設の大理想をほうり出して、専制軍事国家を建設して滅びゆかんとしてゐるといふのである。

「『然れども今其言をきけ。但し、深くいさめて其治可き王の常例をしめすべし。』

サムエル王を求める民にヱホバのことばをことごとく告ていひけるは、『汝等をおさむる王の常例は斯のごとし、汝らの男子をとり、己のために之を立て丶車の御者となし、騎兵となし、また其車の前駆となさん。また之をおのれの為に千夫長、五十人夫長となし、また其の地をたがへし、其作物を刈らしめ、また武器と車庫を造らしめん。また汝らの女子をとりて製香者となし、厨婢となし、炙麺者となさん。又汝らの田畝と葡萄園と橄欖園の最も善きところを取りて、其臣僕にあたへ、汝らの穀物と汝らの葡萄の十分の一をとりて其の官吏と臣僕にあたへ、また汝らの僕婢および、汝らの最もよき牛と、汝らの驢馬を取りて、おのれのために作かしめ、又汝らの羊の十分の一をとり、又汝らを其僕と為さん。』」

我が武家制度を思はしめらる丶であらう。或は支那の封建諸侯である。何者よりもヨーロッパ中世の絶対主義的君主制である。

「『其日において汝等己のため擇びし王のことによりて呼号らん。されどヱホバは其日に汝らに聴きたまはざるべし。』と。

然るに民サムエルの言にしたがふことをせずして言ひけるは、『否われらに王なかるべからず。』」

何でもかでも王をとイスラエルの人々は言ふ。これではヱホバ神権祭司国家の理想は消え失せて、イスラエル民族史もまたその終りを遂げやうとする。サムエルはどうしても、この危機を克服せねばならぬ。而してサムエルに許されたる途はたゞ一つヱホバの神慮にかなふ国王の選択である。換言すればヱホバ信仰に基づいて、ヱホバ神権イスラエル祭司国家を実現し得る聖王である。サムエルはヱホバの命令する処に従つて、初に選んだのがソウ《ママ》ルその人であつた。しかし、サムエルは裏切られたのであつた。ソウ《ママ》ルは実に立派な将軍であつた。然し、ヱホバ信仰を大本としてヱホバ神権イスラエル祭司国家建設の大業に堪え得る人物ではなかつた。サウル指導下にイスラエルは分裂し、崩壊する外なかつた。大予言者サムエルのなげこまれた煩悶は死を要求さる丶程のものであつた。

「サムエルいひけるは、『さきに汝が微き者とみづから憶へる時に、爾イスラエルの支派の長となりしにあらずや。即ちヱホバ汝に膏を注ぎてイスラエルの王となせり。ヱホバ爾を途に遣はしていひたまはく、往て悪人なるアマレク人をほろぼし尽すまで戦へと。何故に汝、ヱホバの言をきかずして敵の所有物にはせかゝりヱホバの目の前に悪をなせしや。』

サウル、サムエルにいひけるは、『我誠にヱホバの言にしたがひて、ヱホバのつかはしたまふ途にゆき、アマレクの王アガクを執へきたり、アマレクをほろぼしつくせり。たゞ民其ほろぼしつくすべき物の最初としてギルガルにて汝の神ヱホバにさゝげんとて敵の物の中より羊と牛とをとれり。』サムエルいひけるは、『ヱホバはその言にしたがふことをよみしたがふごとく、燔祭と犠牲を善したまふや。夫れ順ふことは犠牲にまさり、聴くことは牡羊の脂にまさるなり。其は意逆は魔術の罪のごとく、抗戻は虚しき物につかふる如く、偶像につかふるごとし、汝ヱホバの言を棄てたるにより、ヱホバもまた汝をすてゝ王たらざらしめたまふ。』」（サムエル前書、第十五章）

ヱホバ神勅は絶対力を現実に有してゐる。従つて大予言者の言葉は絶対力を有してゐる。こゝにイスラエル国家成立の大本、今日で云へば憲法がある。

「サウル、サムエルにいひけるは、『我ヱホバの命と汝の言をやぶりて罪を犯したり。是は民をおそれて、其言にしたがひたるによりてなり。されば、今ねがはくは、わが罪をゆるし、我とともにかへりて、我をしてヱホバを拝することをえさしめよ。』

サムエル、サウルにいひけるは、『我汝とともにかへらじ。汝ヱホバの言を棄てたるによりて、ヱホバ汝をすてゝ、イスラエルに王たらしめたまはざればなり。』

サムエル去らんとして振還りしときサウルその明衣の裾を捉へしかば裂けたり。」

まるで殿中、内匠頭が上野介の額に切り付けた時のやうな緊迫した場面を見せてゐるが、ヱホバの大予言者、たとへばモーセにせよ、たとへばエリアにせよ、今日の牧師のやうな説教家ではないのである。このヱホバとサウルの関係、そしてサムエルとイスラエル初代国王サウルとの関係は共にいゝのちのやり取りを土台とした関係である。そしてこのいのちのやりとり関係の上に国家が生れるといふ根本大事実に至つては西も東も、今も古も変る所はないのである。

「サムエルかれにいひけるは、『今日、ヱホバ、イスラエルの国を裂きて汝よりはなし、汝の隣なる汝より善きものにこれをあたへたまふ。』（〇中略）

サウルいひけるは、『我罪ををかしたれど、ねがはくはわが民の長老のまへ、およびイスラエルのまへにて我をとふとみて、我とともにかへり、我をして汝の神ヱホバを拝むことをえさしめよ。』ここにおいてサムエル、サウルに従ひてかへる。しかしてサウル、ヱホバを拝む。時にサムエルいひけるは、『汝らわが許にアマレク王アガクをひききたれ。』と。アガク喜ばしげにサムエルの許にきたり、アガクいひけるは、『死の苦は必ず過ぎぬ。』サムエルいひけるは、『汝の剣はおほくの婦人を子なき者となせり。かくの如く汝の母は婦人の中の最も子なき者となるべし。』と。サムエル、ギルガルにてヱホバの前においてアガクを斬れり。」

この手厳しさである。またモーセにおいても同様である。

「かくて、サムエルはラマにゆき、サウルはサウルのギビアにのぼりてその家にいたる。サムエル其死ぬる日までふたたび来りてサウルを見ざりき。」

かくてサムエルは非常の決心を固めたのである。それはそのはずであつて、こゝを一歩でも誤ればヱホバ神権国家は生れぞこねて、イスラエルは滅亡する外ないと観念されるからである。サムエルは決死して事に当らねばならぬ。而してサムエルの心のもだへは、

「しかれどもサムエル、サウルのためにかなしめり。またヱホバはサウルをイスラエルの王となせしを悔いたまへり。」

死を彼の上にもたらさずには止まない。しかし、この場合大予言者サムエルに許されたる事はたゞヱホバの命令に従ふ事のみである。

「爰にヱホバ、サムエルにいひたまひけるは、『我すでにサウルを棄ててイスラエルに王たらしめざるに、汝いつまで彼のために嘆くや。汝の角に膏油を満してゆけ。我汝をベテレヘム人ヱサイの許に使はさん。其は我其子の中に一人の王を尋ねえたればなり。』

サムエルいひけるは『我いかで行くことをえ。サウル聞て我をころさん。』」

サムエルは、かくして、ヱホバの命令に従つて、ヱサイの子、牧童ダビデに膏注いて、その大使命を果して終るのであつた。

（ロ）曠野のダビデ

「かくてヱホバの霊サウルをはなれ、ヱホバより来る悪鬼これをなやませり。サウルの臣僕これにいひけるは、『視よ、神より来れる悪鬼汝をなやます。ねがはくはわれらの主汝のまへにつかふる臣僕に命じて善く琴を鼓く者一人を求めしめよ。神より来れる悪鬼、汝に臨む時、彼手を持て琴を鼓て汝いゆることを得ん。』サウル、僕にいひけるは、『わがために巧に鼓琴者をたづねてわがもとにつれ来れ。』時に一人の少者こたへていひけるは、『我ベテレヘム人、ヱサイの子を見しが、琴に巧にして、また豪気にして、善くたゝかふ、弁舌さはやかなる美しき人なり。かつヱホバこれとともにいます。』サウルすなはち使者をヱサイにつかはしていひけるは、『羊をかふ汝の子、ダビデをわがもとに遣はせ。』と。」（サムエル前書、第十六章）

牧童、ダビデは琴の上手でもあつた。その琴を以てソウルに厚く用ゐられるといふのだが、美少年ダビデはよきいくさびとでもあつた。ペリシテの巨人挑戦者ゴリアテを徒手よく倒して勇名を馳せ、ソウルの女ミカルをもらつて、一挙に将軍の立場に立つに至つた。

「ダビデは凡てサウルの遣はすところにいでゆきて功をあらはしければ、サウルかれを兵隊の長となせり。しかしてダビデ民の心にかなひ又サウルの僕の心にもかなふ。衆人かへりきたれる時、すなはちダビデ、ペリシテ人をころして還れる時、婦女イスラエルの邑々よりいできたり、鼓と祝歌と、磬とをもちて歌ひまつゝ、サウル王を迎ふ。婦女踊躍つゝあひこたへ歌ひけるは、『サウルは千をうち殺し、ダビデは万をうち殺す。』と。サウル甚だ怒り、この言をよろこばずしていひけるは、『万をダビデに帰し、千をわれに皈す。此上かれにあたふべき者は唯国のみ。』と。サウルこの日より後ダビデを目がけたり。

次の日、神より出たる悪鬼サウルにのぞみて、ソウルの家の中にて預言したりしかば、ダビデ故のごとく手をもて琴をひけり。時にサウルの手に投槍ありければ、サウル『我ダビデを壁にさしとほさん。』といひて、その投槍をさしあげしが、ダビデ二度身をかはしてサウルを避けたり。」（同書、第十八章）

超人的偉人には超人的苦難はつきものである。しかし、その由来する所は、至つて卑近な足許の世界即ち恩愛の世界であるを常とする。サウルは英雄の天資を恵まれて生れて来た一人の息子のヨナタンが、目に入れてもいずくないほどかわいかつたのである。

「サウル其子ヨナタンおよび諸の臣僕にダビデをころさんことを語れり。されどサウルの子ヨナタン深くダビデを愛せしかば、ヨナタン、ダビデにつげけるは、『わが父サウル汝をころさんことを求む。このゆゑに今ねがはくは汝翌朝、謹愼で潜みをりて身を隠せ。我いでゆきて汝がをる野にて、わが父の傍にたち、わが父とともに汝のことを談はん。しかして、我其事の如何なるを見て、汝に告ぐべし。』ヨナタン其父サウルにむかひダビデをほめて言ひけるは、『願くは王、其僕ダビデにむかひて其罪ををかすなかれ。彼は汝に罪ををかさず、またかれが汝になす行為は甚だ善し。またかれは生命をかけてかのペリシテ人をころしたり。しかして、ヱホバ、イスラエルの人々のためにおほいなる救をほどこしたまふ。汝見てよろこべり。しかるに何ぞ故なくしてダビデをころし、無辜者の血をながして罪をふやさんとするや。』」（同書十九章）

サウルはヨナタンにダビデ追及をやめることを誓ふのであつたが、子かわいさ余りにヱホバから来る悪鬼をはらひのけられない。（略）

「ダビデ、ラマのヨナテより逃げきたりて、ヨナタンにいひけるは、『我何をなし、何のあしき事あり、汝の父のまへに何の罪を得てか、彼わが生命を求むる。』（略）

ヨナタンいひけるは、『斯る事必ず汝にあらざれ。我わが父の害を汝にくはへんと決るをしらば、必ず之を汝につげん。』（略）しかしてヨナタンふたゝびダビデに誓はしむ。かれを愛すればなり。即ち、おのれの生命を愛する如く彼を愛せり。（略）

サウル、ヨナタンにむかひて怒りを発し、かれにいひけるは、『汝は曲り、且つ悖れる婦の子なり。我あに汝がヱサイの子を簡みて、汝の身をはづかしめ、また汝の母の膚を辱しむることを知らざらむや。ヱサイの子の此世にながらうあひだは、汝と汝の位固く立つを得ず。是故に今、人をつかはして彼をわが許にひききたれ。彼は死ぬべき者なり。』

ヨナタン、父サウルに対へていひけるは、『彼なによりて殺さるべきか。何をなしたるや。』と。ここにおいてサウル、ヨナタンを撃んとして投槍をさしあげたり。ヨナタンすなはち其父のダビデを殺さんと決しを知れり。かくてヨナタン烈しく怒りて席を立ち、月の二日には食をなさゞりき。其は其父ダビデをはづかしめしによりて、ダビデのために憂ひたればなり。」（略）（以上サムエル前書、第二十章）

ダビデはたゞ一人、曠野にのがれ入る。之をわがすめらみことゝに比較すると天と地の相異である。「サウル、ペリシテ人を追ふことをやめて還りし時、人々かれにつげていひけるは、『視よ、ダビデはエンゲデの野にあり。』と。サウル、イスラエルの中より選みたる三千の人を率ゐて野羊の巖にダビデとその従者を尋ぬ。途にて羊の棧にいたるに其処に洞穴あり。サウル、其足を掩はんとて入りぬ。時にダビデとその従者洞の隅に居たり。ダビデの従者これにいひけるは、『ヱホバが汝に「告げて視よ、汝の敵を汝の手にわたし、汝をして善と見るところを彼になさしめん。」といひたまひし日は今なり。』

と。ダビデすなはち起ちてひそかにサウルの衣の裾をきれり。ダビデ、サウルの衣の裾をきりしによりて後ち其心みづから責む。ダビデ従者にいひけるは、『ヱホバの膏をそゝぎし者なるわが主に、わが此事をなすをヱホバ禁じたまふ。かれはヱホバの膏をそゝぎし者なれば、かれに敵してわが手をのぶるは善からず。』ダビデこの言葉をもつて其従者を止め、サウルに撃ちかゝるを容さず。」（サムエル前書、第二十四章）

これを一種のつくり話などと考へてはならない。こゝにこそイスラエル民族の歴史生活の大本が厳存する。ヱホバの膏注ぎし者はヱホバの活きた権現様であつて、神聖犯す可らざる者である。これを犯すものはヱホバの反逆者であり、それはとりもなほさず全イスラエル民族への反逆者である。ダビデの根本性格が、またこゝにある。即ちダビデ自らヱホバに膏を注がれたものだからである。であるから、サウルを撃つことはとりもなほさずダビデ自身の自殺を意味するものである。

「サウルたちて洞を出て其道にゆく。ダビデもまたその後よりたちて洞を出でサウルのうしろに呼はりて、『我主王よ。』といふ。サウル後ろをかへりみる時、ダビデ地にふして拝す。

ダビデ、サウルにいひけるは、『汝なんぞダビデ汝を害せんことを求むといふ人の言を聴くや。視よ、今日、汝の目ヱホバの汝を洞のうちにて今日わが手にわたしたまひしことを見たり。人々われに汝ころさんことを勧めたれども、我汝を惜めり。我いひけらく、「わが主はヱホバの膏をそゝぎし者なれば、これに敵してわが手をのぶべからず。」と。わが父よ、視よ、わが手にある汝の衣の裾を見よ。わが汝の衣の裾を切りて汝をころさざるを見ば、わが手には悪も罪過もなきことを汝見て知るべし。我汝に罪を犯せしことなし。然るに汝わが生命をとらんとねらふ。ヱホバ我と汝の間を審きたまはん。ヱホバわがために汝を報ひたまふべし。然どわが手は汝に加へざるべし。……』」（サムエル前書、第二十四章）

これである。こゝにダビデの根本性格がある。

「ヱホバ我と汝の間を審きたまはん。ヱホバわがために汝に報ひたまはん。然どわが手は汝に加へざるべし。」

これである。本質的に、

「天照大御神の命以ちて、『豊葦原之千秋五百秋之瑞穂国は我が御子の知らさむ国』とことよさし賜ひて天降したまひき。」

といふに少しも異なるものではないのである。ダビデはヱホバのみこと、の、り、のまにまに、すべてをヱホバのみちびくままに曠野の洞穴をあつちへ、またこつちへ、サウルの目をくらまし、その手をのがれる間に、ダビデ国家の大基礎を築き上げていつたのである。

やがて、ヱホバの審の日が来るのであつた。サウルはその愛子ヨナタンと共に、ダビデにその歴史的大偉業を成就さす可く、運命の戦死を遂げた。そしてダビデはヱホバをほめた、へてかく歌ふ。

「詩篇第十八

（このうたの詞はもろ〳〵の仇、およびサウルの手より救はれし時ヱホバにむかひてうたへるなり。）

ヱホバはわれの力、われ切になんぢを愛しむ。

ヱホバはわが巖、わが城、われをすくふ者。
わがよりたのむ神、わが堅固なるいはほ、
わが盾、わがすくひの角、わが高き櫓なり。
わがほめたゝへまつるヱホバをよびて、
仇人よりすくはる。
死のつな我をめぐり、
悪のみなぎる流我をおそれしめたり。
陰間の縄我をかこみ、
死の罠我にたちむかへり。
われなやみのうちにありて、
ヱホバをよび、又わが神にさけびたり。
ヱホバはその宮よりわが声をきゝたまふ。
その前にてわがよびし声はその耳にいれり。
このときヱホバ怒りたまひたれば地はふるひ、
山の基はゆるぎうごきたり。（○中略）
ヱホバは高きより手をのべ、
我をとりて大水よりひきあげ

わがつよき仇とわれを憎む者とより我をたすけいだしたまへり。（〇中略）
われヱホバの道をまもり、
悪をなしてわが神よりはなれしことなければなり。
そのすべての審判はわがまへにありて、
われその律法をすてしことなければなり。（〇下略）」
ダビデはかくヱホバをほめたゝへながら、曠野を後にして、イスラエルの初祖アブラハムのまねきに応へて、イスラエル発祥の地へ帰るのであつた。

（ハ）エレサレム

「此ののちダビデ、ヱホバに問ひていひけるは、『我ユダのひとつの邑にのぼるべきや。』ヱホバかれにいひたまひけるは、『のぼれ。』ダビデいひけるは、『何処にのぼるべきや。ヱホバいひたまひけるは、『ヘブロンにのぼるべし。』と。」（サムエル後書、第二章）

それは、実は何とも云へない神秘な一致である。神武天皇の橿原すめらみことゝ、統一国家建設大業もまたかくの如くにして成就されてゐる。日本民族の歴史的生活発祥の地に帰することに基づくものである。即ち、大和の磐余、高皇産霊神の聖山天香山である。高皇産霊神と天照大神のみちびくままに神武天皇は、あらゆる辛苦、艱難をのりこえて、日本民族史発祥の聖地天香山ふもとに立ち還つて、こゝから橿原宮すめらみことゝ統一国家建設大業をおこしてゐるのであるが、それと全く同様に、ダビデもまたイスラエル民族の歴史生活の発祥の地、その初祖アブラハムの霊のしきまし、しめ立つ地へブロンに立ち戻つてこゝからダビデ国家建設運動の第一歩をふみ出すのである。かうして、この世界史上、並びなき二人の大国王の国家建設運動が、両者民族史発祥の地に帰することによつてその第一歩をふみ出されるといふ点で、まことに神秘な一致を見せてゐるが、またその第一歩事業に於ても、実に神秘な一致を見せてゐる。即ち、神武天皇は何事よりも、天香山のほとりに底津岩根に宮柱太しり、高天原に千木高しりて、すめらみこと大神宮を建てたのであるが、ダビデがへブロンに戻つた時もまた全く同様である。

「こゝにイスラエルの支派ことごとくへブロンに来り、ダビデにいひけるは、『視よ、我儕は汝の骨肉なり。前にサウルが我儕の王たりし時にも、汝はイスラエルを率ゐて出入りする者なりき。しかしてヱホバ汝に『汝わが民イスラエルを牧養はん。汝イスラエルの君とならんと云ひたまへリ。』』と。かくイスラエルの長老皆へブロンに来り、王に詣りければ、ダビデ王へブロンにてヱホバの前にかれらと契約をたてたり。彼らすなはちダビデに膏そゝぎてイスラエルの王となす。」（サムエル後書、第五章）

ダビデは年三十にしてイスラエル国王の位に即いたと書かれてゐる。アレクサンダーが死んだ歳は三十二歳であると伝へられるが丁度同じ年頃である。所で、ダビデはへブロンで七年半をすごした。この間にダビデはサウルが死んだあとしまつを片付けた。そして、国内やうやくまるくおさまつて無事を来すと共にダビデはヱホバ神殿建設の大業に着手せんとした。それには第一に好宮処をさがしあてねばならぬ。ヘブロンは不適である。

「茲に王其従者とともにエルサレムに往き、其地の居民ヱブス人を攻めんとす。ヱブス人ダビデにかたりていひけるは、『汝此に入ること能はざるべし。反つて盲者跛者汝を追はらはん。』と。是彼等ダビデ此に入るあたはずと思へるなり。然るにダビデ、シオンの要害を取れり。是即ちダビデの城邑なり。ダビデ其のいひけるは、、『だれにても水道にいたりてヱブス人を撃ち、また盲者跛者を撃つ者は首となし長となさん。』と。是によりて人々盲者と跛者は家に入るべからずといひなせり。ダビデ其要害に住みて之をダビデの城邑と名けたり。またダビデ、ミロ（城塞）より内の四方に建築をなせり。」（同前書）

ダビデはヘブロンからエルサレムに遷つた。ヱホバ大神殿建設地とエルサレムを選んだ。こゝへ来ると我が神武天皇とその事の趣を百八十度異ならしめてゐる。しかし、それには根本的な理由があるといふのは、我が神武天皇の場合には敵国は実在しない。のみならず、我が神武天皇の場合、その橿原すめらみこと統一国家は文化国家である。ダビデの場合は、是とその性格を根本的に異ならしめてゐる。内乱を鎮定し得たダビデは外敵に立ち向かはなければならぬ。而してヱホバは今万軍のヱホバである。その万軍のヱホバの鎮りますヱホバ神殿の建つ処は難攻不落の大城塞以外に求め得ない。神武天皇の橿原宮は瓊々杵尊及び彦火々出見尊の高千穂宮の延長である。然し、エルサレムはヘブロンの延長ではない。こゝに神武天皇とダビデの元首者性格の根本的相違性が厳存する。最も注目す可き

点である。（略）

アブラハムのヱホバはダビデのヱホバではない。そしてエルサレムはヘブロンの延長ではない。めぐらとびつこで守り得る、難攻不落のエルサレムのミロ（城塞）の内に建築をなしてユダ族に君臨するに至つたダビデはその初祖アブラハムの後をうけ継ぐ牧羊家長ではない。彼は名実共にユダヤ国王大将軍である。彼がヱルサレムに引移ると同時に、ヱホバの櫃を舁ぎ込ませたが、しかし、彼が最初に建てたのはヱルサレム神殿ではなくて彼自身の王宮であつた。上掲、サムエル後書第五章の引用につゞけてかく見られる。

「かくてダビデはます〳〵大に成りゆき、且つ万軍の神ヱホバこれと共にいませり。ツロの王ヒラム使者をダビデに遣はして香柏および木匠と石工をおくれり。彼らダビデの為に家を建つ。ダビデ、ヱホバのかたく己をたて、イスラエルの王となしたまへるを暁り、またヱホバ其民イスラエルのために其国を興したまひしを暁れり。」（サムエル後書、第五章）

エルサレムのダビデは牧羊家長の住むテントのダビデではない。彼は香柏と石を以て造られた宮殿に住む大将軍国王である。その「ダビデの家」を中央政府たらしむるユダヤ国家は転々する牧羊族集団ではない。それは正に歴史に実在せる領土的軍事国家である。この場合特に注目す可き点はダビデとツロ国王ヒラムとの関係である。即ち、ダビデ国家発生成立の大基礎を成すものはツロであるといふ点である。ツロは貿易国家の典型者であるといふ点である。かゝる事柄は我が神武天皇の橿原宮すめらみこと統一国に就て全く考へ得ざる所のものである。

――さて、かくの如き、ヱルサレムを首都とするダビデ国家の大中心はヱホバ大神殿そのものである。

「王其家に住むにいたり、且つヱホバ四方の敵を壊りてかれを安らかならしめたまひし時、王預言者ナタンに云けるは、『視よ、我は香柏に住む。然共、神の櫃は幔幕の中にあり。』ナタン王に云けるは、『ヱホバ汝と共に在せば、往て凡て汝の心にあるところを為せ。』（略）彼わがために家を建ん。我永く其国の位を堅うせん。されど我の恩恵はわが汝のまへより除きしサウルより離れたるごとくに彼より離ることあらじ。汝の家と汝の国は汝のまへに永く保つべし。汝の位は堅うせらるべし。』」（サムエル後書、第七章）

実にヱホバ大神殿の建設、而してダビデ国家の実現は、このナタンによるヱホバ神勅の決する所である。最も注意を払ふを要する。何故なればヱホバ大神殿の建設而して、ダビデ国家実現の基本条件を成すものはイスラエル内外に亘る国際的地位の確立、換言すれば、イスラエルのヘゲモニーであつたからである。ダビデは内と外に於て尚戦はねばならん。而してヱホバ大神殿はイスラエル・ヘゲモニー確立を基礎としてのみ、現化し得る国際的動員力なくしては着手、実現し得ざる所の、未曽有の大事業であつたからである。この事のためにダビデが果し得る限界は、せいぜい、エルサレムにヱホバ神殿建設敷地の決定と、神殿建設の設計と諸物件の蓄積であつた。ナタンは懸命無比であつた。ナタンはヱホバ大神殿の生親であり、且つダビデ国家の大黒柱であつて、ナタンの名はダビデの名と共に世界史上不朽の名とすべきものである。而して、ナタンの託宣に従つてダビデはかの如く外に向つて戦ふのである。

「其後ダビデ、ペリシテ人を撃ちてこれを服す。ダビデまたペリシテ人の手よりメテグアンマをとれり。ダビデまたモアブを撃ち、彼らをして地に伏しめ、縄もて彼らを度れり。（略）ヨラム銀の器と、金の器と、銅の器を携へ来りければ、ダビデ王その攻め伏せたる諸の国民の中より取りて収めたる金銀と共に是等をもヱホバに納めたり。」（サムエル後書、第八章）

ダビデは、かくて、ヱホバ神殿建設の第一義条件、イスラエル・ヘゲモニーを確立した。上掲中、特に注意を払ふ可きは戦利品なる多量の金銀銅をヱホバの神庫に蓄積してゐる事である。此等の多量の金銀銅はダビデ自身の財政を富ますことを目的として蓄積されたものではない。すべてヱホバ大神殿建設の準備目的のためにヱホバの神庫へ奉納されたものである。

所で、ダビデはかゝる外征に従ひつゝある間に、彼の一生を台なしにしてしまふ程の大きな罪を犯した。この種の大罪悪は、古今東西みなおしなべて、国王といふ権力の座にすはりこんだ人物の等しく陥る所であつて、少しも神秘的なものでもなく、珍らしいものでもない。ダビデはイスラエル・ヘゲモニーを確立して、今や赫々並ぶことなき大王である。何でも思ふ存分の事が出来る身分である。そこで彼も人間、心のすきに悪魔がつけこんだ。よほどのべつぴんと見えるが、バテシバを見染めて、ウリアから横取りしてしまひ、其上、ウリアを戦場へ送つて、敵手に斃れしむるといふ、実に天人共に許さざる大罪を冒すに至つた。この時にもナタンの口をとほしてヱホバが、こつぴとくとつちめてゐる。その時歌つた歌だといふのが詩編に収められてゐる。

詩編第五十一

（ダビデがバテセバに通ひしのち、預言者ナタンの来れるときよみて伶長にうたはしめたる歌。）

あゝ神よ、ねがはくは汝の慈悲によりて我をあはれみ、
なんぢの憐憫のおほきによりてわがもろ〳〵の愆をけしたまへ。
わが不義をことごとくあらひさり、
我を我が罪よりきよめたまへ。
われは我愆を知る。
わが罪はつねにわが前にあり。

（〇下略）」

「わが罪は我が前にあり。」（peccatum meum contra me est semper.）この言葉は日本人我々の間にもよく引用さるゝ句である。この大罪が根本原因で、いま一息でダビデのそつ首が引つこ抜かれる程の大変乱が足下、宮中内からまきおこされた。即ち、アブサロムの大変乱である。その時のダビデの歌はかうである。

詩編第三

（ダビデその子アブサロムを避けしときのうた。）

ヱホバよ、我にあたいする者のいかにはこびれるや。
われにさからひて起りたつもの多し。

わが霊魂をあげつらひて、
かれは神にすくはるゝことなしといふ者ぞおほき。
されどヱホバよ、汝は我をかこめる盾、
わが栄、わが頭をもたげたもふものなり。
われ声をあげてヱホバによばはれば、
その聖山より我にこたへたまふ。
われ臥しいね、また目さめたり。
ヱホバわれを支へたまへばなり。
我をかこみて立ちかまへたる千万人の人をも我はおそれじ。
ヱホバよ、ねがはくは起たまへ、わが神よ我をすくひ給へ。
なんぢさきに我がすべての仇の頬骨をうち、悪きものゝ歯ををりたまへり。
救はヱホバに在り。
ねがはくは恩恵なんぢの民のうへに在んことを。」（略）

晩年のダビデは本質的に絶対主義的専制君主である。しかも、イスラエル・ヘゲモニーを実現した所の大王である。こゝに転落の最も恐る可きわながある。即ち、ヱホバへの大反逆である。ダビデの聖なるヱホバ信仰は、幸いにも、ダビデをその不幸から救つた。エルサレムのヱホバ大神殿はその不幸を救つたヱホバへの感謝のために、或はヱホバに対する大冒瀆の謝罪のために建てられたと説かれてゐる。そしてエルサレムのヱホバ大神殿はアブラハムのヱホバ祭壇基礎の上に建つものであると説かれてゐる。更に、そのヱホバ祭祀はモーセを伝統するものと説かれてゐる。

――「モーセ民に言けるは、「畏る、勿れ、神汝らを試みんため、又、その畏怖を汝らの前におきて汝らに罪を犯さざらしめんがために臨みたまへるなり。」と。是において民は遠く立しが、モーセは神のいますところの濃雲に進みいたる。ヱホバ、モーセに言たまひけるは、『汝イスラエルの子孫に斯いふべし汝等は天よりわが汝等に語を見たり。汝等何をも我にならべて造るべからず。銀の神をも、金の神をも、汝らのために造るべからず。汝土の壇を我に築きて、その上に汝の燔祭と酬恩祭、汝の羊と牛をそなふべし。我は凡てわが名を憶えしむる処にて汝に臨みて汝を祝まん。……』」（出埃及記、第二十章）

――然し、エルサレムのヱホバ大神殿はテントではないのである。それはイスラエルへゲモニーを確立するに足る、「高大にして万国に名を得、栄を得る」ところの大神殿である。エルサレムの大神殿に鎮りますヱホバは牧羊家長のヱホバではないのである。曠野転々流浪の民イスラエルの守護神ヱホバではないのである。それはイスラエル・へゲモニーを確立するに足る大将軍大国王ダビデの奉ずる万軍の大ヱホバである。而してエルサレムは如何なる強敵と雖も一歩もよせつけない、めくらとちんばで守り得る大要塞である。

（二）ヱホバ大神殿

「ダビデ言ひけるは『ヱホバ神の室は此なり。イスラエルの燔祭の壇は此なり。』と、ダビデすなはち命じてイスラエルの地に居る異邦人を集めしめ、又神の室を建つるに用ふる石を琢ために石士を設けたり。ダビデまた門の扉の釘および鎹に用ふる鉄を夥しく備へたり。又銅を数知れぬほど夥しく備へたり。また香柏を備ふること数しれず。是はシドン人、およびツロの者夥しく香柏をダビデの所に運び来ればなり。」（歴代志略上、第二十二章）

かうしてダビデはその晩年シドン及びツロ両国の最大限の援助下に、イスラエル国力総動員体制を以てエルサレムのヱホバ大神殿建設の大業に取りかゝるのである。

やはり一言さしはさむで置かねばなるまい。右の如きダビデのエルサレム、ヱホバ大神殿建設の根本精神とその目的である。ともすると、ダビデこの大業を徳川将軍の日光家康廟建設に類するもの、如く解され勝であらうと考へられる点である。即ち、絶対主義的専制君主ダビデ一個人の而してその一家の富貴増進の目的、即ち如何にも卑しくもまた悪徳の最たる利己主義精神に出づるものと解され勝ちであらうと考へられる点である。かゝる解釈はダビデのヱホバ大神殿建設大業の精神とその目的を根本的に誤るものであつて、かゝる誤に陥つてはならない。ダビデは利己主義から、即ち、その一個人一門の富貴のためにヱホバ大神殿建設大業を、イスラエル国力総動員体制下に、起したのではない。エルサレムのヱホバ大神殿こそイスラエルへゲモニー所で確立の現実なる原動力であり中心主体力なのである。エルサレムのヱホバ大神殿こそイスラエルへゲモニー確立の現実なる原動力、大中心主体確立を目的として、ヱホバ大神殿建設の大業に一生一身をさゝげ尽し、戦つたのである。この根本事実はダビデの外征に克明である。ダビデは帝国的領土目的のために外征を起したのではない。一にエルサレムのヱホバ大神殿建設資料蓄積目的のために外征を起したのである。

「ダビデ言けるは、『我子は少くして弱し、又ヱホバのために建つる室は極めて高大にして万国に名を得、栄を得る者たらざるべからず。』」（同全書）

これを皇帝的虚栄心と解してはならない。徹頭徹尾イスラエルの国利民福増進を以て根本精神とし、無上の目的とするの事実を誤つてはならない。

神武肇国のすべてを成すものは橿原宮建都にある。これと同様にダビデ肇国のすべてを成すものはヱルサレム建都である。同時に、橿原建都のすべては橿原宮建設にある。これと同様にダビデエルサレム建都のすべてを成すものはヱホバ大神殿建設にある。神武肇国とダビデ肇国とは相似形を成してゐる。然し、神武天皇とダビデはその行動形体に於て百八十度の相異を示してゐる。神武肇国には外患は無い。内憂も無い。此に正反してダビデ肇国は外憂内患に始まつて、外憂内患に終つてゐる。これではイスラエルへゲモニーの原動力主体たる可き、「高大にして、万国に名を得る。」ヱホバ大神殿建設大業に着手することは不可能である。何故なればダビデ肇国のすべてを成すヱホバ大神殿建設の為めに不可欠とする根本条件は永続する平和秩序ソロモンだからである。

――「ダビデその死ぬる前に大に之が準備をなせり。而して彼その子ソロモンを召して、イスラエルの神ヱホバの為に家を建ることを之に命ぜり。」（歴代志略上、第二十二章）

そのダビデの遺詔に曰ふ。

「我が子よ我は我が神ヱホバの名のために家を建つる志ありき。然るにヱホバの言はれに臨みて言り。『汝は多くの血を流し、大なる戦争を為したり。汝我前にて多くの血を地に流したれば、我名の為めに家を建べからず。視よ。男子汝に生れん。是は平安の人なるべし。我これに平安を賜ひて、その四周諸の敵に煩はさるゝことを無らしめん。故に彼の名はソロモン（平安）といふべし。彼の世に我平安と清謐をイスラエルに賜はん。彼わが名のために家を建てん。彼は我が子となり、我は彼の父とならん。我かれの国の祚を固うして永くイスラエルの上に立たしめん。』されば、我子よ、願くはヱホバ汝とともに在し、汝を盛ならしめ、汝の神ヱホバの室を建てさせて、そのなんぢにつきて言たる如くなしたまはんことを。」（同前書）

ソロモン、それはヱホバの平安の子である。ソロモンのヱホバは万軍のヱホバではない。平安のヱホバである。而してソロモンは平安のヱホバの平安の子である。この平安のヱホバの平安の子ソロモンならではエルサレムのヱホバ大神殿建設大業は成就し得ないのである。――ダビデの予言者ナタンの名はダビデの名と共に、世界史上不朽たらねばならないのである。

一言さしはさんで置かねばなるまい。「彼はわが子となり、我は彼の父とならん。」といふ、ダビデに臨めるヱホバの言葉を歴史的実在性に欠ける空虚な比喩であると解してはならない。ソロモンの生理的父は、ダビデであるが、その宗教的にして国家的なる父は、現実にヱホバである。ヱホバはヱホバ大神殿建設大業成就者ソロモンの、歴史的に実在する父なのである。「彼はわが子となり、我は彼の父とならん。」といふヱホバの言葉は真実として文字通り受け取らねばならないのである。――さて、ダビデの言葉はつゞけられる。

「惟ねがはくばヱホバ汝に知恵と穎悟を賜ひ、汝をイスラエルの上に立てゝ、汝の神ヱホバの律法を汝に守らせたまはんことを。汝もしヱホバがイスラエルにつきてモーセに命じたまひし法度と例規を謹しみて行はゞ汝旺盛になるべし。心を強くしかつ勇め。懼るゝ勿れ、慄く勿れ。」

「ソロモンの栄華」と、「ソロモンの智慧」といふ標語は日本人にも親しまれてゐる。事実ソロモンはそのヱホバたまはる智慧を武器として、彼の栄華をつくり出してゐる。そのソロモンの栄華、即ちソロモンの偉大なる奢侈国歌実現の根本政策を意味する「ソロモンの智慧」の本質は、次に釈明するが、この言葉が、ダビデの遺詔中に特に強調され、且つ初見する点が注目される。而して、それはモーセの十誡の精神とは雲泥の相異である点に注意す可きである。ソロモンの偉大なる奢侈国家はモーセ精神から生れるものではない。「ソロモンの栄華」と「ソロモンの智慧」といふ標語に依って、能く知ることの出来るソロモン精神と、その十誡によつて能く知らるゝモーセ精神とはまるで、雲泥の差である。――さて、ダビデの言葉はかくつゞけられる。

「視よ、我患難の中にてヱホバの室のために金十万タラント（二千五百五十トン。一タラントは六貫八百匁強＝二十五、五キログラムと見らる。）銀百万タラントを備へたり。又材木と石をも備へたり。汝また之に加ふべし。かつまた工人夥多しく汝の手にあり。即ち、石や木を琢刻むものおよび諸の工作を為す所の工匠など都てあり。夫れ金銀銅鉄は数限りなし。汝起ちて為せ。願くはヱホバ汝と偕に在せ。』と」

（同前書）

ダビデはソロモンのやうな本格的な海外交易は始めてゐない。であるから、右に数字されてゐるやうな、日本人我々の想像の及ばない巨大量金銀貴金属は、主として戦争に訴へて、換言すれば戦利品によつて獲得、蓄積したものである。かくして、ダビデはその治世の大部分をヱホバ大神殿建設準備にふり向けてゐる。ヱホバ大神殿建設大業が世界古代史上、稀に見るところの大規模事業であつた史実のほどを窺ひ得ると思はれるが、ダビデは在世中に、その大業に手を染め得ずに、上掲の如き遺詔をその子ソロモン（平安）にのこしてこの世を去つたのであるが、更に、その臣下に対しても次のやうに下命する。

「ダビデまたイスラエルの一切の牧伯等にその子ソロモンを助くることを命じて云く、『汝らの神ヱホバなんぢらと偕に在すならずや。四方において泰平を汝らに賜へるならずや。即ちこの地の民を我手に付したまひて、この地はヱホバの前とその民の前に服せり。然ば汝ら心をこめ、精神をこめて、汝らの神ヱホバを求めよ。汝ら起ちてヱホバの聖所を建て、ヱホバの名のために建つるその室にヱホバの契約の匱と神の聖器を携へいるべし。」（同前書）

かくて、ダビデの遺詔は文字通り実行に移された。ソロモンは国家的総動員体制下に時を費やすこと七年と伝へられる。

「ここにソロモン、ヱホバの名のために一の家を建て、己の国のために一の家を建んとし、ソロモンすなはち荷を負ふべき者七万人、山において木や石を砍るべき者八万人、是等を監督すべき者三千六百人を数へ出せり。ソロモンまづツロの王ヒラムに人を遣はして言はしめけるは、『汝はわが父ダビデにその住むべき家を建つる香柏をおくれり。請ふ彼になせるごとく亦我にもせよ。今、我ヱホバの名のために一の家を建て、之を聖別て彼に奉り、彼の前に馨しき香を焚き常に供前のパンを供へ、燔祭を朝夕に献げ、また安息日・月朔ならびに我らのヱホバの節期などに献げんとす。是はイスラエルの永く行ふべき事なればなり。我建る家は大なり。其は我らの神は諸の神より大なればなり。（○中略）然らば、請ふ、金銀銅鉄の細工および紫赤青の製造に精しく彫刻の術に巧なる工人一箇を我に遣り、我父ダビデが備へおきたるユダとエルサレムのわが工人とともに操作しめよ。請ふ汝また香柏、松木および白檀をレバノンより我におくれ。我なんぢの僕等がレバノンにて木を斫ることを善するを知るなり。我僕また汝の僕と共に操作べし。是のごとくして我ために材木を多く備へしめよ。其は我が建てんとする家は高大を極むる者なるべければなり。我は木を斫る汝の僕に搗麦二万石、大麦二万石、酒二万バテ、（一バテは凡そ二斗二升五合）油二万バテを与ふべし。』と。

　是においてツロ王ヒラム書をソロモンにおくりて之に答へて曰ふ。『ヱホバその民を愛するが故に、汝を以て之が王となせり。』と。ヒラムまた言けるは、『天地の造主なるイスラエルの神ヱホバは讃むべきかな。彼はダビデ王に賢き子を与へて、之に分別と才智とを賦け、之をしてヱホバのために家を建て、また己の国にために家を建つることを得せしむ。今、我わが達人ヒラムといふ才智ある工人一人を汝におくる。彼はダンの子孫たる婦の産る物にして其父はツロの人なるが金銀銅鉄木石の細工、及び紫布、青布、細布、赤布の織法に精しく、又能く各種の彫刻を為し、奇巧を凝して諸の工をなす。然ば彼を用ゐてなんぢの工人および汝の父、わが主ダビデの工人とともに操作かしめよ。是については、我主の宣たまへる小麦、大麦、油および酒をその僕等に遣りたまへ。汝の凡て需るごとく我らレバノンより木を斫りいだし、これを筏にくみて海よりヨッバにおくるべければ、汝これをエルサレムに運びのぼりたまへ。』と。

ここにおいてソロモンその父ダビデが核数へしごとく、イスラエルの国にをる異邦人をことごとく核数へみるに合せて十五万三千六百人ありければ、その七万人を以て荷を負ふ者となし、三千六百人をもて民を操作かしむる監督者となせり。」（歴代志略、第二章）

ソロモンはヱホバ大神殿建築に七年、王宮建設に十三年都合二十年を費してゐる。全治世四十年の半であるが、彼の事業のすべてが、こゝにある。ヱホバはソロモンとその治下に置かるゝイスラエル国民大衆の父、即ち国父である。ソロモンはその子である。ヱホバとソロモンは二位一体の神格を有してゐる。ヱホバ神殿とソロモン王宮は別個独立の建造物と考へらてはならない。ヱホバ神殿、ソロモン王宮を併せて「エルサレム・ヱホバ大神殿」を構成すると考へなければいけない。かうしてダビデとソロモンの父子の国王を元首たらしむることによつて実現を見るに至つたイスラエルヱホバ神権統一国家は、之を「ダビデ国家」と称し、また、「エルサレム国家」とも称す可きものである。

エルサレム・ヱホバ大神殿の建築様式は列王紀略上、第六章及び第七章に就て具体的に知ることが出来る。こゝでは、歴代志略下、第三章及第四章に載さるゝヱホバ神殿のみを掲げて、参考に備へて置く。

「ソロモン、エルサレムのモリア山にヱホバの家を建つることを始む。（略）

また至聖所の家を造りしが、その長は家の濶にしたがひて二十キユビト（一キユビトはほゞ一尺六寸）、その濶も二十キユビト。純金をもて之を蔽ふ。その金六百タラント。その釘の金の重は五十シケル（○我が約二百匁）また上の室も金にてこれを覆ふ。（略）」（歴代志略下、第三章）

金づくめなのに気が惹かれるであらう。日本書紀、推古天皇十三年条に、

「天皇、皇太子、大臣及び諸王、諸臣に詔して、共に同じく請願を発て、始めて銅繡の丈六の仏像各一軀を造る。乃ち鞍作鳥に命せて、仏を造る工と為す。是の時に高麗国の大興王、日本国の天皇仏像を造りますと聞きて、黄金三百両を貢上る。」

とあるが、推古天皇、聖徳太子をはじめとして、全朝、三百両の黄金にきもをつぶしたのであるが、ソロモンの黄金づくめの、この大建築工事は推古天皇の時代をさかのぼること実に千六百年余りである。――さて、ヱホバ大神殿用調度品に就てはかく見られる。

「ソロモンまた銅の壇を作れり。その長さ二十キユビト。その高さ十キユビト。○また海を鋳造れり。此辺より彼辺まで十キユビトにして、その周囲は円く、その高は五キユビト。（略）

また金の燈台十をその例規に従ひて作り、拝殿の中に五を右に、五を左に置き。また案十を作りて拝殿の中に五を右に、五を左に据ゆ。又金の鉢一百を作れり。

彼はまた祭司の庭と大庭、および庭の戸を作り、銅をもてその扉を覆ふ。

海は東のかたに置ゑて、南に向はしむ。

ヒラムまた鍋と火鏟と、針とを作れり。斯くヒラムはソロモン王の為になせる神の家の諸の工事を

終へたり。」（同前書、第四章）

畢竟するにツロ王ヒラムの援助無くしてはエルサレムヱホバ大神殿は出現し得なかつたのである。換言すれば、ダビデ国家、或はエルサレム国家は出現し得なかつたのである。問題の核心がこゝにある。即ち、「ソロモンの智慧」である。

（ホ）ソロモンの智慧と栄華

「一年にソロモンの所に来れる金の重量は六百六十タラントなり。この外にまた商賈《あきうど》および商旅の携へ来る者あり。アラビアのすべての王等および国の知事等もまた金銀をソロモンに携へ至れり。ソロモン王金大楯二百を作れり。その大楯一枚には展金六百シケルを用ふ。また展金の小干三百を作れり。其小干一枚には金三百シケル用ふ。王これをレバノンの森の家に置けり。王また象牙をもて大なる宝座一を造り、純金をもて之を蔽へり。その宝座には六の階級あり。又金の足台ありて共にその宝座に連なり、その座する処の此旁彼旁に扶手ありて、扶手の側に二頭の獅子を立をり。その六の階級に十二の獅子ありて、此旁彼旁に立てり。是の如きものを作れる国は未だ曽つて有ざりしなり。ソロモン王の用ゐる飲料の器は皆金也。またレバノン森の家の器もことゞく精金也。銀はソロモンの代には何とも算へざりしなり。」（歴代志略下、第九章）

「ソロモンの栄華」なるものが、如何なるたぐひのものであるかの一端を窺ひ見ることが出来ると思ふ。さて、上文はかくつづゞけられてゐる。

「其は王の舟ヒラムの僕をのせてタルシンに往き三年毎に一回その舟タルシンより金・銀・象牙・猿および孔雀を載せて来りたればなり。ソロモン王は天下の諸王に勝りて富有と智慧とをもちたれば、天下の諸王みな神がソロモンの心に授けたまへる智慧を聴んとてソロモンの面を見んことを求め、各その礼物を携へ来る。即ち、銀の器、金の器、衣服、甲冑、香物、馬、騾など年々定分ありき。」(同前書)

即ち、「ソロモンの智慧」である。「ソロモン王は天下の諸王に勝りて富有と智慧とをもちたれば」といふ一文が特に目に著くであらう。「ソロモンの栄華」は「ソロモンの智慧」と、それは盾の両面である。換言すれば「ソロモンの富有」と「ソロモンの智慧」である。そして、「ソロモンの富有」の源泉を成すものは「ソロモンの智慧」である。「ソロモンの智慧」は「ソロモンの富有」をかぎりなくふくらませるが、逆に「ソロモンの富有」は「ソロモンの智慧」を限りなく拡大する。此の場合、今日の日本人の多くが一度は首を突込んでみたくなるのを禁じ得ないであらうところの、テレビ・ラジオ的なクイズ・タレントの世界を連想してはならない。「ソロモンの智慧」を求めて、金・銀衣服甲冑馬騾を礼物としてやつて来る海外諸王侯は「ソロモンの智慧」に訴へなければ解けない「スフィンクスの謎」をかゝへてやつて来るのではないのである。「ソロモンの智慧」を求めてやつて来るといふ言葉は「ソロモンの富有」を求めてやつて来ると翻訳さる可きものである。諸侯は彼等が携へて来る礼物の最も満足す可き代償を「ソロモンの智慧」即ち「ソロモンの富有」に求めてやつて来るのである。即ち、エルサレムは国際朝貢交易の首都たること、、ヴイクトリア時代に於けるロンドンの如きものであつたのである。「各その礼物を携へ来る。年々定分あり。」と書かれてゐる点に注意を払ふを要す。――さて、此の問題に対して、今日の日本人の間にも知れ渡った事でもあらうと思はれる「シバの女王物語」は此上なく照明を投げるものである。

「茲にシバ（○今日のイエメン地方と解せらる。）の女王ソロモンの風聞を聞き及びて難問をもてソロモンを試みんとて甚だ衆多の部従をしたがへ、香物と夥多き金と宝石とを駱駝に負せてヱルサレムに来り、ソロモンの許にいたりて、その心にある所を尽く之に陳べけるに、ソロモンこれが問に尽く答へたり。ソロモンの知らずして答へざる事は無りき。」（歴代志略、第九章）

シバの女王は香物、金、宝石をクイズ解答の札としたのであると解してはならない。

「シバの女王、ソロモンの智慧と其の建てたる家を観、またその席の食物と、その諸臣の列坐る状と、その侍臣の伺候状と、彼らの衣服、およびその酒人とその衣服、ならびに彼がヱホバの家に上りゆく昇道を観るに及びて全くその気を奪はれたり。是において、彼王に言ひけるは、『我自己の国にて汝の行為と汝の智慧とにつきて聞き及びたる言は真実なりき。然るに我は来りて目に観るまでその言を信ぜざりしが、今視ば汝の智慧の大なることは我が聞きたるその半分にも及ばざりき。』」

即ち、「ソロモンの栄華」而して「ソロモンの富有」である。またその朝貢交易力である。

「『汝は我が聞たる風聞に愈れり。汝の人々は幸福なる哉。汝の前に常に立ちて汝の智慧を聴る、此なんぢの臣僕等は幸福なる哉。汝の神ヱホバ讃む可き哉。彼なんぢを悦びてその位に上らせ、汝の神ヱホバの為に汝を王となし給へり。汝の神、イスラエルを愛して永く之を堅ふせんとするが故に、汝が之を王となして、公平と正義を行はせたまふなり。』と。すなはち金百二十タラント、および莫大

の香物と宝石とを王に饋れり。シバの女王がソロモンに饋りたるが如き香物は未だ曾て有らざりしなり。」(同前書)

シバの女王の驚きは「ソロモンの智慧」即ち、「ソロモンの富有」である。「ソロモンの栄華」である。さればまた「エルサレム・ヱホバ大神殿」そのものである。ソロモンのすべてが「エルサレム・ヱホバ大神殿」に存する如く、シバの女王がソロモンに学ばんとするすべてが「エルサレム・ヱホバ大神殿」にある。そして、ソロモンでさへも未だ曾て見たことのないほど珍重な香物の代償としてシバの女王が求めたものはレバノンの香柏であつたのにちがひない。即ちシバの女王もまた、その国利と民富増進のために、ソロモンにまけない大神殿建設を念願したのにちがひあるまい。——上文はかくつゞけらる。

「かのオルフより金を取りきたりしヒラムの臣僕とソロモンの臣僕等また白檀木と宝石とを携へいたりければ、王その白檀木をもてヱホバの家と、王の宮とに段階を作り、また謳歌者のために琴と瑟とを作れり。是より前に是のごとき者ユダの地に見しこと無かりき。」

オルフはインドであるとも云はれてゐる。インド産白檀の琴をかなづるソロモンの姿に、我を忘れるシバの女王の姿を描いては、そゞろ微笑せずにはをられまい。シバの女王がやりきれない程ほしいのは、ソロモンの謎の明答ではなくて、ソロモンをしのぶ白檀の琴にきまつてゐるであらう。——「ソロモン王シバの女王に物を饋りてその携へきたれる所は報ひたるが上に」と書きつけられてゐる。「また之が望にまかせて凡てその求む者を与へたり。」シバの女王がソロモンの白檀の琴を胸に抱きしめ、レバノンの香柏らくだのむれにしよいきれないほど積んで帰国する図を心に描いて見得るであらう。であるから、『ソロモンの智慧と栄華』はツロを知らなければ理解するに由なきものである。さて、そのツロである。が、エゼキエル書にかく伝へられてゐる。

「人の子よ汝ツロのために哀の詞を宣べ、ツロに言ふべし。汝海の口に居りて、諸の国人の商人となり、多衆の島々に通ふ者よ、主ヱホバかく言ひたまふ。ツロ汝いふ我の美は極まれりと。(略)ユダとイスラエルの地汝に商ひをなし、ミンニデの麦と菓子と蜜と油と乳をもて汝と交易す。」

(エギゼル書、第二十七章)

またかく見られる。

「人の子よ、ツロの君に言ふべし。主ヱホバかく言ひたまふ汝心に高ぶりて言ふ我は神なり、神の座に坐りて海の中にありと、汝は人にして神にあらず。而して神の心のごとき心を懐くなり。(○中略)汝の智慧と明哲によりて汝富を獲、金銀を汝の庫に収め、汝の大なる智慧と汝の貿易をもて汝の富裕のために心に高ぶれり。」(エギゼル書、第二十八章)

「ソロモンの智慧と栄華」の源泉をこのツロに見出し得る。而して、このツロの源泉はシリアのアドニスのビブロスに尋ねてみねばならぬ。

「ビユブロスの最後の王は古いキユニロスの名を帯びてゐたがその暴虐のゆゑに大ポムペイウスに

よつて首を斬られた。彼が其の名をもらつた伝説のキユニロスは、首都から一日路ばかりはなれたレバノン山の或る場処にアプロデイテ即ちアスタルテの聖所をまうけたと謂はれてゐる。（略）伝説によれば、アドニスが最初或は最後にアプロデイアに会つたのもここならずたずたに斬られた彼の骸の葬られたのもここである。悲劇的な愛と死の物語のためにこれ以上うるはしい場所を想像することはできない。（略）彼女の悲嘆にくれる姿は、マクロビウスによつて記されたレバノンの悲しむアプロデイテであらうし、岩の壁龕は多分その愛人の墓であらう。彼の礼拝者の信仰によれば、アドニスは毎年この山々で傷づき、そのために自然の面は毎年その神聖な血でもつて染められるのであつた。かうして、彼の花とされるアネモネがレバノンの香柏の間に咲きみだれ、河水が赤く海に注いで、沿岸に風なきときはいつも蜿蜒たる真紅の堤をもつて青い地中海の長汀曲浦を縁どるところ、シリアの乙女たちは毎年彼の夭折を嘆き悲しむのであつた。」（金枝篇、第三十章「シリアに於けるアドニス」永橋卓介訳）

「ソロモンの智慧と栄華」はこゝまでさかのぼらないと、わからない。この年々歳々シリアの乙女子を嘆きかなしましめる赤きアネモネの花のアドニスにまでさかのぼつてその源泉を尋ねなければならぬ「ソロモンの智慧と栄華」にきはまるダビデ国家即ちエルサレム国家に於て、我々は世界古代史上無比無類の「奢侈国家」を見出し得る。然し、この「ソロモンの智慧と栄華」に究極する、世界古代史上無比無類の奢侈国家はその主体ソロモンとその運命を共にせねばならなかつたのである。

（へ）ダビデ国家の崩壊

「ソロモン王パロの女の外に多の外国の婦を寵愛せり。即ち、モアブ人、アンモン人、エドミ人、シドン人、ヘテ人の婦を寵愛せり。（○中略）彼妃公主七百人、嬪三百人あり。」（列王紀略上、第十一章）とある。ソロモンの後宮一千の女であるといふ。

「其妃等彼の心を転せり。ソロモン年老たる時、妃等心を転移して他の神に従はしめければ、彼の心其父ダビデの心の如く其神ヱホバに全からざりき。其はソロモン、シドン人の神アシタロテに従ひ、アンモニ人の悪むべき者なるモロクに従ひたればなり。ソロモン斯くヱホバの目のまへに悪を行ひ其父ダビデの如く全くはヱホバに従はざりき。爰にソロモン、モアブの憎むべき者なるケモシの為、又アンモンの子孫の憎むべき者なるモロクのためにエルサレムの前なる山に崇邸を築けり。彼又、其異邦の凡の妃の為にも然せしかば彼等は香を焚きて己々の神を祭れり。」

とつゞけられてゐる。一千人の妃妾おもひおもひに、故国の神々をまつつて、香をたくといふのであるから、恐らくはエルサレムの前なる山、たぶん橄欖山は全山香の煙につゝまれて、そよ風にゆらぐ橄欖樹（オリーブ）の葉は、その樹本来の香よりも、シバの女王の名香のかをりをこめて、むらがる男女の歌舞にえもいはれぬ興を添へたであらう。この驚く可き光景をかもし出すには、そこに深い原因が潜むことを忘れてはならない。他ではない。かうする事によつて始めて朝貢交易関係の満足すべき進展をもたらし得るからである。即ち、ソロモンは異邦の女と共にその神々をエルサレムにむらがりあつまらしむる事によつて、異邦の富の満足す可き吸収をなしとげ得るからである。古代社会のどこにも見らる、この不思議な最もよき釈明を浅草の観音様や、成田のお不動様が提供してゐてくれる。

所で、この不思議な現象の中心主体ソロモンの姿はざつとこんなものである。
「○婦人のいと美しきものよ、
汝の愛する者は何処へ行きしや。
なんぢの愛する者はいづこへおもむきしや。
われら汝とともにたづねん。
○わが愛する者は己の園にくだり、
香しき花の床にゆき、
園の中にて群れを牧ひ、
また百合花を採る。
我はわが愛する者につき、
わが愛する者は我につく。
彼は百合花の中にその群れを牧ふ。
○わが佳耦よ、なんぢは美しきことテルザ（○北朝の首都）の如く、
華やかなることエルサレムの如く、
畏るべきこと旗をあげたる軍旅のごとし。
なんぢの目は我をおそれしむ。
請ふ、われより離れしめよ。

なんぢの髪はギレアデ山の腰に臥す山羊の群れに似たり。
なんぢの歯は毛を剪たる牝羊の浴場より出たるがごとし。
なんぢの頬は面帕の後にありて、石榴の半片に似たり。
后六十人妃嬪八十人、数知られぬ処女あり。
わが鴿、わが完き者はたゞ一人のみ。
彼はその母の独子にして、
産たる者の喜ぶところの者なり。
女子等は彼を見て幸福なる者ととなへ。
后等妃嬪等は彼を見て讃む。
この晨光のごとく見えわたり、
月のごとく美はしく、
日のごとく輝やき、
畏るべきこと旗をあげたる軍旅のごとき者は誰ぞや。
（以上、雅歌、第六章）
○この没薬乳香など商人のもろ〳〵の薫物をもて身をかをらせ、
煙の柱のごとくして荒野より来る者は誰ぞや。
視よ、こはソロモンの乗輿にして、

勇士六十人その周囲にあり。
イスラエルの勇士なり。
みな刀剣を執り、
戦斗を善くす。
各人腰に刀剣を帯びて夜の警戒に備ふ。
ソロモン王レバノンの木をもて己のために輿を作れり。
その柱は白銀、
その欄杆は黄金、
その座は紫色にて作り、
其内部にはイスラエルの女子等が愛もて繡ひたる物を張りつく。
シオンの女子等よ、出で来りてソロモン王を見よ。
(○以上、雅歌、第三章)」

ホーマーの世界の何処をたづねてみても見出し得ない麗観である。之を見出すとせばたゞひとり我が歌舞伎の世界のみである。が、然し、これではイスラエル・ヱホバ神権統一国家はたゞの一日すらもつてゆけるものではない。イスラエル・ヱホバ神権統一国家はソロモンの出現とともに崩壊し去つて、彼の死と共に、史上から朝露の如くに消え去つたのである。

（ト）比較論一言

イスラエル国王ダビデとその子ソロモン、この二大国王は古代史稀に観る偉大な国王であるが、この二人の偉大な国王の手に成るダビデ国家或はエルサレム国家即ちイスラエル・ヱホバ神権統一国家はエジプト及びバビロンを含む西洋史上唯一の典型的統一国家である。その如何に然るかは旧約聖書（列王紀略及歴代志略）に照して最も具体的にして且つ明確である。此に同型する典型的統一国家は独り我が橿原宮すめらみこと統一国家あるのみである。然し、我が橿原宮すめらみこと統一国家と、イスラエル・ヱホバ神権統一国との間に確認さるゝ相異性は余りにも根本的にして且つ余りにも顕著である。即ち、イスラエル・ヱホバ神権統一国家はソロモンの生理的生命とその運命を全く同一にするといふ歴史的根本大事実そのものである。そして、こゝ古代国家比較論概説に於て、これ以上を説く必要はない。（略）

三、アテネとスパルタ

（イ）ペリクレス

アテネといふ言葉は、ペリクレスといふ名を連想せしめる。が、アテネの象徴ペリクレスに就て、プルタークはこんな事を書き伝へてゐる。

「ペリクレスにあらゆる事を進言し、又あらゆる事の監督者となつたのはフエイアデースであつた。

勿論これらの作品は他の偉大な建築家や芸術家の手も煩はした。例へばカトンペドスと云はれるパルテノーンはカルリクラテースとイクテイノースが造り、（略）

さて、フイデイアースは女神の黄金像を造り、記録の石碑にもその作者として名を刻まれてゐるが、殆どすべての事がこの人に委されて、前述べた通りペリクレースの友情のお蔭ですべての技術家を指導した。」（英雄伝〔岩波文庫〕（3）二四―二六）

かうしてペリクレスはパルテノンのアテネをして「高大に知て、万国に名を得たる」ものたらしめたのである。「ソロモンの智慧と栄華」の衣鉢を継ぐ者とはペリクレスに他ならない。さればくしくも、プルタークはかく伝へてゐる。

「アテーナイには最大の喜びと飾りを齎らし、他の人々には非常な驚きを与へ、謂はゆるギリシアの国力と栄華とが偽りでなかつたことを今でも示してゐる唯一の証拠といふべき数多くの神殿の建築は、ペリクレースの政治的業績の中でも政敵が一番羨ましがつて、民会でも非難したものである。（略）（同前書、二二―二三）」

ダビデは武力に訴へて、金銀をぶんどつた。ペリクレスは政治的手腕を振るつて金銀を捲き上げた。然し、強奪した点では二者ともに同一である。而して、その結果に於ても二者その揆を一にしてゐる。真に注目に値する現象である。（略）

かうして「ペリクレスの智慧と栄華」によつて出現したアテネ都市国家は、ギリシア史上ならびなき奢侈国家であつた。そして、アテネのギリシアへゲモニーがペリクレスの没落と共に朝露の如くに消え去つた歴史的大事実もまた「ソロモンの智慧と栄華」がつくり出したイスラエルのエルサレム国家に於ける場合と全くその揆を同一にする。
さて、ペリクレス時代に於けるアテネの頽廃状態に一瞥しないわけにはゆくまい。是を最も克服にするためにはペリクレス自身をして語らしめねばなるまい。プルタークはこんな事を伝へてゐる。

（略）

ペリクレスのアテネの内幕はどうにも大変なものである。この大変な内幕のうちでも特に大変なのは彼と色女のアスパシアとの関係である。上掲分につゞけて、プルタークはかく書き伝へてゐる。
「丁度この頃、アスパシアーも不敬の罪に問はれた。告発者は喜劇作家ヘルミッポスで、ペリクレースと同じ場所に落合ふ筈になつてゐた自由な身分の女たちを迎へ入れたといふのである。（○中略）アスパシアーに対する告訴は、アイスキネースの云ふところによると、ペリクレースがこの女のために法廷に於て大いに涙を」流し陪審員に懇願した結果、取り下げられた。」

（同前書、四七―四八）

アスパシアは当時のアテネ政界の内幕をひつかきまはすに足るすご腕の妖女であるが、この女についてプルタークはかく書いてゐる。
「その後アテーナイとスパルタとの間に三十年間の休戦が成立した時、ペリクレースはサモス島に対する遠征を決議させて、この島の人々がミレートスとの戦争をやめるやうに命じられながら、それを聞かないことを理由として取り上げた。

しかしサモス島の件はアスパシアーを喜ばせるために行つたと考へられるから、ここでこの女の人がどういふ大きな伎倆と実力を具へてゐたために政治家の中でも有力な人を操り、哲学者たちにも自分のことを相当本気にいろいろと論議させたかを検討するのも不当ではあるまい。それがミレートスの人でアクシオコスの娘だといふことは一般に承認されてゐる。昔イオーニアに出たタルゲリアーといふ女と競ふつもりで最も有力な人々と交はつたのだとも云はれてゐる。タルゲリアーは姿も美しく、愛嬌と智慧を兼ね備へ、非常に多くのギリシア人と同棲し、自分に近づいた者は悉くペルシア王の味方に附け、それらの人々が権力を持つ重要人物であつたところから方々の町にペルシア贔屓の端緒を作つた。或る人はアスパシアーが賢明で政治的手腕を持つてゐたため、ペリクレースがこれに打ち込んだのだと云つてゐる。ソクラーテスが弟子たちと共に訪ねたこともあり、その親友たちは妻を連れて行つてこの女の人の話をきかせたのである。(○中略)プラトーンの『メネクセネース』は初の部分が戯れとして書かれたものであるが、その中にこの女の人が弁論術を以て多くのアテーナイ人と交わりがあつたと記してゐるところだけは事実に当つてゐる。さうは云つてもペリクレースのアスパシアーに対する傾倒は愛慕の一面を持つてゐたらしい。(○中略)喜劇では今様オンフアレーとか、今様デイアネイラ、とか今様へーラーとか名づけられてゐる。クライテイノースは露骨に妾と呼んでかう云つてゐる。『さうしてカタピユーゴスユネー(淫乱)が、この人のへーラーに当るアスパシアーといふ犬の眼をした妾を生んだ。』」(同前書、三六—三八)

当時のアテネの青年の堕落は特に著しく、此を救はうとしてソクラテスは遂に毒杯を仰ぐに至つたのである。而してプラトーンの大著述はソクラテスの大志を成就せんがために生れたところのアテネ都市国家救済革命の経典に他ならない。ソクラテスの毒杯とプラトーンの大著述、この二者くらゐ「ペリクレスの智慧と栄華」から生れたアテネ奢侈国家の何たるかを克明するものはない。

（ロ）リユクルゴス

スパルタを滅亡から救つて、ギリシア文明を永遠たらしめたものはリユクルゴスその人である。「永い間スパルタは不法無秩序が支配した。そのためリユクールゴスの父に当る王も命を失つた。と云ふのは、或る討ち合ひを引分けようとした時に、料理に使ふ包丁で切られて死んだのである。そこで、王位は総領のポリユクラテースに移つた。

その後間もなくこの人も死んだので、リユクールゴスが王になる筈だと人々は思つてゐた。又実兄の妻が妊娠してゐることが明らかになるまでは王の位を占めてゐた。ところがこのことを聞き知ると、生まれる子供が男ならば王位はその子供のものであると言明し、自分は後見者として政治を見ることにした。（略）

リユクールゴスは全体で八箇月王位に在つた。色々な点で市民たちに崇められてゐたが、王の後見で実権を握つてゐるものとしてこれに服従する人々よりも、その徳を慕つてこの人の命令なら何時でも果さうとしてゐる人々の方が多かつた。」（英雄伝、「リユクールゴス」第二―三）

リユクルゴスが王位に即かなかつた真の理由は一片の正義心ばかりではなかつた。そこには深い理由があつた。それはスパルタの根本的改革といふよりむしろスパルタの理想的建設であつた。

そしてリユクルゴスは先づ、クレテに学ばんとして、其処へ渡つて行つた。こゝではリユクルゴスはタレースと知合つたが、タレースを師としてスパルタに迎へ入れた。タレースに就て、「抒情詩を以て名を馳せた詩人でありながら、その技術は仮面に使つてゐるだけで、実は最も有能な立法者の企てゝゐることを行なつてゐた。その歌はよく整つて落着いたところのある節とリズムを介して従順と協力とを勧める言葉」とかうプルタークは書いてゐる。リユクルゴスの求める所もまたこゝに在った。「従順と協力」である、更に、リユクルゴスはアジア海岸へ渡つて行つて、クレタの粗朴とイオニアの奢侈とを比較研究した。それからエジプトへも行つたといふ伝説が残されてゐる。ソロンに就ても同じ事が云はれてゐるが、ギリシアの賢人達は最も熱心にエジプトに学んだことをヘロドトスも伝へてゐる。「インドを廻り歩いて裸の仙人たちと交つたといふ話はスパルタの人ヒツバルコスの子アリストクラテース以外にこれを説いてゐるものを聞かない。」とプルタークは書いてゐる。

「スパルタの人々は国を離れてゐるリユクールゴスを慕つて、度々迎への使を遣つた。王たちは称号と名誉だけで、他の点では少しも民衆と異なるところがなかつたが、リユクールゴスには統治者らしい天性と人々を指導する力があつたからである。のみならず王たちもこの人が側にゐてくれることは迷惑でないどころか、この人を身近に置けば民衆の横暴を抑へることができようと考へた。リユクールゴスはさういふ気持ちになつてゐる人々のところへ帰つて来ると直ぐ現状を変革して国政を一新しようと企てた。」(同前書、第五節)

そして、何事よりも先にデルフォイへ出掛けた。

「従来スパルタ人は国内的にも、亦外国人とは何の交際もしなかつたので、対外的にも、殆んど凡ゆるギリシア人のうちで最悪の政治が行はれてゐた国であつた。どうして彼等が立派な政治へ変はつたかと云へば、次のやうな事情に因つてゐる。リウクルゴスは、スパルタ人の間で名声の高い人であつたが、彼がデルフォイの神託所へやつて来て聖廟へ入つたところ、忽ちピウテイアは斯う云つた。

汝来れるか、リウクルゴスよ、吾が豊かなる杜へ、
ゼウスもオリウムポスに棲むよろづの神も汝を愛で給ふ。
吾が占ひ汝を神とすべきか人とすべきか迷ふなり。
さあれ、吾れは神と看做さん、おおリウクルゴスよ。

確かにある人達はそれに附け加へて、ピウテイアが今日スパルタ人の間に確立されてゐるやうな政治組織をも彼に語つたと云つてゐるが、スパルタ人自身の話では、リウクルゴスは自分の兄弟の子でスパルタ王であつたレオポデスの摂政と成つてクレテからそれを採り入れたと云つてゐる。」

（ヒストリアイ、巻一、六十五節）

と、ヘロドトスは書き伝へてゐる。で、リユクルゴスがクレテに学び、又はエジプトに学んだにしても、今日我々が考へるやうな方法で、改革案の作製に当つたのではなくて、先づ最初にデルフォイの神託を仰いだのである。即ちリユクルゴス改革案はアポロから出たのである。恐らくリユクルゴスはデルフォイに幾日かを参籠して、みそぎはらひして心身を浄々にした上で神託を受けたであらう。

モーセに於けると同様である。モーセの律法はエジプトに学び、又メデイアンに学んだものにちがひない。しかし、彼はシナイ山に四十日断食潔斎して、ヱホバから律法を天授されたと語られるのと、同工である。プルタークはかく書き伝へてゐる。

「リユクールゴスはこの制度に熱意を傾けてゐたので、これに関する託宣をデルフオイから持つて来させたがそれをレートラーと名づけてゐる。その文句はかうである。『ゼウス・スユルラーニオスとアテーナー・スユラーニアーの祠を建て、フユーレーを分ちオーバーを分ち、首長を含めて三十人から成る元老院を設け、時々バビユカーとクナーキオンとの間にアペルライを行ひ、そこに提出し又撤回する。しかし裁決権は民衆のものである。』とは民衆を部族に配分してその或る部族をフユーレーと呼び或る部族をオーバーと呼ぶことである。『首長』とは王のことを指し、『アベルライを行ふ。』とは集会を行ふことを指す。国政の始元と根拠をアポルローンの神に帰すからである。今バビユカーは……、クナーキオーンはオイヌースと呼ばれてゐる。アリストテレスは、しかしクナーキオーンは川でバビユカーは橋だと云つてゐる。この二つの間に集会を行つたのであるが、前廊もなく、他の建物もなかつた。かういふ物はいい智慧を出すために役立たないばかりか寧ろ妨げになると考へた。といふのは、そこに集まつた人々が彫刻や絵画や劇場の舞台や念を入れて飾り立てた議事堂の天井などを眺めてゐるうちにその人々の心を浮薄にし、空威張りをさせるからである。民衆が集まつても意見を述べることは許されず、ただ元老及び王たちが提案した議案を裁決する点で民衆に主権があつた。」

（英雄伝、「リユクルゴス」第六節）

アペルライの場所クナイキオン川辺の地は、プルタークの説明するやうな、俗界中の人里はなれた野天を意味するものではあるまい。その本来の意味はアポロに聖なる地、即ちアポロの神奈備であらう。そして、こゝに会した元老を中心とするスパルタの代表者たちにとつてはレートラーはアポロの神勅であつて神聖犯すべからざるものとされたものにちがひなからう。たゞ後世はそれが変遷して、立法の場所となり、参加者は投票するに至つたものであらう。であるからアペルライの本来の意義はレートラー奉戴式であつたらうと考へられる。とすれば、このスパルタのアペルライの原型は、天香山の八百万神の神集ひである。レートラーの原型は「ふとのりと」である。その根原がクレテであると云ふ事は最も注目される。何故なればクレテの本原神クロノスは、デイオドロス・シルクスに拠ればほゞ我が高皇産霊神とその性格を同一ならしむるものと考へ得るからである。

「けれども後には民衆が削除や添加によつて議案を曲げたり歪めたりしたので、その時の王ポリユドーロスとテオポンポスとは、レートラーに次の言葉を附け加へた。『もしも民衆が議案を曲げて裁決したならば元老及び王は手を引く。』その意味は、採決を下さずに全く手を引き、国家の利益に反して議案を歪曲し変更するものとして民会を解散するといふのである。この二人は神がこれを命じたと云つて国民を納得させた。それについてテユルタイオスはかう歌つてゐる。『デルフオイでアポルローンの声を聞いてから、神の託宣を持ち帰り、その言葉が果された。民会の第一人は神にも敬はれる王たちで、懐かしいスパルタの町を守るのである。次は元老で、その次は民衆、真直ぐなレートラーに応じて事を謀る。』」（同前書）

高皇産霊神のみこと以ちて、八百万神を天之安河の河原に神集へ集へて、思金神に思はして、天児屋命、布刀玉命、天宇受売命、とものをそれぞれその任務を分担し合つて、一致協力して事に当つたのと少しも異なる所はないやうに思はれる。とすればまことに驚く可き一致である。

要するにレートラーにはアポロのみことのりである。リユクルゴスはデルフオイに参籠して、そのアポロのみことのりレートラーに受けて、それを基本としてスパルタの根本的な国家建設の大業にとりかゝるのである。そして、彼は先づその国家機構の中核体を設定する。即ち元老である。

元老院構成員数は二名の国王を加へて三十人であつた。リユクルゴス以前のスパルタ部族数は三であつたのを、リユクルゴス改革当時、之を五部族に改組したと伝へられてゐる国王を除く二十八元老は多分選挙制によつて決定されたものであらうと推測されるが、不明である。

「リユクルゴスが企てた様々な革新の中で最初の且つ最大のものは元老の設置である。これを王たちの激し易い支配に混合して勢力を均衡させれば安寧と同時に節度を得るやうになるとプラトーンは云つてゐる。国政が宙に浮いて、王に従つて独裁に傾いたりしてゐる際に、その間にバラストのやうに元老の支配を置いて均衡を図つたので極めて確実な秩序と安寧を得るやうになつた。」（同前書、第五節）

とプルタークが述べてゐるが、私の考へでは、このプラトーンやプルタークの解釈するやうなもの、即ち元老は権力統制上の国王と民衆に介在する安全弁ではないやうに解せられる。より積極的なものであつて、三十人の元老が各自受持ちを分担し合つてしかも相ひ協力して、スパルタ全国家を指導し、運営する所の中央政府を構成したものと考へられる。是れなくしてはスパルタは国家的に成立し得ざる最重要中央政府機関なること、恰も我がすめらみこと国家に於ける中央政府、すめらみこと大神宮構成員「とものみやつこ」（伴造）に似たものと考へられる。何故なればリユクルゴス改革はアテネに於けるソロン改革とはその本質を根本的に異ならしむるものであつて、国王的独裁制の解決ではなく、主としてスパルタの秩序ある統一であつたからである。スパルタにはペシストラトス的国王は実在しない。而して、前掲する所に拠つて知らるゝ如く、リユクルゴスがタレースを師としてスパルタに迎へたのは、その「従順と協力」精神の故である。而して、リユクルゴス大改革の根本大原則はレートラーに従順にして、人々協力するのそれであつたからである。

しかし、権力の元老への集中独裁化防止機関を欠くことは出来ない。そこで置いたのが五人のエフオロス即ち、御目附役である。エフオロ人は大衆の間から選ばれ、元老の非違糾弾に任ずる者であつて、その権限は国王と同等である。

さて、かくして、中央政府機構を構成した後、リユクルゴスは人類史を画期するに足る大改革を断行した。その第一は土地改革である。

「リユクールゴスの政策の第一で思ひ切つたものは土地の再分配である。不平等が極端に達し、土地を持たない多数の貧困者が国家の負担となり、富は全く少数者の手に流れ込んでしまつたので、傲慢や詐欺や遊惰や、更にこれらのものよりも古く甚しい富裕と貧乏を追払ふために、リユクルゴスは人々を説得して土地全体を公に提供させ、初めから分配し直すことにして、すべての人々が生活の点で一様平等になつて互ひに生活し、徳性を以て互ひの間に差別も不平等もなく、恥辱に対する非難と名誉に対する称賛のみが差異を示すやうにした。」（同前書、第八節）

所で、リユクルゴスは人々が物慾に走つて身の破滅を来すのを防遏するために貧富の懸隔の根原を成す土地の独占を禁じ、之を再配分することと併せて驚く可き貨幣改革を断行してゐる。

「不平等不公平を全く取り除くために、持運びの出来る財産も分配しようと企てたが、人々がいきなり取上げられるのを容易に承知しないと見たので、別の途を廻つて人々の貪慾を政策によつて打破らうとした。先づあらゆる金貨と銀貨を無効にして、鉄の貨幣のみを使用するやうに命じた。鉄の貨幣には大きな重さと嵩でも僅かな価値しか与へなかつたから、ナムナーの高を置くためには家の中に大きな倉が必要になるし、それを運ぶためには二頭立ての車を使はなければならない。これが流通するやうになつてからスパルタでは様々な弊害がなくなつた。隠して置くこともできなければ持つてる人を羨ましがらせることもできず、粉々に砕いて見ても利益にならないやうな物を誰が盗んだり、賄賂に取つたり、巻き上げたり、奪つたりしよう。伝へるところでは、赤く熱した鉄を酢に漬けて鍛へて、他の事に役に立つやうな性質を取除き、脆くて細工の利かない物にしてしまつたと云ふ。」（同前書、第九節）

どうも驚く可き、英断である。しかも賢明無比と称さねばならぬ。キリスト曰く、「貧しき者は幸なり。天国を見得べければなり。」人間の腐敗堕落、地獄への転落はすべて、色と慾にあること、古今、東西、人間生活に普遍して変らず、異ならざる所の最根本現象である。ピチイアの言はおためごかしではない。

「その次には役に立たない余計な技術の追放を行つた。尤も追放を行はなく共、作品の捌口がなくなつたので、他の都市共通の貨幣（金貨銀貨）と共に、多くの技術は消滅して行つた。鉄の貨幣は他のギリシヤ人のところへは運び出されず、又無価値なものと軽蔑されてゐたから、他処のつまらない物品を買ふこともできず、商人の積荷もスパルタの港に入つて来なかつたし、弁論を事とするソフイストもラコーニケーには足を踏み入れなかつたし、香具師のやうな卜者も、客の相手をする女たちの宿主も、金や銀の装身具を作る職人も、そこには貨幣がないものだから入つて来なかつた。かうして贅沢はそれを促し保つて行く人々がだんだんゐなくなつたためにひとりでに衰へて行つた。財産を多く持つてる人々も、その富裕なことを人前に示すことができず家に閉ぢ籠めて置いて使ふわけに行かないから、他の人々に比べて優るところがない。そこで手近かな極く必要な道具、例へば、寝台、椅子、机などはスパルタでは非常にいゝものが出来てラコーニケーのコートーン（大盃）が兵隊たちの間で評判がよかつたことはクルテイアースが述べてゐる。眼には不愉快でも必要上飲まなくてはならない水の色を器の色で隠し、濁りが器の円味によつて底に落ち込み、よどんでゐるために水を口に持つて行く時には少しは奇麗になる。かういふすべての事の元がこの立法者であつた。（〇中略）

更に一層贅沢を攻撃して富を追ふ心を取り除かうと考へて、第三の且つ最も立派な政策を取り入れた。それは会食の制度である。市民たちは互ひに共通な一定の料理とパンのあるところに集まつて食事し、家で豪奢な臥椅子や食卓に依つて、暗い処で食を今見る獣のやうに召使ひや料理人の手で肥らされ、性格のみならず身体までも台無しにして、長い眠りや、温浴や、多くの安息や、云はゞ毎日の看病を必要とするすべての欲望と奢侈に身を委ねるやうなことを許さなかつた。」(同前書、九――一〇節)

このスパルタの会食制度はクレタに学ぶものであつて、本原的に宗教的性格を有するものである。即ち聖餐式に基づくものであつて、その典型的なるものが我がすめらみこと祭祀に於ける御膳供奉式である。プルタークによつて書き伝へられてゐるリユクルゴス改革の最も重要にして、且つまた最も注目す可き会食制度は奢侈禁遏の一便宜手段ではないのであつて、日々神と人と会食して、是を以てスパルタ建国の大本たらしめたところの、宗教的行事に他ならないのである。その由来する所は、スパルタ族と共に古く深い所のものである。

所で、リユクルゴス改革は、人々の心身の根柢を変革することを眼目として、こゝに着目する事によつてはじめて、その国家的生命を永遠ならしめんとしたもので、今日観念さるゝやうな個人と国家の対立、分離観念は全く観られない。そこで、リユクルゴスはスパルタ憲法の特に厳格な遵法精神を養ふために、前にアペライ制を設け、今また会食制度を特定したのであるが、それにもましてリユクルゴスは教育に力を注いだのである。

「リユクルゴスは法律を書き物にして置かなかつた。第一、謂ゆるレートラーの一つがそれを禁じてゐるのである。国家の幸福と徳性とにとつて最も肝要な、最も大事なことは、市民たちの性格及び修養の中に要素として含まれてゐるものであるから、いつも変化しないで確実なものとして保たれ、青年の一人一人に就て立法者の役割を果たす教育といふものが課する強制よりも、一層丈夫な絆といふべき自由意思を具へてゐなければならないと考へてゐた。ところが、こまごました事柄、金銭上の約束だの、必要に応じてその時々に違つて来る事柄、書き物にした規定や変へられない慣習で縛るよりも、機宜に応じて教養ある人々が是認するやうな追加や削除を行なふやうにさせる方がまさつてゐる。リユクールゴスは立法事業全体に教育を結び付けた。」（同前書、第十三節）

どんなに憲法を名文でつゞり上げてみても、遵法精神の無い処に憲法は実在しない。而して遵法精神は私利私欲を超越する愛国心の無い所に実在しない。真に世界史を画する崇高にして偉大、ギリシア民族、ペロポンネソスのスパルタヘゲモニーをこゝに確立して、人類今日の文化文明の大根柢をつくり上げた。このリユクルゴスの大改革は、即ち、「愛国心の勝利」そのものである。

而して、その大リユクルゴスはその死そのものを以て世界史を燦として飾つてゐる。

「リユクールゴスの手に成る根本政策が既に慣習の中に確立し、国の制度が十分に成長して自力で運営し保持することができるやうになつたので、プラトーンが世界が出来て最初の運動を始めたのを見て神が喜んだのだと云つてゐるやうに、リユクールゴスの律法の事業の美と偉大が実現して運用し始めたのを見て喜びと満足を感じ、人間の予見が及ぶ限りこの立法を将来に向つて不滅不変なものにしようと熱望した。そこですべての人を民会に集めて、他の事は国家の幸福と徳性に都合よく十分に行つてゐるが、最も重要な偉大なことは神の託宣を得るまでは皆に持ち出すわけには行かない。自分がデルフオイから帰つて来るまでは、現に行はれてゐる法律をよく守つて少しも変更しないやうにしなければいけない。帰つて来た上でアポルローンの神の思召しに適ふことを行なふと云つた。皆が同意して出掛けるやうに云つたの、自分が帰つて来るまでは現在の国政を保つて運用するといふ誓を王たち及び元老たち、次に他の市民たちから取つて、デルフオイへ発足した。

託宣所へ著いて神に犠牲を献げ、自分の定めた法律が国家の幸福と徳性に十分に満足を与へるかどうかを伺つた。神が答へて、法律も立派に行つてゐるし、国家もリユクールゴスの政策を運用して名声を馳せるやうになると告げたので、その託宣を書き留めてスパルタに送つた。

自分はもう一度神に犠牲を献げてから、友人や息子の挨拶をして、市民たちにはもう誓を解かせず、自分は生きて行かうと思つても死なうと思つても丁度い丶時機に当るやうな年配になつてるし、身近の人々も十分に幸福であるやうに思はれるから、ここで快く命を終る考へだと云つた。政治家といふものは、死を国にとつて無益なものともせず、徳性及び実行の分に入るやうにすべきものだと考へて食を断つて死んだ。」（英雄伝（1）〈岩波文庫〉一四二―一四三）

思はず頭が下がる。

（八）比較論一言

アテネに観らる丶奢侈国家とスパルタに観らる丶耐乏国家の劇的対立は人類文明史上の最も大いなる問題であつて、本論に取つても見逃すことの出来ない大問題である。然し、その本格的検討はこの場合問題とす可き限りのものではない。たゞ、こ丶では一言、そのまことに崇高にして偉大なるリユクルゴスの救済主的創造的大人格によつてつくり出されたスパルタ都市国家に於て、我が橿原宮すめらみこと統一国家と比較し得る偉大なる救済的文化的統一国家を見出し得るや否やに至つては全々問題にならないと言ふに止むれば足る。

四、アルバとローマ

（イ）アルバ

大内山のやうなでつかいからだである。そのでつかいからだのがつちりした肩の上に、老父アンキセスを右手に抱いて、のせてゆく。アンキセスは祖先のペナテス（位牌）を死んでもはなさじと抱へてゐる。大男は、尚ほ左の手に、まだあどけないむすこイウルスの右の手をにぎつてゐる。この大男がエニアスであつた。ウルを出てパランにゆき、パランからカナンに移りゆくアブラムを思ひ出さしめられる。而して、こゝにあるものは祖先である。父である。子である。妻なるクレウサは、夫エニアスの都落の手足まどひになつては一大事、どさくさまぎれに、夫エニアスから計画的に身を割いて、たぶん、もえさかるトロイのほのほの中に自らその身を投げ込んで。――こゝにあるものは祖先のみである。父と母そして子のみである。親子恩愛の世界である。ローマもまたイスラエルと同じやうにこゝから生れたのである。

やがてエニアスはトロイの煙の中をくゞりぬけて、三々五々とあつまり来る、トロイの落人を集めて、それこそ大変、また大変な曠野ならぬ、大海原のくにまぎ大移動行動を起すのであつた。（略）

夢にアポロが現はれて、トロヤ族の初祖ダルダヌスのふるさと、ヘスペリアへ渡る可しといふ。ヘスペリアとはイタリーである。そこで、へさきをそのヘスペリアへ向けて、船出した。それこそ、おさきまつくら、何もかも神だのみの冒険航海である。が、モーセのくにまぎと少しも異るものではない。目指す処は祖先の地であるといふのである。（略）

とう〳〵キユマエの港に船を漕ぎ入れた。こゝはシビルの御巫が住む所で、有名なアポロとデイアナのやしろがあつた。エニアスはさつそくシビルの御巫を訪ねた。御巫は最後の勝利を予言して、「たとい運命の女神がよせと言はうと、まけるな、がんばれ。」と云つて激励した。この老御巫の言葉は有名な格言とされてゐる。この老御巫の言葉にしたがつて前進をつゞけ、とう〳〵タイバー河の河口にたどりついた。こゝはローマ固有の大本原神サターンの子アウネスから生れたラチヌスが国神として敷きます処であつた。（略）

モーセはシナイ山のてつぺんへたゞ一人のぼつて、密雲の中に火の柱と標め立つヱホバから十誡の石板をさづけられて曠野を往くのであるが、エニアスはその反対に、手に「金の枝」をかざしてアルヴエルヌに深く深く下りて往つて、多くの大事を仕遂げた英雄たちの苦難生涯、悲劇の数々を見学んで最後に父アンキセスに遇ふ。アンキセスはエニアスの後から興る大いなるローマ、それをおこす可き子の大使命をさとして、いとねんごろに、万難を排して、その大使命達成のために戦へと教へる。然し、イスラエル興隆のために、ローマ興隆のために、一身一命を献げて粉骨砕身せよといふ点に至つては共に全く同一である。此を我がすめらみこと国覓に比較すれば、その相異は天と地である。我と彼等との国家建設運動の本質的相異性を最も明確に知るに足る。即ち、我は文化的にして彼等は軍事的である。

さて、ラチヌスには男子相続者がなかつた。ラチヌスの子は独りむすめのラヴイナ姫だけであつた。ラチヌスはラヴイナに婿を取つて、あと目をつがせねばならぬ。隣国の王たちがラヴイナに求婚せんと大さはぎをしてゐる中に、ルツルス人土ツルヌスに白羽の矢が立つた。所が、一夜のこと、ラチヌスの夢にサターン大神の御子神フアウヌスが現はれて、ツルヌスを婿にするな。今に偉い異邦人が現はれるから、それを婿にしろと教へ覚した。ラチヌスは神託にそむくわけにはゆかない。ピンチに陥つてゐるラチイヌスの目の前に、天から降つてくるやうに現はれたのがエニアスであつた。ラチイヌスはこおどりし喜んだ。さつそく、彼はエニアスを養子にした。そこで大戦争がおつぱちまる。結局エニアスが勝つ。これからラチウムが起るのである。即ち、エニアスの子イウルスはアルバロンガを起し建てる。ローマの起原はアルバロンガであると、ローマ神話は伝へてゐる。であるからローマの起原もイスラエルの起原も本質的に同一である。それは征服ではない。況んや階級闘争ではない。ローマもイスラエルと全く同様に、親子恩愛の世界、同胞愛の世界から生れてゐる。

ローマの起原をロムルスにたづねるといふのが一般的解釈のやうであるが、それは根本的に誤つてゐる。ローマの起原はアルバロンガにたづねなければならない。即ち、エニアスの国覔である。アルバロンガは親子恩愛の世界から生れたのである。征服から生れたのではないのである。

（ロ）ローマ

プルタークによつて伝へられてゐるロムルス誕生神話はこんなものである。

「アルバ（○アルバ・ロンガ）の王タルケテイウスは残虐不法な人であつたが、その家に神の兆が現れた。そこの竈から男根が生えて来て幾日も消えずにゐた。」

ここで竈といふのは竈神、即ちヴエスタ神を意味するものと見てよいであらう。

「テユルレーニアーにテーテユースの託宣を下す処があつて、そこからタルケテイウスに一人の処女をその兆と交らせるやうにといふお告げが齎された。さうすれば、勇気と幸福と体力が衆に秀でた名声の高い子供が生れるといふのである。」

竈神もまたそこから生え出した偉大な男根、共に勇気と幸福と体力の神なのである。この偉大な男根はジユピターその神と見てよいであらう。ジユピターの本原的神体は偉大なる男根とされるからである。

「そこでタルケテイウスはそのお告げを娘の一人に伝へて男根に触れるやうに命じたが、娘は自分の品位に関はると考へて代りに次女をそこに遣はした。（略）若い侍女は男根によつて双生児を生んだが、タルケテイウスはそれをテラテイウスといふ男に渡して殺すことを命じた。この男は子供を抱いて行つて川の側に置いた。ところが、やがて牝狼が現れて乳房をふくませ、いろいろの鳥が食物を運んで来て嬰児の口に入れるのを、遂に一人の牛飼が見かけて感服し、思ひ切つて近寄つて子供を拾ひ上げた。かうして助けられた二人は成長した後、タルケテイウスを襲つて殺したといふのである。

この話はイタリア史を著したプロマテオーンといふ人が述べてゐる。（英雄伝（1）（岩波文庫）五七―五八）

ロムルス誕生神話は幾通りにもなつて伝はつてゐるが、牝狼の乳で育てられたといふ神話はあまねく我々に知られてゐる所である。ローマでは一般には狼は軍神マルスの化身であると考へられてゐる。ローマのルペルカリア祭は即ち軍神マルス祭であつて、狼祭りといふに他ならない。いづれにしても、アルバの王位承継問題に端を発する事件を思はしめられる。王位継承闘争に敗北した者が、ローマに立てこもつて、やがて、アルバを打倒するに至つた事件を思はしめられる。（略）

さて、ロムルスとレムス双生児はアムーリウスの豚飼者フアエストウルスの手に拾ひあげられて、偉丈夫に育て上げられた。時の落伍者、荒くれ物を集めて勢を成し、親の仇を討つた。そして、父ヌミトルのアルバの王位を回復した。しかし、双生児は父のもとに帰つてアルバの王位をつぐことをしなかつた。こゝを根城にしてアムーリウス打倒の功を成しとげたローマを去らなかつた。二人して、ローマ築城に本腰を入れた。（略）

ロムルスのローマ都市国家は古代日本やイスラエルのやうに血縁団体をその単位団体たらしむるものではない。それを構成するローマ人はロムルスの軍事的政治的天才力に、まるで磁石へ鉄片が引きつけられるやうに、引きつけられて寄せ集まつた無組織大衆である。その無組織大衆から、当時最強の軍隊を作り上げた。ロムルスは並びなき大将軍であつた。しかし、ロムルスは大将軍であると同時に大政治家であつた。彼はレギオーに属しない一般大衆ポプルスを無組織、従つて無統制な群集状態に放つて置くやうな事はしなかつた。ポプルスを組織化し、此を政治的に統制するために、ロムルスは町の有力者をして、ポプルスの組織的統制者たらしめた。そして、それを恰度、我が武家制度に於て見らるゝやうな領主とその家子郎党のやうな、主従関係に結び付けて、その有力者をパトロー即ち親分としその手下をクリエーンス、即ち子分とした。であるからロムルスのパトリキアンとポプルスの関係は至つて親密なること、親と子の如きものであつて、こゝには有産無産の階級的対立はどこにも見当たるものではないのである。パトリシアンとプレベイアンとの階級闘争は共和制時代に入つてから表面化するに至つたもので、之をロムルスのローマに当てはめて観てはならない。

所で、ロムルスがローマ都市国家建設と同時に意外な大事件がもち上つた。

「ファビウスの伝へるところでは、都市建設後四月目に婦女掠奪の事件が敢行された。或る人は、ロールムス自身が天性好戦的な人で、或る託宣からローマは戦争によつて養はれ、拡げられて最大の都市になる運命だといふことを確信し、サビーニーに対して暴力を仕掛けたのであつて、さう大勢ではなく、僅か三十人ばかりの処女を捕へたのは、結婚よりも戦争の方を望んでゐた証拠だと云つてゐる。しかしこれは本当らしくない。(略)大勢のものが剣をもつてロームルスに目を注いでゐる。合図があると直ぐ剣を抜いて大声を揚げて飛びかかりサビーニー族の娘たちをつかまへる。逃げ出した男どもはそのまま行かせてしまふ。つかまつた娘の数を、或る人は三十人だけでローマのクーリアの名はその各からつけられたと云ひ、ワレリウス・アンチアースは五百二十七人と云ひ、ユバは六百八十三人と云つてゐる。これがロームルスには最大の弁解になつた。

人妻はつかまへなかつたといふのである。ただ一人ヘルシアだけは兵隊たちの不注意のためにつかまつたが、傲慢や邪念から掠奪にかかつたのではなく、最も親密な血族関係で両種族を結び合せようと図つたからである。」（同全書、第十四節）（略）

日本人我々の腰を抜かさせる程の話である。尤も、日本の出雲の大国主神は、その父の大神、素神の根の国に下つて行つて、素神の目をたぶらかして、その大事な一人むすめの須勢理毘売をぬすみ出したといふから、こつちの方が上手かも知れない。ロムルスのやうな大量掠奪結婚がざらにあつたとは語り伝へられてゐないが、掠奪結婚は、到る処に見られるところである。中でも有名なのはパリスのヘレンねみ出しである。これがもとでトロイ戦争がおぱちまるのであるが、このロムルスの場合でも当然、ローマ人とサビニ人は一戦を交へないわけにはゆかないのはきまつた話である。

「サビーニー族は数も多く戦争が好きで、その住む部落に城壁がなかつたのは、スパルタ人の植民として気位も高く、恐れを知らないことを当然だとしたからである。（略）ロームルスは、この勝負に勝つて相手を打ち倒すならユピテルに自ら相手の武器を運んで行つて奉献しようと祈り、その通りに勝つて相手を打ち倒し、戦闘が始まつて敵軍を追ひ散らし、敵の都を陥れた。しかし町にゐて捕へられた人々には害を加へず、ただ銘々の家を壊した上、ローマまでついて来て、対等の条件で市民になるやうにさせた。これ以上ローマの増大に貢献したことはない。」（同前書、第十六節）

ロムルスのローマ都市国家は奴隷国家を以てはじまるものではない。大ローマの大奴隷国家現象はずつと後世、特に帝政時代に驚くばかり大きな発達を遂げたものであつて、是を以て、ロムルス時代に擬するやうな時代錯誤に陥つてはならない。――さて、サビニはいよ〳〵本格的にローマ撃滅戦をすゝめるに至つた。サビニ軍はローマ城に迫つて撃ちつ撃たれつ、血みどろの大戦争をまきおこしていつたのであるが、「ここで両軍とも初めから戦ふやうに用意してゐると、世にも不思議な観物、言葉に尽されない光景がそれを阻んだ。」とプルタークは書いてゐる。

「見れば、前に掠奪されたサビーニー族の娘たちが叫び声、鬨の声を揚げて方々から現はれ、神に憑かれた人のやうに武器や屍体の間を縫つて自分たちの夫や父のところへ駈け寄り、或る者は幼児を腕に抱へ、或るものは解けた髪を顔の前に振り乱し、孰れも情愛のこもつた呼名で或ひはサビーニー族或はローマ人に呼びかけた。（略）また戦争が私たちのためからならば、私たちを婿や子供たちと一緒に連れて行つて、私たちに父や身内を返して下さい。子供や夫を取上げないで下さい。又しても捕虜なんかになさらないやうにお願ひします。」（同前書、第十九節）

「かういふ事をヘルシリアが沢山云つて他の女たちも懇願したので、休戦の誓を交はし、将軍たちは集まつて相談に掛かつた。」とプルタークは書いてゐる。ヘルシリアのこの言葉は実に一語一語妻の、そして母の「ま心」からほとばしり出て、聞く人々のはらわたを抉ぐらずには措かない。全く、劔もなほ遠く及ばぬものである。このヘルシリアの言葉が教ふる人類の創造的歴史生活の意義は蓋し無上絶大なものであるが、こゝにこそローマ大帝国発生成立の根本が厳存するの根本大事実に対して最も深甚な注目を払はなければいけない。我々、日本人はローマが独りイムペラトールの武力によつて発生成立せるもの〻如く、一般に教へ込まれて来た。それは帝国主義化した日本のもたらす最も危険な皮層浅見に出づるものであつて、事の真相、本質は全くか〻る皮層観とはほど遠い。ローマ大帝国発生成立の根本の厳存する所は、実にこのヘルシリアの言葉にある。

「女たちはその間に父や兄に自分の夫や子供を引き合はせたり、食物や飲物を運んで慾がる人に与へたり、負傷者を家に連れて行つて世話したりして、自分たちが一家を支配してゐること、夫が気を附けてゐてくれて、好意と共にあらゆる尊厳を与へてゐることを見せるやうにした。そこで女たちのうち今の夫と住みたいものは一緒に住むこと、但し前に述べたやうに、毛糸紡ぎ以外のあらゆる仕事、あらゆる労働には手を出さないこと、ローマの町にはローマ人とサビーニー族と共に共同に住むこと、町の名はロームルスに因んでローマとし、すべてのローマ人はタテイウスの祖国に因んでクイリーテースと呼ぶこと、ロームルスとタテイウスが共同に王として支配し将軍として指揮することに話合ひがついた。この話合ひがついた場所は今に至るまでコミテイムと呼ばれてゐる。コミーレといふローマの言葉は行つて会ふことである。」（同前書、第十九節）

この大文献！　を人類の文明生活に対する最高の恩人として、プルタークの霊に最高の感謝を献げる。

しかし、哀れむ可きロムルスはこのヘルシリアの言葉を全うし得る人物ではなかつた。そして彼は元老院の会議の席上であやしき死をとげた。ロムルスの昇天神話を以て語り伝へてゐる所のものである。かくて、ローマが生れるためには、ロムルスとは全くその根本性格を異ならしむること、天と地の如きも一人の王の出現を絶対不可欠とした。

「これがロームルスの戦つた最後の戦争となつた。（○エトルーリア戦。）その後は思ひ掛けない大きな幸運によつて権力と高位に上がった多くの人々の、否少数のものを除けばすべての人々が陥いつたやうな目に会ふのをロームル自身も避けられなかつた。（略）ところがロームルスは突然何処かへ行つてしまつて、身体の部分も著物の残りも見せなかつた。（略）さうしてゐるところへ、アルバから移つてきた貴族の一人で血統も一流だし人柄も至極誠実な上に、ロームルス自身の信頼を得て昵懇の仲であつたコーリウス・プロクルスが市場に来合せて、最も神聖な祠にかけて誓を立て、皆の面前で話すには、『自分がここまで来る途中、ロールムスが現はれて逆の方からやつて来たと思ふと、今までになく立派で大きく、武具も花々しく燃えるやうなのを著けてゐる。

『王様、何が起つて、何をお考へになつて、我々を不正な邪悪な非難の中に、又町のもの全体を限りのない嘆きの中に見棄てて行つておしまひになつたのです。』王は答へて云つた。『神々の思召しによつて、私はこれだけの時の間、人々と共に生きて、町を建てそれに最高の支配と最大の名誉を齎したが、もと出て来た天に再び住むことになつた。ではご機嫌やう。ローマの人々に、勇気と智慧を守つて行けば、人間に許される最大の権力に到達するものだと教へてくれ。私はクイリーヌスといふ神になつてお前たちを護って行く。』ピロクルの話し振りと誓ひから、ローマの人々はこの話が信じてもよいもの丶やうに思はれた。」（同前書、第二十六節、第二十八節）

ローマはロムルスによつて興つたが、ヘルシリアの言葉に従ふことの出来なかつたロムルスはローマを滅ぼさずには止まざる悲劇の人物であつた。この悲劇に人物は、しかし、シエクスピーアの主人公とされたシーザーとちがつて昇天神話の主人公となつてその一生を幸の中に閉ぢた。かうしてロムルスが幸の中にその一生を終らなかつたとすればロムルスによつて滅び去つたにちがひない。さて、ロムルス亡き後のローマはロムルス昇天の当時とは、またくらべものにならない程危ない状態になげこまれずには措かれなかつた。

問題は王位継承である。ローマ人はローマ人自身の主張を堅持して譲らうとしない。サビニ人もまけてゐるものではない。意見は対立して決する所を知らない。若し、そのまゝに推移するとすれば恐る可き分裂を来す外ない。そこで仕方がないので、当時百五十人あつた元老が、昼六時間、夜六時間と一日を二つに割いて、百五十人交代で政務を掌ることにした。世に謂ふ空位状態である。固よりかゝる変則状態を永く続け得るものではない。

「貴族たちは政治を少数支配に変へて政権を自分たちの手に収めて揮ひ、王を戴くことを欲しないのだといふ疑念と不満を浴びるやうになつた。その結果分裂した両党は互に協定して一方が他の方から王を指名することにした。かういふ風にすればその事態に際して敵意を止め、指名された人は一方には自分を選んでくれたものに対して愛想をよくし、他方に対しては同族の故に好意を持つから、両方の党派に対して公平な態度が取れる筈である。」（英雄伝「ヌマ」第三節、河野与一訳）

正にヘルシリア精神である。これに類する政治的大現象はギリシアの古典、ヘロドトスにすら見出し得ない。況んや旧約聖書の何処を尋ねて見ても見出し得るものではない。ローマ人は、こゝに見る政治的天分に於て、多民族に、多く見出し得ない、実に崇高偉大な協力的性格を有してゐる。その由来する所は遠くローマの開祖エニアスの大人格と謂はねばならぬ。かくしてロムルス亡き後にもたらさるゝに至つた分裂崩壊の興亡の大危機を超克する目的のためにローマ側が選んだのがヌマその人であつた。所で、ヌマの為人に就てプルタークはかう書いてゐる。

「ヌマは都市の生活を捨てゝ、できるだけ田舎に住み一人で歩き廻つて神々の森や神聖な草原や人気のない場所で時間を過ごした。」（同前書、第四節）

ヌマは印度の聖者そつくりの人物であると書かれてゐる。

「そこからあの女神に関する伝説が始まつたのも不思議ではない。といふのはそのヌマが他の人々と一緒に生活をすることを避けたのは、何か心に不安があつたり、正気を失つたためではなくて、畏れ多くも神と親しい間柄になつて結婚生活を味ふところまで行き、エーゲリアといふ女神と一緒に住んで愛し合ひ、幸福で神の如き智慧を持つ人になつたといふのである。これはずつと古い神話によくある物語、フリユギアー人がアッテイスについて、（〇中略）その他いろ〳〵の民族がいろいろの幸福で神に愛されるやうになつたと云はれる人々について喜んで語つてゐる物語に似てゐることは至極明らかである。（〇中略）

さて、ヌマが四十歳を過ぎた時にローマから王位に即いてくれと頼む使節がやつて来た。その口上を述べたのはプロクルスとウエレススであつて、かねがね二人のどちらかを民衆は王に選ぶつもりでゐた。二人はこの幸運がめぐつて来たことをヌマが喜んでくれるものと思つて手短かに話した。ところが静穏と平和の中に生活して来たこの人の意見を説得して変へさせ、或る意味では戦争によつて出現し増大して行つた国家の支配に当らせることは容易ではなく、却つて長い議論や懇願が必要であつた。ヌマは自分の父と親戚の一人マルキウスのゐる面前でかう云つた。『すべての人間の生活は危険なものである。必要なものは何一つ不足はなく現在の状態に文句のない人は、気でも違はない限り、今迄慣れた事柄を変更する気にはならない。（略）今迄運がよかつたので民衆は戦争を熱望し他国を征服して大きくならうと思つてゐることは知らずにゐるものがない。従つて私のやうに、神々に仕へ正義を敬ひ暴力と戦争を憎めと教へるものが、王よりも将軍を必要とする国家を治めるといふことは笑ひ草になる。』」（同前書、第五節）

ローマを興す者は暴力と戦争を是れ事とする大将軍ロムルスではない。その全く正反対「神々に仕へ正義を敬ふ」大救済主である。ヘルシリアの言葉の求むる所の者はそれ以外に実在しないのである。「かういふ風に云つてヌマは王位を辞退したが、ローマの使節は熱意の限りを尽くして反対の意見を述べ、両党の党派が共に傾倒してゐる人は他にないのであるから自分たちを再び分裂と内乱に陥れないやうに懇願し、使節たちが引揚げてからも父とマルキウスとが個人として勧め続けてこの大きな神の賜を受けさせようとした。『お前は事足りてゐるから富も必要としないし、立派な徳の名声を博してゐるから支配や権力の名誉を追求しないが、王の務めは神に仕へることだと考へ、その神がお前の中にあるそれ程の正義心を掻き立て、無為に眠らせて置くことを許さない以上、王の位を避けて逃げてはならない。これは思慮のある男にとつては立派な偉大な仕事の領域であつてそこでは神々に対する祭も壮厳に行はれ人々の心を統治者が容易に速かに整へ改めて敬虔に向かはせることもできる。(〇下略)』」(同前書、第六節)

ロムルス建設の軍事国家はユピテルによつて救はるゝものではない。ローマを救ふ神はローマの本原的農神サツルヌス外実在しない。イゲリスとの神婚神話を伝へてゐるヌマはサツルヌスの化身に他ならないのである。ロムルスの建設したユピテル主神の軍事国家はサツルヌス主神の文化国家として、根本的に革命されなければ滅亡する外ない。ヌマの大革命の根本がこゝにある。

「ヌマはフイドウスとテルミネスの神殿を建てた最初の人だと云はれる。(〇フイドウスは正義神、テルミネスは境界神。)最も重大な誓を立てる時にはフイドウスに掛けてすることをローマ人に教へ、この習慣が今まで保たれてゐる。テルミネスは境界であつて、この神には公にも私にも畠の周囲の境のところで犠牲を供へる。(〇中略)ロールムスは自分の領地を測ることによつて他人の領地を測つたことを告白するやうになるのを欲しなかつた。境界は守られてゐれば権力を縛る縄であるが、守られなければ不正を指摘する証拠であると考へた。実際ローマは最初広大な土地を持つてゐなかつたものを、ロールムスが槍の力で得て多く附け足した。ヌマはその土地全体を貧困な市民に分配して、どうしても不正の源となる貧困を取除き、民衆を農業に向かはせて、土地そのものと同時にこれを馴化しようとした。どんな生業でも土地による生活ほど平和に対する愛着を激しく速やかに起させるものはない。ここでは戦争で示される勇気の中で、自分のもののために戦ふといふところは依然として残つてゐるが、不正や貪欲に向ふ放縦は点は切り取られてゐる。そこでヌマは農業を平和が好きになる薬として市民たちに調合し、富を作るよりも人格を作る術としてこれを愛好し、領土を地域に分けてパーグスと名づけ、その各々に監督と巡視を置いた。時には自分自身で検閲を行なひ実績から市民たちの性格を察知してその或るものを名誉と信用の地位に昇らせ、又或るものは怠慢だと非難し譴責して心掛けを直させた。」（同前書、第十六節）

「豊葦原之千秋長五百秋長之瑞穂国」が自ら浮び出て来る。ヌマはローマの本原的創造神サッルヌスの化身である。ユピテルの化身なるロムルスの軍国ローマはこのサッルヌスの化身なるヌマに依つて、再びその本来のローマに復帰還元さるゝ事に於てのみ救はれたのである。「どんな生業でも土地による生活ほど平和に対する愛着を激しく速やかに起させるものはない。」そしてどんな生業でも国家社会を永遠ならしむるものは土による生活を土台に据ゑる外ないのである。

――「高天原に神留り坐す皇親神漏岐神漏美の命以て八百万の神等を集へ賜ひて、『皇孫尊は、高天原に事始めて、豊葦原の瑞穂の国を安国と平らけく知らし食して、天津日嗣の天都高御座に御坐して、天都御膳の長御膳の遠御膳と、千秋の五百秋に瑞穂を平らけく安らけく、由庭に、知ろし食せ。』」

ヌマのローマ救済の眼目とする処は、蓋しこれである。

「ヌマの行つた他の政策の中で最も驚嘆されるのは民衆を職業によつて分けたことである。前に述べたやうに、ローマの国家は二つの種族から合成されたものと思はれてゐて、とかく分裂しがちで、どうやつて見ても一つにならうとせず、その相異と不和を拭ひ去ることはできず、両部分の衝突と競争は止む時がなかつたのであるが、ヌマは物体の中で本性上硬くて混合し難いものもそれを砕ひて粉々にすれば小さくなるために互いにうまく合ふやうになつて混ぜることができると考へたので、民衆全体を数の多い部分に分ち、更にそこから他の区別に進み、それらの細かい区分によつてあの最初の大きい区分が分散させ消失させようと決した。その区分は、笛吹、黄金細工師、大工、染師、靴屋、革屋、鍛冶屋、陶工といふやうな職業によるものである。その他の職業は一つに纏めてその全体を一組とした。各々の組に適当な会合や、集会や、神々の祭式を定め、さうして初めてローマの国家から、或るものはサビーニー族、或るものはローマ人、或るものはタテイウスの市民、或る者はロームルスの市民だと云はれたり看做されたりする習慣を取除いて、この新たな区分がすべての市民にとつて調和と融合になるやうにした。」（同前書、第十七節）

ヌマはかくの如き文化国家形態を以て、ロムルス軍事国家を根本的に改革して、文化的理想国家たらしめんとしたのである。即ちヌマの理想とする所は我が豊葦原瑞穂すめらみこと統一国に倣つて、ロムルスの軍事国家を根柢より変革して、文化的祭司国たらしめんとすることにあつたのである。

「これら祭司の職を定めてからヌマはウエスタの神殿の傍らにレーギアと呼ばれてゐる王宮を建てた。そこに時間の大部分を過して神式を行つたり、祭司を教へたり、自分だけで神事の瞑想に耽つたりした。」（同前書、第十四節）

而して、ヌマはポーンテイフリエス・マキシムスを置き、自らそれに任じて、ローマ文化国家の元首の立場に立つたと、プルタークは伝へてゐる。も一歩のぼればヌマはすめらみことである。かくの如くにしてヌマはローマを崩壊から救つたのである。そして、かくの如くにして大ローマ帝国の大基礎をうち立てたのである。ヌマはロムル人の延長ではない。ヌマはインペラトオールではなくして、ポンテイフエクス・マキシムスである。ヌマはユピテルの化身ではなくして、ローマの大本原神サツルヌスの化身である。ヌマは滅びゆくロムルスのローマ、即ちユピテルのローマをその本原神サツルヌスの許につれ戻して、之を救つたのである。かくの如くにしてヌマは土崩瓦解するローマ大帝国を人類史今日のために救ひ出したキリスト教会大文化国家出現の大基礎を千古の古に準備したのである。

「さてロームルスはどうすれば自分の祈りをユピテルの気に入るやうに、且つ観物として市民たちに喜ばれるやうに果すことができるかと考へ、陣営にあつた並外れて高い槲の木を伐り倒して勝利の標柱のやうな形にし、アクローンの武器を一つ一つ順序よく懸け廻らした。さうして、自分は衣を纏ひ、髪のふさふさした頭に月桂冠を戴いた。その勝利の標柱は右肩に担つて真直に持ち上げ、武器を取つて続く軍隊の先頭に立つて勝利の讃歌を歌ひながら、喜びと驚きを以て迎へる市民の間を進んだ。この時の行進がその後の凱旋の起原と競争の標的となつた。この勝利の標柱はユピテル・フエルトリウスの奉納品と名づけられた。」（英雄伝、「ロムルス」第十六節）

槲木はユピテルの神木である。ユピテル・フエルトリウス、――勝利をもたらすユピテル――を高くかゝへ持つロムルスはユピテルの化身である。ローマ王国の大本はこのユピテルではない。正にヌマのサツルヌスである。ローマのサツルヌスは根原的農神であつて、ゼウスの父クロノス同神とされる。しかし、サツルヌス同神クロノスはギリシアのクロノスではない。それはクレタのクロノスである。クレタのクロノスは最古最大の農神であつて我が高皇産霊神とその神性格を同一ならしむる事を思はしめらる。最も驚く可くして、また最も注目す可き事柄である。

たとひ、パラチーヌスに城壁を築き、その率ゆるレギオーを以てロムルスが周囲諸種族を圧倒してローマへゲモニーを確立したにしても、古代ローマは征服国家ではない。また奴隷国家でもない。明かに古代ローマは軍事・文化二重国家形体の典型的なものを備へてゐる。然し、その本質とする所はロムルス軍事国家ではなくしてヌマ文化国家のそれである。しかも、ヌマの文化国家形体は我がすめらみこと国家形体に最も近似するものを示す点は、まことに驚く可き事であり、且つ最も注目に値する。

（ハ）比較論一言

我々はヌマに於て、リユクルゴスに於けると同様、最も崇高なる救済主的創造的大人格を見出し得る。然し、ヌマのローマに於て、我が橿原宮統一国家に比較し得る偉大なる理想的文化国家を見出し得るや否やは全く問題としない。

五、周武封建国家

（イ）

（略）

古公亶父がアブラハムならば、文王以前の周族宗主はイサク及びヤコブに当るであらう。文王はダビデに相当する。かくして建設された周族国家はイスラエルと同様、本原的に而して本質的に文化国家であつて、軍事国家ではない。それは、また全くイスラエルと同一性的に、親子骨肉恩愛の世界から生れたものであり、その構成員は隣人同胞関係に結ばれたる所の共同体国家を結成せしめるものである。こゝには征服国家を考へ得る。又は、階級国家を考へ得る根拠は、微塵も見出し得るものではない。

所が、北方又は西方の砂漠の民、曠野の民が、黄河の流域に、続々移動して、かつての遊牧生活を脱ぎ棄てゝ、氏族団体が農耕生活に土着するに至れば、其処に何よりも先に実在せねばならぬ根本基礎条件は、各氏族団体の土着生活を維持せしむるに足る統制力、即ち大国家権力である。偉大なる権力の発生は、また偉大なる経済的動員力の発生を意味する。かくて、如何なる民族の歴史的生活にも例外なしに附物の大暴君、独裁王の出現を不可避とする。黄河流域に土着せる漢民族が農耕民族化さるゝに至るや、その暴君専制君主現象は、世界史上にもあまりたぐひを見ない様相を呈するに至つた。

そのはじめ堯舜禹は世に謂ふ大聖なるものであつて、スパルタのリユクルゴスの如く、或はローマのヌマの如き最も崇高偉大なる徳性王であつた。而して、この時代の漢民族国家は、特性国家の典型的なものである。就中、禹の治水の大事業と国家再建大偉業はその性格のその規模に於て、世界史上稀に見るところの大救済事業であつた。所が、禹までは、王位継承は、前国王の選抜制であつたのが、禹以降は世襲へと革命的変遷を来すに及んで、権力と富の集中の悪循環過程がはじまつた。かくて、禹の後継者から、暴君専制君主の典型者を生むに至つたのであつた。是を史記の著者はかく書き伝へてゐる。（略）

つまり放伐革命の起るところである。が、夏に代つて殷になると、放伐革命様相は典型的な大軍事行動にまで発展していつた。史記にかく見られる。（略）

かくて、周の武王、紂を放伐して、天下を革命する。而して、漢民族史は放伐革命軍事行動を以て、万民救済の根本大道たらしめ、革命王を以て、「受命之君」即ち救済王と称するのである。（略）

然し、暴君紂は断乎、武力を以て、斬つて棄てる以外に採り得る途は実在しないのである。（略）

牧野決戦の始末は、前に知つたところである。紂軍七十万、武王軍その半、百万の大兵を牧野に集中して決戦したといふのであるから、当時漢民族はペルシア大戦争を思はしむるに値する、一大軍事国家を、黄河のほとりに出現してゐたことが能くわかる。かくして出現した周の武王がつくり出した周武氏族連合国家は、世界史上最も大規模な封建的軍事国家である。

しかし、武王はキルスではない。或はアレキサンダーではない。周は古公亶父の岐山下に起原し、武王は文王の後継者である。武王は大征服王ではない。周武封建国家は征服国家ではない。周の武王は大征服王でもなく周武封建国家は大征服国家ではないと同時に階級国家でもない。郭抹若などの説く所は、およそ史実を無視する空論である。周武封建国家の中心主体を成すものは宗廟である。従つて、周武封建国家成立運営の基本を成すものは政治及び軍事、或は行政及び軍政ではなくて、一に宗廟祭祀である。或は之を孝道と云ひ、一般に儒道の汝に於て理解さる、所のものである。詩経、小雅、北山之什、楚茨編にかく見られる。（略）

「孝」といふと俗に「親孝行」或は「孝行息子」の意、現に活きてる親に対して、その子が報恩のためにつくすの意、即ち道徳的にのみ解釈されて来て、その本来の宗教的意味を忘れてしまつてるが、支那本来の孝道或は儒道と云ふものは、こんなものではなくて、宗廟祭祀の忠実なる執行を意味するものである事を、この楚茨篇に歌はる、所に拠つて最も明確に知る事が出来る。

「○礼儀既に備はり、鐘鼓既に戒たり。
孝孫位徂きて、工祝致し告ぐ。
神具に酔ひて、皇尸載ち起つ。鼓鐘尸を送り、神保聿に帰る。
諸宰君婦、廃ひ徹ぐること遅からず。
諸父兄弟、備はりて燕私す。
○楽具に入りて奏し、以て後禄を綏んず。爾の殽既に将め、怨莫く具に慶べり。既に酔ひ、既に飽き、大小稽首す。
神飲食を嗜んで、君をして寿考なら使む。
孔だ恵み孔だ時ありて、維れ其れ尽し、至子子孫孫、替ること勿くして引くせん。」

こゝに孔子の曰ふ仁の源泉がある。またイスラエルの族父アブラハム、イサク、ヤコブに観得る所と、その本質を少しも異ならしむるものではない。祖先神を中心主体として、隣人同胞、神と人と全く「ま心」に結ばれて同一体の聖境である。而して、周武封建大軍事国家の由つて成り立つ根本もまた此所である。

礼記、王制篇にかく見られる。

「天子は七廟、三照三穆と太祖の廟と七なり。諸侯は五廟、二照二穆と太祖の廟と五なり。大夫は三廟、一照一穆と太祖の廟と三なり。士は一廟にして、庶人は寝に祭る。」

天子から庶人に至るまで、その宗廟設定の数に相異はあるが、宗廟に祖先霊を神として之を祭る点に至つては全く同一にして不異である。

「天子諸侯の宗廟の祭は、春を礿と曰ひ、夏を禘と曰ひ、秋を嘗と曰ひ、冬を蒸と曰ふ。」

即ち世に謂ふ四時祭である。

「天子は犆礿し、祫禘し祫嘗し祫蒸す。諸侯は礿すれば禘せず、禘すれば嘗せず、嘗すれば蒸せず。烝すれば礿せず。諸侯は犆礿す。禘は一たび犆し、一たびは祫す、嘗は祫し、烝は祫す。天子の社稷は皆太牢、諸侯の社稷は皆少牢、大夫士の宗廟の祭は田有るもの則ち祭り、田無きものは則ち薦む。

庶人は春に韭を薦め、夏は麦を薦め、秋は黍を薦め、冬は稲を薦む。韭には卵を以てし、麦には魚を以てし、黍には豚を以てし、稲には雁を以て須す。」

上文、社稷とあるが、宗廟社稷と云ふ可きを宗廟は自明として略されたものであらう。宗廟四時祭に奠薦する聖食の種類は天子から庶人まで、階級に従つて用ふる所の材料を異にするも、聖食式を以て、祖先神を祭祀する点に至つては全く同一である。即ち、前掲、楚茨篇に拠つて詳に為し得る所のもので、一に孝道にのつとるものである。

所で、王制篇の上掲四時祭「……冬を蒸ち曰ふ。」とあるにつゞけて、「天子は天地を祭り、諸侯は社稷を祭り、大夫は五祀を祭る。」とある。宗廟と社稷は不可分の一に結び付けられてゐる。而して、宗廟は我が「ひもろぎ」に当り、社稷はその「いはさか」に相当することを思はしめらる。礼記、郊特牲篇にかく見られる。

「郊には特性にして社稷には大牢す。」

特性は子牛である。大牢は牛羊豕である。又、

「郊の辛を用ふるは、周の始めの郊に日の至れるを以てなり。郊を卜するときは、命を祖廟に受け、亀を禰宮に作ふ。祖を尊び考を親しむの義なり。」

又、

「帝牛不吉なるときは、以て稷牛を為ふ。帝牛は必ず滌に在ること三月、稷牛は唯具はるのみ。天神と人鬼とに事ふることを別つ所以なり。万物は天を本とし、人は祖を本とす。此れ上帝に配する所以なり。郊の祭たるや、大に本に報ひ始に反るなり。」

上帝祭も社稷祭もみな宗廟祭を宗として体系される。周武封建国家は宗廟を中核体となし、宗廟祭祀を基本たらしむる事によつて成立する。征服国家ではない。況んや階級国家ではない。奴隷社会で

はない。

王制篇にかく見られる。

「天子の田は方千里、公侯の田は方百里、伯は七十里、子男は五十里なり。五十里に能ざる者は天子に合せずして諸侯に附す。附庸と曰ふ。

天子の三公の田は公侯に視へ、天子の卿は伯に視へ、天子の大夫は子男に視へ、天子の元士は附庸に視ふ。

農田を制すること百畝なり。百畝の分は、上農夫九人を食ひ、其の次は八人を食ひ、其次は七人を食ひ、其の次は六人を食ひ、下農夫は五人を食ふ。庶人の官に在る者は、其祿是を以て差と為す。

諸侯の下士は上農夫に視え、祿を以て其の耕に代ふるに足る。中士は下士に倍し、上士は中士に倍す。下大夫は上士に倍す。卿は大夫の祿に倍す。君は卿の祿を十にす。次に国（○伯の国）の卿は大夫の祿を三にし、君は卿の祿を十にす。小国（○子男の国）の卿は大夫の祿に倍し、君は卿の祿を十にす。」

農民生産力を基準にして、その分配制度が、最も合理的に決定されてゐる、謂はゞ、「合理的農本分配制度」である。農民の市場生産力を基準としない。最も注目す可き点である。であるからこゝには奢侈生活、奢侈生産はつけ入る隙がない。この周武封建国家に観る所の「合理的農本分配制度」は漢民族の氏族連合国家成立の大基礎を成すものであつて、世界史上正に比類なく合理的に且つ健全なるものと謂ふ可く、最も注目す可き点である。而してその由来する所は一に宗廟宗教のそれである。こゝには征服は無い。こゝには階級は無い。こゝには奴隷は無い。（略）

周武封建国家は正に世界史上無比にして最大なる農村共同体国家社会である。而して、武王は、たとひ、大軍事指揮官であつても、独裁者即ち覇者ではない。全くその正反対であつて、漢民族に特有なる救済主的聖帝である。

（ロ）比較論一言

以上の素描を以て最も明確に知り得るやうに漢民族国家は一貫して氏族連合国家であつて、統一国家ではない。而して、周武封建国家は此に典型する所のものである。而して、是を我が橿原宮すめらみことと統一国家同類し得るや否やは、全く問題となし得る限りのものではないのである。

六、結語一言

要するに、我が橿原宮すめらみことと統一国家は世界史上唯一の純粋文化統一国家たるの世界史的根本大史実を最も明確になし得たものと信ずる。

人麻呂は歌ふ。（万葉集巻二）

やすみしし　わが大君
神ながら　神さびせすと
芳野川　たぎつ河内に

高殿を　　　　　高しりまして
のぼり立ち　　　国見を為せば
たたなはる　　　青垣山
山祇の　　　　　奉る御調と
春べは　　　　　花かざし持ち
秋立てば　　　　もみちかざせり
ゆき副ふ　　　　川の神も
大御食に　　　　仕へまつると
上つ瀬に　　　　鵜川を立ち
下つ瀬に　　　　小網さし渡す
山川も　　　　　依りて奉れる
神の御代かも

こんな目出度い大文化国家は、世界史的大古典の何処を尋ねて見てもさがし当てることが出来るものではない。たゞ独り日本のみである。

第十七章　現人神信仰

現人神信仰

如上、私は橿原宮すめらみこと統一国家は、正に世界史的比類なき大救済的文化国家なる世界史的根本大事実を、最も明確ならしめ得た。橿原宮すめらみこと統一国家は、正に世界史上比類なき大救済的文化国家であり、而してそれは世界史上正に比類なき大神社国家であり、大祭司国家である。その大神社国家、大祭司国家の大本社橿原宮の中核体はそのひもろぎ（神籬）であり、そのひもろぎ（神籬）に、橿原宮構成者とものみやつこ（伴造）中央すめらみこと祭司団が分担協力体制下に、いつきまつる大祭神は、天照大神八咫鏡同床にまつらるゝ現人神すめらみこと、神日本磐余彦火々出見尊その大現人神である。而して、すめらみこと祭祀の大宗は大嘗祭である。こゝに橿原宮すめらみこと統一国家検討の中核がある。これから大嘗祭の検討に歩を移さねばならない。が、その前に、現人神信仰に就て一言するの要を覚えしめられる。

人間神格化現象の世界史的典型をオーガスタスに観ることは一般的であらう。彼は頭に月桂冠を戴き、手に神杖を握つて、玉座ゆたかにがんばつてゐる。即ち彼はも早や総司令官ではなくして、ゼウスに配同されたるあらひと神である。従つて、現人神信仰の解釈をこゝに見出さんとすることのまた一般的であらう。然し、人類史は此とは全く正反対の大現人神の実在を我々の前に、人類史上無比の形を以て、示顕してゐる。即ちイエス・キリストである。イエスは自ら神の子であると宣言してゐる。更にユダヤ王であると自任する。あらひと神にして且つユダヤ王なるイエスは人々の救ひのために、頭にいばらの冠をのせられ、手に葦の杖をにぎらせられて、十字架に釘けられるのである。こゝにこそ現人神信仰がある。而して、その最古にして最大なるものはオシリスその神である。

三輪の大物主神は本原的に樹木神とされてゐる。それから三輪の大物主神は酒の神とされてゐるが、オシリスもまた酒の大神とされてゐる。最初に葡萄を棚に這はせ、葡萄のふさを足で踏むで、葡萄酒を醸造したのもオシリスであつた。が、またその妃イシスと共に大麦小麦の栽培をはじめたのもオシリスである。かくして、オシリスはエジプト人を食人状態から救ひ出して、はじめて文明状態に導いたところの、史上最古にして、最大な聖者がオシリスである。オシリスはかくてエジプト人からあらひと神といつきまつられ、且つ国王とあがめられた。オシリスは史上最初にして最大なる文化現人神とされる。（略）

エジプトのオシリスに就て考へられる、同一の歴史的事実がシリアのアドニスに就ても考へられる。またバビロンのタムムズに就ても考へらるゝ。要するにオシリスに於てその典型者を見出し得る文化現人神信仰形体は人類史上最古にして最大なる信仰形体であるといふ根本大事実に就て一言して置く。此所に、これ以上に亘る事は本論の範囲となし得る所のものではない。（略）

アメリカ大陸文化の源泉もまたエジプト同様に文化現人神信仰形体を基本とする事が考へられるといふのである。所で、メキシコに就て述べる所は、その文化変遷問題上、特に注目に値する。

（略）

ペルリ教授は、右のアヅテックのヒユイツイロポヒトリ神に於て、文化現人神から軍神への変遷過程の顕著な一例を見得ると主張してゐる。そして、軍神的性格を得たアヅテックのヒユイツイロポヒトリ神は、軍神の典型者ヱホバとはその性格を百八十度異ならしむるものであつて、その本来の文化的現人神的性格を保持して、アヅテック族の「食べられる神」とされる。特に注目す可き原始宗教社会に見らるゝ神性格の変遷過程であるが、ヒユイツイロポヒトリ祭祀に関するフレーザーの説述は、大嘗祭検討にとつて、特に参考に資する所が多い。左に掲げる。

「神の体としてのパンを礼典的に食べる慣習は、スペイン人によるメキシコ発見と征服より前にアズテク人によつて守られてゐた。毎年五月と十二月の二回、メキシコの大神イツチロボッチリの像が小麦粉をこねてつくられ、後に細片に砕かれ、その礼拝者たちによつて厳かに食べられるのであつた。五月の祭りについては、歴史家アスコタが次のやうに記してゐる。『メキシコ人は五月にその神ヴィツチリプツチリの大祭を行ひ、この祭りの二日前に、既に私の述べた処女たち（同じ神殿内に幽閉して隔離された謂はゞ尼のやうなもの）は甜菜の種と焙つた玉蜀黍とを多量混ぜ合はせ、更にそれを蜂蜜でつてこねて木製のものと同じ大きさの像をこの糊状物でつくり、眼のかはりに緑色と青色、または白色のガラスの粒を押した。また私が既に述べたすべての飾り物や道具と共に玉蜀黍の粒を歯のかはりにならべた。これがすむとすべての貴人たちがやつて来て、かの偶像の、ものと同様な美麗豪華な衣をもたらし、それを像にきせた。（略）彼等はこのやうな糊状物の細片を呼んで、ヴィツチリプツチリの肉と骨と言つた。此の骨を置くと、やがて神廟のすべての長老たち、祭司たち、侍人たち、及び其他の役人たちが残らずその位階と習慣に従つて、（彼等の社会には厳格な秩序があつたから）それぞれ位と役目とを示す異つた色と意匠の面をつけ、頭には花冠をいただき、頸には花鎖を巻いて、次から次へと現はれて来た。彼等のあとからは、彼等の礼拝する神々と女神たちが異つた形で、同じ衣裳を纏つて出て来た。そしてかの糊状物の細片や断片の傍に整列し、歌と踊とをもつて或る儀式を執り行つた。かうすることによつて、件のものは偶像の肉と骨として祝福し聖化された。」（金枝篇（四）二二一―二二四、永橋卓介訳、岩波文庫）

この祝福され、聖化されたヴィッチリプッチリの肉と骨はこなごなにくだかれ、盛大な聖餐式のもとに、老若男女、国民全体にゆきわたるやうな意図を以て、たれもその一片を食ふといふのである。「この儀礼は『テオクロア』と呼ばれた。それは『神を食べる儀』といふ意味である。」とフレーザーは書いてゐる。

しかし、事はヴィッチリプッチリ菓子を食ふのではないのである。神の権化とされる現人神それ自体を人身御供にしたのである。フレーザーはかく述べてゐる。

「メキシコ暦年で最も盛大な祭礼となつてゐたトキシカトルといふ祭にあたつて、一人の若者がその大神の現身として一年間養はれ崇拝されたのち、『神々の神』であるテズカトリポカの性格に於て毎年犠牲として供へられた。アズテリ人の宗教に関する最高の権威、むかしのフランシスコ派僧侶サハグンによれば、この人間神の供犠は復活祭またその数日後に行はれた。それで、彼の言ふところに誤りがないとすれば、その性格に於いてのみならず、其の期日に於いても、これは救主の死と復活を記念するキリスト教の儀礼に相応したのである。」（金枝篇（四）二二一―二二四、永橋卓介訳、岩波文庫）

しかし、人々の幸福のために殺されてゆく神は原始社会の到る処に見出されるのである。エジプトのオシリスは、エジプト人の幸福のためにその身を献げてナイル河になげこまれた人身御供王であつたにちがひないであらう。しかもそのむくろは十四片にきりきざまれて、エジプトの十四の地区に埋葬さるゝ事によつて、ナイルの谷間のみのりを千秋長五百秋にめぐむのである。フレーザーはかく書いてゐる。

「我々はいまや、コーイアクの日の種播きの大祭儀にあたつて、祭司たちが土と穀物とでつくられたオシリスの人形を埋めることになつた理由を、完全に理解することができる。このやうな人形が一年の終り、或はより短い間を経て再び土中からとり出されると、オシリスの身体から穀物の生え出てゐるのが見られたであらうし、この穀物の成長は農作物の成長の兆、或はむしろその原因として歓迎されたであらう。穀物神が自分自身から穀物を生ぜしめたのである。即ち、彼は民どもを養ふため、自分自身の身体を与へたのである。即ち民を生かさんがため彼は死んだのである。」

（同前書、（三）一〇六）

このオシリスの犠牲神性格は、我が大嘗祭検討のために、特に留意す可きものである。

第十八章　大嘗祭

大嘗祭の定義
大嘗祭の起原
延喜式の大嘗祭
江家次第の大嘗祭
大嘗宮
神座
御膳
とよのあかり
清暑堂神楽
内侍所神楽
歓喜宗教
天宇受売命の神懸
結語

一、大嘗祭の定義

さて、大嘗祭の検討である。古事類苑にかく見られる。

「大嘗ハ、古語ニオホニヘト云ヒ転ジテオホムベトモ云フ。後世ハ字音ヲ以テダイジャウト称シ、又大嘗祭ト云ハズシテ、大嘗会トノミ言フハ、節会ノ方ヨリ称スルナリ、此祭リハ天皇即位ノ後、始メテ新穀ヲ以テ天照大神及ビ天神地祇ヲ奉祭シ給フ一世一度ノ新嘗ナレバ、之ヲ大新嘗トモ云ヒ、又即位後必ズ行ヒ給フヲ以テ、践祚大嘗祭トモ云フ」（古事類苑、神祇部第一冊、九四三）

大嘗祭は天皇即位後、新稲を以て天照大神及び天神地祇を奉斎する一世一度の新嘗祭であると定義されてゐる。これが一般的大嘗祭解釈である。この一般的解釈に従へば、天皇は天照大神以下の八百万神をいつきまつる最高祭司であつて、天照大神と同床共殿体制下に奉斎さるゝ現人神ではないといふことになる。この大嘗祭に対する一般的解釈は中世神祇宗教を対象として下されたものであつて、橿原宮すめらみこと統一国家における大嘗祭に対しては全面的に排除されなければならぬ。礼記、祭統篇に、

「昔者、周公旦天下ニ勲労アリ。周公既ニ歿シテ、成王・康王、周公ノ勲労セシ所以ノモノヲ追念シテ、而シテ魯ヲ尊クセント欲ス。故ニ之ニ賜フニ重祭ヲ以テス。外祭ハ則チ郊社是ナリ。内祭ハ則チ大嘗禘是ナリ。夫レ大嘗禘ニ清廟ヲ升歌シ、下ニテ象ヲ管ニシテ、朱干玉戚モテ以テ大武ヲ舞ヒ、八佾ヲ以テ大夏ヲ舞フ。此レ天子ノ楽ナリ。」

とあるが、大嘗祭の「大嘗」の文字もこの当りから仮りて来たのであらう。この「大嘗」の文字からして、大嘗祭は支那の宗廟祭祀と誤り解釈された事がよくわかるが、かゝる大嘗祭に対する一般的解釈は全面的に取り除かれねばならぬ。

二、大嘗祭の起原

日本書紀、神武天皇紀四年条、鳥見の霊畤に就ては、第十三章第一項同床共殿中の第二節「すめらみこと祭祀」中に於て検討した。そして、神武天皇即位四年に大嘗祭の執行ありし事を明確にした。そして、大嘗祭はすめらみことと大神宮とその起原を等しくすること明確にした。が、古事類苑、大嘗祭註に、かく見られる。

「抑大嘗祭ハ前ニモ略陳セルガ如ク、其義全ク新嘗祭ニ同ジキヲ以テ、古ハ大嘗ヲモ新嘗トモ書シ、新嘗ヲモ大嘗ト書シテ、其区別明ナラズ、故ニ清寧天皇二年十一月ノ大嘗、皇極天皇元年十一月ノ新嘗ノ如キハ、共ニ即位ノ大嘗ナレドモ、其実果シテ如何ナリシカ、之ヲ知ルベカラズ、天武天皇ニ至リテ二年十一月ニ、即位ノ大嘗アリテ、其五年及ビ六年ニ新嘗ノ事アリ、是ニ至リテ大嘗新嘗ノ区別稍明ナリ。」(古事類苑、第一冊、九四七―九四八七)

ともすると、大嘗祭は新嘗祭に遅れて起つたかのやうな思ひを抱かしめられる。しかし、これも全くの誤解であつて、この種の見解に陥つてはならない。大嘗祭も新嘗祭も共にすめらみこと復活祭として、その形式を全く同一ならしむるものであるが、大嘗祭はすめらみこと一世一度の大復活祭であるのに対して、新嘗祭は、すめらみこと年次復活祭である。大嘗祭と新嘗祭はその性格を根本的に異ならしむるものである。大嘗祭は前代すめらみことのおほむね自然死によつて、現世からその肉身の姿を消失するに当つて、後継すめらみこともまた、前者がさうしたと全く同じうにして、聖母天照大神の腹中から、うまれかはつて、現人神すめらみこととして、高御座に就くところの一世一度の大復活祭なのである。換言すれば、大嘗祭はすめらみことと天皇の元首職、就職式を兼ねたる現人神、就神式なのである。特に、「践祚大嘗祭」と称せらるゝ所以である。大嘗祭はその宗教的国家的性格を新嘗祭と根本的に異ならしめる。誤つてはならない。

所で、上掲の如く、古事類苑の最高権威に於てすら、之を見らるゝ大嘗祭に対する一般的解釈及び空粗なる起原論である。この種の一般的解釈論は、大嘗祭の検討に当つて、全面的にはらひ除けねばならぬ。そして、先づ、大嘗祭形式に就て、厳密な検討が下されなければならぬ。而して、最初に延喜式を取り上げる。

三、延喜式の大嘗祭

（イ）延喜式の史料価値

延喜式全巻五十、そのうち第一巻より第十巻迄、全五十巻の二割を神祇関係に割いてゐる。太政官に対してすら、巻第十一たゞ一巻外充て、ゐないのに対照して延喜式が如何に神祇祭祀に重点して編纂されたものであるかを知る事が出来る。尚、太政官に関する記録にせよ、中務、民部等の各省に関する記録にせよ、その主要なる内容は天皇を中心として執行さる、神祇祭祀に関する所のものである。中世に於ける天皇の日本統治が天皇の神祇祭祀を基本として執行された事実を明かにするものとして注目す可きものである。

所で、延喜式の巻第七は「践祚大嘗祭」と項目して、全巻を大嘗祭形式の記述に費してゐる。而して、是に大嘗祭形式検討の無上の権威ある資料を見出す事が出来る。

がしかし、最初に投げ出されずに措かれない問題は、延喜式といふ中世的文献を以て、古代に於ける大嘗祭形式の検討に対する最も有力な資料たらしめ得るかどうかである。換言すれば、延喜式に伝へられてゐる大嘗祭祭祀形式は神代に起原するものをそのまゝ伝へてゐるものと考へ得るかどうかである。そこで、最初に検討せねばならぬ問題は、大嘗祭を伝統的に執行してまゐつた神祇官の沿革である。

古事類苑曰ふ。

「神祇官ハ天神地祇ヲ祭祀シ、諸国ノ官社ヲ総管シ、祝部、神戸ノ名籍ヲ掌ル所ナリ、抑々我国ノ上世ハ、祭政一致ニシテ、中臣忌部ノ両氏、歴世祭祀朝政ヲ掌リシガ、大臣大連ノ国政ヲ執ルニ及ビテ祭政漸ク分レテ、別ニ祭祀ノ官ヲ設クルニ至レリ、継体、欽明、皇極等ノ記紀ニ、神祇伯ト書セルモノ是ナリ、孝徳天皇ノ朝、八省百官ヲ置キ、斎部首佐賀斯ヲ以テ神官頭トナス、即チ神祇伯ナリ、然レバ神祇官ノ設置モ亦当時ニ創マルカ、文武天皇ノ朝、大宝律令ヲ制定スルニ及ビ、神祇官ヲ以テ、太政官ノ上ニ置キシハ、祭祀ヲ以テ政道ノ基トセル古義ニ拠ルモノナリ」（古事類苑、官位部部六）

官制としての神祇官は大化改新に創まるものであるが、神祇官が伝統する所の祭祀形式は、神代遠く中臣忌部の首脳祭祀に起源するものである事を窺ひ得る。

所で、職原鈔にはかく見られる。

「神祇官。当官を以て諸官の上に置くは、是れ神国の風儀なり。天神地祇を重んずる故なり。昔、人皇の最初、神武天皇、都を大和の国、橿原宮に定る時、天照大神の心霊八咫鏡及び草薙劔を以て大殿に安置す。床を同じくして坐し給ふ。蓋し、往古の神勅の如し。此に由りて、皇居神宮差別なし。宮中に庫蔵を立て丶此を斎蔵と云ふ。官物神物分つこと無し云々。此の時天児屋命専ら祭祀の事を主る。是乃ち朝政を執るの儀なり。第十代崇神天皇漸く神威を畏れ、鏡劔を鋳改め、神代の霊を別所に安じ奉る。是れ皇居神宮相分る丶の始なり。垂仁天皇の御宇、天照大神を伊勢国五十鈴川上に静め坐せる時、中臣の祖大鹿島命に命じて祭主たらしむ。其後代々祭主となり、朝廷官を置かれて以後、神祇の伯（昔は祭主頭たり。）と伊勢神宮の祭主と又別なり。但し、伯の職掌を見るに、掌る所祭主たり云々。然らば乃ち其の職已に一本一体たる事、之を以て知る可きなり。然らば乃ち祭主官の職は上古の重任なり。又神国の故に当官を以て太政官の上に置くか。」（群書類従、第七十一巻）

職原鈔の著者は神祇官の起原を遠く中臣大鹿島命に遡る事を論証してゐる。注目す可きものである。

又、神祇官に伝統さるゝ諸祭祀が、天皇、天照大神八咫鏡同床共殿体制、即ちすめらみこと祭祀に起原するものである点を指摘してゐる。また、古語拾遺の等しく伝ふる所である。

右の如くにして、神祇官は支那官僚体制のかりものではなく、遠く神代に起原するものである事を知ることが出来る。此の問題について、日本書紀、孝徳紀の大化元年条に極めて重要な記事を見出す事が出来る。

「天皇、安倍倉梯麻呂大臣、蘇我石川万侶大臣に詔して曰まはく、『歴く大夫と百伴造とに、悦ぶ心を以て民を使ふの路を問ふべし。』庚辰、蘇我石川万侶大臣奏して曰さく、『先づ以て神祇を祭ひ鎮め、然して後に応に政事を議るべし。』」

滔々たる儒仏文明輸入の大勢下に断行されたる大化改新に於てすら尚かくの如きものであつた事実を明確に知ることが出来る。即ち、大化改新の当時に於てすら神祇祭祀を基本とし、優先する事なくしては、日本統治は成立し得なかつたといふ根本大事実を明確に知ることが出来る。

所で、延喜式編纂に就て一考を要する。上延喜式表に

「捜二古典於周室一、撰二旧儀漢家一、取二捨弘仁貞観弛張一、」（物見高見、延喜式解題に出づ。）

など見える。延喜式の内容とする諸制度がいかにも支那からの借物であるかのやう印象を植ゑ付けずには止まざる書振である。しかし、これは大変なまちがひである。延喜式の内容は支那の借物は何もないと言つても少しも誇張でないくらゐに、日本固有古代宗教、すなはち、すめらみこと宗教の伝統的祭儀を以てうづめられてゐる。特に、伊勢皇大神宮に伝統さるゝ儀式はそのまゝにして、しかも

最も大きな部分を占めてゐる。この事について、荒木田経雅が「大神宮儀式解」中に於て述ぶる所は大いに注目に値する。

「大神宮儀式は桓武天皇の大御代二十三年甲申八月当時の大神宮司中臣朝臣真継大神宮禰宜神主公成等上奏する由、即ちこの儀式の最終に見えたり。皇大国の事、古世にもとづき沿革せざることをもととする中に、神事は殊に旧儀に違はぬを要とす。考課令ノ最条ニ神祇祭祀、不レ違二常典一為二神祇官最一とあり。故に百官を初め伊勢神宮斎宮寮等の式を定めたまはむ御心を興したまひ、司司に命ありて延暦中司司神宮等の常規範を覔めたまひけるなるべし。其後弘仁十年四月大納言冬嗣の卿勅を奉りて弘仁格式を奏上し、又貞観十三年八月右大臣氏宗公勅を奉じて貞観格式を奏上せらるといへども、猶神宮の式委しからず有けむ。弘仁式は今の世に遺れど、神官の事委しく注さず。貞観式は絶て世に伝はらねば知がたし。ここに延長五年十二月に至り、左大臣忠平公、大納言清貫公、神祇伯安則朝臣、大外記久永、左大史忠行勅を奉りて百寮百官神宮等の格式を撰集めて延喜式を奏上せらる。其式今の世に流布れり。得て読るに大神宮の式は太凡此儀式及豊受儀式によつて記さる。延暦年間此儀式奏上せさせ給ふ意是を以て察すべし。神宮朝廷無二分別一、故に其神態作法等朝廷に准ずること十にして八九におよぶ。」（大神宮儀式解前篇、一）

延喜式編纂の精神とその事情を最も具体的に知る事が出来る。延喜式巻七、「践祚大嘗祭」に見るを得る大嘗祭形式は、皇大神宮に伝へらるゝすめらみこと祭祀形式と共に、その神代に起原する所のものを、最も忠実に伝へたものである事明確に知り得る。

さて、延喜式の大嘗祭形式に関する記事はまことに詳細にして且つ綿密、而して具体的なものである。首尾一貫して最も具体的な点は科学的と称す可きものである。その科学的正確さ、詳細綿密さを以てする延喜式の大嘗祭形式に関する記述を分析してみると、其処には二つの主題が併記されてゐる事を見出し得る。その一つは天皇主題のものである。その二つは御稲主題のものである。この二つの主題のエピローグとして豊明殿大饗宴の記述がつゞけられてゐる。であるからして、延喜式の大嘗祭形式記述の検討は（一）、天皇、（二）、御稲、（三）、豊明殿大饗宴の三項目に分つて下さるゝを可とする。

（ロ）御　稲

延喜式、巻第七はかう書き始められてゐる。

「践祚大嘗祭。

凡そ践祚大嘗祭は、七月以前の即位ならば、当年事を行ふ。八月以降ならば明年事を行ふ。其年預め所司をして悠紀・主基の国郡を卜定せしむ。奏可訖れば即ち下知すること例に依りて准擬す。又検校行事を定む。」

右のやうに、大嘗祭は七月以前即位の場合には、即位の当年、即ち治世元年に執行されると規定され、若し即位が八月以降なれば元年は見送つて、第二年に執行されるものと規定されてゐる。この大嘗祭執行年次決定に基準を成すものは即ち悠紀主基国卜定にある。即ち、稲の稔熟に存する。大嘗祭が如何に悠紀主基田即ち抜穂田卜定を重しとするものであるか、換言すれば、御稲を重しとするかを窺ひ知ることが出来る。

「凡そ大祓使は八月上旬卜定差遣す。左右京一人。五畿内一人。七道各一人。下旬更めて祓使を卜定して差遣す。左右京一人。五畿内一人。近江伊勢二国一人。在京の諸司の晦日集祓は二季の儀の如し。」

最も鄭重な祓式が全国的な規模に於て執り行はれる。

「凡そ大祓使発遣し訖れば即ち幣帛を天神地祇に供ふる使を差し遣はす。太神宮は諸王の五位以上一人、中臣一人、忌部一人。卜部一人。五畿内一人。七道一人。（中臣忌部両氏之を供ず。）」

抜穂田卜定の事も、大祓執行の事も、また奉幣の事も皆神祇官中臣忌部両氏専らその事に当たるものであつて、正に神代よりの伝統である。支那輸入ではない。しかも、孰れも御稲を中心主体たらしむる点最も注目するを要する。即ち大祓詞に曰ふ、

「高天原に神留り坐す皇睦神漏岐神漏美の命を以ちて、八百万の神等を神集へ集へ賜ひ、神議り、議り賜ひて、我が皇御孫之命は、豊葦原の水穂の国を、安国と平らけく知し食せと、事依さし奉りき。かく依さし奉りし国中に荒ぶる神をば、神問はしに問はし賜ひ、神掃ひに掃ひ賜ひて、語問ひし磐根樹立、草の垣葉をも語止めて、天磐座放れ、天の八重雲を伊頭の千別きに千別きて、天降し依さし奉りき。かく依さし奉りし四方の国中と、大倭日高見の国を安国と定め奉りて、下津磐根に宮柱太敷き立て、高天原に千木高知りて、皇御孫之命の美頭の御舎仕へ奉りて、天御陰日の御陰と隠り坐して、安国と平らけく知し食さむ国中に成り出でむ天の益夫等が、過ち犯しけむ雑事の罪事は、天津罪と、畔放・溝埋・樋放・頻蒔、串刺・生剥・逆剥・屎戸・許許太久の罪を天津罪と法り別けて」

こゝに出づるものである。特に天津罪が水田稲作に対する点、特に注目を払ふを要す。右、延喜式の記録と照し合せて、大嘗祭が神代遠くすめらみこと、、、信仰と全くその起原を同一にする点を、最も明確ならしめ得る。さて、延喜式抜穂田についてかくつゞけられる。

「凡そ抜穂田は、国別に六段。

八月上旬官に申して宮主一人卜部三人を差し発遣はす。両国各二人は其の一人を稲実卜部と号ひ、一人を禰宜卜部と号ふ。国到れば斎郡に於て大祓す。（〇中略）

凡そ穂を抜くには、卜部国郡司以下雑色の人等を率ゐて田に臨みて之を抜く。先づ酒造児、次に稲実公、次に御酒波、次に雑色人、次に庶民。共に抜き訖り、斎院に於て乾かし収む。先づ初に抜く四束（四把を束と為す。）を割き取りて供御飯に擬す。自余は皆黒白二酒に擬す。捴て、盛るに籠を以てす。籠別に一束。二籠を以て一荷と為す。荷別に足を着く。盖ふに編茅を以てす。賢木を刺し、木綿を着く。訖りて駈使丁をして荷は令む。十荷毎に子弟一人之を領る。卜部及び国郡司、雑色人以下を率ゐ、前後に検校して運び送る。其御行列は御飯稲前に在り、自余の物之に次ぐ。稲実公木綿鬘を着けて引道す。九月下旬京にに到れば、卜定せる斎場の院の外に預め仮屋を作りて蹔く御稲を収む。」

抜穂即ち御稲の取扱ひ形式に最も注意を払はねばならない。最先に造酒児の抜いた四束の御稲は特に之を御飯稲に割き当てる。その他は黒酒白酒の酒米とする。此等御膳用御稲は稲美斎屋に収められる。稲美斎屋は明かに、斎場の中心社であつて、こゝに斎まつられ、蔵めまつられる抜穂御稲は明かに主神の立場に立つ者である。この斎場は神域であるが、此の神域の守護神が御食八神である。であるから御食八神は御稲の守護神であつて、斎場の主神ではないのである。御稲は即ち御食であつて、この御稲の御食を守護する所から、御食八神と称せられる。而して八神を斎院にまつるのは御稲守護のためにまつられるものであり、その幣帛は上記に列記される庶物であるが、神物としての御稲は固より、御食八神に奉奠されるやうなことはないのである。最も注目す可き点である。

所で、御稲は一束づゝを籠に入れ二籠を以て一荷となして、それは賢木を挿して木綿をつけて、聖別される。即ち神として取扱はれる。而して、卜部指揮下に大行列を組んで在京斎場へはこびこまれる。この大行列の中心主体を成す者は御飯稲、即ち造酒児の抜いた初穂そのものである。「初穂」は明かに、御稲行列に於ける「主神」である。即ち、群行大行列に於けるすめらみことと同一位置に置かる、「主神」である。この御稲行列に於ける御稲の「主神」形式は最も注目を要する。

さて、在京斎場については、かく書かれてゐる。

「凡そ在京斎場は、預め両処に設く。悠紀は左に在り。主基は右に在り。両国送る所の抜穂稲、京に到れば即ち先づ其の地を鎮め祭る。訖りて酒造児先づ斎鍬を執りて始めに地を掃ひ、幷に院の四角の柱坎を掘る。卜部国郡司以下及び役夫等を率ゐて卜食山に入りて材を採る。即ち山神を祭る。訖りて酒造児先づ斎斧を取りて始めに木を伐る。然る後に諸工手を下す。(大嘗宮の材を採るも此に准ふ。)(略)卜へ訖りて御井は酒造児始めに掘る。酒造児井は稲実卜部始めに掘る。其の二院の造営訖りて御稲を稲実屋に収む。但し御飯稲は棚を作りて別に置き、御膳八神を内院に祭る。」

在京斎場の設計造営一に大嘗宮に同じである。即ち御稲は其の根本性格をすめらみことと同一ならしむる所の御稲行列の主体である。而して、卯の日の主儀に当つて、大嘗宮にくりこむ御稲行列は次の如くに書き示されてゐる。

「卯の日平明、神祇官幣帛を諸神に班つ。（○中略）巳時主殿寮大斎の御湯を供奉す。同剋両国の供奉斎場より発して大嘗宮に向ふ。悠紀は左行に在り。主基は右行に在り。其の行列は、神服部四人左右に前駆す。（青揩衣を着て賢木を執る。）（略）次に国郡司分れて左右に在り。（並に当色、日蔭鬘。其の国司の親族相助くる者、各献物を監りて、左右に分れ列ぶ。緑襖青揩衫。この襖衫及び担夫の衣は皆国之を給す。）次に酒盞案一脚（夫四人。）次に黒酒十缶。（夫二十人。）次に餝酒十甕。（甕別に夫八人。）次に倉代物四十輿。（輿別に夫八人。黒酒以下黒木を輿と為す。餝るに美草を以てす。）次に雑魚鮨一百缶。（夫二百人。檜木を足と為す。曝布以て口を覆ふ。）次に肴菓子十輿。（輿別に夫四人。）次に飯一百櫃。（夫二百人。）次に酒一百缶。（夫二百人。）次に雑魚幷菜一百缶。（夫二百人。以上の担夫皆青揩衣。已上並に多明物。）其の主基国の次第も亦之の如し。」

どうも、ど偉い聖食行列である。かくの如き聖食行列は、漢民族の宗廟宗教祭祀には何処を尋ねても見当たらない。宗廟宗教に於ける食物供物は、単なる庶物「神なる食物」ではない。

或は「食べられる神」ではない。

所で、御稲行列は前後の二つの部隊から成り立つてゐる。前部行列は神部四人左右前駆して神祇官一人その中頭に立つにはじまつて、禰宜卜部に尽きるまでであつて、この間に挟まれてゐる、繒服、麁服をはじめ黒酒、白酒、由加物から、火燧臼、火燧杵、其他の諸物にいたるまでいづれも賢木が挿されて聖別されたものであつて、是を「神御物」とすると加註されてゐる。であるから、此等は一体として物神団を構成するものであつて、その中心主体の位置を占めてゐるのが、抜穂の御稲即ち初穂にして、瑞穂であるから御稲即初穂即瑞穂はこの物神団の主神である。それは八百万神の大主神が天照大神八咫鏡であり、百八十伴造、小現人神群の大主神なる大現人神すめらみことが百八十伴造の小現人神群の大主神の立場に立つと同一性を示すものである。かうして、天照大神八咫鏡と、初穂即瑞穂とすめらみこととは大主神のトリオを構成することを右の御稲行列、或は瑞穂行列形式に拠つて、最も明確に知ることが出来るのである。抜穂の初穂即ち瑞穂はすめらみことが天照大神以下、あまねく天神地祇に供物として奉奠する諸物でないと云ふ真に注目す可き根本事実を最も明確に知る事が出来るのである。前言したやうな大嘗祭の一般的解釈は全く不当であつて、全面的に排除せねばならぬ。

そこで、問題は、すめらみことが果して初穂即瑞穂を、又、瑞穂の転形御膳を、天照大神に供物として奉奠するかどうか。換言すれば、すめらみこと初穂即瑞穂即ちまた御膳を如何なる形式を以て取扱ふか。我々の検討はすめらみことの御膳取扱形式の一点にしぼられなければならない。

（ハ）天皇の行動

延喜式、「践祚大嘗祭」中に先づ天皇の行動として御禊の儀が書かれてゐる。

「凡そ天皇は十月下旬、川の上に臨行して禊を為す。」

かうして天皇は一ヶ月に亘る散斎に服すと書かれてゐる。これから十一月中の卯の悠紀殿の儀に至るまで、天皇はたゞ独り浄らかに静かに忌みこもるのであつて、他事を一切慎しみばかるのである。

而して十一月中の卯の日に至つて天皇は大嘗祭執行の本格的行動を起すのである。卯の日の前日、寅の日に御鎮魂祭の執行があるが、それは潔斎の最後の部を成す行為であつて、こゝで改めて検討の要を見ない。さて、十一月中の卯の日の儀についてはかく書かれてゐる。

「卯の日平明、神祇官幣帛を諸神に班つ。（祈年に幣を案上に奠ずる者を謂ふ。）座別に絁五尺、五色薄絁各一尺、倭文一尺。木綿二両。麻五両、四座置一束、八座置一束、楯一枚、槍一竿、裏葉薦六尺、庸布一丈四尺。」

申すまでもない事柄であるが、右の班幣に天皇は参加するやうな事は全くない。

「是日中臣、官人卜部を率ゐて宮内省に於て、諸司の小斎の人を卜す。訖りて各私舎に還りて沐浴斎服して赴り集まる。別に中臣・忌部の官人各一人を差し、縫殿・大蔵等の官人を率ゐて、衾単を大嘗宮の悠紀殿に置き奉る。内蔵官人を率ゐて、御服幷に絹幞頭を廻立殿に置き奉る。主殿寮御湯を供奉すること三度。（一度の大斎湯は常宮に於て之を供ず。二度の小斎湯は並に廻立殿に於て之を供ず。）」

かく天皇の行動は斎戒沐浴の儀からはじまる。一度は大斎湯で常宮にて之を執り行ひ、二度は廻立殿に於てする。大嘗祭の天皇の本格的行動はこの廻立殿の小斎湯によつて起されてゆく。

「諸衛杖を立て、諸司威儀の物を陳めること元旦の儀の如し。石上榎井二氏各二人、皆朝服内物部四十人（紺布衫を着る。）を率ゐて大嘗宮の南と北の門に神の楯戟を立つ。（門別に楯二枚、戟四竿。〈略〉）訖りて即ち分れて左右楯下の胡床に就く。（門別物部二十人。左右に各十人。五人列を為し、六尺を間と為す。）伴・佐伯各二人、分れて南の門の左右の外掖の胡床に就く。時を待ちて門を開く。」

古語拾遺神武天皇章に、

「日臣命来目部を帥ゐて宮門を衛護し、その開闔を掌る。饒速日命内物部を帥ゐて矛盾を造り備ふ。(〇中略) 然る後に物部乃ち矛盾を立て、大伴来目杖を建て門を開き」

とある。神武天皇より中世延喜式の時代に至るまで、大嘗祭形式は最も忠実に神祇官中臣忌部の手によつて伝統され来つた根本事実を最も明確に知る事が出来る。重ねてことわつて置くが、大嘗祭は正に中臣忌部大伴物部猨女を最たる者とするすめらみこと中央祭司の手によつて、神代より橿原宮すめらみこと統一国家を経て中世にまで綿々不断に承け伝へられて来たところのすめらみこと祭祀体系の大宗である。支那の宗廟祭祀から借りて来たものでは絶対にないのである。

「己の時主殿寮大斎の御湯を供奉す。同尅両国の供物斎場より発して大嘗宮に向ふ。」

このあとへ前掲の御稲行列の記述がつゞけて書かれてゐる。であるから、天皇が巳刻、即ち今の午前十時を期して供奉さるゝ大斎の沐浴を以て、はじめて大嘗祭に於ける天皇の行動が起さるゝと同時に、御稲大行列もまたその行動の第一歩を、大嘗宮に向つて踏み出すのである。それ以前に大嘗宮は伴、佐伯、物部によつて各方面が固められて、天皇と御稲即瑞穂とそれに随伴する神物団を迎へ入れる一切の準備が完了する。それと同時に、他方で阿波忌部織る所の麁服が神祇官の手によつて準備され、此が御稲行列に加へられて、やがて大行列は大嘗宮に吸ひ込まれてゆく。時を同じくして天皇は廻立殿に入御、小斎の御湯を召して悠紀殿に入御する。然る後に、天皇は大嘗祭の主儀、悠紀の御儀に服す。

「阿波国の忌部の織れる麁妙服、（神語に謂ゆる阿良多倍是れなり。）預め神祇官に於て設け備ふ。（略）其の膳部酒部も亦た次に依りて立ちて、並に大嘗宮に入りて共に殿に升りて案頭に就く。立ち定まりて前頭先づ案上に奠ず。自余は次を以て手に転して奉奠す。訖りて相ひ顧みて退立す。（明日撤ふときも之の如し。）」

かうして、御稲、即瑞穂は大嘗宮の盛殿にはこびこまれてこゝで酒造児と御酒波の手によつて舂かれ伴造によつて忌火を以て炊かれ、高橋朝臣、安曇宿禰以下多くの御膳供奉諸官人の手によつて料理された御膳の御贄と共に大嘗宮内にはこびこまれて、某所なる案上にうやうやしく奉奠されるのである。——そこで問題は天皇がこの御膳を如何に取り扱ふかである。問題の核心が、実にこの最も卑近な一点にある。よくよく心してその検討に従はなければならぬ。

所で、御膳料理にとりかゝるころほいはも早や日は西に沈んで夜になる。

「酉時（〇午後六時）主殿寮火を以て燈燎を悠紀主基二院に設く。」

とある。それから一刻の後天皇は廻立殿に臨みそれから、いよいよ悠紀殿に入る。

「戌時天蹕始めて警して廻立殿に臨む。主殿寮御湯を供奉す。即ち祭服を御して大嘗宮に入る。其の道には大蔵省預め二幅の布単を鋪く。掃部寮葉薦を設く。且つ御歩に随つて布単の上に敷く。前に敷きて後ろに巻く。（宮内輔以上二人之を敷く。掃部允以上二人之を巻く。）人敢て蹋まず。還りにも亦た之の如し。宮中の道幷庭には八幅の布単八条を以て敷く。大臣若くは大中納言一人中臣忌部（中臣は左に立ち、忌部は右に立つ。）御巫猿女を率ゐて左右に前行す。（大臣中央に立つ。中臣忌部は門の外の路の左右に列ぶ。）宸儀始めて出づれば、主殿官人二人燭を執りて迎へ奉る。車持朝臣一人菅蓋を執る。子部宿禰一人笠取直一人、並蓋綱を執る。膝行各其職を供ず。（還りも亦之の如し。）」

こんな形式を以て天皇は悠紀の嘗宮に臨御するのである。明かに天孫天降神話によつてその説明を見出さるゝ所のものである。古事記に、

「こゝに天児屋命、布刀玉命、天宇受売命、伊斯許理度売命、并せて五伴緒を支り加へて、天降りましまさしめき。……かれこゝに天津日子番能邇邇芸命、天之石位をはなれ、天之八重多那雲を押分けて、いつのちわきちわきて、天浮橋にうきじまりそりたたして、筑紫の日向の高千穂の久士布流多気に天降り坐しき。かれここに天忍日命、天津久米命二人、天之石靭を取負ひ、頭椎之大刀を取佩き、天之波士弓を取持ち、天之真鹿児矢を手挾み、御前に立たして仕へ奉りき。」

とある。日本書紀には、

「時に高皇産霊尊真床追衾を以て皇孫天津彦彦火瓊瓊杵尊を覆ひて降りまさしむ。皇孫乃ち天磐座をおしはなち、また天八重雲を排分けて、稜威の道別に道別きて、日向の襲の高千穂峯に天降ります。」

とある。大嘗祭に於ける右に見らるゝ天皇は明かに聖別されたる大現人神である。最高祭司ではない。右に観らるゝ天皇の現人神形体に関してフレーザー教授は、頗る参考す可き説述を提供してゐる。「我々が既に見たところの、神的な王或は祭司の生命を定める規定乃至タブーのうち二つのものをはじめに取上げるのがよいと思ふ。読者の注意をひきたいと思ふ規定の第一は、神的な人物はその足で地に触れてはならぬ、とするものである。この規定は、メキシコのザボテク人の大僧正によつて守

られたものである。もし一寸でも地に足を触れたならば、彼の神聖は潰されるのであつた。メキシコの皇帝モンテズマは、決して足を地に触れなかつた。彼は常に貴人の肩で搬ばれたが、どこかで下りるやうな場合には彼等が豪華な毛氈を敷き、その上を歩かねばならなかつた。日本のミカドにとつて、その足を地に触れることは恥ずべき堕落であつた。（〇中略）ミカドは宮廷の外では人々の肩によつて搬ばれた。宮廷内では豪華な敷物の上を歩いた。」（金枝篇、第六十章「天と地の間」永橋卓介訳）

またかう述べてゐる。

「ここに注意す可き第二の規定は神的な人物（〇即ち現人神、或は「明つ御神」）に太陽の光をあててはならぬ、とするものである。この規定はミカドによつて、またザボテクの大僧正によつて守られた。後者は『大地もそれを支える価値なく、太陽もその上を照らす価値のない神と仰がれた。』者であつた。日本人は、ミカドそのやんごとなき御身柄を外光に曝すなどと言ふことをとんでもないことだとし、太陽ですら彼の頭を照らす価値はないと考へた。」（同前書、同所）

フレーザー教授は天皇を典型的現人神としてゐる。教授が、この延喜式の大嘗祭形式について知ることが出来たとすれば、教授はその現人神宗教観を根本的に修正することが出来たであらう。

――さて、問題はこの天皇が悠紀殿に於て御膳を如何に取り扱ふであらうか。前掲につゞけて延喜式に書かれてゐる所、即ち悠紀嘗殿の儀に就て看る。

「悠紀の嘗殿に御す。小斎の群官各其の座に就く。（大斎の群官は廻立殿の院及び大嘗宮の中に入らず。）訖りて伴佐伯氏各二人大嘗宮の南の門を開く。衛門府朝堂院の南の門を開く。宮内官人吉野の国栖十二人、楢笛工十二人、（並に青摺布衫。）引きゐて朝堂院の東の掖門より入り、位に就きて古風を奏す。悠紀の国司歌人を引きゐて同じ門より入り、位に就きて古風を奏す。伴宿禰一人、佐伯宿禰一人、語部十五人（青摺衫を着る。）を引きゐて、東西の掖門より入り、位に就きて古風を奏す。皇太子東南の掖門より入り、諸親王西門より入り、大臣以下五位以上南門より入り、並に幄下の座に就く。六位以下は暉章・修式二堂の後に在りて、次に依り列び立つ。群官初めて入るとき隼人声を発す。立ち定まりて乃ち止め、楯の前に進みて手を拍ちて歌ひ舞ふ。五位以上共に立ちて中庭の版位に就きて、跪きて手を拍つこと四度す。度別に八遍。（神語に謂ゆる八開手是なり。皇太子先づ手を拍て退く。次に五位以上手を拍つ。）六位以下相承けて手を拍つこと亦た之の如し。（但し小斎人は此の例に入らず。）訖りて退出す。唯し五位以上は退きて幄下の位に就く。坐定まりて安倍氏五位二人、六位六人、左右に相分かれ、共に版位に就きて、宿に侍る文武官分番以上の簿を奏す。」

是から天皇は御稲即初穂即ち瑞穂の悠紀主基御膳を召す段取りに入る。

「訖りて悠紀の御膳を薦む。（亥一尅〔○夜の十時〕に進め、四尅に退く。）行立次第は、最前に内膳司膳部伴造一人。（火炬、撲盆を執る。）次に采女朝臣二人（左右に前駈す。）。次に宮主卜部一人（木綿鬘襷を着け、竹杖を執る。）。次に主水司水取連一人。（海老鰭槽を執る。）。水部一人（多志良加を執る。）。次に采女十人。（一人は刷莒を執る。一人は巾莒を執る。一人は神食薦を執る。一人は御枚手を取る。一人は飯莒を執る。一人は鮮物莒を執る。一人は干物莒を執る。一人は箸莒を執る。一人は菓子莒を執る。）。次に内膳司高橋朝臣一人（鰒汁漬を執る。）。安曇宿禰一人（海藻汁漬を執る。）。膳部五人。（一人は鰒羹坏を執る。一人は海藻羹坏を執る。二人は羹堝案を執る。但し一人は棚を守りて行列に関はらず。）。酒部四人。（二人は酒案を舁く。二人は黒白酒案を舁く）皆次に依りて立つ。薦亨已に訖りて撤ふときも亦た之の如し。」

主基の儀も、悠紀の儀と全く同一形式である。

これでは、単に天皇が山のやうな御馳走を食ふものと外うけとれない。現人神天皇の御馳走式である。前後全く矛盾して、皆目不明に陥る。そこで、悠紀嘗殿内の天皇の行動に就て、之を克明にする、最も権威ある他の文献に俟たなければ、これまでの大嘗祭の検討は水泡に帰さざるを得ないといふことになる。独り大嘗祭の検討が水泡に帰するといふのみでは済まされない。神武天皇論に於ける全検討が、こゝに行き詰らねばならぬ。而して、その結果として橿原宮すめらみこと統一国家の根本性格と神武天皇の元首者性格を明確にし、かくて、我が神武天皇は世界史上無比無類大文化的救済主であると同時に、橿原宮すめらみこと統一国家もまた世界史上無比無類の大救済文化国家であるいふ世界史的根本大史実を、明確にすることが出来なくなる。此より重大な問題はない。が幸にも、この最重大問題に於て我々を救ふに足る大文献を、我々は江家次第に見出し得る。大江匡房の霊前に無上最高の感謝の熱意を献げねばならぬ。

四、江家次第の大嘗祭

（イ）みつほまつり（瑞穂祭）

江家次第に見る卯の日の儀は左の如くである。

「卯の日
主殿寮斎火を以て燈燎を両院に設く。各二燈二燎。伴佐伯の宿禰、門部を率ゐて南門の外に庭燎を設く。

時刻主殿寮御湯を供ず。

（略）

親王以下五位已上庭中の版位に就きて、跪き笏を挿して拍手すること四度。

次に六位以下此の如くす。畢りて各幄下の座に復す。」

これまでの所は、江家次第の記述は延喜式の抄略に過ぎない。延喜式に見るを得ない、最重要部はこれからの記述である。

「亥の一刻采女時を申す。

皇上御手水を召す。

亥の一刻御膳を供ず。

先づ伴造一人火炬を執りて前行す。（炬を執り盆を撲つ。）

采女朝臣二人左右に分れ列ぶ。

宮主卜部一人（木綿鬘を着け、道の中央に在り。）竹仗を執る。

水取連一人、海老鰭槽を執りて之に次ぐ。

水部一人多志良加を執りて之に次ぐ。

采女八人各供神幷に供御の雑物等を執りて之に次ぐ。

内膳司高橋朝臣一人鰒の汁漬を執りて之に次ぐ。

安曇宿禰一人海藻の汁漬を執りて之に次ぐ。

酒部四人（黒白酒案を舁く。或る説に、二人は酒案を舁き、二人は黒白酒案を舁く。）

次に十姫十男次を以て参入し、中戸の南に列び居る。

次に八姫の中二人相分れて共に海老鰭槽を舁き、御前の短帖に置く。

已上の一姫は留り候す。

一姫は帰りて楊枝筥を取りて、留姫に授く。姫之を取りて槽の南の辺に置く。

次に巾筥を取りて之に授く。

次に水部持つ所の多之良加（水を入るゝ瓶を謂ふ。）を取りて姫に授けて退りて戸の外に候す。

御手水を供じ了ること三沃を限りとなす。戸外に候する姫御盥畢るを伺ひて参入し、多之良加を取りて、却りて水部に返し給ふ。

留姫巾筥を取りて天皇に献る。天皇手を拭ひ訖る。姫又帰り参りて次姫に刷巾等の筥を取りて退出し、又進みて留姫と共に槽を舁きて退出し、主水連に返し授け、先に捧げし匜等を取りて之に候す。

戸外に迫りて祗候す。主水連水部等退出す。

八姫幷に高橋氏等神食薦を捧げ、更に北行して南に向ひて列び候す。猶戸外に在り。

最姫（陪膳を謂ふ。）神食薦を捧げて短帖の右上に鋪く。

次姫（後取を謂ふ。）御食薦を最姫に伝ふ。

最姫取りて同じ畳の上に鋪く。

先づ八葉盤を御食薦の上の外の方に置く。

次に御飯を御前に逼りて之を供ふ。

次に御肴鮮干合せて八種を御飯の左に置く。次に菓子は御肴の右に在り。御飯以下拚に窪手に盛りて高坏に置く。

薦足らざる時は、短帖の上に立つ。菓子は東の辺に置く。

高橋氏等列座す。十姫受けて手に伝へて之を供ふ。又御羹物二種は後取南の戸に列び、伝へ取りて最姫に授く。最姫羹坏の上に並べ置く。

最姫先づ窪手の蓋を御食薦の左右に開く。

次に御箸を以て御飯拚に御肴菓子等の上に置き了る。

姫先づ葉盤を取りて天皇に奉る。天皇御箸を取りてご飯を盛り姫に給ふ。此の如きこと惣じて十度なり。他の物も之に同じ。便ち加ふる所の箸を以て盛りたまふこと惣じて十度なり。姫に之を給ひて御食薦の上に置く。姫亦葉盤を以て天皇に奉る。天皇八種の肴を一枚に盛りて姫に授けて之を給ふ。汁の物を加へて之を供ふ。（蚫海藻等の汁なり。）次に菓子を十二葉盤に列べ置くこと此の如くにす。

膳を置くの体は五出の如く東より起まる。

最姫後取采女に目して清酒を供ふ。声を高くすべからず。仍りてこの儀あり。次に姫南の戸より瓶子を伝へ取り来りて候ふ。最姫本柏を伝へ取りて、酒を盛りて天皇に奉る。内裏式に、柏を天皇に奉り、酒を奉りて之に盛る。天皇受けて即ち神食の上に灑ぎたまふ。而して近代行ふ所は姫柏を取りて自ら盛る。

天皇之を受けて神食の上に灑ぐ。其の柏を以て便ち神食の上に置く。斯の如きこと四度なり。度別に瓶を易へて之を供ふ。此の間に采女祝ぎ曰さく、先に挟み給ふ可き物を後に挟み給ひ、及た諸の咎有るとも神直び大直びに受け給へ。

最姫初に先に立つる所の箸を取りて本の筥に収め、更に御箸を御飯の上に加ふ。天皇頗る頭を低くしたまひ手を拍ち、称唯して之を執りたまふ。飯を羞むること常の如し。

最姫次姫に目して御酒を供ずること八度なり。を杯以て高坏に置く。（度別に称唯したまふ。）

御飯了れば姫等伝へて最後の物より始めて膳を撤ふこと初儀の如し。訖れば最姫即ち御食薦を巻きて退出す。次に二姫参入して御手水を供ずること初儀の如し。天皇洗ひ了れば十男十姫相引ゐて退出す。

天皇廻立殿に還御す。

子の一刻主基の神膳を料理す。

天皇丑の刻（采女時を申すこと一に悠紀の如し。）又御浴、御服を易へて主基殿に御す。

天皇還り給ふ後、采女南の戸の下に進みて云す。阿佐女主水夕暁の御膳平かに供へ奉つと申す。

勅して、曰まはく、好之と。
采女等称唯して還却る。」（江家次第、第十五巻）

右の如く、江家次第に記述さるゝ所は天皇の一挙手一投足を記して最も詳細綿密にして一つも余す所がない。而して天皇が御稲即初穂即瑞穂の御膳を如何に取扱ふかを最も明確に知ることが出来る。まことに得難き大嘗祭検討上の大文献である。而してこの得難き大嘗祭大文献なる江家次第に伝へられる大嘗祭卯の日の悠紀の儀執行に於ける天皇の御稲即初穂即瑞穂の御膳取扱形式は、真に驚く可きものである。即ち、大嘗祭執行全行程を一貫して天皇の礼拝の対象とせるものはたゞこの御稲即初穂即瑞穂の御膳のみであるといふ根本大事実中の根本大事実である。

而して、この大嘗祭の主儀悠紀御膳礼拝、聖餐式こそすゝめゝらゝみゝこゝと統治の大本大根本である。橿原宮すゝめゝらゝみゝこゝと統一国家の大本大根本である。而して神武天皇の元首者性格の大本大根本である。此の大本大根本を天神寿詞に高らかに高くほめたゝへて斯く唱へるのである。

高天原に神留ります、皇親神漏岐神漏美の命持ちて、八百万神等を集へ賜ひて、「皇孫尊は、高天原に事始めて、豊葦原の瑞穂国を、安国と平らけく知し食して、天都日嗣の天都高御座に御坐して、天都御膳の長御膳の遠御膳と、千秋の五百秋に瑞穂を平らけく安らけく、由庭に知し食せ。」と事依さし奉りて天降ります。

かくて大嘗祭は「みつほまつり」（瑞穂祭）である。而して、豊葦原瑞穂国は、現人神すめらみことの「みつほまつり」（瑞穂祭）を大本とし、大根本として成立するといふ根本大史実中の根本大史実を最も明確にすることが出来るのである。

（ロ）聖餐式

所で、大江匡房の「大嘗会記」には「天皇称唯したまひ、ご飯を嘗めたまふこと三箸、余味は嘗めたまはず。」（古事類苑、神祇部第二十に拠る。）とある。江家次第に、「飯を羞むること常の如し。」とあるは修正されねばならぬ。此点について、賀茂氏人保隆所伝年中行事中の十一月新嘗祭に見らるゝ所は詳細且つ具体的であつて、最も参考す可きものである。尚、大嘗祭と新嘗祭はその形式を全く同一ならしむるものであつて、此場の検討に何のさしつかへもない。保隆年中行事（続群書類従、公事部、巻第二百四十九）にかく見られる。

「次に采女、内侍に付して時を奏す。（亥一。）
次に中戸を開く。
次に宸儀御笏を執りて入御す。
次に中戸を閇す。
神座の北を経て、東の半帖に着御。（東に小しく巽に面す。）
次に神膳を供ず。

次に八人の采女幷に高橋等、神食薦を捧げ、更に北行して南に向ひて列び候す。次に陪膳（第一の采女なり。）御神食を取りて短帖の上に鋪く。（東西の妻、短帖の南の鰭に之を敷く。）戸内に留まり候す。（東に逼る。）

次に後取（第二の采女を謂ふなり。）御食薦を取りて、伝へて陪膳に授く。陪膳之を取りて短帖の上に敷く。（南北の妻、短帖の西の鰭に之を敷く。）

次に采女御箸筥を取りて陪膳に授く。陪膳之を取りて、御食薦の上に居う。西方南の第一なり。

次に采女葉盤筥を取りて陪膳に授く。陪膳之を取りて、御箸筥の北に居う。

次に御飯筥を取りて、之を御食薦の上。西の方南の第一に置く。

次に鮮物筥を取り、之を御箸筥の北に置く。

次に干物筥を取りて、之を鮮物筥の北に置く。

次に菓子筥を取りて、之を干物筥の北に置く。

次に和布羹坏を取りて、之を平手筥の北に置く。

次に鮑羹坏を取りて、之を和布坏の北に置く。

次に采女等右に廻りて帰り、戸の外に列び居る。

次に陪膳御汁物より始めて、御箸筥に及ぶまで、一々木綿を解きて蓋を開く。（件の蓋は御食薦の北の八重帖の上に置く。汁物の高器の北に、皆重ね置く。汁物器の蓋も相ひ同じく之に重ぬ。）

次に陪膳御箸を取り、御飯幷に鮮物、干物、菓子、汁物（和布羹。）の上に立つ。

次に陪膳両手を以て、平手一枚を取りて之を奉つる。

天皇左手を以て之を受けたまひて、右手を以て箸を取りて飯を盛る。三箸畢りて陪膳に給ふ。

陪膳之を取りて、神食薦の上に置く。（二行に、東より之を置く。先づ北、次に南。）

次に陪膳亦た平手を取りて之を奉る。但し第二度以後は、陪膳左手を以て天皇の給はる平手を受けて、右手を以て奉る。此の如きこと十度なり。

次に陪膳又平手を奉る。

宸儀之を取りたまひて、生物の上に立てる箸を取りたまひて鮮物を盛る。（種毎に各三箸。）

次に干物の上に立てる箸を取りたまひて、各盛り加ふること初の如し。了りて陪膳に給ふ。陪膳之を取りて、毎度汁物器に立てる箸を取り、次に汁物を加へ盛りて、神食薦の上に重ね置く。御飯の葉盤は初の如し。惣て十度なり。

次に陪膳又平手を奉る。

宸儀之を取りたまひいて、菓子筥の上に立てる箸を取り、菓子を盛る。（毎物三箸、之を盛ること初の如し。）

凡て十二度なり。陪膳之を取りて、神食薦の上に重ね置く。御菜の平手は初の如し。但し六度の葉盤、第十二度の葉盤は中央なり。

次に陪膳第二姫に目せして、酒を供へ令む。

第二姫瓶子を執り来り、陪膳に授く。

陪膳本柏を執りて、御酒を盛りて之を奉る。宸儀之を取りたまひて、神食の上に灑ぎたまふ。（其の本柏は神食薦の上に置か使む。）惣て四度なり。度毎に瓶子を易ふ。

次に第二姫御粥坏を取りて参入りて、陪膳に授く。（米なり。）陪膳之を取りて、御食薦の上に置ける葉盤の東の辺に置く。

次に亦た御粥坏を陪膳に授く。陪膳之を取りて、先の粥の南の辺に並べ置く。

次に陪膳先に立てる御飯筥以下の五箸を取りて、本の筥に収む。

次に又残せる箸一を取りて、小窪手の御飯の上に立つ。

宸儀手を拍ちたまひて、称唯して件の箸を執りて嘗めたまふこと三箸なり。（余味は嘗めたまず。）

次に采女第二姫に目す。

第二姫戸の外より陶器を取り、御酒を入れて参入り、陪膳に授く。

陪膳之を取りて、之を奉る。

天皇度別に手を拍ちたまひ、称唯して頗る頭を低くして御飲たまふ。惣て八度なり。」

最も詳細、而して最も明確である。天皇は、他の如何なる神をも礼拝の対象たらしめない。

天皇がその礼拝の対象たらしむるものは、御稲即初穂即瑞穂の御飯即御膳と、そして瑞穂の黒白の神酒のみである。即ち、天津寿詞に唱へらるゝ所の「天都御膳の長御膳の遠御膳」のみである。かくの如くにして、天神が大嘗祭に於て、神として礼拝するものは、独りこの「天都御膳の長御膳の遠御膳」のみであるといふ、根本大事実中の根本大事実を、最も明確に知ることが出来るのである。

であるからして、大嘗祭は新穀を天照大神以下の天神地祇に供物としてそなへ奉つて、天照大神以下の諸神を礼拝奉斎する新穀奉献の如きものとは全々その性格を異ならしむるものであつて、それは天照大神が高天原に聞こし食すものであると神話に説かるゝ神饌或いは神食——謂はゞアムブロシア——を天皇が聖食して、すめらみことの立場に即く所の就神式なのである。つまり「神を食べて神に就る式」に他ならないのである。これをこゝに「聖餐式」と称して置く。

であるから、天皇の「みずほまつり」(瑞穂祭)を主儀とする大嘗祭は一般的に解釈さるゝやうな「新穀供物式」ではないのであつて、それは「聖餐式」の典型的な者なのである。実は、大嘗祭の主儀の検討はこの根本問題を明確に知ることを前提としてのみ始めて、その検討に従ひ得る性質のものである。そこで、本来ならば「聖餐式」の一般的性格を明確にする事から、その検討にとりかゝらねばならない。然し、「聖餐式」の一般的性格を明確にせんとすれば、「聖餐式」の対蹠的題目を成す「供物式」の一般的性格を明確にして両者の比較的検討を下さねばならぬ。それればかりではない。すめらみこと宗教現象に於ける「聖餐式」から「供物式」への変遷過程をも併せて明確にせねばならない。さて、大変な仕事であつて、本論の範囲と為し得ざるところである。こゝでは単に、大嘗祭の主儀、悠紀主基の儀式は「聖餐式」の典型者であるといふことだけを一言するに止まらねばならぬ。而して、以下(七)御膳の(ロ)「供物式と聖餐式」に於て、「聖餐式」と「供物式」の根本的相違性に就て概説するに止める。

五、大嘗宮

問題は、大嘗祭を一貫して天皇が礼拝の対象たらしむものは独り瑞穂の御膳のみであるといふ根本大事実中の根本大事実の一点にしぼられなければならぬ。そこで、若し、大嘗宮に於て、天皇が天照大神を礼拝し、或は其他の天神地祇を礼拝すると仮定するならば、少なくとも天照大神の大神体八咫鏡が何処かに安置されねばならぬ筈である。また新稲を奉奠して、祭祀するための、最小限度の設備、即ち祭壇の構が無ければならぬ。そこで、大嘗宮の設計図と、悠紀殿の内部構造図とを検討せねば我々の検討は厳密なるものとは称し得ない。さて、延喜式、「践祚大嘗祭」にかく見られる。

「凡そ大嘗宮を造るには、祭に前たつ七日、神祇官中臣忌部の二官人次に依り立ちて悠紀の国司及び雑色の人等を率ゐて一列と為る。(略)

五日の内に造り畢る。即ち中臣忌部御巫等を率ゐて殿及び門を祭る。」

其の平面図は左の如きものである。

(古事類苑に拠る。)

(図略)

大嘗宮内には、悠紀主基二正殿以外には、他神をまつる神社もなく、且つ祭壇もない。而して、その正殿の室、即ち至聖所の御食薦に奉安さるゝ御膳は天皇の礼拝の対象となる唯一の大神体である。若し、大嘗祭が、新稲を供へて天皇が天照大神をまつる祭儀であるとするならば、大嘗宮の正殿なる悠紀主基両殿の至聖所に当る室に在つて天照大神八咫鏡か、又はそれに代替さるゝ最も神聖なること内侍所に相当する斎鏡の安置を欠くことは絶対に許されない。所が、此に類する物体は何物もはこびこまれない。若し此に類する天照大神の大神体が悠紀主基正殿の至聖所なる室の中へはこびこまれるとすれば、御稲行列に類する大行列がも一つ加へられなければならぬ。即ち皇大神の遷座式に於て観らるゝ如きものである。所が、その天照大神の大神体たる可き仮想斎鏡をはこび入る可く悠紀主基正殿の至聖所なる室の容積は余りにも狭すぎるのである。何故なれば室の中央には神座が、室いつぱいに、でんと据ゑられてゐて、その周辺を歩み得る余地は僅に天皇たゞ一人の歩行を許すのみに過ぎないからである。

そこで、この問題の重大性に鑑みるとき、大嘗正殿の至聖所なる室内に何物がはこびこまれて、如何に装束さるゝかについて検討せねばならぬ。而して、此の問題に対して、荷田在満の大嘗祭便蒙は無上の資料を我々に恵んでゐる。

「平明、中臣祭二大嘗宮及門一。

（〇註、略）

兵庫寮、立ツ二神楯戟於大嘗宮南門ノ東西一。

（〇註、略）

次《ニ》伴佐伯各一人、分《レ》二著《ク》南門《ノ》左右《ノ》外掖胡床《ニ》一。

（○註、略）

次《ニ》式部設《ク》二大忌版位《ヲ》於南門《ノ》外庭《ニ》一。

（○註、略）

大臣取《リ》二内払筥《ヲ》一参上《ス》。

（○註、略）

是より下六箇条は、大嘗宮内をしつらふ所作なり。打払筥とは、打払の布とて、神座を払く料の布を入れる柳筥なり。大臣は是を大嘗宮まで持参し給ふばかりなり。

次《ニ》参議弁舁《ク》二坂枕《ヲ》一。

坂枕といふは、大嘗宮神座の八重畳の下にしく枕なり。参議と弁と是を舁ぎて、大嘗宮まで持参せらるるばかりなり。

次《ニ》侍従、内舎人、大舎人等　舁《ギ》二神座等《ヲ》一参入《ス》。

侍従は、石井侍従行忠朝臣、内舎人は、西村飛騨守則貞、大舎人は荒木大舎人少丞、高橋栄庸これを勧む。神座は一丈二尺の畳、九尺の畳、六尺の畳、八重畳等なり。御座は主上の御座の半畳なり。是亦いづれも大嘗宮迄持参する計なり。

次掃部入《リ》二殿内一供《フ》レ之《ヲ》。

掃部は、座をしき席を設くる役なる故、之を供するなり。当日出仕せるは押小路掃部頭師守、清水掃部助藤原利音、平岡掃部少丞藤原俊方三人なり。是は、上に見えたる大臣以下の持参せる物をかざりつくらふなり。先づ神座は内陣の中央に一丈二尺の畳を敷き、其上に、六尺の畳を竪に二畳づつ二重にかさねて、四畳敷く。此の四畳の内、南の方の二畳には白布の裏あり。其上に九尺の畳を敷く。この畳は是より下の畳と南のはしを揃へて敷く故、北の方は三尺あくなり。そのあきたる所、六尺の畳の上に、錦の御沓一足を北面に置く。此九尺の畳、昔は七畳重ね敷き、その内一畳を少し東のかたに引出して其引出したる所に打払の筥をおくとあり。貞享には只四畳を重ね、其上の二畳に白裏をつけ、下の二畳を少し東へ出して其の引出したる南の端より、少し北なる所に打払の布をおかれ、筥はその東に畳を離れておかる。此度も貞享の如くなるか。神秘とて其の役人語らざれば詳ならず。此の九尺の畳の上、南の端に坂枕を敷きて、其上に九尺の八重畳を敷きて、是を神座とす。総て畳は白べりなり。亦御座は神座の東、八重畳の中央より北に寄せて、巽向きに半畳を敷くなり。神座、御座のしつらへ様、悠紀の御殿に一通りかくの如く、亦主基の御殿にも一通りかくの如くにして、少しもかはらず。二通り設くるなり。

次ニ中臣忌部各一人、率ヰ二縫殿大蔵等ノ官人ヲ一奉リレ置キ二衾単於悠紀殿ニ一。（主基同レ之。）率ヰ二内蔵官人ヲ一奉レ置二御服二襲絹　幞頭於廻立殿ニ一。

中臣当日出仕せるは、藤原三位和忠卿。（○中略）縫殿は衣服をつかさどる役なる故に、衾単の事にあづかるなり。（○中略）御衾御単は何れも生なり。御衾は八重畳の上にのべしき、御単は御衾の上、南の端の所にたたみておくなり。内蔵は御服をつかさどる役。（○中略）御服は白生の御祭服と、白御下襲を一襲として、悠紀の御殿へ御せらるる時の料一襲、主基の御殿へ御せらるる時の料一襲なり。絹の御幞頭とは、幞頭はかむりなり。常の御冠は羅にて包み、菱をとぢつけて、有文のよしなり。絹の御幞頭は、絹にて包み、菱のとぢつけなし。神事なるが故に、無文を用ゐ給ふなり。此御服は廻立殿の内の南辺に在り。西の中央にあたりて、一重づゝならべおく。御冠は柳筥にすゑて、御服の西にならべ置くなり。

次ニ神祇官一人、率《ヰ》二神服宿禰《ヲ》一、入《テ》二奠繒服案《ヲ》一於二悠紀殿神座上《ホトリ》一、忌部一人入《リテ》、奠《ク》二麁服案《ヲ》於同座上《ヲ》一。（主基同レ之。）

繒服麁服共に此所は神服なるが故に、神祇官是にあづかる。」

（池辺義象、今泉定助共編、御大礼図譜所載「大嘗会便蒙」に拠る。）

右に照らして、之を最も明確に知る事が出来るが、悠紀主基正殿の至聖所なる室内へは神座と御座たゞ二座のみが取りつけられるものであつて、天照大神大神体斎鏡を安置するやうな事はない。また天照大神大神体斎鏡が至聖所なる室内へ搬び入れられるやうな事もない。

所で、御座は現人神すめらみことの座処であり、神座は神秘であつて何神のものともはつきり表現さるゝものではないが、明らかに天照大神の神座である。しかもこゝには御衾と御単とが八重畳の上に置かれ、その前に神靴が置かれるのみであつて、天照大神大神体斎鏡は、こゝに安置されない。而して天皇は神体なき神座へ礼拝の礼を執ることをしないのである。

かくして我々の前には神座に因つて解く可からざる謎が投げかけられる。この謎がなんであるか。

いやでも解かなければならない。

因みに、大嘗会便蒙所載の悠紀殿内平面図を左に掲げて参考に資する。

（図略）

六、神座

古代宗教世界を大きく覆ふ密儀の核心に触るゝことは至難と曰ふより、むしろ不可能である。大嘗祭の密儀の核心を成す、悠紀正殿内に於ける天皇の行動の宗教的意義を明確にせんとする企てはこの不可能に属するものである。然し、その検討に対しては、我々日本人は他国に全く冠絶する、実に無比無類の大恩恵を先祖から遺産されてゐる。その一つとして実に詳細にして綿密、科学的な大嘗祭文献を山のやうに恵まれてゐる。此に由つて、我々は大嘗祭の密儀の核心を解明し得る鍵を見出し得る。而して、是を解明して、やがて、世界的文化に画期する日が必ず到来するであらう。その大文献のうちの最も権威ある大文献、江家次第の記述に拠つて、実に我々は大嘗祭の密儀の核心を最も明確に知ることが出来たのである。即ち、大嘗祭の密儀の核心はすめらみことと天皇の御稲即初穂即瑞穂の御膳礼拝に厳存するの根本大事実の根本大事実を最も明確にすることが出来たのである。かくて神座の密儀的性格もまた之を明確ならしめ得ることを期待する。

そこで、神座の密儀的性格検討の場合、何事よりも先に考へねばならぬ根本問題は大嘗祭がすめらみことの現人神就神式であるといふ点である。所で、此観点に立つて天皇が廻立殿から、悠紀殿に入る時に示す形相は最も注目す可きものである。即ち、天皇は白のすずし（生絹）の斎服を身にまとひ且つ頭に無文の絹幞頭をかぶつてゐる。しかもす足の姿で前に敷いて後ろに巻かれてゆく葉薦の上を行くのである。この姿は明かに嬰児である。とすれば神座は天照大神の神なる産褥でなければならぬ。而して、神座のすぐ側なる御座のすめらみこと天皇は聖母天照大神のふところをはなれたばかりの現人神すめらみことでなければならぬ。こゝにこそ大嘗祭本来の意義がある。即ち、大嘗祭は前すめらみこと天皇に代る新すめらみこと天皇の降誕祭に他ならないのである。

　当然この問題は我々を比較宗教学の領域に引き入れずには止まない。最初に引合ひに出さるゝものはエレウシス密儀である。エレウシス密儀はミスタイ誕生祭である。ミスタイに聖示さるゝ麦穂は、その宗教的性格を全く我が瑞穂と同一ならしめる。羊皮を用ゐるミスタイ座はデメテルの神産褥である。その宗教的性格を我が大嘗祭悠紀正殿の神座と同一ならしめるのものである。デメテル神産褥からミスタイが起ち上るとき、神官は「我がうづの大女神はうづ御子を生れましたまへり。」と高らかに叫ぶといふ。斯の道の西洋の学者達はエレウシス密儀の真意義は不明であると云つてゐる。然し、此を我が大嘗祭のすめらみこと密儀形式に比較せば、エレウシスのミスタイ密儀の原型をこゝに見出し得て、不明に附せらるゝミスタイ密儀の本義を克明に知ることが出来る。驚く可き事柄である。が、それにもまして真に驚く可き事柄はイエス・キリストの場合である。

　マドンナ・イエスの原型を成すものはイシス・ホルスであるといふ。而してイシス・ホルスの大原型を成すものは大嘗祭の主儀悠紀主基正殿の神座と御座の関係を以てする天照大神すめらみことである。問題は人類文明の名に於て極まりなく大きく且つ根本的である。抜本的検討を必要とする。こゝでこれ以上に亘り得る問題ではない。たゞ、この道の世界的泰斗ジエームズ・フレーザーの述ぶる所を左に掲げて参考に資す。

「霊的な静けさと、めでたき永生への約束とを与へるイシスの優しい姿が、多くの人々にとつて荒天の星のやうにも感じられ、中世期の処女マリアに対して払はれたものに似た信仰の歓喜を彼らの胸のうちに起したことに不思議はないのである。剃髪の祭司、朝禱と晩禱、りんりんと鳴る音楽、洗礼と聖水撒布、厳粛な行列、宝石をちりばめた「神の母」の像などからなる彼女の荘厳な儀礼はカトリツク教の盛儀と儀礼に対して幾多の類似点を示してゐる。この類似は単なる偶然とは言へぬ。古代エジプトは、カトリツク協会の青白い理論に対してと同じく、その絢爛たる象徴主義に対しても、その分け前を寄与したであらう。確かに芸術の方面に於て、嬰児ホルスに乳を与へるイシスの姿はマドンナとその子の姿に余りにもよく似てゐるため、時として無知なキリスト教徒の尊崇をうけることがある位である。」（金枝篇、第四十一章「イシス」永橋卓介訳）

更にまた教授はかく述べてゐる。

「教会が、如何に屢々異教の古い幹に新しい信仰を接枝しようと巧みに工夫したかを考へ合せると き、死してまた甦がへつたキリストの復活祭が、既にさう信ずべき理由を我々が見たやうに、同じ季節にシリアに於て祝はれたところの、同様にしてまた甦がへつたアドニスの祭儀に接枝されたものではなかつたかと思はれるのである。ギリシヤの芸術家たちによつて創作されたところの、死に行く恋人をその腕に抱いて悲しめる女神の型は、サン・ピエトロに於けるミケランジエロの手になるものを最も有名な例とするキリスト教芸術のピエタ、即ち神なる息子の骸をその膝に置く聖母に似て居り、またそのモデルではあるまいかと思はれるのである。」（同前書、第三十三章〔「アドニスの園」〕）

似てゐるのは当然すぎるほど当然である。その幹、その根は皆一つ、親子恩愛の神界そのものであるからである。隣人同胞の聖界そのものであるからである。而してその大根柢、その大根源は、神なる息子の死を悲しむ所ではなくして、生れ出づる神なる御子を無上の大歓喜を以て歓び迎へるのそれである。即ち大嘗祭の正殿、悠紀主基両殿の神座と御座そのものである。

されぱまたその悠紀の夜の聖歌。

ももしきの　大宮人のたぬしみと　打つなる膝は　宮もとところに

またその悠紀殿をとところにゆる八開手の音である。

さて、こゝでこの無上の大歓喜のためにすめらみことがその降誕に当つて大嘗の主儀悠紀の儀に於てふしをろがむ「御膳」の検討に移らねばならぬ所へ来た。

七、御膳

以上の検討によつて大嘗祭は、天皇即位に当つて、天皇の統治の無事平安と、心身の健康とを願ひ求めんがために、新穀、即ち初穂を供へて天照大神以下の天神地祇をいはひまつる一世一度の神祇祭祀ではなくて、それはすめらみこと天皇の大現人神就神式であり、且つ降誕祭であるといふ根本大事実中の根本大事実を明確にすることが出来た。しかも、これはまた何とした事であるか。すめらみことはそのふしをろがみまつる神なる御膳を食べるといふのである。つまり大嘗祭はすめらみことの「神を食べる式」だといふのである。こんなデタラメが何処にあると云つて現代人常識は腹を立てるであらう。然し腹を立てゝはならない。現に漢民族ですらが常食とする稷を神としてまつり、併せて土を神としてまつつて「社稷」としてゐるのである。況んや日本人の祖先は稲を生命とする「稲の民族」である。稲を神として、之をまつつて、しかも之を食べない方がよつぽど不思議である。豊葦原瑞穂国の大元首大現人神すめらみことが、之を拝まないといふ方がよつぽどどうかしてゐるのである。

「アドニスの性質の謂はゞ穀物への凝集は、歴史時代に彼の礼拝者達の到達した文化階段の特性なのである。彼らは飄々の狩人や牧人や遊牧的生活様式を、遥か後方に置去りにしてしまつてゐた。彼等は既に数世代も定まつた土地に居つき、その生活のため、主として農耕の産物に依存してゐた。荒野の漿果や根、牧草地の草など、その遠い祖先たちにとつては命と同じく重要なものであつたものも、今はさほど大切なものではなくなつた。彼等の思惟や精力は益々その生命必需品である穀物によつて独占されることになつた。従つて一般豊穣の神々、とりわけ穀物霊の融和が、益々彼等の宗教の中心的特性となる傾向を生じたのである。儀典を執り行ふに当つて彼らがそこに置いた目的は全然実際的なものであつた。植物の復活を歓喜もて叫び、その衰頽を悲嘆するやう彼等を刺戟したのは、ただぼんやりとした詩的情緒ではなかつた。今ある飢餓こそアドニス礼拝の主導力であつたのである。」（金枝篇、第三十二章「アドニス儀典」永橋卓介訳）

　人類の文明生活の起原をこゝに尋ぬべしと一部の史家をして唱へしめてゐるシリア人についてかくの如くフレーザーが説いてゐる。このシリア人について考へられる宗教的生活の原則は、我々の祖先についても、漢民族に於けると同様、全く同一である。我々日本人の祖先は「今ある飢餓」の救ひの道を「稲」に於て見出したのである。であるから、漢民族が「稷」を神として之をまつり、シリア人が「麦」を神として之をまつつたのと全く同様に、日本人我々の祖先も亦「稲」を神として、之を礼拝したのである。しかも、之を最高神として礼拝したのである。稲を生命とする「稲の民族」全日本人の「今ある飢餓」のために、そして全日本人のつくりかためなす豊葦原瑞穂国「稲の日本」の安寧と秩序と彌栄のために、その元首にしてあきつみ神なるすめらみこと天皇はその即位に当つて、即ち現人神就神式に当つて、その一世一度のすめらみこと、大祭祀大嘗祭の主儀悠紀・主基御膳聖餐式に於て、ゆには（斎庭）の瑞穂をば「頗る頭を低ふしたまひ、称唯拍手」して礼拝したのである。而してこゝに豊葦原瑞穂国、「稲の日本」即ち「稲の民族」日本人がその固有民族精神協力的創造精神に依て創り営むすめらみこと統一国家の大核心かんじんかなめ、大本が歴史的にして、現実に厳存する。すめらみこと天皇の元首者性格の根本が厳存する。

高皇産霊尊因りて勅して曰く、「吾は則ち天津神籬及び天津磐境を起し樹てて、まさに吾孫の為に斎ひ奉らん汝天児屋命、太玉命、宜しく天津神籬を持ちて、葦原中国に降りて、亦吾孫の為に斎ひ奉れ。」天照大神手に宝鏡を持ちたまひて、天忍穂耳尊に授けて祝ぎたまひて曰まはく、「吾が児此の宝鏡を視まさんこと、まさに吾を視るがごとくすべし。与に床を同じくし、殿を共にして、以て斎鏡となすべし。惟れ、天児屋命、太玉命、二神も亦た同じく殿の内に侍ひて、善く防護れ。吾が高天原に御す斎庭の瑞穂を以ちて亦吾が児に御さしめまつれ。豊葦原の千五百秋の瑞穂国は、是れ吾が子孫の王たる地なり。宜しく爾皇孫、就いて治しめせ。あまつひつぎの隆えまさんこと天壌と窮り無かるべし。」

アポロ神勅レトラに依つてリユクルゴスはスパルタ五百年のヘゲモニーを確立して、ギリシヤ文明を宗とする西洋文明の大基礎を築き上げた。然し、大嘗祭に瑞穂をふしをろがむ我がすめらみこと天皇は二十世紀の今日、現実に世界が当面する、世界史未曽有の超危機より世界を救ふのである。

いみじくも、日本書紀に伝へらるゝ、このすめらみこと天降神勅、即ち、斎庭瑞穂神勅は、今日尚ほ現実に活きてゐる。それが如何に現実に、真に活きてゐるかを、著者は経済学的立場に於て立証するの責任を自ら取り、且つ必ず果さむことを誓ふ。固より、この問題に就いて、これ以上、此所で述べ得るものではない。たゞ一言挟まずには已まれない世界史的画期的問題である。やがて金経済は完全に過去に葬らる可く、それに取つて代る紙幣経済が必然的に与る可きことに就いてである。而して、その世界史を画期する紙幣経済は、瑞穂神勅、即ち、すめらみこと天皇の瑞穂礼拝大精神より生れ出づることを断言して憚らない。――さて、検討を本へ戻さねばならぬ。悠紀御膳主基御膳のそれである。蓋し、大嘗祭の核心問題である。

（イ）悠紀と主基

悠紀と書いて「ゆき」と訓ませ、主基と書いて「すき」と訓ませる。が、この言葉の意味がさつぱりわからない。この位学者等を手こずらせて来た言葉もあまりあるまい。そこで、一先づ、この言葉に下されて来た解釈に一瞥する必要を覚える。

釈日本紀にかく見られる。

「先師の曰く、悠紀と謂ふは湯貴なり。是れ則ち湯を浴みて、斎ひ忌むの義なり。主基は、湯貴に相継ぎ手同じく斎ひ忌む可き故に次の字を用ふ。」

宣長はかく説いてゐる。

「大嘗祭の悠紀主基の事は書紀の私記に、師説曰、次㆓於斎忌㆒也といへるより今に至るまで人皆此意とのみ心得ためれど、ひがごと也。かの説は天武記に斎忌此云㆓喩既㆒、次此云㆓須伎㆒とあるによるなれども、斎忌こそ此字の意なれ。次は借字にして、此字の意にあらず。古へはすべて言だに同じければ、字は意にかかはらず借て書るに、次を須伎ともいへるから、言の同じきままに借りて書きならへるを、いまのままに書かれたるもの也。次の意にあらずといふゆゑは、悠紀と主基とは、何事も二方全く同じさまにして、一事もいささかもおとりまさりあることとなければ、次といふべきよしさらになし。天武記なるは借字なること疑なき物をや。主基は禊の曾岐と同意にして濯といふことなり。みそぎも身濯にて、そそぐとすすぐと同じきを、共につゞめて曾岐とも須岐ともいへる也。さればこれも斎忌と同じさまの名にて、濯ぎ清めたるよしなるぞかし。」（玉勝間、一の巻）

宣長解、釈紀解同断である。但し一般に悠紀主基御膳を神前に供ふる「供物」と観る点は例外なく同一である。即ち一般的に云ふ「神饌」である。古事類苑（神祇部四十）に、

「神饌ハ、ミケト云フ、ミケトハ御食ノ義ニシテ、即チ神祇ニ供スル飲食ノ美称ナリ、而シテ神饌ハ、旧クハ此ヲ朝夕ノ二時ニ献ゼシヲ以テ、朝ノ御饌、夕ノ御饌ノ称アリ」

とある。これである。が然し、大嘗祭の悠紀、主基御膳は「供物」ではない。「物神」である。右に見らるゝ如き一般的解釈を当てはめてはならない。

所で、神饌供儀の大宗本原は皇大神宮に於ける神饌供儀である。皇大神宮に於ける天照大神八咫鏡奉斎の主儀を成すものは玉串奉奠式と朝夕大御饌供奉式である。両者は盾の両面の如くに不可分に組合されてゐるが、皇大神宮に於けるあらゆる主要祭祀は玉串奉奠・朝夕御饌供奉式に始まつて、之に終つてゐる。皇大神宮儀式帳には、その第二条として、「供二奉朝大御饌夕大御饌一行事事壱条」と項して、左の如くに書かれてゐる。

「一、朝大御饌夕大御饌供奉る行事の事。

御贄清め供へ奉る御橋一処。

石畳一処。

大神宮の正南の御門、伊鈴御河に在り。此の御門に当りて、流は二俣なり。此の中島に石畳を造り奉る。当造営使営作り奉る。此れ止由気大神の入り坐す御坐なり。御橋は度会郡司黒木を以て造り奉る。三節祭別に、其の橋を禁封りて人度り往還はず。十六日の夕大御饌、十七日の朝大御饌に、並に御筍作内人の造り奉る御贄机に、忌鍛冶内人の造り奉る御贄小刀を立てて、志摩国の神戸の百姓の供へ進る鮮蚫螺等の御贄を机の上に備へ置きて、禰宜・内人・物忌等、御贄の御前追ひて、持ち立ちて、封る御橋を開きて、参り度りて、止由気大神の御前に跪きて、則ち御河に清め奉りて、御饌料理り畢りて、則ち先の如く持ちて、御贄の御前追ひて、天照皇大神の大御饌供へ奉る。」

朝大御饌、夕大御饌は神として取扱はれる。右に見らるゝ止由気大神は、大嘗祭の斎場に於けると同じ立場に立つところの御食都神なる点、特に注目す可きである。皇大神宮に伝はる御饌文献は山すものである。本来ならば、その検討に従はなければならない性質のものである。然し、そのためには、厖大なる著述を必要とする。この場合企て得るものではない。たゞ、神宮雑例中に見らるゝ左の一節は極めて要を得たもので、之を掲げて参考とするに止める。

「第二　二所太神宮朝夕御饌事

一　供奉始事

大同二年二月十日、太神宮司、二宮の禰宜等が本記十四条の内、朝夕の御饌の条に云ふ。皇太神を倭姫命戴き奉りて、五十鈴の宮に入りまさしめ鎮まりまさしめ給ふ時に、大若子命を大神主と定め給ひて、其の女子兄比女を物忌と定め給ひて、宮内に御饌殿を造り立てて、其の殿にして抜穂田の稲を、抜穂に抜かしめて、大物忌大宇禰奈と共にして舂き炊き供へ奉り始めたまひき。又御酒殿を造り立てて、処々の神戸の人夫の進る神田の稲を以て神酒を作りて、先づ太神に供へ奉る。（略）神主物忌を率ゐて、御殿の前に侍り、祈禱みまさく、朝廷天皇を常盤に堅石に護り幸へ奉り賜ひ、百官に仕へ奉る人、及び天下四方の国の人民を平らけく愍み給へと申して拝み奉る。天照大神八度、御供神八度、日毎に朝夕供へ奉る。又、三時祭には宮毎に夕朝供へ奉る。此を由貴奉る夜と号す。」（群書類従、巻第四）

右に照らして、最も明確に知り得る如く、皇大神宮の御饌も、大嘗祭の御饌と全く同一、神として取扱はれてゐる。「供物」ではない。それは本来天照大神の斎庭にきこしめす神食であってギリシア神話に見らるゝゼウスのアンブロシアである。神なる食物、即ち神食或は大嘗祭の御膳である。それはドーラ、即ち「供物」ではないのと同一である。

所で、上文中、「三時祭には宮毎に夕朝供へ奉る。此を由貴奉る夜」とあるが、最も注目に値する。その夜は「御饌祭の夜」であるといふのである。換言すれば「みつほまつり（瑞穂祭）の夜」であるといふことである。こゝに「悠紀」の言葉を解く鍵がある。「悠紀」は「斎食」に他ならない。即ち「神食」或は大嘗祭の「御膳」の謂である。さて、大嘗祭に還る。

そこで、何事よりも先に取り上げなければならぬ問題は十一月中の卯の日の夜である。十一月中の卯の日の夜は、丁度、冬至の夜に相当すると解せらる。つまり太陽の活動の切替期である。十一月中の卯の日の夜は旧太陽から新太陽が生れる日である。大嘗祭は天照大神と大現人神すめらみことの大復活祭であつて、とりもなほさずすめらみことの降誕祭である。而して、その大嘗祭の主儀「みつほまつり」（瑞穂祭）に於て大現人神すめらみことがふしをろがむ瑞穂の御膳は「神なる食」であつて、之を斎膳或は悠紀といふのである。

それなら、「朝の大御膳」をなぜ「すき」といふのであらうか。悠紀の意味から、主基の意味は自から明かであらう。それはおそらく「すきこしの御膳」といふことである。それを約音して「すき」と曰つたのである。人々の頭の中へは必ずや「主の晩餐」パツソバーのことが浮んで来るであらう。フレーザーがこんなことを書いてゐる。

「古代世界の衰亡にあたり、西洋の忠誠をもとめて相互に競ひ合つた東洋の神々のうちに、古いペルシャの神ミトラがあつた。この神の礼拝の著しい普及は、ローマ帝国全土に夥しく発見されたところの、それについて説明を与へる碑文によつて証明される。ミトラ礼拝は、その教義と儀典の両方について、『神々の母』の宗教に対してのみならずキリスト教に対しても多くの類似点を示してゐることは明かである。（〇中略）ミトラ教が、キリスト教に対するおそるべき敵手であつて、荘厳な儀典を道徳的純潔に対する渇仰と不死の希望とに結合してゐることは、いづれにせよ全く疑ふ余地のないことであつた。事実これらの二つの宗教の間の衝突は、しばらくの間は均衡を保つてゐたことは明かである。長い間の斗争の示唆的な遺物が、その異教敵手から教会が直接借用したと見える我々のクリスマスの祭儀の中に保存されてゐる。ユリアヌス暦には、十二月二十五日が冬至と定められ、一年のこの転機から日が次第にのびて太陽の力が強まつて来るところから、その日は『太陽の誕生日』であると看做されてゐた。シリアとエジプトに於て祝はれたと見られる誕生の儀礼は驚くべきものであつた。祝ふ人々は或る奥の院に退き、深夜そとから大声で叫んで言ふのである、『処女、子を生めり。光は増すよ。』と。エジプト人は嬰児の像によつて新らしく生まれた太陽を表はし、それをその誕生即ち冬至に運び出して礼拝者たちに見せさへしたのである。このやうに懐妊して十二月二十五日に息子を生んだ処女は、疑ひもなくセム族が「天の処女」或は単に『天の女神』と呼んだところの、かの東洋の大女神であつた。セム族の諸地に於ては、彼女はアステルタの一形であつた。

さて、ミトラはその礼拝たちによつて太陽、即ち彼等の所謂『征服されざる太陽』と同一視された。それで、彼の誕生日もまた十二月二十五日にあたつた。福音書はキリストの誕生日については何事も言つてゐないので、初代の教会はそれを祝はなかつた。しかしながら、やがてエジプトのキリスト教徒は、一月六日を誕生日であると看做すやうになり、そして、その日に救主の降誕を祝ふ慣習は漸次普及して遂に第四世紀までには汎く東方に行はれるやうになつたのである。しかるに、第三世紀の終り、第四世紀のはじめにあたり、未だかつて一月六日を誕生の日として承認することの定てゐなかつた西方教会は謬りなき日として十二月二十五日を採用し、やがてその決定は東方教会によつても受け入れられたのである。」（金枝篇、第三十七章「西洋に於ける東洋の宗教」永橋卓介訳）

それは真に驚く可き問題である。我々はキリスト教会の主儀聖晩餐会の、而してパツソバーの原型本原を、我が大嘗祭の主儀、「みつほまつり」（瑞穂祭）に於て見出し得る。

さて、こゝへきて、「聖餐式」と「供物式」の根本的相違性について一言せねばならない。

（ロ）供物式と聖餐式

「ヱホバ集会の幕屋よりモーセを呼びて、之に告げて言ひたまはく、『イスラエルの子孫に告げてこれに言へ。汝等の中の人もし家の礼物をヱホバに供へんとせば、牛或は羊をとりてその礼物とすべし。若し、牛の燔祭をもてその礼物になさんとせば、全き牡牛を供ふべし。すなはち集会の幕屋の門にて、これをヱホバの前に、その受納たまふやうに供ふべし。彼その燔祭とする者の首に手を按くべし。然らば、納入れられ、彼のために贖罪とならん。彼ヱホバの前にその犢を宰るべし。またアロンの子等なる祭司は、その血をたづさへ来りて、集会の幕屋の門なる壇の四囲にその血をそそぐべし。彼また燔祭の犢の皮を剥ぎ、これを切りわかつべし。祭司アロンの子等、壇の上に火を置き、その火の上に薪柴をならべ、而してアロンの子等なる祭司等、その切わかてる者、その首、およびその脂を壇の上なる火の上にある薪の上にならぶべし。この臓腑と足は、これを水に洗ふべし。かくて祭司は一切を壇の上にて焼て燔祭とすべし。是れすなはち火祭にして、ヱホバに馨しき香たるなり。』（レビ記、第一章）右に拠つて、動物供物式の典型的なものを知る事が出来る。ソロモンのエホバ大神殿竣工祭に於ける動物供物形式の規模は途方もない。

「ソロモン祈ることを終し時、天より火くだりて燔祭と犠牲とを焚き、ヱホバの栄光その家に充り。ヱホバの栄光ヱホバの家に充しに因りて、祭司はヱホバの家に入ることを得ざりき。イスラエルの子孫は皆火の降れるを見、またヱホバの栄光その家にのぞめるを見て、敷石の上にて地に俯伏して拝し、ヱホバを讃めて云り、『善かなヱホバ、その恩恵は世々限りなし。』と。斯て王および民みなヱホバの前に犠牲を献ぐ。ソロモン王の献げたる犠牲は牛二万二千、羊十二万、かく王と民みな神の家を開けり。祭司は立ちてその職をなし、レビ人はヱホバの楽器を執りて立つ。其楽器はダビデ王彼等の手によりて賛美をなすに当り自ら作りてヱホバの恩恵は世々限りなしと頌へしめし者なり。祭司は彼らの前にありて喇叭を吹き、イスラエルの人は皆立ちをる。」（歴代志略下、第七章）

このヱホバ祭は七日に亘つてとり行はれたと書かれてゐるが、その七日間に牛二万二千頭と羊十二万頭を燔祭として供へて煙にしたといふのであるから、実に途方も突拍子もないもので我々日本人の想像もつかぬ所である。所で、日本の場合は、このイスラエルのヱホバに於けるとは凡その形式を異ならしむるもので、血くさからず、毛くさからざるもの、典型者である。

「祈年祭神。三千一百三十二座。

（〇中略）

座別絁五尺、五色薄絁各一尺、倭文一尺、木綿二両、麻五両、庸布一丈四尺、倭文纏刀形、絁纏刀形各一口、四座置・八座置各一束、楯一枚、槍鋒一竿、弓一張、靭一口、鹿角一隻、鍬一口、酒四升、鰒堅魚各五両、腊二升、海藻・滑海藻・雑海菜各六両、塩一升、酒坩一口、裹薦五尺。」（延喜式、巻第一）

等と見られる。が、それが血くさからうが、くさからざらうが、或は毛くさからうが、くさからざらうがは問ふ所ではない。皆おしなべて物品供物形式なる点では同一である。

こんなわけであるからして、大嘗祭の主儀「みつほまつり」（瑞穂祭）の根本性格が全く誤られて、大変なことになるのも無理からぬ事である。即ち大嘗祭の主儀なる「みつほまつり」（瑞穂祭）は大嘗祭のかなめであつて、同時に橿原宮すめらみこと統一国家のかなめであり、同時に神武天皇の元首者性格のかんじんかなめである。そのかんじんかなめが台無しになるのであるから大変中の大変と云はねばならぬ。所で、このかんじんかなめを、この台無しの危険から救ふ唯一の方法は、古代宗教社会に於て見らるゝ祭儀形式は供物式を本来とするものではなくて聖餐式を本来者たらしむるものであるといふ、最も顕著な根本事実を明確にする事のそれである。換言すれば古代宗教世界に於ける本来的祭儀は「神を食べる」儀式であるといふ根本事実を明確にする事のそれである。併せて、聖餐式は供物式に先行し、供物式は聖餐式に遅れて発達したものであるといふ祭祀形式変遷過程を明確にする事のそれである。然し、この問題の本格的検討は、到底本論の範囲の許す所のものではない。こゝではかいつまんでその要点にのみ触れる事に止まらねばならぬ。所で、「神を食べて神になる儀式」の最も典型的なるものの一つを、我が親愛なるアイヌの「熊祭」に見得る。

アイヌ諸君が神として之をいつきまつるのは独り熊のみではない。彼等が常食の一つとする稗や粟の如き穀類をも神としてあがめまつる事は、尚ほ一般原始民族に共通の観らるゝ所と同一である。が、アイヌ諸君は特に熊をあがめる。アイヌ諸君はいともすぐれた猟師である。その彼らにとつて熊くらゐ大いなる獲物はない。

（略）

この場合何よりも神聖な「神なる物」は熊の「血」と熊の「首」である。次に肉と内臓である。そして、此等の「神なる物」は一物といへども損ぜず、余さず、檻の周囲にあつまれるアイヌ諸君にとつて最も尊い「神なる物」としてふしをろがまれ且つおしいただかれて聖食されるのである。

熊の首は東の窗の下にかざられる。こゝには固より神秘が深く蔵されてゐる。その前にはさまざまな供物が奠ぜられる。就中、熊の肉それ自身を煮て供へるのである。それは「供物椀」と称して、聖なる供物、即ち神食とされる。この神食は、しばらくして下げられる。そして、万座の人々にもれる事なく、その一片がくばられる。万座のアイヌの人々はこの「供物椀」の一片の熊肉を「神食」即ち御食として、神なる熊の前で食べることによつて共に神なる熊の神性格に帰一するのである。この神食を食はぬ者は一人もない。何故ならば、それは最も忌むべき神に対する冒瀆行為であつて、かゝる不届者は、イスラエルのヱホバ宗教の場合のやうに目の前で肉体的生命を奪はれないにしても、それと同じ結果をもたらす神罰を加へられるのである。即ち、アイヌの交際から排除されるのである。特に熊の血は啜り合はれ、且つそれを以て各人自己の衣を染めるのである。キリスト教の主の晩餐に曰ふ。「汝等皆、この酒杯より飲め。これ新約の我血にして」と。これと少しもその宗教的性格を異らしむるものではない。我が親愛なるアイヌ諸君は、彼等の生活の基本を成す熊祭に於て、「神を食ふ」のである。アイヌの熊祭に於て我々は典型的な聖餐式を観ることが出来る。

所で、フレーザーは原始宗教世界に観るを得る数多い聖餐式を挙げてゐるが、その中から、一、二、三をとり出だして参考に供して置かう。

「穀物霊が時としては人間の形で、時としては動物の形で表はされること、またいづれの場合に於てもそれはその代表者の形で殺され、礼典として食べられることを、これまでのところで我々は知ることができた。穀物霊の代表たる人間を実際に見出すためには、当然我々は未開諸民族に行かねばならなかつた。しかし、わがヨーロッパ農民の収穫晩餐は、穀物霊の代表たる動物を礼典として食べることの謬りなき実例を供へるものである。推察されるであらうやうに、新穀それ自体も礼典的に、即ち穀物霊の身体として食べられるのである。更に、スエーデンのワームラントでは、農夫の妻は少女の形をしたパンを焼くために、最後の刈束の霊物をつかふ。斯のパンは家族全体にくばられ、みんなの者がそれを食べる。この場合、パンは乙女だと見られた穀物霊の代表である。穀物霊は恰度スコットランドに於てと同様に考へられ、女の形に作られて『娘』といふ名のつけられた最後の刈束によつて表はされてゐる。穀物霊は一般に最後の刈束にやどるものと信じられてゐる。それゆゑ、最後の刈束でつくられたパンを食べることは、穀物霊そのものを食べることに他ならないのである。」（金枝篇、第五十章「神を食ふこと」）

上文中、「礼典」とあるは、原作者は sacrament といふ言葉を用ゐてゐる。私は「聖餐式」といふ言葉を用ゐる。つまり「神を食べる儀式」の謂である。

「以上のべた例では、穀物霊は人の形で表はされ、またその形で食べられる。他の場合では、新穀は人の形をしたパンに焼かれることはないけれども、それを食べるときの厳かな儀礼は、それが礼典として、即ち穀物霊の身体として食べられることを示唆してゐる。たとへばリトアニアの農民は、新穀を食べるとき次のやうな儀礼を行ふことになつてゐた。すべての穀物がとり入れられ打穀のはじまるころ行はれる秋の種まき時分、農夫たちはめいめい『サペリオス』即ち、『混ぜ合せ』又は『投げ合はせ』といふ祭を祝つた。」

――そして教授はアイヌに言及してかく述べてゐる。――

「日本のアイノ或はアイヌは種々の稷をそれぞれ男性と女性とに区別して居り、すべての種類は総括的に『神的なめをと穀物』と呼ばれるといふ。それゆゑ、稷をついて普通の食事用の餅をつくる前に、老人たち先づ礼拝用のものを少々つくらせる。用意がととのふと、極めて慇懃にそれに祈つて言ふのである。――『おお汝、穀物の神よ、我等汝に祈る。汝この年まことによく成長したり、汝の匂ひは香しからん。汝はよきものなり。火の女神はよろこぶべし。我等もまた大いによろこばん。おお汝、神よ。おお汝、神の穀物よ。汝この民を養へ給へかし。われいま汝を食せん。われ汝を拝し、汝に感謝を献ぐ。』と。このやうに祈つてから、彼等即ち礼拝者たちは餅をとつてそれを食べるが、これがすんでからはじめて一般人は新稷を食べることが出来る。また尊崇の種々の身振りと多くの祈禱の言葉を以て、この種の食物がアイヌの安寧のために献げられる。疑ひもなく、この穀物供進は神への貢物と考へられてゐるが、その神といふのはつまり種子そのものなのである。人間の体に有益であるかぎりに於て、これは神にほかならないのである。」（同前書）

教授は、日本人と同一性格を有する稲の民族なるインドネシア諸民族についても同一現象を見得ることを報告してゐる。が、か丶る原始人と異なつて、未開状態を脱して、国家的文明をつくり出したアズテクについて特に参考に値する記事を掲げてゐる。即ち、前章に引用せるアズテクの「テクオロア」所謂る「神を食べる儀」である。

メキシコ人は、この特質に値する聖餐式宗教を基本として、本質的にキリスト教文明と同一水準を行く大文明を、はるか悠遠の古代につくり出したのである。即ちマヤ文明である。

「メキシコとペルーのイスパニア人侵略者たちは、土着の異教儀典の多くはキリスト教礼典の悪魔的贋造物であると見たのである。」（金枝篇、第三十七章「西洋に於ける東洋の宗教」）

玉蜀黍文明の開拓民族マヤ族はキリスト教会文明成立の大基礎を成すサクラメントとはきちがへられる程酷似する聖餐式を基本として、人類史上最古に属するアメリカ大陸文明をつくり出してゐる。まことに驚く可き事と謂はねばならぬ。この驚く可き人類史上の根本問題を考へせしむるマヤ文明は、世界人類史の背景の中へ遠く煙の消ゆる如く消え去つて、人類文明史に何等生きた気吹をのこさない。

是を、西洋文明の源泉を成すシリア、バビロン及びエジプト等に眼を一転すれば、事は最も驚くに堪えない。シリア文明の基本を成すアドニス崇拝のかなめはアドニス聖餐式である。バビロン文明の基本を成すタムムズ崇拝のかなめはタムムズ聖餐式である。而して、エジプト文明の基本を成すオシリス崇拝もまたオシリス聖餐式である。即ち、人類文明の源泉を形成せるシリア民族も、バビロン民族もエジプト民族も共に、聖餐式を以て文明創造の基本たらしめるといふ、真に驚く可き世界史的根本大史実を見出し得る。この世界史的根本大史実に就てギリシア民族ですらが決して例外ではない。ギリシア文明の源泉を成すものはエリスのオリンピア競技ではない。それはアテネのデイオニソス祭である。真に注目す可き人類文明史上の根本問題がこゝに厳存する。而して、その最も典型的なるものは、大嘗祭の主儀「みつほまつり」（瑞穂祭）を基本として世界文明史上比肩なき崇高にして偉大なるすめらみこと文明を生める「稲の民族」日本人である。

（ハ）聖餐式の哲学

（い）古代社会人心性一般

（略）

しかし、右のやうなフレーザーの聖餐式に対する共感呪術理論は聖餐式の根本義を根本的に誤るものであつて、全面的に排斥されねばならない。試に我が親愛なるアイヌの場合である。アイヌ諸君は最もすぐれた弓矢の人である。けれ共、ギリシア神話の英雄神の代表者ヘラクレスのやうな粗暴な性格は何処にも見られない。アイヌはことのほか夫婦の愛情こまやかであつて仲が良い。仲間つきあひもまことに円満である。平和である。このアイヌのすぐれた族性は常に敬神の念に立脚するものであつて、彼等の生活一切はこゝに基本する。かくの如きアイヌにとつて熊は野の王、猟の王である。蓋し神の使者たるに他ならないのである。而して神なる熊は彼等に無上食と無上衣とをたまものとする。アイヌの熊に向つて射つ一発は、恐怖、憎悪、敵対の一発ではないのである。それは正に、神のたまもの、神のめぐみに対して報ゆる、感謝の一発であり、歓喜の一発なのである。彼等のこの熊に対する一発は、神の命令による一発なのである。而して、彼等の神の命令による、神なる一発は決して之を放つアイヌ個人の物質的利害を目的とするものではない。それは正にアイヌ全体、集団の神聖なる利害に基づいて放たる丶一発なのである。かくして、この光栄ある一発を数多く放ち得て、彼の屋敷のかいねを、数多い神なる熊の首を以てかざり得る者がアイヌの指導者、即ち、酋長の名誉を担つて、アイヌ集団の指揮統制に任ずるのである。かくて、原始的聖餐式の典型熊祭の意義もまた自ら明らかである。

　そのはつしと放たる丶一矢によつて、その集団生活の安寧と秩序と繁栄が確乎不動に維持され増進さる丶見事な神矢を放ち得る機会は、石狩川で、鮭をとるやうに数多くあるものではない。児熊を見附ける機会に至つては一層まれである。何故なれば、熊は最も児をいつくしむ情の高く強い、高等動物であるからである。その児熊を見附ける事の出来る機会は正に神の恵み以外には実在しない。児熊を見附けることの出来た神に恵まれた、あるアイヌの個人は、此を個人的幸運のために、独占することは神に対する最不敬罪に相当するもので、許され得る何物でもないのである。こ丶には個人的利害と集団利害の間には何の対立も、何の区別も実在し得ないのである。個人の利益は集団の利益であり、集団の利益は同時に個人の利益である。しかも、精神、物質全面生活に亘つて同一である。かくの如きの、精神物質全面生活に於て自利他利全く融合一致して悖ること無き生活の根柢基本を成すものは、実にアイヌの最も高くして純真なる神々の信仰、即ち宗教生活そのものである。而して、その神々の

信仰生活、宗教生活のかなめこそは実に態祭なる典型的聖餐式そのものである。（略）

聖餐式を根本とし、本質とする原始宗教はこの種の経済的生産技術を基本として成立するものではない。而して聖餐式を根本たらしめ、本質たらしむる宗教を唯一の基本として始めて成立する原始集団もまた、この種の経済的生産技術を基本として成立する所の、現代的知識人の原型を思はしむる幼稚知識人集団ではない。それは一に神々の信仰、神々の祭祀を基本たらしむる事によつてのみ成立するものであつて、本質的に精神的なものである。唯物論的に偏行してゐる、我々の現代人的原始社会観は全面的に破棄せねばならぬ。この認識論的根本問題に就て、レヴイ・ブリユールは極めて注目す可き発言を成してゐる。

「集団表象と呼ばれるものを、深めることなしに一応定義してみると、次の諸徴で知られる。与へられた社会成員に共通で、その社会内で世代から世代へと伝へられ、個々の成員を拘束し、それぞれの場合に応じて対象に、尊厳、畏怖、崇拝の感銘を成員に呼び起す。集団表象は個人の力左右されない。これは集団表象が、社会を構成する個々の成員とは別な集団全体を含むといふ意味ではなく、個人を個人として考察しただけでは説明のつかない、いろんな特質を帯びて現はれるからである。この意味から、例へば国語は、厳密に云へば、それを話す個人の頭の中にしか存在しないが、なほ且つ集団表象の一全体の上に立つ疑問のない社会的事実である。何故ならば、国語は個人の各々に強制され、彼以前から既に存在し、彼以降にも存在を継続するものだからである。」（未開社会の思惟（上）山田吉彦訳、（岩波文庫本）一五）

原始人社会及び古代社会が、現代人常識を全くとびはなれたところの宗教を基本として成立してゐるといふ事実に基づいて、その宗教的観念は正に個人的自覚以上のある潜在的集団意識に根差してゐるといふ根本事実は誰も等しく認めねばならぬものであらう。而して、その潜在的集団意識の根本を成す神の観念は個人的選択外に立つものである　原始人社会及び古代社会に於ては、現代社会が認めてゐるやうな信仰の自由などといふものは何処にもない。若しある者が、彼がその成員として属するある社会が有してゐる神々を崇拝せず、且つその祭祀の忠実なる執行を肯じないとすれば、完全な村八分に遇ふ事に例外は何処にもない。結果は死以外ないのである。レヴイ・ブリユールの言葉をかりて申せば原始人又は古代社会人の宗教生活は完全な集団表象生活であつて、個人的自覚生活ではないのである。（略）

知性を中核とする現代人の概念的認識構造は論理的思弁に訴へて把え得ない対象を、その認識対象たらしむる事を拒否するのである。換言すれば、神秘性につゝまれたる対象を事実として認識せずして、此を虚偽とし、空虚として、認識世界から追放してしまふのである。而してこゝに現代的知性人に於ける認識生活の救ふ可からざる根本欠陥がある。この欠陥から自らを救ひ得ない限り、原始人心性、古代社会人心性一般は全く空虚なるもの、非実在的なるもの、一般に夢遊病的なものとうけとり得ないであらう。事実、多くの世界的学者が、かく解して来たのである。ジエイムズ・フレーザーの如き、原始人宗教、古代宗教の世界的泰斗ですらが、尚ほ然りである。他は推して知る可きものである。この現代人特有の認識生活の根本的欠陥から先づ救はれなければならぬ。この現代人の認識生活に於ける根本的欠陥問題は、此後に於ける最も根本的にして且つ最も大いなる、而して困難な哲学的大問題であつて、こゝでこれ以上に亘り得ない。たゞ一言附け加へて置きたく思はるゝ事は、この最も根本的にして、且つ大いなる、而して困難な哲学上の再重大問題に対して二人の大先駆者の名を挙げて置きたく思ふことである。その一人はウィリアム・ジエームズであり、その他の一人はアンリ・ベルグソンである。而して、右の如きレヴィ・ブリユールの学説は、当面せる聖餐式の本質検討上、最も参考す可きものであることを指摘すると同時に原始人、また、古代人心性の一般的特徴はその「神秘性」にあると言ふ。

レヴィ・ブリユール教授が「神秘的」と称してゐるのに対して、私は「霊性」といふ言葉を、好んで使用する。原始人及び古代社会人の住む世界は「霊感」の世界である。「霊能」の世界である。換言すれば、言葉の本来の意味に於ける宗教世界である。現代人に於けるやうな科学的世界とは凡そ異性の世界である。「宗教」といふ言葉を西洋の人々は Religion と称してゐる。この言葉はラテン語の religio といふ動詞から出た言葉であつて、日本の古語の「いむ」「いはふ」といふ言葉と同意である。であるからして、「宗教」とは「いみ」「いはひまつる」行事を意味するのが言葉本来の意味である。決して、ある教祖のある教義を意味するやうなものではない。而して「宗教世界」とは「霊界」といふに等しい。霊界とは「霊感」「霊能」の世界である。概念的に認識さるゝ五感的認識世界ではない。それ自身神秘世界である。宗教世界、即ち「霊界」は、五感現象世界に本質する所の知的認識世界とは凡そその本質を異ならしむる所の、「霊感」「霊能」の世界であつて、それはまた人間の歴史的創造生活の根原世界に他ならないのである。かくの如き霊的想像力を表現するに我々日本人の祖先は「ムスビ」といふ言葉を以てした。この言葉くらゐ原始人及び古代社会人の一般的心性を適切に表現する言葉を見出し得ない。而して、その「神秘」な而して「霊的」な宗教世界のかなめを成すものは、実に聖餐式である。こゝに聖餐式の哲学がある。

（ろ）スミス学説

レビ記に伝へらるゝヱホバ祭祀形体を以て直ちにイスラエル初期のものと見ることは誤りである。彼等がエジプトから脱出して、再び祖先の地カナンに遷り住んだ後のヱホバ祭祀はレビ族なるヱホバ祭祀の手に独占されてしまつて、イスラエル大衆はヱホバと共に飲み且つ食べて、その歓を共にするやうな事はなくなつたのであつた。そして、人々のヱホバ祭祀は之に手厚く供物を供へ奉つて、ひたすらにその個人的幸福を祈り求め、個人的罪業から解放されることをねがひ求むる所の個人的おさいせん祭祀形体を導き出すに至つたのであつた。然しかくの如き形体はヱホバ祭祀の本来のものではではないとスミス教授は説くのである。（略）

ヱホバ宗教の根本と、その本質は供犠饗宴、即ち神と人と歓を共にして饗宴するところにあるといふのである。即ち、聖餐式を以てそのかなめたらしむるものであるといふのである。かゝるヱホバ祭祀を基本として成立せるダビデ国家のかなめもまた聖餐式にあるといふのである。この歴史的根本事実は、ダビデ国家の基礎は、かのダビデがエブス人オルナンの穀打場に据ゑたヱホバ祭壇であるといふ事実によつて最も明確ならしめ得る所である。所で，後のキリスト教会国家を出現せしむる大根源がこゝに厳存するの根本事実は最も注目す可き事柄である。

「公的収入が供犠的儀典維持のために費やされるやうになつた時より既に久しい昔、ヒブル宗教の一般的形態は、本質的に社会的であつた。古代社会に於けるあらゆる宗教は、個人に関することであるよりも寧ろ共同社会に関することであつたからである。供犠は都邑或は氏族の公的儀礼であつて、私的家長はその献物を年々饗宴のために貯へ置き、祭礼の季節がめぐつて来た時に果さるべき請願によつて、その間の宗教的感情を満足せしむるやう習慣づけられてゐた。その時には人々は、最上の晴衣を着かざり、供犠のために定められた犠牲のみならず、饗宴を催すに必要なパンや葡萄酒を豊かに携へ、楽の音に合せて陽気に歩きながら、聖所をさして近郷近在から引きもきらず流れこむのであつた。饗宴の掟は自由な款待であつた。如何なる供犠も客人なくしては完全ではなく、御馳走は交友の範囲内の富める者、貧しき者に、自由に分け与へられるのであつた。共に食べ、共に飲み、共に楽しみ、その前に於て歓をつくし、一人として饗宴の歓楽を受けぬ者とてなかつた。」（セム族の宗教後編、五二—五三、岩波文庫）

おのづから、

○

さか木葉の　香をかぐはしみ　とめくれば　八十氏人ぞ　まとゐせりけり

○

神がきの　御諸の山の　さか木葉は　神のみまへに　茂りあひにけり

○

豊へつひ　み楽びすらし　久かたの　天の河原に　琴のこゑする

○

久かたの　天の河原に　豊へつひ　み楽びすらし　膝のこゑする

数々の神楽の御膳歌が口頭をもれて来る。日本人もヘブル人もみな一つにとけこんで、人類生活の大根源、エデンの園に吸ひ込まれて行く。——更に、スミス教授はかく説く。

「ヒブル的礼拝の顕著な形態について私の書いた画は、ヱホバ宗教に特有な何物をも含んでゐない。ヒブルの聖所とカナン人の聖所に於ける儀典的慣行は極めて近似してゐて、一般大衆にはヱホバ礼拝とバール礼拝の如何なる明確な線によつても分たれず、いづれの場合に於ても礼拝者の優勢な調子と気質とが、礼拝者の宴楽的性質によつて決定されたことは旧約聖書に基いて明らかに知られるところである。通常の宗教の確立された形態としての供犠饗宴の普及は別にセム系諸民族に限られてゐるわけではない。これと同じ種類の礼拝は、古代ギリシアとイタリアに於ても汎く行はれ、又すべての古代文明諸民族がそこから出発したところの群小農耕社会の地方的礼拝の一般的形態でもあつたらしい。」（同前書、五十三—五四）

メキシコ文明を考へ、エジプト文明を考へ、バビロン文明を考へ、インド文明を考へ、而して漢民族文明を考へ併せれば、「すべての古代文明諸民族がそこから出発したところの群小農耕社会の地方的礼拝の一般的形態でもあつたらしい。」といふ接続法は「すべての古代文明諸民族がそこから出発したところの群小農耕社会の地方的礼拝の一般的形態でもあつた。」といふ直説法に改められる可きものである。――スミス教授は更にかく説きすゝむ。

「供犠が本来饗宴を含み、饗宴は供犠なくしてはそなへられぬことを何処に於ても発見するのである。饗宴は肉なくしては完全でなく、凡ゆる屠殺は供犠であるといふ掟は、古代は別にセム族に限られたわけではなかつたのである。宗教上の時期と宴楽の季節との一致は、事実上一般古代宗教の決定的性格と見られても差支へない。人々が神と会ふ時、彼等は共に宴楽を悦び、彼等が饗宴を催して楽しむ時は、神もその仲間に加はることを希望するのである。」（同前書、五四）

その世界的典型は我が親愛なるアイヌの熊祭である。

「この見解は、礼拝者の常習的な気分がその神に対する歓喜的信頼のそれであつて、人間的罪責の常習的自覚によつて全然煩されず、彼等とその信奉する神とはよき友であつて相互に完全な理解をもち、容易に破られ得ない羈絆によつて結合せしめられてゐるとの固い確信に立つやうな宗教に固有なものである。」（同前書）

我がすめらみこと宗教そのものの謂である。而して、我等が遠祖、「稲の民族」日本人は、世界無比の大歓喜宗教なるすめらみこと宗教を基本たらしむることに由つて、世界史上正に比類なき大文化国家を創造し、かくてまさに世界史上無比の大歓喜文明なるすめらみこと文明を人類史上に燦然たらしめたのである。而してその大根本かなめは実に「みつほまつり」（瑞穂祭）そのものである。こゝに聖餐式の大哲学が現実にして、具体的に厳存する。而して、この聖餐式の大哲学の核心を成すものは、その「密儀の核心」である。

（二）密儀の核心

橿原宮すめらみこと統一国家は忠実なるすめらみこと祭祀執行を基本として成立する。而してすめらみこと祭祀体系の大宗を成すものは大嘗祭そのものであり、その大嘗祭のかなめは悠紀主基御膳聖餐式である。而して、御膳は瑞穂である。大嘗祭は「瑞穂まつり」である。大嘗祭のかなめ悠紀主基御膳聖餐密儀の核心は瑞穂である。（略）

　このオシリスの園は、まことにオシリスの斎庭である。我が瑞穂の斎庭との一致は、何としても偶然の一致とは考へるわけにはゆくまい。

――「近代の比較宗教の学徒はより多くの蓋然性をもつて、このやうな類似を、宇宙の秘密をおし測らうとする、そして、その畏るべき神秘に自己の小さな生命を適応せしめようとする素朴ではあつても真剣な企図に於ける、人間の心の類似の、しかし、独立の働きにまで溯つて見るのである。」（金枝篇、第三十七章、「西洋に於ける東洋宗教」永橋卓介訳（岩波文庫））

フレーザーその人を筆頭とする一部の「比較宗教の学徒」のこのやうな見解に同意することは出来ない。西も東もない。人類文明の大根源は一つである。そして、それは歓喜宗教であると喝破するスミス学説は真に偉大である。――さて、フレーザーはオシリス儀典に就てかく説き進む。

「デンデラーの大碑文から引かれた上述の祭儀についての説明に於て、オシリスの復活は表現されてゐるといふよりもむしろ暗示されてゐるだけなのに反し、その埋葬は顕著な位置を占めてゐる。しかしながら、記録文書のこの欠陥は、碑文に附随してこれを説明する数聯の驚くべき浮彫によつて充分に補はれてゐる。これらの浮彫は、死せる神がミイラとしてつつまれて棺架の上に横たはつてゐるさまを、それから次第次第に高くその身を起してゐるさまを遂には全く棺架をすてて彼の背後にある貞節なイシスの守護の両翼の間に直立し、更に一人の男の姿がエジプトの生命の象徴であるCrux ansata（把手のついた十字架）を彼の眼の前に棒持してゐるさまを一聯の光景として表はしてゐるのである。この神の復活は、決してこれ以上活々と描かれることはできなかつた。しかしながら、更に一層示唆的なのは、ピラエにたつイシスの大神廟の、オシリスに奉献せられた室にあるところの、同じ出来事の他の表現である。

ここで我々はイシスの骸から穀物の芽が生え出してゐて、一人の祭司がその手に捧げた水瓶から茎に水を注いでゐるのを見るのである。これに附随した碑文は、『こは人の名づけざるべき者、かへり来る水より萌え出る密儀のオリシスの形なり。』と説明してゐる。この絵と文とを合はせて見ると、ここでオシリスが、洪水によつて豊穣肥沃にせられた畑から萌え出る穀物の擬人格であると考へられ、また表現されてゐることには何の疑ひもない。碑文によれば、これこそ密儀の核心であり、入団者に顕はされた最も深い秘密であつた。これと同様に、エレウシスに於けるデメテルの密儀でも、刈られた穀物の穂が彼等の宗教の中心的な秘密として、礼拝者たちに示されたのである。」（同前書、同所）

而して、古代宗教世界に観るを得る復活祭の世界的最大典型、我が大嘗祭の「密儀の核心」もまた「瑞穂」そのものである。これはまた、誠に明確、誠に顕著な形式を有するところの密儀の大核心である。若し、フレーザーが、我が大嘗祭のこのまことに明確顕著な密儀の大核心瑞穂に就て検討し得るの機会に接したとするならば、彼は彼の学説に対して真にその中心主題たり得るものを見出し得ることによつて、独り古代宗教学の分野に止まることなく、世界の学会、及び世界思想に対して大貢献を致したにちがひない。惜しみてもなほ余りあることである。（略）

所で、エジプトのオシリス・イシス密儀とエレウシスのデメテル密儀及びアテネのデュオニソス密儀と我がすめらみこと密儀とを比較する時、まことに驚く可き大事実を最も明確に知る事が出来る。それは、我がすめらみこと密儀こそは此等西洋古代の大密儀に比較して遥かに高く、遥かに優れたる文化的形体を具備してゐるといふ大事実である。而して、この事に拠つて、我々は我がすめらみこと宗教は最高文化水準大宗教なる根本大事実を最も明確に知る事が出来るのである。さればまた、最高文化水準大宗教なるすめらみこと大宗教を基本として成立する我が橿原宮すめらみこと統一国家こそは、無比、無上の大文化国家であるといふ世界史的根本大事実を最も明確に知る事が出来ると同時に、この大文化国家を大象徴たらしむるすめらみこと文明もまた正に世界史上無比無類の大文明なるの世界史的大事実を最も明確に知る事が出来るのである。而して、その因つて来り、因つて基づく所は一にすめらみこと密儀の大核心「みつほ」（瑞穂）そのものである。

「食」はまことに人生の大本である。この人生上の根本大事実は、今も古も、東も西も、共に通じて不変である。所が、今日、俗に曰ふ先進国と謂はる丶国々に住む人々はその全生活を金銭一元の上に置き替へ去つて、この人生の大本を忘れ去らんとして、世界破滅の大危機が、突如として襲ひ来る高潮のやうに襲ひか丶らうとしてゐる。そして、再び、人類の遠祖のなしとげた「食」を大本とする歴史的生活の根源に還つて新たな歩行を起さねば滅亡せんとする世界史的発展段階に当面してゐる。「食」をその全生活の大本とする人類の祖先は、その大本なる所に従つて、此を神としていつきまつつたのである。そして、之をまつつて神の前に在つて互に食べ、共に飲み合つたのである。「食」を神としてまつり、神の前に互ひに食べ、共に飲むことを以てその歴史的生活の根本たらしむることによつて、その歴史的大創造の大道をきりひらいて来たのである。即ち、その文明生活をきりひらき、きづき上げて来たのである。その最も顕著な一大史実を我々はリユクルゴスの世界史を画する大改革の核心事なる共食制度に見出すことが出来る。尚、中世キリスト教会国家に於ける所も是とその本質を少しも異ならしむるものではない。この歴史的根本大事実の世界史上無比無類なるものは実に我が豊葦原瑞穂国そのものである。而して、ロバートスン・スミスの説く所は最も傾聴に値する。

「最初期のセム共同社会に於ては、人はその母親の氏に属し、後期に至つては、その父親の氏に属したのである。しかし、親縁の根本観念は、律法の特殊な形態から独立したものであつた。親族とはその生命が肉体的結合呼ばるべき相手に堅く結び合はされ、各自が一の共同的生命の各部と看做されるやうになつた人々の群団であつた。一の親族の成員たちは、彼自身のことを一つの生ける全体であり、血と骨の生ける一塊であると考へ、その一員が犯された場合には、全員が必然的に怪しまざるを得ないやうな状態にあると見たのである。（○中略）さて、かくの如く血縁が肉と血と骨との共同の塊への関与を意味するものとすれば、それは単に人はその母親の軀から生れた時から母親の肉の一部であるとの事実に依拠するのみならず、彼は彼女の乳によつて育てられたと同様に重要な事実に依拠してゐると考へらるべきは自然である。かうして、アラブ人の間には、血の羈絆と同じやうに、養育された子を養育した母とその親族とに結合する乳の羈絆の存在することを我々は見るのである。また小児が離乳した後には、彼の肉と血とは彼がその食卓を共にする者と分けとる食物によつて養はれ、更新せられ、その結果として食卓を共にすることは、極めて真実な意味に於て（一）親縁の確保、或は（二）親縁の設定とすら考へられたのである。」（セム族の宗教後編、九四―九五）

このスミス学説の曰ふ食本的親縁原理は、「稲の民族」日本人に対して、最も顕著なること世界史上正に無比無類である。而してその大本は実に大嘗祭の密儀の大核心瑞穂そのものである。さればすめらみことは此を「頗る頭を低くしたまひて」称唯拍手の礼を取つて礼拝するのである。（略）

「（略）さて、一方に於ては神々とその礼拝者たちとの間の親縁がセム教徒の根深い原理であつて、セム族の神聖な制度習慣の凡ゆる方面にそれ自身を現はしてゐるとすれば、当然我々は人間の家族と動物の種類との間の親縁も同様に根深い観念であつたと結論しなければならず、またその神聖な動物は何処であらうと、人間がその親縁に対すると同じ思想を以て取扱はれることを期待し得るのである。」（同前書、一一三―一一四）

この人間と神聖動物との同族精神は神聖穀類に対しても普遍的に妥当である。その最も典型的にして顕著なる場合は我がすめらみこと信仰における瑞穂である。又、エレウシスのデメテル瑞穂に於ても同一性である。前掲、エレウシスのデメテル密儀の第一段において、デメテル瑞穂があがめられ、且つ神婚式が演出され、その第二段において、「人の視ざる物」が示さる、といふ事は、まことに意味深長と謂はねばならぬ。スミス教授はつゞけて説く。

「神々とその礼拝者たちを同一族に属するものとなす親縁観念に基づく宗教に於ては、神聖の原理と親縁の原理とは事実上同一である。」（同前書）

まことに偉大なる発見、革命的発見、画期的発見、而して世界的卓説である。而して神聖原理と親縁原理とを盾の両面たらしむる、世界最高最大宗教とは、実に「みつほ」を大中核たらしむるすめらみこと宗教そのものである

「親族員の生命の神聖性と神の神聖性とは別個のものではなくて一つである。究極する所、唯一の神聖なる物は共通の部族的生命であり、或は生命と同一視せられる共通の血であるからである。なにものでもこの生命にあづかるものは神聖であり、その神聖性は神的生命及び自然への関与として、或は親縁の血への関与として、無差別に語られるのである。」（同前書、一一四）

この神聖、親縁不可分精神、而して民族的生命力、即ち、民族的創造力、之を称して、我々の祖先は「ムスビ」（産霊）と呼んだ。この民族精神、この民族的創造力を、我々の祖先はその精神物質全生活の大本を成す「みつほ」（瑞穂）に仰ぎ観たのである。而して、この「みつほ」（瑞穂）を「頗る頭を

低うして」ふしをろがみ、称唯拍手して嘗めたまふ事のそれを以て、我が大現人神すめらみこと、豊葦原瑞穂国の大元首天皇は、世界史上無比、無類の大救済主たり得たのである。即ち、橿原宮すめらみこと統一国家の大創業者、神日本磐余彦火々出見のすめらみこと、神武天皇その人である。

以上を以て、大嘗祭の主儀、「みつほまつり」（瑞穂祭）の執行さるゝ十一月中の卯の日の儀に対する検討を終ることとする。そして、私は以上の検討に拠つて、橿原宮すめらみこと統一国の、而して、同時に神武天皇の元首者性格検討の根本を成す大嘗祭の本義の存する所を、最も明確に為し得たと信ずる。即ち、大嘗祭の主儀「みつほまつり」（瑞穂祭）即ちすめらみこと密儀の大核心「みつほ」（瑞穂）の宗教的意義にして、同時に国家的意義、而して、同時に文明的意義の闡明である。そこで、我々の検討は大嘗祭の終盤形式を成す豊明大饗に移らねばならない。以て期する所は大嘗祭が如何に世界史上無比無類の歓喜大宗教すめらみこと宗教の大宗たるかを最も明確にせんとするに在る。

八、とよのあかり

（イ）豊楽院の大饗

豊楽院の大饗宴は卯の日の翌日辰の日から、巳、午と三日間に亘つてとり行はれる。延喜式、「践祚大嘗祭」の巻に、前掲、辰の日の暁、主基の儀につゞけてかく書かれてゐる。

「寅一剋主基御膳を薦む。進退前の如し。辰の日の、卯の一点、廻立殿に還る。御服を易へて還宮す。

警蹕侍衛常儀の如し。（略）

皇太子東北の掖門より入り、五位以上は南門より入り、各班位に就く。六位以下相続き参入す。立ち定まりて、神祇官中臣賢木を執り、笏に副へて南門より入り、班位に就き、跪きて、天神寿詞を奏す。忌部入りて神璽之鏡剣を奏す。」

右を卯の日の形式と併せ考へれば、古語拾遺に伝へられてゐる橿原大嘗祭形式がそのまゝ中世に伝へられてゐる大事実を最も明確に知る事が出来る。最も注目す可き点である。（略）

江家次第には悠紀に「風俗」と「和舞」、主基に「風俗」と「田舞」になつてゐる。

「午日の卯の一点、両国の帳を却ひ所司尋常の御帳を装束す。辰の二点此の帳に御す。五位以上六位以下を召す。参入前日に同じ。四点両国司及び氏人等を叙位す。巳二点詞司御膳を薦む。久米舞、貴志舞を奏す。中一点大歌丼に五節舞を奏す。三点解斎舞を供奉す。先づ神服女舞ふ。次に神祇官中臣忌部及び小斎の侍従以下番上以上左右に分れて入る。酒造司人別に柏を給ふ。「即ち」酒を受けて飲む。訖りて即ち蘰と為て舞ふ。酉二点皇太子已下五位已上に禄を給ふこと各差あり。又諸司の六位以下及び両国の駈使丁以上に禄を給ふ。其の悠紀主基両国の主典以下、諸郡司主張以上の把笏者、別勅叙位者は、臨時の処分に依る。是の日小斎侍従以下宮内省に於て解斎す。歌舞すること常の如し。大膳大炊造酒及び両国司に酒食を給ふ。訖りて斎服を脱ぎて常に復す。」

是を、ソロモンのエレサレム大神殿竣工式の七日に亘る大饗宴に比較するとき、両者の相異の甚しきに驚く。そして、右に見る中世に於ける豊楽院の三日に亘る大宴楽は、よく古代より中世へと、まことに長期に亘つて、その本来の神聖・親縁の根本性格を維持伝統して少しもくずすことなき大事実を、最も明確に知ることが出来る。驚嘆而して賛嘆の極みである。是をギリシア的バッカス大饗宴に比する時、どうも何とも言へない、差異にたゞ驚く外ない。

所で大嘗祭の根本性格、神聖・類縁性、換言すれば最高文化水準性を最も明確にするものは、豊楽及び清暑堂に於ける諸演奏曲目の数々の歌詞である。

（ロ）国風

栄華物語の巻十、「日かげのかずら」の中にかく見られる。

「冬の日もはかなくくれて、大嘗会のいそぎせさせ給。されどその日は只うるはしうぞある。歌ども悠紀の方は、大中臣能宣が子の祭主輔親つかうまつる。主基の方は、前加賀守源兼澄なり。此人々、輔親はよしのぶがこなればとおぼしめしたり。かねずみは公忠の弁のすぢなりとおぼしめして、うたのかたにさもあるべき人どもを、あてさせたまへるなるべし。

悠紀のかたのいねつきうた。さかたのこほり。

輔親。

やまのごと　さかたのいねを　ぬきつみて　君がちとせの　はつほにぞつく。

御神楽の哥。同じ人。

おほやしま　ぐにしろしめす　はじめより　やほよろづよの　神ぞまもれる。（略）

主基の方。いなつきうた。おほくらやま。兼澄。

　ふた葉より　おほくら山に　はこぶいね　としはつむとも　つくるよもあらじ。

御神楽歌。ながむらやま。

　きみが御代　ながむら山の　さかきばを　やそうじ人の　かざしにはせん。（略）

同じ日のまかで音声。ちゞがは。

　にごりなく　みえわたるかな　ちゞがはの　はじめてすめる　とよのあかりに。」

歌人、歌女二十人づゝ、国司朗々の声に合せて次々と唱ひあげてゆくとよのあかりの夜、庭燎あかく、ゆら〳〵とてりはえもえる情景が、目の前にあり〳〵と浮んで来る。これはまことに世界無比のエデンの画である。「国風」なぞといふと、何となく支那くさくていけない。ために事の本質を全くあやまられる惧れがあるが、どの歌詞をとつて見ても、詩経三百篇のまねではない。どれもこれも、まことに目出度い御膳歌、即ちみつほ讃美歌である。即ちまた、無上のすめらみこと讃美歌である。而して芸術文化の最高水準を行くもののみである。しかも、その歌枕はいづれも聖山であり、聖泉である。

「なにものでもこの生命にあづかるものは神聖であり、その神聖性は神的生命および自然への関与として、或は親縁の血の関与として、無差別に語られるのである。」

といふ大哲学の、こゝに無上の芸術的表現を仰ぎ見得るもの、蓋し、世界的芸術文化の最高峰に立つものと謂ひつべきものである。又以て大嘗祭を大宗とするすめらみこと祭祀の文化的性格と、すめらみこと祭祀を基本として成立するすめらみことと国家と、すめらみことと文明の文化的性格が何であるかを最も明確になし得る無上の根拠をこゝに見出し得る。

（八）風俗

群書類従、巻第三百五十に、風俗歌が載録されてゐる。まことに貴重至極の国宝である。その主なるものを左に掲げ見る。

小筑波

ヲツクバヲ、コユルスリキヌ　カヘリキテヤ、タガコヒスグセ、ヲツクバヲ、コユルスリギヌ。

小田流木

コヨロギノ、イソタチナラシ、イソナラシ、ナツムメザシ、ヌサスナ、ヲキニヲレ、ヲレナミヤ。

ヌノヌロモ、キミガメスベキ、メスベキ、ナヲシツミ、ナヲシツミテバ。

日本人の心の底のまたその底から涌き出した、この歌にあふれたゞよう情緒は、神韻と云ふか、親縁と云ふか、純情と云ふか、真情と云ふか、何とも云ひやうのない奥深くもまた神聖にして、真実、いはゞ真善美の極致である。歌道の批評によく聴かされるところであるが万葉より出た古今は、親を辱かしむる不孝の子であるといふ。蓋し、適評と申す可きであらう。が、同様の批評が、万葉とこの風俗歌の間にも成り立つであらう。つまり、万葉の諸歌は多く、この風俗歌に比すれば余りにも技巧的であるといふ事である。技巧は神聖を犯す魔術に堕すことが多い。真善美をけがす虚術に終ることが多い。人をまどはすペテン師である。この風俗歌はそのペテン師の生んだものではない。それは日本人の心の奥底の、真情・純情、即ち「ま心」から生れたところの「ムスビ」の言葉即ち「コトダマ」（言霊）である。さればまた世界的芸術文化水準の最高峰に立つところの、無比無上のすめらみこと讃歌をこゝに見出し得る。

「筑波峯の　峯より落つる　男女川　恋ぞつもりて淵となりぬる。」

といふ百人一首の歌は日本人の誰にも親しまれたもので、筑波山についてもこゝで何も語る必要はないが、小淘綾「コヨロギ」に就ては、この名歌のために、一言せねばなるまい。和名抄、相模国、余綾郡、余綾郷がある。相模国の国府の所在地、即ち相模国造の治府であつて、今の大磯の地である。この小淘綾の歌は、たぶん、景行天皇の、浮島宮の大新嘗祭執行の際、東方十二の国造がたてまつたもの、うちの一つであらうかと、思はれる。万葉集、巻十四、東歌として収録されてゐる、各国の歌は、それを伝へたものではあるまいかと考へられる。そのうちの一つの相模路歌はかうである。

サガムヂノ、　ヨロギノハマノ、　マナコナス、　コラクカナシク、　オモハルルカモ。

是を前の小淘綾歌二首と共に並べると三副対の完き小淘綾曲の歌が得られる。かくて、景行天皇、浮島宮大新嘗祭執行の活きた情景を眼の前にはつきり描き出して見ることがゆるされる。而してこの景行天皇時代を思ひ浮べ得る東歌に於てこそ、万葉集諸歌の本原調を見出し得るかと思ふ。蓋し、すめらみこと賛美調である。——さて、かうなると、上掲につゞけて書かれてゐる風俗歌を見ないわけにはゆかない。

玉垂

タマタレノ、カメヲナカニスヱ、アルジハモヤ、サカナマギニ、サカナトリニ、コユルギノイソノ、ワカメカリアゲニ。

(これも、御膳歌。)

鴛鴦

ヲシタカベ、カモサヘキヰル、ハラノイケノ、タマモハ、マネナカリソマ、オヒモツグガニヤ、ヲヒモツクガニヤ。

(これも御膳歌。)

志太浦

シダノウラヲ、アサコグヲブネ、サシヨロセ、ワレサヘノリテ、シダノウラミム。

常陸風土記、行方郡の条に、

「郡の南二十里、香澄の里あり。古伝に曰へらく、大足日子の天皇(○景行)、下総の国の、印波の鳥見丘に登り坐して、留連り、（○浮島宮）遥を望り玉ひ、東を顧みて、侍臣に、勅り玉はく、『海は、即ち、青波浩行ひ、陸は、これ丹霞空朦きて、国その中にありて、朕が目に見る所なり。』と。時の人、是に由りて、之を霞の郷と謂ふ。東の山に杜あり。榎、槻、椿、椎、竹、箭、麦門冬、往往に多に生ひたり。この里より以西の海中の北の洲を、新治洲と謂ふ。然か称くる所以は、洲の上に立ちて、北の面を遥望めば、新治国の、小筑波の岳美ゆ。因りて名づくるなり。これより南十里に、板来の村あり。近く海浜に臨みて、駅家を置く。これを板来の駅と謂ふ。その西、榎木、林を成す。飛鳥浄見原の天皇（○天武）の世に、麻績王を、遣して処らしむ。その海に、塩を焼く藻は、海松。白貝辛螺、蛤、多に生り。」

信太浦の歌は塩焼浜巡見の歌であらう。その巡見船に乗つて信太浦に漕ぎ出て見れば、白妙の富士高嶺ならぬ青山茂山、男女ふたならぶ男女川の筑波峯が、丹霞につゝまれて遠く望まれる。ながめはまことに雄大である。が、そのあたり一面に広がる新治洲は、実に日本一の米所である。信太浦歌はすめらみことをほめたゝへる稲を生命とする日本人の心の底からわき出づるすめらぎの道の歌である。そして、こゝに万葉のふるさとを見出し得る。

上に掲げた小筑波、小田流木、玉垂、鴛鴦、志太浦等、こゝに万葉のふるさとを見出し得る風俗諸歌はいづれも典型的なみつほ讃美歌である。すめらみこと讃美歌である。即ち、大嘗祭とよのあかりの曲目の一つとして歌はれたものであると判断される。

それ故にこそ中世に至るもなほ豊楽院大饗の曲目の一つとして伝奏されたのである。そして、その由来する所は正に景行天皇浮島宮大新嘗祭執行のそれに尋ねられねばならぬ。また、常陸風土記によつて考へ得らるゝ所のものである。故に、その遠く由来する所は建御雷神の神代なる根本大事実を忘れてはならない。而して、此等の風俗歌に見らるゝ無上のみつほ讃美歌、すめらみこと讃美歌の数々くらゐ、力強く、すめらみこと文明東方起原説を支持するものはない。――さて、甲斐歌をとり出さずに措かれない。

甲斐

カヒガネヲ、　サヤニモミシガ、　ケケレナク、　ヨコホリタテル、　サヤノナカヤマ

甲斐嶺

カヒガネニ、　シロキハユキカ、　イナヲサノ、　カヒノケコロモ、　サラステヅクリ。

景行天皇浮島宮大新嘗甲斐国造作と銘打つてもデタラメとは言へまい。そして、こゝに、万葉の東遊のふるさとを見出し得るであらう。

東歌

夏麻引く　海上潟の沖つ洲に　船はとどめむ　さ夜ふけにけり。

（右の一首は、上総国の歌。）

葛飾の　真間の浦廻を　こぐ船の　船人さわぐ　波立つらしも

（右の一首は、下総国の歌。）

筑波嶺の　新桑蚕の衣はあれど　君がみ衣し　あやに著ほしも

○

筑波嶺に　雪かもふらる　否をかも　愛しき児ろが　布乾さるかも

（右の二首は、常陸歌）

信濃なる　須賀の荒野に　ほととぎす　鳴く声聞けば　時過ぎにけり。

さて、かうなると次に国栖歌をならべずに措かれなくなる。

品陀の　　　白の御子
大雀　　　　大雀
佩かせる大刀　本つるぎ
末ふゆ　　　冬木のす
からが下樹の　さやさや

○

白檮の生に　横臼を作り
横臼に　　醸みし大御酒

うまらに　　　　　きこしもち食せ
まろがち

更にさかのぼつて、神日本磐余彦火々出見尊にゆくと。

倭の　　　　高佐士野を
七行く　　　媛女ども
誰をし　　　纏かむ
かつがつも　いや前立てる
愛をし纏かむ

○

葦原の　そこけき小屋に　菅畳　いやさか敷きて　わが二人寝し

また、更にさかのぼつて、天津日高日子波限建鵜萱草葺不合命にゆくと。

赤玉は　緒さへ光れど　白玉の　君が装し　貴くありけり

○

沖つ鳥　鴨どく島に　わが率寝し　妹は忘れじ　世のことごとに

いかめしく「国風」などと銘打つたもの、次に「風俗」などといふ言葉をつけられるといかにも芸術的低級性を印象づけられる。まるでシャンソン、端唄のたぐひを連想せしめられる。何しろ白氏文集を虎の子のやうにして、ふところの中へかゝへこんでゐた公卿連中であつてみればこんな風にはきちがへたのも尤も千万である。が、これはとんでもない大まちがへである。上掲せる風俗歌から、上へ上へとたどつて、神日本磐余彦火ゝ出見尊から、更に、鵜萱草葺不合命に至りしかして、

八雲立つ　八雲八重垣　つまごみに　八重垣つくる　その八重垣を

に頂点する、この偉大なるすめらみこと大文芸こそは世界芸術の最高水準を正に大闊歩して、無比無類である。その無比無類たるの根本原由は、こゝに観得る神聖類縁の無上の芸術的大表現に在る。而してかくの如き偉大なるすめらみこと大文芸の大核心は、「風俗」に拠つて、之を最も明確に知り得る如く、御膳歌即みつほ讃美歌であるといふ根本大事実は、蓋し、大嘗祭検討の大核心問題の存する所、最も注目す可き点である。

さて、こゝへ来るとどうしてもヱホバ讃美歌の一つぐらゐは並べて見ないと、前へは進めまい。さて、あのモーセの紅海即ちバラトラ海のパロ軍全滅のヱホバ讃美歌の一節に、

「汝気を吹きたまへば、海かれらを覆ひて、彼等は猛烈き水に鉛の如くに沈めり。」

と云ひ、或はダビデがソオルの手よりのがれ得た時のヱホバ讃美歌の一節には、

「ヱホバは天に雷鳴をとどろかせたまへり。至上者のこゑいでて、雹と、もえたる炭と、ふりきたり。

……ヱホバよ、斯るときに、なんぢの叱咤となんぢの鼻のいぶきとによりて水の底みえ、地の基あらはれいでたり。」

とあるが、実に物すごい鼻息である。このヱホバの物すごい鼻息を念頭して、百余の詩篇から左の一篇を取る。

「詩篇第七

（ベニヤミンの人クシの言につきダビデ、ヱホバに対ひてうたへるシガヨンの歌。）

わが神ヱホバよ、われ汝によりたのむ。
願はくは、すべて逐せまる者より、
我を救ひ、我を助けたまへ。
おそらくはかれ獅子の如くわが魂をかき破り、
援るものなき間にさきてずだ〳〵に為ん。
わが神ヱホバよ、もしわれ此事をなししならんには、
わが手によこしまのまとはりをらんには、
故なく仇するものをさへ助けしに、
禍害をもて我が友にむくいしならんには、
よし仇わが魂を逐とらへ、
わが生命をつちにふみにじり、

わが栄を塵におくとも、
その作にまかせよ。
ヱホバよ、汝の怒をもて起き、
わが仇のいきどほりにむかひて立ちたまへ。
わがために目をさましたまへ。
なんぢは審判をおほせ出したまへり。
もろもろの国人の会をなんぢのまはりに集はしめ、
其上なる高座にかへりたまへ。
ヱホバはもろ〳〵の民にさばきを行ひたまふ。
エホバよ、わが正義と、わが衷なる完全とにしたがひて、
我をさばきたまへ。
ねがはくは悪しき者の曲事をたちて、
義しきものを堅くしたまへ。
たゞしき神は人のこゝろと腎をさぐり知りたまふ。
わが盾をとるものは心のなほきものをすくふ神なり。
神はたゞしき審士、ひごとに忿恚をおこしたまふ神なり。
人もしかへらずば、神はその剣をとぎ、

その弓をはりてかまへ、
これに死の器をそなへ、
その矢に火をそへたまはん。
視よ、その人はよこしまを産んとしてくるしむ。
残害をはらみ、虚偽をうむなり。
また坑をほりてふかし、
己がつくれるその溝におちいれり。
その残害はおのが首にかへり、
その強暴はおのが頭上にくだらん。
われその義によりて、ヱホバに感謝し、
いとたかきヱホバの名をほめうたはん。」
ダビデはかくヱホバをほめたゝへて、その前にへいつくばつて三拝九拝する。こゝには親縁性の尋ぬべきものは皆無である。
さてソロモンの雅歌はかうである。
「ねがはくは彼その口の接吻をもて我にくちつけせんことなり。
汝の愛は酒よりもまさりぬ。
なんぢの香膏は其香たへに馨しく、

なんぢの名はそゝがれたる香膏のごとし。

是もて女子等なんぢを愛す。

われを引たまへ。

われら汝にしたがひて走らん。

王我をたづさへて、その後宮にいれたまへり。

我らは汝によりて歓び、楽しみ、
酒よりも勝りてなんぢの愛をほめたゝふ。」

これはまた、真に驚くべきデカダンである。そして、二万二千の牛と十二万の羊を七日間に屠殺して、笛とラツパをけたたましくふきならし、鐃鈸を、鼓膜も破れんばかり、たゝきならす間に、このデカダン歌が唱はれるといふのである。想像も何も付くものではない。また我と比較し得可べき事ではない。

(二) 大　歌

午の日、大歌幷に五節舞を奏すとある。全二曲、「国風」と「風俗」の関連性をたどつて、「大歌」の歌詞を見ることにする。古今集巻二十に載せられてゐる大歌所の御歌は左の如くである。

おほなほびの歌

あたらしき　年のはじめに　かくしこそ　千年をかねて　楽しきをつめ。

近江ぶり

近江より　朝立ちくれば　うねの野に　鶴ぞなくなる　あけぬこの夜は。

（略）

かへしもの、歌

青柳を　かた絲によりて　うぐひすの　縫てふ笠は　うめの花笠。

○

まがねふく　吉備の中山帯にせる　ほそ谷川の　おとのさやけさ。

（この歌は承和の御んべのきびの国の歌。）

○

みやさかや　久米のさら山　さらさらに　わが名はたてじ万代までに。

（これは水のをの御んべの美作歌。）

○

みちのくの　関のふぢ川　たえずして　君につかへむ　万代までに。

（これは元慶の御んべの、みちのくの歌。）

○

君が代は　かぎりもあらじ　長浜の　まさごの数は　よみつくすとも　　大友黒主

○

あふみのや　鏡の山をたちくれば　かねてぞ見揺る君が八千代は。

（此は今上の御んべ の近江の歌。）

正に古今は万葉不肖の子であることを立証するものではあるが、然し、右に見る諸歌はいづれもその本源を「風俗」にたづね得る所のみつほ讃美歌、而してすめらみこと讃美歌たるの本質を失はない根本事実は最も注目す可きものである。

所で、兼良が大歌所に就て、

「すべて諸国の風俗、神楽、催馬楽等の歌曲をつかさどる所なり。」

（群書類従、巻第二百八十七）

と云ひ、その「御歌」に就ては、

「凡そ此巻（○古今、巻二十）は聖朝の楽曲、和歌の奥義をのせたる故に、定家卿の密勘にも此の部の歌与二日月一倶懸、与二鬼神一争レ奥、非二短慮所一レ及とかゝれたり。」（同前書）

と云つてゐる。定家も風俗歌を最高に評価してゐる。（略）

かうなると日本武尊の臨終の歌を掲げずには措かれなくなる。古事記にかく見られる。

「其より幸行でまして能煩野に到りませる時に、国思ばして歌ひたまはく、

大和は　国のまほろば
たゝなつく　青垣山
こもれる　大和うるはし

又歌、

命の　またけむ人は
たゝみこも　平群の山の
熊白檮が　葉を髻華に挿せ
其の子

此の歌は思国歌なり。」

この日本武尊の「国歌」味鉏高日子根神の「夷振」いづれも無上の神奈備讃歌である。また日本人の心の底の、またその奥底から湧き出づるコトダマ（言霊）に他ならない。日本人の純情、真情からほとばしる出るコトダマ（言霊）に他ならない。まことに、まことに、大地はいのちの、そして「ムスビ」（産霊）の源泉である。すめらぎの道、即ち、すめらみこと文明の源泉である。「夷振」そして「思国歌」に於て無上の大地讃美歌を見出し得るのであるが、こゝにこそ大歌所大歌の源泉の厳存する事を最も明確に知る事が出来るのである。同時に、すめらみこと文明は世界文明の最高水準に立つものであるといふ根本大史実を最も明確に知ることが出来るのである。

（ホ）久米歌

久米歌の歌詞は「撃ちてしやまむ」といふ合言葉によつて、今の世の人々にもよく知られてゐる。尚、前に見た所のものである。が、久米舞は後世すたれてかへりみられなくなつてしまつた。中世の公卿たちはその意義をすつかり忘れてしまつて、久米舞を舞ふことすら出来ず、また、此に何の興味も覚えなくなつたのである。が、日本書紀、神武天皇戊午八月項に、「是も来目歌と謂ふ。今、楽府に此の歌を奏ふときには猶手量の大小及び音声の巨細有り。」とあれば、和銅以前には、大嘗祭に久米舞が奏せられたことは明らかである。

（ヘ）古志舞

（略）

（ト）大和舞歌

（略）

（チ）田舞歌

北山抄、巻第五、大嘗会の項中に

「己の日、辰の刻、悠紀の帳に御す。（○中略）三献の後、御酒勅使を仰せられる。事訖りて主基の御帳に御す。雑事皆昨日に同じ。但し、献物の後、主基の帳に就きて田舞を奏す。多治比氏の内舎人等供奉す。楽人十人。承平記に云く、楽人帳の座に就きて、音楽を奏す。天慶記に云く、件の舞は大歌具はらずと称して進つらず。即ち明日供奉す可き由仰せらる。例ある故なり。」

とある。この頃田舞もその歌も除外されて、忘れはてられてしまつた事がわかる。地方からすつかり浮上がつてしまつて、支那の真似に明け暮るゝ公卿の事であるから、当然のことである。彼等にとつて大地の匂ひはその神聖性を失ふどころか、いやしきものとなつてしまつたのである。が、幸にこのすめらみこと祭祀と、すめらみこと統一国家と、及び現人神すめらみこと天皇の、元首者性格検討上の最も重大な問題点の一つなる田舞歌は、倭姫命の、無上絶大な国家的大功績によつて救はれたのである。即ち、皇大神に伝へらるゝ田舞歌である。

あな楽し　今日の楽しさ　古へも　斯くぞありけむ　今日の楽しさ。

田舞歌の何たるかはこの一首に尽されてゐる。この一首の田舞歌と、天皇の瑞穂祭の儀を併せ考へれば、こゝにすめらみこと祭祀と、すめらみこと統一国家と、すめらみこと天皇の元首者性格の大かなめが厳存するといふ根本大事実を見出し得る。而してすめらみこと文明が、正に世界に冠絶するの最高文化水準文明なる世界史的根本大事実中の根本大事実を最も明確にする事が出来るのである。

（略）

さて、次に、神楽歌を取り上げる。

九、清暑堂神楽

（イ）神楽曲目

拾芥抄に掲げられる神楽曲目は次の如くである。

庭燎。

採物。

榊・幣・杖・篠・弓・劔・鉾・杓・葛・韓神。

大前張。

宮人・（略）

小前張。

薦枕・（略）

星歌。

吉吉利利・（略）

雑歌。

昼目・湯立・籠殿・酒殿・神挙・朝倉・其駒。

（ロ）大前張

庭燎歌と採物歌の主なるものは前に見た。除くとして、大前張から見る。左の歌詞は古事類苑、楽舞部三「神楽」に拠る。

其ノ一、宮人

〔本方〕宮人の　おほよそ衣　ひざとほし、

〔末方〕ひざとほし　きのよろしもよ　おほよそ衣。

古語拾遺にかくある。

「倭笠縫邑に就きて、殊に磯城、神籬を立てて、天照大神及び草薙劔を遷し奉り、皇女豊鍬入姫命をして斎き奉ら令む。其の遷し祭れる夕、宮人皆参で、終夜宴楽して、歌ひて曰く、『宮人の　おほよすがらに　いさとほし　ゆきの宜しも　おほよすがらに。』今の俗、歌ひて曰く、『宮人の　大装衣　膝貫し　往の宜しも　大装衣』といふは詞の転れるなり。」

是に照して見れば、この宮人歌は皇大神宮の御膳歌の一であると考へられる。栗田寛博士は、

「寛按に、由伎は大嘗祭の悠紀に同じと云説あり。因て考ふるに延暦太神宮儀式六月祭の条の下に、以㆓月十六日㆒、湯貴御祭供奉とみえて、此時祭訖りて、後に神宮司酒食を賜ふ事なるは、即ち湯貴の夜の饗宴なり。然らば此なる由伎能与呂志茂は湯貴夜者志茂にて、呂は助辞、湯貴の夜呂しも、終夜遊びとほさんの意なるべく思はる。」（古語拾遺講義）

と曰つてゐる。従ふ可き解釈であらう。「ひざとほし」は「膝打ちて」のくづれたものであらう。

（略）

大前張歌はこの宮人歌を以て代表とする御膳歌である。即ち、みつほ讃美歌である。最も注目に値する。

其ノ七、脇母子

〔本〕わぎもこに　一夜はだふれ　あやまちせしより　鳥もとられず。
〔末〕しかりとも　わがせの君は　いつゝとり　六つとり　七つ八つとり　こゝのよ　とをはとり
　　　とをはとりけん。

このまことに大衆的な御膳歌がとよのあかりにうたはるゝ事こそ、大嘗祭の大嘗祭たる所以にして、神の前に、神と人と真に歓喜の極致にとけ合つて同一体たり得る所以である。

さて、真淵はかく述べてゐる。――

「神楽に前張あり。それが拍子にうたふ故に。これにさいはりの名を負へしものなり。然るにこれをば唐の世の催馬楽てふ楽のありしをもて、好事の者の後に催馬楽とは書きつらんを三代実録にもしか記せしが、さて後の人々、その字につきて、或抄の如き説をなせしことしるし。かゝる説は後人のくせなり。催馬楽と書いても猶さいはりといふべくおぼゆ。」（神楽馬楽解）

（八）小前張

其ノ一、薦枕

〔本〕こもまくら　たかせの淀に　たがにへ人ぞ　しぎつきのぼる　おみおろし　さでさしのぼる。
〔末〕あめにます　とよをかひめや　そのにへ人ぞ　しぎつきのぼる　さでさしのぼる。

高瀬淀は茨田堤につらなる淀であつて、田蓑島、為奈野、高瀬淀、いづれも御膳歌の歌枕である。
それは、前掲国風近江国の歌が、いづれもその地の美称の地を歌枕にしてゐるのに准じて考へ得る性質のものである。而して、これが御膳歌、即ちみつほ讃美歌たる点については一言も要しない。

其ノ二、閑野小菅

〔本〕しづのやこすげ　かまもてからば　おいんやこすげ。
〔末〕あめなるひばり　よりこやひばり　とみぐさもちて。

平和そのものである。歓喜そのものである。平和の二女神と、歓喜の童神とが手をとり合つて早春の朝露にもゆる若草の絨毯の上に、ひばりの伴奏にステップもかるやかに、踊つてゐる。エデンの園なす斎庭に踊つてゐる。閑野は栗殻峠のふもとであるが、この歌は加賀振か。京の調子ではない。日本人の心の底の、その奥底から湧き出づる御膳、即ちみつほ讃美歌の白眉である。

（略）

大前張と小前張と、まことに純情、真情にして、神聖、また、親縁、それ故にこそ真善美の極致、真理そのものであつて、また最高芸術である。この最高芸術の歓喜境に、神と人ともろともに御膳のみつほ（瑞穂）を観たべ、聞きたべ、尊みたべ、をろがみたべつゝ、渾然一体化さるゝ神聖団体の大中心、高御座、みすたれこめたる中に座して、感泣する所にすめらみこと職のすべてがある。

（二）千歳

〔本〕せんざい　せんざいや　千とせのせんざいや、

〔末〕まんざい　まんざいや　よろづよの　まんざいや。
〔本〕なほせんざい、
〔末〕なほまんざいや。

この大衆的喜劇を見よ。こんな大衆的喜劇の雰囲気によつて神聖犯すべからず、畏れ多くてよりつけないやうに思ひなされて来た高御座がとりかこまれるのである。まことに解す可らざる事である。然し、このまことに解す可らざることすゝめらぎの道の本領である。

（ホ）早歌（略）
（へ）星（略）
（ト）雑歌

其ノ一、昼目歌
〔本〕いかばかり　よきわざしてよ　天てるや　ひるめの神を　しばしとどめん。
〔末〕いづこにか　駒を　とどめん　朝日こが　さすやをかべの　玉ざゝのうへに。
実に立派に大嘗祭の心が歌はれてゐる。また無上の御膳、即ち、みつほ讃美歌である。この名歌をこゝに収めて「雑歌」と目することは甚だ当たらない。湯立歌の代表者である。

其ノ二、弓立

〔本〕いせじまや　あまのとねらが　たくほのけ、

〔末〕たくほのけ、　いそらが崎にかをりあふ。　於介於介。

天照大神八咫鏡を戴き奉つて、湯貴御贄処定めに神界島へいでませる倭姫命のその御船をとりまく鰭広物狭物、沖津藻辺津藻そして湯貴の潜女群、これがミロのヴエーナスの上を行く大芸術でなくて何であるか。世界のどこにこれにたぐひつ可き大芸術があるか。フイジアスの馬鹿でかいゼウス象は奈良の大仏の足下へもおつくものではない。況んやこのいせじまの倭姫命と湯貴潜女。何といふこのいせじまの歌であるか。そのたくほのけ、いそらが崎にかをりあふといふ。

○

〔本〕おほきみの　ゆとるやまの　わかざくら、　於介於介、

〔末〕わかざくら、　とりにわれゆく　ふね、かぢ、さを、ひとかせ　於介於介

伊勢島の湯貴の潜女のたくほのけがさゞ波と抱き合ひ、接吻し合つて歓び舞ふ間を縫つて、大君の湯貴の御贄採る島の若桜にさそひこまれてゆく刀禰の姿はいつか、ターナーのあのゴールデン・バウとコローのマチネーに変ってゆく。が、こちらはまことに神聖而して親縁、真善美の極致である。世界のどこにこれにたぐひつ可き大芸術があるか。

○

〔本〕すめ神の　今朝の神あげに　あふ人はちとせのいのち　のぶとこそきけ。

〔末〕そべ神は　よき日まつれば　あすよりは　あけの衣を　けごろもにせん。

この段の曲目を「雑歌」としてゐるのはこの名歌が許さない。これは「弓立」とす可きを誤つたものと考へられる。この昼目歌、この弓立歌こそ、神楽歌のかなめである。前段頗るバッカス的につゞれ去らんとするを、このかゝなめをびしりと打ちこむことで、ぎゆつとしめつける所に、神楽演奏の芸術的絶妙さがある。

其ノ三、朝倉

〔本〕あさくらや　きンのまどろに　わがをれば、

〔末〕わがをれば　なのりをしつゝ　ゆくはたが子ぞ。

○

〔本〕あさくらや　おめのみなとに　あびきをれば　あまのめざしに　なびきあひにけり。

〔末〕かつらぎや　わたるくめぢの　つぎはしの　こゝろもしらず　いざかへりなん。

絶妙である。この絶妙さを芸術的世界のどこに見出し得るであらうか。また、すめらみこと文明の世界的最高文化水準性を測量するに足る。

其ノ四、其駒

そのこまぞ　われにくさこふ　くさはとりかはん　くさはとり　くさはとりかはん.

○

あしぶちの　もりの下なるわがこまゐてこ　あしぶちのとらげのこま。

本居太平の神楽歌新釈中に、

「緯傍注、（○中略）其駒はハ本体風俗ナリ、而ヲ一条院ノ御時朝倉其駒ハ神楽ノ無下ニ尾モナキヤウナルニトトテ神楽歌ニ具スルナリ。」（本居宣長全集第十一冊、四五八）

とある。この歌は風俗歌なることがわかるが、結局神楽は風俗に出て風俗に還るのである。神楽演奏のバッカス的だらしなさを締めつけるためといふ。

其ノ五、竈殿歌

〔本〕とよへつひ　みあそびすらし　久かたの　天のかはらに　ことのこゑする。

〔末〕久かたの　あまのかはらに　とよへつひ　みあそびすらし　ひざのこゑする。

まことにすばらしい御膳歌即ちみつほ讃美歌である。皇大神の御膳歌と併せて見るとき、御膳、即ちみつほ（瑞穂）のすめらみこと祭祀の、而してすめらみこと統一国家の大かなめの性格が、無上の芸術を以て表現されてゐるのを仰ぎ観る。

其ノ六、酒殿歌

〔本〕さかどのは　ひろしまひろし　みかごしに　わがてなとりそ　しかはせぬわざ。

〔末〕さかどのは　けさはなはきそ　とぬりめのもひきすそひき　けさははきてけり

何とすばらしい御膳歌、即ちみつほ讃美歌であるかよ。

○

〔本〕あまのはら　ふりさけ見れば　やへ雲の　雲のなかなる　雲のなかとみの　なかとみの
天のこすげを　さきはらひ　いのりしことは　けふの日のため。あなたふとや
わがすめ神の　かむろぎのよさ。

〔末〕にはとりは　かけろとなきぬなり　おきよ、おきよ　わがひとよづま
ひとこそ見れ　人もこそ見れ。

以上、大嘗祭とよのあかりに演奏さるゝ、全曲目にうたはるゝ歌詞をもれなく検討した。ことごとくすめらみこと大讃美歌なる根本事実を最も明確にすることが出来るのであるが、此等、世界的芸術の最高峰に立つ、世にも偉大なるすめらみこと大讃美歌は、とりもなほさず、御膳歌即ちみつほ（瑞穂）讃美歌であるといふ根本大事実中の根本大事実を最も明確にすることが出来るのである。しかも、すめらみことが悠紀主基みつほまつり（瑞穂祭）の儀に於て、頗る頭をひくくしたまひ、称唯拍手して、御膳のみつほをふしをろがみまつる卯の日につゞく辰、巳、午の三日に亘るとよのあかりの大饗宴に於て、すめらみことを中心に、神酒汲みかはす間に、このみつほ（瑞穂）大讃美歌が次々と、最高芸術を以てうたひつゞけられて、神も人も、観たべ、聞きたべ、尊みたべ、まこと「ま心」の一つに同一体、エデンの園、大歓喜法悦の世界に神あそびするのである。断じて、断じて、エデンは人類の最

も大いなる、しかし、最も残酷なる夢ではない。それはこの大嘗祭のとよのあかりの大饗に於て、正しく観らるゝ人類史を燦とかゞやかす現実中の大現実である。正に、食は人生の大本にして、大地は人類の母である。

（チ）、清暑堂神楽

神楽は、巳の日の夜、清暑堂に於てとり行はれる。江家次第にかく見られる。

「巳日

行事の蔵人清暑堂を装束す。

出御。（節会服を改めず。）

関白先に東の座に候ふ。

蔵人をして王卿を召さ令む。

参上着座す。

次に侍臣の弦歌に堪ぐれたる者を召す。

次に御遊具を召す。

（笛御筥、鈴鹿。）

次に神楽歌を唱ふ。

（先づ和琴。次に笛。次に篳篥。次に拍子。次に取物、賢木・幣・杓・韓神。）

次に公卿に衝重を給ふ。

次に坏酒一行。

次に左井波利。

此の間に御膳を供ず。

次に左井波利了りて、亦坏酒一行。

　公卿二人勧盃。

次に朝倉・其駒。

次に御遊具を召す。（箏・琵琶）

次に笙を合す。先づ調子を吹く。

次に拍子。

次に禄を給ふ。

次に入御。」

右に拠つて神楽演奏形式のあらましを知ることができる。

次に神楽楽器と、神楽団構成について、その大要を知る必要を覚えしめられる。この点について清暑堂神楽は、その本来の形式を欠いてゐる。内侍所の神楽に就て見るを要する。

十、内侍所神楽

公事根源愚考にかく見られる。

「人長おほするにしたがひて、笛、和琴、拍子にさふらふ。末のひやうしひちりきは末につく。和琴は位によらず。本の座の上に着く。鈴鹿を給ふにや。（和琴事、禁秘御鈔曰、鈴鹿与玄上、同累代宝物也。但毎年神楽、万人持レ之。多気窓螢白曰、昔鈴鹿橋板爾氏作レ之、日本琴也。有職鈔曰、和琴ハ我国ヨリノ器ナルニヨリ、何ノ楽器ヨリモ上ニ置カルル事トナレリ。云々。）」（故実叢書本）

上に、和琴は位によらず。本の座の上に着くとある。こゝに神楽団構成の根本がある。神楽雑曲の竈殿歌に、「とよへつひ、みあそびすらし、久かたの、天のかはらに、ことのこゑする。」とある。琴は神器であり、琴の音は神韻であるといふに他ならない。この一首は神楽団構成の根本がこゝにある事を歌つたもので、特に注目を要す。

所で、御鎮座本記にかく見られる。

「凡そ神楽の起りは、在昔、素戔鳴神、日神の奉為に行甚と無状し。種々凌ぎ侮りたまふ。時に天照大神赫怒りまして、天石窟に入りまして、磐戸を閇して幽居ります。爾乃ち六合常闇にして昼夜の分もなし。凡て厥の庶事、燭を燎して式て弁まふ。天御中主神、太子高皇産霊神に命して、八十万神を天安湍河原に会へて、深く思ひ、遠く慮らしめ、天石窟戸の前に庭火を挙げ、畢に俳優を作さしむ。猿女が祖、天鈿女命、天香山の竹を採り、その節に風孔をえり、和気を通はしむ。（今の世の笛と号ふ類是なり。）亦た天香弓を興て竝べ、弦を叩く。（今の和琴と謂は其の縁なり。）木々合せて、安楽之声を備へ、和気を移して八音を顕はす。即ち猿女神手を伸し、声を抗し、或は歌ひ、或は舞ひて、清浄の妙音を発し、神楽の曲調を供へまつる。」（国史大系本に拠る。）

和琴も笛も神楽神天宇受売命のつくるところのものであると説明されてゐる。此等の神楽楽器は神器であつて、俗器ではないと神話は説くのである。申すまでもなく支那から輸入された俗的楽器ではないのである。古事記の大国主神神話の一節に、

「其の妻須世理毘売命を負ひて、その大神の生大刀・生弓矢、また其の天詔琴を取り持たして、逃げ出ます時に、其の天詔琴樹に払れて地動鳴きき。」

とある。また仲哀天皇段には、

「御琴を押退けて控きたまはず。黙坐しぬ。かれ其の神大く忿らして、『凡そ茲の天下は汝の知らす応き国に非ず。汝は一道に向ひませ。』と詔りたまひき。ここに建内宿禰大臣白しけらく、『恐し、我が天皇猶其の大御琴あそばせ。』とまをしたまひき。かれ稍其の御琴を取依せて、なま〳〵に控きましけるに、幾久もあらずて、御琴の音聞えずなりぬ。かれ火を挙げて見つれば、既く崩りましぬ。」

とある。仲哀天皇は神琴をけがすの罪を得て死んだと説かれてゐる。が、琴の神的性格を最もよく知る事が出来るのは、皇大神宮に於ける御占神事である。そこの「神おろし」「神あげ」の歌に端的に表現されてゐる。——また、神の琴、或は天詔琴の最も著名な実例はダビデの琴である。ダビデはすめらみことに観らるゝやうな芸術的天才の持主であつた。それはヱホバの神霊力に出づるものであ

つて、ダビデは自らの手を以てヱホバの神の琴をつくり、且つ自らヱホバの大讃美歌をつくつて、伶長をして、此をうたはしめ、またその神の琴を弾かしめてゐる。――すめらみこと祭祀の重要な構成部分を成す神楽に於ても琴は神器として神楽団構成の主座に据ゑられてゐる。（略）

所で、篳篥であるが、古事類苑の註にかく見られる。

「篳篥、原名悲篥、本ト西土亀茲国ヨリ出ズ、其声ノ悲壮ナルヲ以テ名トス、字又タ篳篥又ハ笳篥ニ作ル、邦語ニ之ヲヒチリキ、又ハヒノチリキノフエト称ス、（〇中略）本邦ニテ之ヲ神楽、朗詠ニ合セ、又唐、高麗ノ二部ニ通ズ、延喜中、大石峯良アリ、最モ其ノ技ニ精シ、後世推シテ以テ祖ト為ス、安倍氏統ヲ継ギ、今ニ至リテ其ノ家声ヲ墜サズ。」（古事類苑、楽部、第三十一）

亀茲国から来たと謂はれる。とすればフリユギアのマルシアスに結びつけて考へ得るであらう。更にはアツテイス及びバビロンのタムムズに結びつけて考へ得るわけである。つまりアツテイス及びタムムズの死をいたむ、かなしき天来のひゞきである。「ヒチリキ」のこの哀音はまたいかにも琴と笛とにぴつたりする。

楽器について一考したのち、当然楽団構成について一考せねばならぬ。楽章類語抄に次のやうに見られる。

「先づ、人朝、庭火の前に出て来りて云ふ。鳴高し、々々。（二度。）次に云ふ。（略）次に人長申して云く、男共立た令めて、各才試み了りぬ。今は御神態仕へまつる可きの状申したり。則ち自ら称唯し了りて座に帰りて著き了る。次に御神態を始む。」（古事類苑、楽舞部、第三）

かかして人朝自ら舞ふの仕組である。であるから、この神楽団構成はオペラとオーケストラの原型を成してゐる。実に驚く可きことである。

所で、続古事談（第五、諸道）にかく見られる。

「神楽ハ近衛舎人ノシハザナリ。ソノ中ニ多ノ氏ノモノ、ムカシヨリコトニツタヘウトフ。」

であるから神八井耳命にまでさかのぼつて考へらる可きものであつて、神武天皇の世に既によく整つた発達を遂げたものと考へられるのである。

「宇治殿ノ東三条ニテ神楽シ給ケルニ、下野公親コノミチニ長ジタルキコエアリケリ。」

とある。

神八井耳命は常陸の仲国造の祖であり、垂仁天皇長子五十瓊敷名は両毛大国造の祖である。下野公親の神楽演技の伝統の深さを考へ得る。多氏の在京嫡流はそれを捨て、かへりみずなり、かへつて神楽演技の神髄が地方に於てその貴い命脈をつなぎとめられた事実を考へ得る。而して、それは高橋氏文に見らるゝ東方十二国の国造の枕子舎の大いなる功績と考へられる。（略）

すめらみこと祭祀執行のすたれと共に、神楽演奏も全くすたれて滅びなんとする有様がよくわかるが、からうじて天皇自身の手によつて、その命脈を保ち得たわけである。まことにめづらしき事であるが、その原由する所は一に歴代天皇の内侍所の儀の不易の励行に存する事実は最も注目す可きものである。その内侍所神楽について江家次第に見らるゝ所は次の如くである。

「内侍所御神楽事

内侍所は神鏡なり。本と主上と同殿に御はします。故に故院仰せられて云く、『帝王の冠の巾子の左右に穴あり。是れ内侍所同殿に御はしまし時、主上夜冠放ち給ふこと能はず。御眠の御時冠屡落つ。仍りて以て頭花を挿して、巾子の穴より御髻に通せるなり。』『垂仁天皇の世始めて別殿に御はします。故院仰せて云く、内侍所の神鏡昔飛上りて天に上らむ欲す。女官（白河院）唐衣を懸けて引留め奉る。此の因縁に依りて、女官守護し奉るなり。』（〇中略）一条院の御時より始めて十二月に御神楽有り。代始めには四十合のお供を奉らる。毎月一日例供二十合を奉らる。

（略）

次に殿上人頭以下、陪従の舞人に禄給ふ。四位掛、五位単衣重、六位単衣、衛府召人各匹絹、内蔵寮の官人之を取る。事訖りて還御す。侍臣脂燭に候ふこと前の如し。」

神楽本来の形式を最も明確に知るに足る内侍所の神楽の形式を詳に知る事が出来る。天岩屋戸神話によつて説明さる丶所のものも、中世なほ、かくの如くに維持伝統されたることは真に驚嘆す可き事柄である。

群書類従所収の雲図抄の中に内侍所神楽平面図がある。次に掲げて参考に資す。

（略）

十一、歓喜宗教

大嘗祭の土儀悠紀主基の儀が終はつて辰の日のすがすがした朝を迎へて、中臣の天神寿詞が、忌部の鏡劔捧持の前に、唱へられる。天神寿詞は大嘗祭検討上、神楽と共に最も重大な検討対象を成すものである。所が、祈年祭祝詞以下、数多い祝詞が、延喜式の巻八に収められてゐるのに、この最も重大な天神寿詞がとりのぞかれてゐる。なにしろ、崇神天皇以前から、すめらみこと祭祀の執行は満足を欠いたことはまちがひないものと推せられる。即ち、その実権ははじめ地祇族の手に帰し、後に物部に移つて、然る後に、大物主神信仰新興宗教に基本する所の宗教大革命大に起つて、其後、漢文明が、まるで堤を切つた大洪水の大氾濫のやうにながれこんで大化に至り、奈良、平安に及んだのであるから、すめらみこと祭祀就中、大宗大嘗祭は、最も甚だしくその歴史的影響を蒙つて、歴史的背景のかたすみにおしやられ、而して、その本義忘れさられ、ふみにぢられるに至つたのは当然である。そして、すめらみこととともに、大嘗祭の主体に立つ瑞穂の御膳はたんなる食物、ありふれた食物と外解されず、また然かく取扱はるゝに至つた事もまことに当然の帰結である。従つて、瑞穂大讃美詞なる天神寿詞奏上の儀もいつか時代錯誤的なものになりくづれて、これをまじめにとなへる者もなくなり、また之に聴く者もなくなつたであらう。

中臣の天神寿詞が延喜式からのけものにされたといふ事実そのものが、この間の事情を克明にしてゐる。所が、幸にも、大嘗祭検討上の再重大対象たる天神寿詞が藤原頼長の台記の別記に伝へられた。天祐である。その台記の天神寿詞はかうである。

現つ御神と大八嶋国知し食す、大倭根子天皇が御前に、天神の寿詞を称辞定め奉らくと申す。

高天原に神留り坐す、皇神神漏岐神漏美の命持ちて、八百万の神等を集へ賜ひて、「皇御孫尊は高天原に事始めて、豊葦原の瑞穂の国を、安国と平らけく知し食して、天都日嗣の天都高御座に御坐して、天都御膳の長御膳の遠御膳と、千秋の五百秋に瑞穂を平らけく安らけく由庭に知食せ。」と事依さし奉りて、天降り坐しし後に、中臣の遠祖天児屋命、皇御孫尊の御前に仕へ奉りて、天忍雲根神を天の二上に上せ奉りて、神漏岐神漏美命の前に受け給はり申しに、「皇御孫尊の御膳都水は、宇都志国の水に天都水を加へて奉らむと申せ。」と、事教へ給ひしに依りて、天忍雲根神、天の浮雲に乗りて、天の二上に上がり坐して、神漏岐神漏美命の前に申せば、天の玉櫛を事依さし奉りて、「此の玉櫛を刺し立てて、夕日より朝日の照るに至るまで、天都詔戸の太詔戸言を以ちて告れ。

如此告らば、麻知は弱蒜に由都五百篁生ひ出でむ。其の下より天の八井出でむ。此を持ちて天都水と聞し食せ。」と事依さし奉りき。

如此依さし奉りし任任に聞し食す由庭の瑞穂を、四国の卜部等太兆の卜事を持ちて仕へ奉りて、悠紀に近江国の野洲、主基に丹波国の氷上を斎ひ定めて、物部の人等、酒造児・酒波・粉走・灰焼・稲実公等大嘗会の斎場に持ち斎まはり参来て、今年の十一月の中都卯日に、由志里伊都志里持ち恐み恐みも清麻波利に仕へ奉り、月の内に日時を撰び定めて献る悠紀主基の黒木白木の大御酒を、大倭根子天皇が天都御膳の長御膳の遠御膳と、汁にも、実にも、赤丹の穂にも聞食して、豊明りに明り御坐して、天都神の寿詞を、称辞定め奉る皇神等も、千秋五百秋の相嘗に相宇豆乃比奉り、堅磐に常磐に斎ひ奉りて、伊賀志御世に栄えしめ奉り、康治元年より始めて、天地月日と共に照し明らし御坐さむ事は、本末傾かず茂し槍の中執り持ちて仕へ奉る、中臣祭主正四位上行神祇大副大中臣朝臣清親、寿詞を称辞定め奉らくと申す。

又申さく、天皇が朝廷に仕へ奉れる、親王等・王等・諸臣・百官人等、天下四方の国の百姓、諸諸集侍りて、見食べ、尊み食べ、歓び食べ、聞き食べ、天皇が朝廷に、茂し御世に、八桑枝の立ち栄え仕へ奉るべき、禱を聞し食せと、恐み恐みも申し給はくと申す。

かくて、すなはち、大現人神すめらみことゝを大中心として、神々、人々、まこと「ま心」にむすびなされて、全く同一体、まことに現実に、実在する大エデン、大歓喜宗教を現前する。世界史上、全く冠絶せるところの大歓喜宗教、それが我が大嘗祭を宗とするすめらみことゝ宗教であるといふ世界史的根本大事実を最も明確になし得るのである。

しかも、この大嘗祭の密儀の核心は「由庭の瑞穂」である。而して大現人神わがすめらみことゝ天皇は、この密儀の大核心「由庭の瑞穂」を「頗る頭を低くしたまひ」称唯拍手、ふしをろがみたてまつるのである。而してこゝにこそ、すめらみことゝ天皇の元首者性格の根本が厳存する。

如上の検討を以て、大嘗祭の本質を最も明確になし得たと信ずる。終りに一言せねばならぬ根本大事は、大嘗祭が大復活祭であるといふ事である。しかも、それは歓喜大復活祭であるといふ事である。それはまことに驚嘆す可きものである。例へばオシリスである。デイオドロス・シクルスによれば、オシリスは食人状態に在つたいかにもみじめなエジプト人を救つて、是を文化民族たらしめた大現人神である。独りエジプトのみではない。世界各地をあまねく歴めぐつて、その文化的救済道の大福音をほどこした大文化現人神である。然るに、この人類文明の大開拓神は歓喜復活の大後継者を以て報いられることなくして、それとは全く正反対な、悪弟セトの謀殺を以て報いられ、而して地底の神として復活したと説かれてゐる。すめらみことの大歓喜大復活と比較するとき、たゞたゞ驚く外ない。――デイオドロスはかう書き伝へてゐる。

「(略)然し、全エジプト人がオシリス聖獣として一同にあがめたてまつるものはアピスとムネヴイスといふ牡牛である。何故ならば、此等の聖牛は、播種と其他のあらゆる農耕労役に亘つて、あまねく人間に幸福をめぐむ穀物発見大神を、他の如何なる獣類にも増して、授くること多大であるからである。」(世界史、第一巻)

古代史上の最大なる現人神国王であると神話が説いてゐるエジプトのオシリスは新現人神として復活するのではなくて聖獣として復活するといふのである。是を我が大嘗祭に観得る所に比較すれば、その相異の甚しさは、何ともたとへるに言葉がない。エジプト文明の大基礎を成し、且つ人類文明の大源泉をこゝに観る可きものとされるエジプトのオシリス大宗教は、中世キリスト教と同一本質を有する最も大いなる悲嘆宗教である。そしてオシリスはなげきかなしまれるのである。

「(略)

大現人神オシリスを失つたエジプトの悲劇である。同じ悲嘆を、バビロンのタムムズにも聞くのである。（略）

彼の死は、その名に因んでつけられたタムムズの月、夏至のころ、かんだかい笛の音に合せて、男たちや女たちによつて年ごとに嘆かれたやうである。この死せる神の人形に向つて葬送歌が吟誦せられ、人形は清水で洗はれ、油をぬられ、赤い衣をきせられ、その強烈な匂ひによつて彼の眠れる感覚を呼びさまし、彼を死の眠りから呼び起さうとするかの如く、薫香は絶えず空に立ちのぼるのであつた。「タムムズにおくる笛の悲嘆」と題するこれらの葬送歌のうちの一に、今なほ我々は悲しい打ち返しを吟誦する歌手どもの歌声を聞き、すゝり泣く笛の調べを遥かなる楽の音のやうにとらへることができるのである。」（金枝篇、第二十九章「アドニス神話」）

かうなると、アリキアの祭祀王の悲しい暗い伝説を前に」据ゑてながめて見ないわけにゆかない。「誰かターナー描く『金枝』（The Golden Bough）の絵を知らぬ者があらう。この絵はネミの小さな山の湖――古人の所謂『デイアナの鏡』の夢幻的な想像図で、画面は想像の金色の輝きで以て隈なく覆ひつくされ、ターナーの聖き心はこよなく麗しい自然の風景すら深く染めて、それを神々しい姿と化してゐる。（略）彼は祭司であり、同時に殺人者であつた。彼がいま警戒してゐる人は、晩かれ早かれ彼を殺して、その代りに祭司となるはずであつたのである。祭司の候補者は祭司を殺すことによつてのみその職を継承することが出来、彼を殺して祭司となれば、より強く、更に老猾な者によつて自分自身が殺されるまで、その職を保つのであつた。」（金枝篇、第一章「森の王」）

――頭には銀月の冠をいただき、背には黄金の靭を負ひ、満月の光をあびて、黄金の戦車を駆る永遠なる乙女神森のディアナスらが、この悲しい暗い相手を要求するといふのである。こゝにギリシア宗教の本原的本質がある。まことに暗い。まことにみぢめである。そしてむごたらしいのである。その暗く、寂しく、悲しい色調、節奏のうちにもプロメテウスばかりすぎたるはない。ギリシア及びローマの宗教の根本性格がこのプロメテウスにある。

プロメテウスは、飢に苦しみ、寒さにふるへる人類救済の大チアンピオンである。そこで、そのたへがたき辛苦から人類を開放しやうといふ菩薩心の止むに已まれぬ心に動かされて、プロメテウスはゼウスにいどむのである。はじめに、プロメテウスは見事に肉付けられた犠牲の去勢牡牛の肉と骨とをほといて、一方へ骨の山をつくりあげ、その上をうまさうな脂肉でつゝんだ。一方へは肉と内臓の山をつくつて、それを皮でつゝんだ。ゼウスは脂肉の山をいきなり鷲掴みにしたが、さて、激怒した。プロメテウスはしめたとばかりに、ほくそゑんだ。そこで、その仕返しにゼウスは人間から火を取り上げた。人間は凍え死なねばならぬ。プロメテウスはオリユンポス山へしのびこんで、とり上げられた火を茴香の中にかくしてぬすみ出して来た。カンカンになつたゼウスは叫んだ。

――「おのれヤペトスの子よ、奸智の王よ、汝は我をたぶらかしてよくも火を盗みおつたな。火がなくては汝も人間もかなふことではあるまいかな。それならよし、火の代りに、人間にまがつみを送りとどけやるぞ。それはな抱けばいゝ気持ちだが、身の破滅になる代物だぞ。」（ヘシオッド、「仕事と日々」

より。）

かう言つて、ゼウスは人間破滅の素パンドラ妃をそれまで男ばかりの人間世界へ送りこみ、其上、プロメテウスをとらへて、コーカサス山の巌に鉄鎖でくゝりつけさせた。これから先の話は誰も知つてゐやう。とにかく、救はれないのが人間の運命である。実に悲しい、そして暗い、みぢめ極まるものである。

さて、そこで、旧約聖書をとりあげて見ると、開巻てつぺんに見られる所はこれである。

「ヱホバ神の造りたまひし野の生物の中に、蛇最も狡猾し。蛇婦に言ひけるは、『神真に「汝等園諸の樹の果は食ふべからず。」と言ひたまひしや。』

婦蛇に言けるは、『我楽園の樹の果を食ふことを得。然ど、園の中央にある樹の果実をば神、之を食ふべからず。又之に捫るべからず。恐くは汝等死んと言給へり。』

婦蛇に言けるは、『汝等必ず死る事あらじ。神汝らが之を食ふ日には、汝等の目開け、汝等神の如くなりて善悪を知に至るを知りたまふなり。』と。

婦、樹を見れば食ふに善く、目に美麗しく、且つ智慧からんが為に慕はしき樹なるによりて遂に其果実を取りて食ひ、亦之を己と偕なる夫に与へければ彼食へり。是に於て彼等の目倶に開けて、彼等其の裸体なるを知り、「乃ち無花果の葉を綴りて裳を作れり。彼等園の中に日の清涼き時分歩みたまふヱホバ神の声を聞きしかばアダムと其妻、即ヱホバの面を避けて園の樹の間に身を匿せり。ヱホバ神アダムを召して、之に言たまひけるは、

『汝は何処にをるや。』

彼いひけるは、『我園の中に汝の声を聞き裸体なるにより懼れて身を匿せり。』と。

ヱホバ言ひたまひけるは、『誰が汝の裸なるを汝に告げしや。汝は我が汝に食ふなかれと命じたる樹の果を食浸りしや。』

アダム言ひけるは、『汝が与へて我と偕ならしめたまひし婦、彼其の樹の果実を我にあたへたれば、我食へリ。』と。

ヱホバ神婦に言ひたまひけるは、『なんぢがなしたる此事は何ぞや。』

婦言ひけるは、『蛇、我を誘惑はして我食へり。』と。

ヱホバ神蛇に言ひたまひけるは、『汝是を為したる因りて、汝は諸の家畜と、野の諸の獣よりも勝りて詛はる。汝は腹行て一生の間塵を食ふべし。又我汝婦の間、および汝の苗裔と婦の苗裔の間に怨恨を置ん。彼は汝の頭を砕き、汝は彼の踵を砕かん。』

また、婦に言ひたまひけるは、『我大いに汝の懐妊の劬労を増すべし。汝は苦しみて子を産ん。又汝は夫をしたひ、彼は汝を治めん。』

又、アダムに言ひたまひけるは、『汝その妻の言を聴きて、我が汝に命じて食ふべからずと言へる樹の果を食ひし縁にて、土は汝のために詛はる。汝は一生のあひだ労苦て其より食を得ん。』」（創世記第三章）

食は正に人生の大本にして、大地は正に人間の母、而して歓喜祝福の源泉であるといふのに、是はまた何とした事か。

「土は荊棘と薊とを汝のために生ずべし。汝は野の草蔬をくふべし。汝は面に汗して食物を食ひ、」(同前書)

「あなたぬし、今日の楽しさ、古も、斯くぞありけむ、今日の楽しさ。」と唱つて田耕し始むといふのに、これはまた何としたことか。

「終に土に帰らん。其は其中より汝は取られたればなり。汝は塵なれば、塵に皈るべきなり。」と。(同前書)

畢竟、人間はちりかあくたか、零なる存在でしかないといふのである。これはまた何としたことか。

「ヱホバ曰たまひけるは、『視よ、夫、人、我等の一の如くなりて善悪を知る。然らば恐らくは彼其手を舒べ生命の樹の果実をも取りて食ひ、無限に生ん。』と。」

とかう言つて、アダムとエバをエデンの園から逐ひだすヱホバは救ひの神ではなくて悪魔でしかない。

「ヱホバ神、彼をエデンの園からいだし、其取て造られたるところの土を耕さしめたまへり。かく神其人を逐出し、エデンの園の東にケルビムと、自から旋転る焔の剣を置て生命の樹の途を保守りたまふ。」(同前書)

パンドラの箱の中にはたゞ一つではあるが「希望」だけはとりのこされてゐたのに、アダムとエバからは、それすら取り上げられて、この人間の祖は、しよいきれない罪の重荷をしよいこんで、やがてちりかあくたの如くになりはてゝ、詛はれたる土地に帰るために、日々営々孜々として、荊棘、薊の土地をたがやさねばならんといふのである。何と云ふなさけない話であるか。何といふみぢめにも、暗い話であるか。然し、斯くも暗黒、悲惨な悲嘆宗教の起る歴史的原因は最も注目す可き問題である。それは、ある時期に於て、人間の腐敗堕落が、人間滅亡状態そのものに陥つた根本大事実を語るものに他ならないのである。而して、かくも恐る可き腐敗堕落は人間の歴史生活本来者ではない。而して、かくの如き無光明、悲嘆宗教は古代宗教の本来者ではない。古代宗教の本来者は悲嘆宗教に非ずして、歓喜宗教なりとの主張を高らかに掲ぐるスミス学説は、まことに偉大である。

「人生は決して、全くは幸福でもなければ満足すべきものでもないのに、古代宗教はそれを神々の助けによつて極めて幸福かつ満足すべきものであると考へ、普通の礼拝の行動は全く明朗かつ歓喜的なもので、礼拝者は自己の現状とその神的主権について満足であるといふ以外は何の観念をも表現してゐないほどである。(略)

先づ第一に、人々が自分自身に、神々に、世界に満足し切る気分は、宗教が個々人のことであるよりも、寧ろ本質的に共同社会のことでない限り、それが事実さうしたやうに、古代宗教を支配することの出来なかつたことを知る必要がある。(〇中略)神々から期待せられた恩恵は公共的性質のものであつて、全共同社会にかかはりのある、特にみのりの季節や家畜とか、群の増殖や、戦勝などに関するものであった。(〇中略)社会的な事柄に於てであれ俗的な事柄に於てであれ、共同社会の事のみを考へて個人の事を考へぬのが古代世界の習慣であつて、誰もこれを不義とは感ぜず、よしそれが彼自身に辛いこととなつても同様であつた。神は国民の神或は部族の神であつて、共同社会の一員としてのみ個々人を知りまた顧みるのである。（〇中略）

然しながら、これはセム宗教が最初からあつた本然の姿ではなく、又その日常の慣行をうつした姿でもない。民族的苦難の特別な場合とか、尚ほさらには圧倒的暴君の常習的強圧の下に於ける場合のやうに、社会生活の一般的調子が最早輝かしくて希望にみちたものではなくて、礼拝の伝統的形態に固有な歓喜的気分と困難な対照をなまに至つた時代に、それがとり勝ちであつたところの姿なのである。古代異教はこのためにつくられたものではなくて、その歓喜的儀典が神と礼拝者とを双方の満足にまで結合した幸福な交りの適切な表現であつたやうな、民族的繁栄の時期のためにつくられたものである。」（セム族の宗教、後編五七―六四、永橋卓介訳）

大嘗祭を大宗とする我がすめらみこと宗教は、実に、「民族的繁栄の時期のためにつくられた」大歓喜宗教であつて、世界古代史上、正に其の比を見出し得ざるものである。若し、ロバートソン・スミスが大嘗祭を大宗とする我がすめらみこと大宗教に就て検討するの機会を恵まれたとすれば、彼は彼の世界的に偉大なる学説を根本的に修正して、世界思想を革命したのにちがひない。

十二、天宇受売命の神懸

宣長曰く、

「今此の段の神懸は、物の著て正心を失へる状に、えも云はれぬ剞戯言を云て、俳優をなすを云ふなり。」（古事記伝、八）

戦前の日本人ならすつかり煙に巻かれてしまふ所であらうが、戦後の日本人はテレビで見なれてゐるから、一向平気でうけとれる情景であらう。何のことはないストリップと万歳を一緒にした演技である。問題は急所に深くせまつて、最も重大である。やはり現代的権威の説く所に当つてみなければなるまい。すると松村武雄教授はかく述べてゐる。

「天鈿女命が戯舞に際して、その私陰を露はにしたのも、決して単なる余興的なざれごとではなく、また女陰に内在する呪能によつて諸々の邪気を祓禳するだけでもなくて、さうした消極的な意図の他に、陰所を露出して、その猥舞によつて『自然』若しくは『神』を笑はせて、かくしてその痿へ衰へた活力を刺衝し、回復させるといふ積極的な意図を、その第一とした行法――切言すれば、『祓除の儀礼』と『招迎の儀礼』との両面を併せ具へ、しかも後者が主役を演じたところの一つの大切な『笑ひ祭』に他ならないとすべきである。」（日本神話の研究、第三巻、一〇七）

『招迎の儀礼』を主儀とする所の『笑ひ祭』と云ふのであるが、松村教授と宣長は本質的に同解である。つまり、「おかめ・ひよつとこをどり」を連想せしめらるゝ解釈である。が、かゝる解釈は大嘗祭の全意義が絶対的に許すものではない。

そこで、我々が「天宇受売命の神懸」に於て当面する最も困難な、しかも最も厳粛な問題は、天宇受売命が、すめらみこと神話の有する神統組織に於ける最高至神なる天照大神八咫鏡の前に於て、臆面もなく露はにする、その女陰にあるといふ認識から出発せねばならない。換言すれば、ある大いなる女神の女陰の有する宗教的意義、即ち女陰崇拝形体のそれである。当然問題は比較宗教学の領域に於て、その検討に従はねばならぬ所のものである。

さて、この問題を取上ぐに当つて、最初に念頭されねばならぬ古代宗教現象上の、一つの最も顕著な特徴は、ヘブル人のエホバ崇拝に観らるゝやうな観念的無性単独崇拝形体は、最も例外を成すものであるといふ根本事実である。これに反して、エジプト古代宗教に於けるオシリス・イシス夫婦崇拝形体を以て一般的ならしむるものであるといふ根本事実である。我がすめらみこと宗教はその最も典型的なものである。この最も顕著な古代宗教上の一般的特徴に従つて、ある男性大神の男根崇拝形体は、その背後に必然的に、その男性大神の配偶女性大神の女陰崇拝形体を与件とする事が確認されねばならぬ。かくして、此場合に於ける男根と女陰との宗教的同義性が確認されなければならぬ。従つて、我々が当面する「天宇受売命の神懸」といふ、最も困難且つ厳粛な問題は男根崇拝形体の検討に拠つて回答されねばならないものである。が、問題は余りにも大きく、その本格的検討は本論の範囲たらしめ得ない。代表的な二、三に止まらねばならぬ。

最も手近な所にインドのシヴアがゐる。即ち、そのリンガ崇拝形体である。これが如何に古くして大いなる勢力を有してゐたかを、モヘンジヨダロ等の大発掘が克明にしてゐる。この場合、特に注目す可き点は、シヴアがヴエダ神統組織中に於て、最高最大なる創造神とされる点である。リンガはとりもなほさず、シヴアの創造力大神体とされる点である。直ちに我が伊邪那岐大神が連想される。古事記に、「成り成りて成りあまれる処一処」といふ言葉によつて説明さるゝ天瓊矛は明かにリンガに通ずるものである。

何よりも大きな場合はエジプトのオシリスである。オシリスは神聖文字にといふ形を以て表はされてゐる。明かに男根である。而して、オシリス男根行列祭が、如何に一般であり、且つ偉大なる勢力を有するものであつたかは、ヘロドトスの左の一節に拠つて最も明確である。

「デイオニソス（○即ちオシリス）には、祭の前夜、各自その戸口の前で幼豚を屠つて、それを売つた豚飼ひに之を渡して持ち去らせる事になつてゐる。（○猪狩のセトに由来するもの。）そして、その他の点ではデイオニソス祭は埃及人の間でも、合唱舞踏以外は、殆どギリシア人に於けると同様に、祝はれてゐるのであつて、男根像の代りに彼等は別個の物を考案して、糸にて操られる長さ一ペキウス（一ペキウスはほゞ一尺六寸）ほどの像があり、此を女達が村中をかつぎ廻るのであるが、身体の爾余の部分にさほど劣らない位の局部が動く様になつてゐる。そして、横笛が先頭になつて、女達はデイオニソスの讃歌を合唱しながらそれに続くのである。が、何故それが並外れて大きく、また、身体の内、それのみが動くかと云ふ事に就ては、一の聖話が伝はつてゐる。」（ヘロドトス、「歴史」第二巻、第四十八節、青木巌訳）

たぶんその聖話はイシス神話であらう。けれ共、この意味は、我々の常識に訴へても、なほ極めて明白である。このオシリス男根はオシリス猥情象徴と解することは絶対に許されない。それはオシリス大創造力象徴以外の何物でもあり得ない。

右にオシリス男根捧持者を「女達」としてある。原文でも単にγυναικ θσとだけしてある。けれ共、こゝでは処女（παρ ενοσ）とうけ取られなければならない。何故ならば、アテネのデイオニソス男根行列祭の男根籠捧持者と、そのとりまき団は処女だからである。正に我が天鈿女神はこのエジプトのオシリス男根行列処女及びアテネのデイオニソス男根行列処女の原型女神である。

右の如くにして、処女にいつきまつらるゝ、オシリス男根及びデイオニソス男根の宗教的意義は最も明白である。即ち、オシリス及びデイオニソスの根本性格のそれである。即ち、「創造」であり、「歓喜」である。オシリス宗教及びデイオニソス宗教の本義たらしむる所のものであつて、最も厳粛にして且つ神聖無上、こゝに猥感を挟むことは絶対に許されない。従つて「天宇受売命の神懸」問題も亦た同断たらねばならぬ。即ち、巨大なる男根神体を有するオシリス及びデイオニソスに於て、その本来の大創造歓喜神を観得る時、最高至上創造大神天照大神八咫鏡の出現をいのり求めて舞ふ神懸りの天鈿女神に於て、偉大なる創造大歓喜処女神を仰ぎ観る事は、最も厳粛にして且つ最も神聖である。而して真に驚く可き事柄は、デイオドロスの伝ふるアピス祭の左の一節である。

「オシリス聖牡アピス祭に関するこれまでの説述に、なほつけ加へねばならぬ一事が残つてゐる。アピスが死んで、まことに壮大な葬儀を以て埋葬され了ると、僧侶等は、前聖牡と同一斑点を有する新聖牡をさがし出すのである。それが見当たると人々は悲嘆をやめるのであるが、その新聖牡係の僧侶等は、それをニロポリスにつれて行き、四十日間其処に留めて置く。（〇モーセの四十日の断食行が思ひ併せられる。）そして、新聖牡を覆金の船室を有する王船にのせ、神として此をいつきまつりつゝ、メンフィスのヘパエトス神廟に導きゆくのであるが、この四十日間は、女以外は、何人と雖も新聖牡を視る事を禁ずる。さて、女等は聖獣に対ひ立ち、裳をかゝげて陰部を示すが、その後は再び新しい神の前に立つことは許されない。」（世界史、第一巻、第八十五節）

こゝでもχινυχτκθσとしてあるが、こゝでも処女と解してまちがひない。前掲ヘロドトスに徴し得る。而して、このオシリスの聖牡アピス処女の原型を我が天岩屋戸前の神懸りの天鈿女命に於て、最も明確に見出し得る。

かうして、右の如き、最も顕著な根拠によって、我々は「天鈿女命の神懸」即ち「わざおぎ」（俳優）の宗教的本義を断定し得る。それは「おかめ・ひよつとこをどり」を連想せしめる「笑ひ祭」ではない。それは正に、天児屋命の「ことをき」（言招禱）と同義を有する「をきまつり」（招禱祭）即復活祭儀である。天児屋命「ことだま」（言霊）を以て「をきまつり」（招禱祭）即復活祭儀をとり行ふのに対照して、天鈿女命は「かむわざ」（神態）即ち、「かみがゝり」（神懸）を以て「をきまつり」（招禱祭）即復活祭儀をとり行ふのである。その目的とする所は最も明白である。即ち、天岩屋戸に隠れますことなき、即ち受難することなき、永久不滅の新天照大神の大復活である。即ち、新天照大神八咫鏡の赫核々偉大なる出現である。正に天岩屋戸神話の説く所は、文字通り、真実そのもの、毛ほど、針ほどの疑問の挟む可き余地なしと云ふ根本大事実中の根本大事実を最も明確に知ることが出来るのである。

であるから、「爾高天原動りて、八百万の神共に咲ひき。」の意味も全く明白である。上文につゞけて、古事記にかく見られる。

「ここに天照大御神怪しとおもほして、天岩屋戸を細目に開きて、内より告りたまへるは、『吾が隠り坐すに因りて、高天原自ら闇く、葦原中国も皆闇けむとおもふを、などて天宇受売は楽びし、亦八百万神諸咲ふぞ。』とのりたまひき。

爾ち天宇受売、『汝が命に益さりて貴き神坐すが故に、歓喜咲ぎ楽ぶ。』とまをしき。」

八百万神の高天原ゆりて咲ふのは、新天照大神八咫鏡出現を迎ふる大歓呼の声であつて、天鈿女命の女陰露出に対する、「おかめ・ひよつとこをどり」的爆笑ではないといふ神話の説明には疑問の挟まる丶余地は毛ほど、針ほどもない。神話の説明は明確至極である。

天香山「あめのかぐやま」は「天の神いらぐ山」である。尚、転音して「天の神楽山」である。そして、天岩屋戸前の、天照大神大復活祭の立役者大処女神天宇受売命の神懸「かむがかり」は神態「かむわざ」である。「神懸」は「神態」とある可きものを、古事記の筆者が、時代錯誤に禍ひされて、書き誤つたものと判断される。

以上の如くにして、大嘗祭検討上の致命的難問「天宇受売命の神懸」は氷解されたと信ずる。

十三、結語

橿原宮すめらみことと統一国家は、すめらみこと祭祀を基本として成立する。すめらみこと祭祀の大宗は大嘗祭である。

而して、大嘗祭の主儀はすめらみことの「みつほまつり」（瑞穂祭）の密儀である。「みつほまつり」（瑞穂祭）の密儀の大核心は御膳のみつほ（瑞穂）である。

而して、みつほ（瑞穂）は「みつほまつり」（瑞穂祭）の密儀に於て、大現人神すめらみことが「頗る頭を低くしたまひて」ふしをろがむところの天照大神聖稲である。

而して、大嘗祭は、この天照大神聖稲みつほ（瑞穂）の御膳と御酒とを、豊葦原瑞穂国の大元首現人神すめらみことを中心として、すめらみこと祭司一同、天が下のおほみたから、もろ〳〵見食べ、聞き食べ、尊み食べて、神と人とまこと「ま心」を以て同一体と結びなされてとり行はるゝ所の世界無比、無類の大歓喜祭である。

而して、橿原宮すめらみこと統一国家は大歓喜祭大嘗祭を基本として成立する所の、世界無比無類の大歓喜国家であり、その主体、神日本磐余彦火々出見のすめらみことは世界史上正に無比無類の大歓喜大救済主的大元首である。

而して、その歴史的大創造の根原力主体は、実に高皇産霊神、ムスビ大根原神即ち、日本民族固有大精神ムスビ思想、協力的創造精神そのものであるといふ根本的大史実中の大史実の厳存する所を忘れてはならない。

第十九章　高皇産霊神

磐余神社体制

協力的創造精神

一、磐余神社体制

橿原宮すめらみこと統一国家検討上、大嘗祭と並ぶ、も一つの最重要検討対象が実在する。それは磐余神社体制である。第四章「天香山」の最後に、この問題を本章に於て取り上げることを、ことはつて置いた。本章の検討に入るに当つて、改めても一度第四章に顧みる必要を覚える。そして、神武天皇の東方大移動、大和平定、橿原建都の、この肇国の大偉業がモーセのエジプト脱出、カナン到達の大行動が、一にヱホバの神慮と神助に基くと全くその揆を同一にして、高皇産霊神の神慮と神助に基くものであるといふ歴史的根本大事実を改めて回想せねばならぬ。所で、古事記は、常に高木神及び天照大神を肇国神話の主格たらしめてゐるのであるが、日本書紀の方は、高皇産霊神単神主格が採用されてゐる。高皇産霊神は神武肇国の根原的主体である神話にされてゐる。であるからして、神話は磐余即ち十市に高皇産霊神大神宮の大実在を要求する。さて、神名帳、大和国、十市郡十九座（大十一座、小八座）は左の如しである。

「多坐弥志理都比古神社二坐。（並名神大。月次・相嘗・新嘗。）

十市御懸坐神社。（大。月次・新嘗。）

目原坐高御魂神社二座。（並大。月次・新嘗。）

（略）」

何より先に目に著くのは目原坐高御魂神社二坐である。延喜式大社に列せられると註されてゐる。

この社号は、その祭神を明示して、高皇産霊神としてゐる。而して二坐と明記されてゐる。所で、上表第一に載せられてゐる多坐弥志理都比古神社は目原社より社格が一段上位であつて、名神大社である。しかもその座数二坐と明記されてゐる。明かに多坐神は目原社の本社であることが窺はれる。多坐弥志理都比古神社二坐は、目原坐高御魂神社の本社であつて、祭神高皇産霊神でなければならぬ。また神話の要求する所である。かくして、十市十九座、十六社神社の中心神社の位置を占むる多坐弥志理都比古神社の祭神の見当が、大体附くのであるが、これを念頭に於て、和州五郡神社神名帳大略注解を取り上げてみると、左の如くに見られる。

「十市郡　神社九所十九座。

（略）

多神宮注進状（草案）

大宮二坐

珍子聖津日霊神尊　皇象瓊玉坐。

天祖聖津日孁神尊　神物円協鏡坐

（略）」

如上、略注に多神宮注進状（草案）に註する所に拠れば、多坐弥志理都比古神社二坐の第一座、即ち主神は珍子聖津日霊神尊と書かれ、その神体は瓊玉とされる。聖津日霊神は弥志理都比古の別称であつて、意味する所は産霊「ムスビ」（産霊）をしろしめす大神である。とりもなほさず高皇産霊神の別称と解せられる。而してその神体玉は、伊邪那岐大神の御頸珠別名御倉枝挙之神「ミクラタナノカミ」によつて説明さるゝ高皇産霊神大神体と解し得る。而して、その第二座即ち副主神の神名は天祖聖津日霎神尊となつてゐる。明かに天照大神の別号であらう。而してその神体もまた斎鏡とされる。即ち多坐弥志理都比古神社二坐の祭神は主神高皇産霊神にして副主神天照大神と断定し得る。また、神日本磐余彦火々出見尊大和平定神話との間に完全なる相互説明の成立を見出し得る。

（略）

所で、城上郡三十五座、二十五所を以て構成さるゝ城上神社体制の中心神社は三輪大物主神社であり、城下十七座十四所の城下神社体制の中心神社は村屋坐弥富比売神社、即ち三穂津姫神社であり、且つ高市郡五十四座三十三所、高市神社体制の中心神社は鴨事代神社である。而して、以上、城上三十五座二十五所、城下十七座十四所、高市五十四座三十三所、合せて百六座七十二所となる。更に、十市十九座十六所を加算すれば総数、百二十五座八十八所となる。その地域は礒城、高市一円であつて、即ち大和三山磐余である。而して、百二十五座八十八所を以て構成さるゝ磐余神社体制の大中心主社は多坐弥志理都比古神社即多坐高皇産霊神大神宮なる根本大事実中の根本大事実を最も明確にすることが出来るのである。

「故れ経津主神、岐神を以て嚮導と為して周流つゝ削平む。逆命者あるをば即ち加斬戮し、帰順者をば仍りに加褒美む。是の時に帰順ふ首渠は大物主神及び事代主神なり。乃ち八十万神を天高市に合め、帥ゐて以て天に昇りてその誠疑の至れるを陳す。時に高皇産霊尊、大物主神に勅すらく、『汝若し国神を以て妻とせば、吾れ汝を猶疎き心ありと謂はむ。故れ今、吾が汝、三穂津姫を以て、汝配せて妻とせん。宜しく八百万神を領ゐて永に皇孫の為に護り奉れ。』乃ち還り降らしむ。」（日本書紀、神代下、一書）

又かく説かれてゐる。

「こゝに天照大神・高木神の命持ちて、太子正勝吾勝勝速日天忍穂耳命に詔りたまはく、『今葦原中国平け訖へぬとまをす。かれ言依さしし、まに〳〵降り坐して知ろしめせ。』とのりたまひき。

ここに其の太子正勝吾勝勝速日天忍穂耳命の答白したまはく、『僕は降りなむ装束せし間に、子生れましつ。名は、天邇岐志国邇志国邇志天津日高日子番能邇邇芸命。此の子を降すべし。』とまをしたまひき。此の御子は、高木神の女、万幡豊秋津師比売命に御合ひまして生みませる子天火明命、次に日子番能邇邇芸命（二柱）にます。是を以て白したまふ随に、日子番能邇邇芸命に科詔せて、『此の豊葦原瑞穂国は汝知らさむ国なりと事依さし賜ふ。かれ命のまにまに天降りますべし。』とのりたまひき。」（古事記）

磐余神社体制と、すめらみこと神話との間に見出し得る相互説明は、まことに、符節のそれ実に驚嘆禁じ得ざるものである。

上の如くにして、高皇産霊皇大神主体たらしむ磐余神社体制こそは、橿原宮すめらみこと統一国家建設運動の、而して、橿原宮すめらみこと統一国家成立の、一言、神武大肇国の基礎にして根幹なりといふ歴史的根本大事中の根本大事を最も明確にする事が出来るのであるが、その因つて来る所、因つて基く所は、一に高皇産霊皇大神の根本性格そのものに厳存する。

二、協力的創造精神

橿原宮すめらみこと統一国家建設運動、而して、橿原宮すめらみこと統一国家成立、すべてがこゝに由来する所の高皇産霊神の根本性格を説くもの、即ちすめらみこと神話の中核、天岩屋戸神話そのものである。

「かれここは天照大御神見畏みて、天岩屋戸を閇て刺しこもりき。すなはち高天原皆暗く、葦原中国悉に闇し。此に因りて常夜往く。ここに万の神の声は狭蝿なす皆わき、万の妖、悉に発りき。是を以て高皇産霊神、八百万の神等を、天安乃河原に神集ひ集ひて、招き奉らむ方を議らしめたまふ。（略）
かれ天照大御神神出で坐せる時、高天原も葦原中国も自ら照り明りき。
ここに八百万の神共議りて、速須佐之男命に千位置戸を見せ、亦ひげを切り、手足の爪をも抜かしめて、神やらひやらひき。」

この八百万神の総協力体制である。かくて、八百万神のすめらみこと統一国家大創造運動が推しすすめられる。

この八百万神総協力大創造の由って基づくところ、因って来る所、こゝに高皇産霊大神の根本性格が厳存する。大実在する。而して、こゝに日本民族固有精神が大実在する。即ち「ムスビ」である。而して、是をこゝに、「協力的創造精神」と曰ふ。

蓋し、天香山は「あめの神いらぐ山」である。高皇産霊大神の大聖山にして、日本民族固有協力的創造精神の発祥する所である。神武肇国大偉業の以て大原由する処である。而して、神武肇国は、即ち、日本民族固有協力創造精神の歴史的自己実現に他ならないのである。

第二十章

神話と歴史

Ｈ・Ｒ・ホール氏がシアンポリオンの不滅の功績をたゝへて、正にコロンブスに匹敵するものであると曰つてゐるが、その通りである。コロンブスは新しい大陸を発見した。が、それに対してシアンポリオンは人類の最古の世界を発見した。即ち、それまで全く暗に深く埋れてゐたエジプト古代文明を明るみへつれ出した。我々が、今日、人類文明の起原を明確に知る事のできる恩恵は第一に彼シアンポリオンに帰さねばならぬ。この現実なる恩恵によつて、人類にもたらさるゝ、将来の恩恵に至つては、コロンブスのそれとは比較にならぬ程、高く大きいものがある。

が、此場合に於ける我々の問題とせねばならぬ所はシアンポリオンの恩恵そのものではない。シアンポリオンによつて初めて解読さるゝに至つたエジプト古代神聖文字である。そして、それによつて我々が明確に知る事が出来るエジプト古代史である。そして、此場合に於ける問題の核心は神聖文字によつて書き伝へられてゐるエジプト古文書以外にエジプト古代史を今日に伝へてゐる文献は他に実在しないといふ根本大事中の根本大事実である。

所で、次に、力瘤を入れて注意を促さねばならぬ、此場合に於ける最も重要な問題は、エジプト神聖文字古文献と、エジプト大遺跡との関係である。直ちにピラミッドが我々の前に運び出されずには置かれない。――さて、所で、ピラミッドの容積等を、どんなに詳しく幾何学的に数へ上げて見た所で、それに拠つて、我々はエジプト古代史の露の垢程の事も知る事は出来ない。ピラミッドの歴史的性格を、我々に明確に伝へる史料はエジプト神聖文字文献以外に実在しないのである。――このエジプト神聖文字古文献とピラミツドとの史料関係はテーベ或はメンフイス等に於て、今日でも世界中の学徒と、観光客を引きつけてゐる大神殿とそして大彫刻に就て全く同一である。

所で、此所に「エジプト神聖文字文献」といふ文字は、「エジプト神話」と書き改む可きものである。エジプト神聖文字によつて綴られてゐるエジプト神話は唯だ一つのエジプト古代史であつて、その他にエジプト古代史は実在しないのである。換言すれば、エジプト神話以外にエジプト古代史は実在しないのである。

エジプト神話の次にヘブルー神話、即ちヱホバ神話を取り上げる。即ち、旧約聖書である。此場合、我々の目の前に大きく浮び上がるイスラエルの大遺跡は、申す迄もなくエルサレムである。さて、エルサレムの考古学的研究、或は発掘等をどんなに詳しく掘り下げてみても、エルサレムの歴史的性格を明確にすることは出来るものではない。之を為し得るの資料はイスラエル民族史なる旧約聖書以外に実在しない。而して、ヱホバ神話以外にイスラエル民族史は実在しない。

所で、次にギリシヤ神話である。ギリシア神話と言へばホーマーである。ホーマーと言へばイーリアスである。即ち、トロイ戦争、而してイーリオン城である。そこで、我々の頭の中へすぐ浮び出さずに措かれない問題はシユリーマンのトロイ或はイーリオン城址大発掘である。かくて、我々はギリ

シヤ人が、或はアテネを祭り、アポロを祭り、アレスを祭り、就中ゼウス大神を祭ることを基本行事として、

「さて、アトレウスの子（○アガメムノン）を取巻く人々、ゼウスが護り立てる王侯がたは、いそいで兵どもを分裂せしめ、その間を青い眼のアテーネーがわけても尊い山羊皮楯の、老いせず朽ちせぬものをかざして立てば、それより垂れたる百の総が織りも見事な、百頭の牛に価するもの。それを手づさへ、燦としてアカイア勢のつはものの間を馳せかひ進軍へと激励し、かくてみな、それぞれの胸に勇気をおこさせ、たゆみことなく戦をつづけ、闘ひあはうとふるひ立たせた。されぱたちまち彼等にとつて、いくさの方が、おのが恋しい故郷の地へ洞ろに刳つた船に乗つて、帰るのよりも嬉しいことになつたのである。」（イーリアス（上）呉茂一訳（岩波文庫））

ペルシア大戦争以前、アテネ都市国家又はスパルタ都市国家成立以前に於けるギリシア民族精神がどんなものであつたかを、それ以上明確に伝へてゐる文字は何処にもない。

「スカマンドロスの原野へと繰し、流れ込むほどに大地は、徒歩あるく者ら自身や、馬の足もとに、恐ろしい響きをあげた。さても花に豊かなスカマンドロスの牧原に、立ち並ぶ兵どもの

数は千万、季を得て生ひ出づる木々の葉、また花のさかりもしらず、（〇中略）その数ほども、頭髪を垂れなびかせるアカイア勢（〇ギリシヤ勢）は、トロイエー軍をめざして、一息に打ち破らうと競ひ立つゝ、原頭に勢揃ひした。」（同前書、同所）

こゝに観らるゝ偉大なギリシヤ神話こそ、ギリシヤ神話本来者であつて、これこそヘロドトス時代、即ペルシア大戦争時代以前の唯一のギリシア民族史である。これ以外に同時代的ギリシア民族史は実在しない。この何人と雖も、之を確認せざるを得ない、歴史的根本事実を無視するやうな事は気でも狂はない限り、許されない。而してヘロドトスのヒストリアイをギリシア史の初めとして、イーリアスの資料価値をなみするやうなとんでもない錯誤に陥つてはならない。

神話は歴史である。歴史でない神話はない。

所で、「神話」といふ言葉を口にする場合、それを口にする人の頭の中には「必ず」と申しても過言ではなからうと思はるゝ程、ギリシヤ神話が置かれてゐるにちがひあるまい。つまりギリシヤ神話は神話の代表、典型とされてゐる。所で、ギリシヤ神話の代表はヘシオドス神話である。ホメロス神話ではない。所が、ヘシオドス神話とホメロス神話はその本質を根本的に異ならしむるものである。――ホメロス神話に於けるオリユンポス十二神は、是を信じ、是を祭る事を基本たらしむる事を以て、宗教同盟を結成して、外に向つての軍事行動を起したのである。

——ホメロス神話に於けるオリユンポス十二神はギリシア民族の奉戴する民族神である。是に反して、ヘシオドス神話に於けるオリユンポス十二神はギリシア人各個に対して、直接にその個人的徳を勧め、個人的悪を懲す所の、謂はゞ勧善懲悪神であつて、ホメロスに於ける民族神とは全くその本質を異ならしむる所の個人神である。従つて、ヘシオドス神話はギリシア民族史ではない。それは本質的に仏典に等しい性格のものであり、或はまた、キリスト教に於ける神学に等しいものである。ヘシオドス神話は、是を「神学詩」と言つても誤りでない性格のものである。

——所で、現代の神話はヘシオドス神話を以て、あらゆる神話を類推し、しかし、その本質を同一視せんとしてゐる。而して現代神話学の特徴とする所は神話の本質に対して定義し得ない点にある。即ち、その検討対象性を自失する性質を内包してゐるのであつて、結果は雲を摑むのそれ以外にはあり得ないのである。私が、右に於て、「神話は歴史であり、歴史でない神話はない。」といふ命題を掲ぐる場合、私の謂ふ「神話」は神話学者の謂ふ神話とはその本質を根本的に異ならしむるものであるといふ点を強調して置く。

私がこゝに神話といふ場合、それはエジプト神話、ホメロス神話、ヱホバ神話に類する民族神話に限るものであつて、その世界的代表、典型は古事記、日本書紀、旧事紀、古語拾遺の四大古典に伝へらるゝ所の「すめらみこと神話」そのものに外ならない根本事実を力説して止まない。

従って、特に強調力説せねばならぬ根本大史実は、古代社会の主宗教的性格そのものである。エジプトでも、バビロンでも、シリアでも、印度でも、支那でも、何処でも、此処でも、世界中到る所の、歴史的に知られてゐるありとあらゆる民族といふ民族は皆おしなべて、或る神をあがめ奉り、いつき奉つて国を起し、且つその民族的集団生活を営まない者はない。古代社会は現代社会が主政治経済社会なるに比較する時、その社会的性格を根本的に、本質的に異ならしむる所の主宗教社会である。此所に古代社会に於ける歴史的根本大事実が厳存する。この歴史的根本大事実を伝ふもの、即ち、神話である。であるから、この古代社会は主宗教社会であるといふ、歴史的根本大事実を無視して、古代社会の検討に当る事は絶対的に不可能にして、且つ許されない。且つまた、この古代社会に於ける歴史的根本大事実を伝ふる神話を離れて、古代社会の検討に従はんとする事も絶対的に不可能にして、且つ許されない。例へば津田学説に観らるゝやうな事柄である。かゝる事柄は絶対的に許さるゝものではない。

問題の重要性に鑑み、津田学説に就て一言さしはさんで置かねばなるまい。津田教授はかく述べてゐる。

「『神代』といふのと『上代』といふことは全然別箇の概念である。是は、人類発達の歴史を少しでも知つてゐるものには、いふまでもない明白な話であらう。民族の或は、人類の、連続せる歴史的発達の径路に於いて、何処に人の代ならぬ神の代を置くことが出来ようぞ。歴史を溯つて上代にゆく時、いつまで行つても人の代は依然たる人の世であつて、神の代にはならぬ。神代が観念上の存在であつて、歴史上の存在で無いことは、これだけ考へても容易に了解せられよう。」（古事記及び日本書紀の新研究、五一九）

津田左右吉教授は古代社会の主宗教性格に目を全く閉ぢて、古代社会におけるこの歴史的根本事実を否認する。かくの如にして古代社会の検討に従ふことは絶対に不可能であり、且つ許されない。

例へばイスラエルの場合である。イスラエル王はヤコブ或はモーセではない。イスラエル王は正にヱホバその神であつて、ヱホバ以外にイスラエル王は実在しない。イスラエル民族国家はヱホバを国王として成立し、且つヱホバ祭祀を基本として、――今日の国家生活になぞらへれば、憲法であり、且つ政策である。――統制経営される。即ち、「ヱホバのまつり」は「ヱホバのまつりごと」即ちヱホバ政治に外ならない。世に謂ふ所の祭政一致なるものである。イスラエル民族国家は祭政一致国家の世界的典型者であつて、こゝに謂ふ古代主宗教国家の典型者に外ならない。而して、旧約全書に伝へらるゝヱホバ神話はイスラエル民族国家史、即、ヱホバ統一国家史であつて、是以外にイスラエル民族史は実在しない。このイスラエル民族国家に於ける主宗教的性格は歴史的根本大事実であつて、是を無視して、イスラエル民族の歴史的検討は絶対的に不可能にして且つ許されない。而して、ヱホバ神話を離れてイスラエル民族国家史の検討に従ふことも亦、絶対的に不可能であつて、許されないのである。

所で、イスラエルのヱホバ信仰形体は超絶神信仰形体の世界史的典型者である。是に対して日本民族のすめらみこと信仰形体は現人神信仰形体の世界史的典型者である。而して、ヱホバ統一国家が古代世界史に於ける典型的主宗教的統一国家なる時、我がすめらみこと統一国家はその無比なる者、無類なる者である。この世界史的根本大事実を伝ふるものは、即ち、古事記、日本書紀、旧事紀、古語拾遺の二本四大古典に観らるゝすめらみこと神話そのものであり、且つそれ以外に実在しないのである。而して、すめらみこと信仰・祭祀形体を無視して、古代日本民族史、即日本古代国家史の検討に従ふ事は絶対的に不可能であり、且つ許されない。同時にすめらみこと神話を離れて、その検討に従ふことも亦、絶対的に不可能にして、且つ許されないのである。

所で、津田学説を宗とする今日の日本戦後は史学は日本古代の主宗教性格を認めない。同時に古事記以下日本四大古典の資料的価値を認めない。その一方、魏史の倭人伝を以て日本民族史の最高権威たらしめてゐる。影を以て実物とはきちがへるより甚だしい錯誤に陥つてゐる。或は屁のにほいを嗅いで、その人の健康状態を判断せんとするよりも甚しい錯誤に陥つてゐる。日本古代国家の主宗教性格を認めず、且つ古事記、日本書紀以下の日本古典の資料価値を認めない戦後派史学は、応神天皇以前に於ける、すめらみこと天皇を元首とし、且つすめらみこと祭祀を基本とする日本古代すめらみことと統一国の、この世界史的根本大事実の実在を否認するのである。戦後派史学は、日本民族史の首を斬り捨てゝしまつてゐる。実に、驚く可くも、あきれた事であつて、兎角の論評を下し得ない。而して、斯くの如き事柄は絶対的に許される可きものではない。戦後派史学のこの救ふ可からざる錯誤は、最も重大な問題であるが、この問題に就ては、天皇論の次編、「天智天皇論」に於て、いさゝか立入つた批判を加へる事として、こゝでは古事記、日本書紀、旧事紀、古語拾遺の資料価値は、旧約聖書と同様、絶対的である事をことわつて置くに止める。

第二十一章　神話と遺跡

神話と遺跡

こゝに神話と曰ふのはすめらみことと神話のことであり、遺跡は日本の遺跡である。所で、エジプト大遺跡の代表者、いや、そのすべてと申しても過言ではないものはピラミッドと数々の大神殿である。ピラミッドは歴代のパロ・ミイラを神体とする聖所、即ち神社に外ならない。エジプト大遺跡のすべてはエジプト古代大神社そのものである。而して、このエジプト古代神社に拠つて、我々はエジプト古代国家社会史のすべてを知ることが出来る。而して、我々をしてこの事を可能ならしむる史料の唯一にして無上なるものは、その大遺跡の内部に蔵められて、今日に伝へられてゐる神聖文字によつて綴られてゐるエジプト神話である。

右の如き歴史的性格を有するエジプト大遺跡に就て説かるゝ事は、そのまゝイスラエル大遺跡についても全く同一に当てはまる。即ちエルサレム・ヱホバ大神殿である。若し、イスラエル史からエルサレムをとりのぞくとすれば、それは扇のかなめをとりのぞくと全く同様、ばらばらに破れ去つて、イスラエル史は、何処かへ消え失せなければならぬ。而して、ヱホバ神話は、別名、エルサレム史である。エジプト神話のエジプト大遺跡に於けるは、尚、イスラエル大遺跡に於けるヱホバ神話と少しも異る所はない。

ギリシア神話とギリシア大遺跡との関係になると、事情はエジプトとイスラエルの場合のやうに明確に考へるわけにはゆかない。余りにも此所では混沌、混乱がおり重なり合つてゐる。而して、ギリシヤ神話は早くから、歴史性を失つて、謂はば教義神話、御談義神話にくづれ落ちてしまつて、それによつてギリシア大遺跡の歴史的大事実性を明確にたづねるわけにゆかない。それにも拘らず、ギリシア大遺跡のギリシア民族史的性格は、エジプト及びイスラエルに於けると少しも異るものではない。即ち、アテネのアクロポリスである。エレウシスのデメテル大神殿である。それからデルフイのアポロ大神殿である。それから大ゼウスの自然聖所であるオリユンポス山をとり除くとするならば、ギリシア古代民族史はばら〳〵になつてしまつて、その形を成さなくなる。たとひ、個々、全く断片化してしまつて、之をギリシア民族史検討に適当ならしめ得るやうに、つなぎ合せることは全く不可能であつても、ギリシア文献の全領域に亘つて、数限りなく拾ひ集め得る、オリユンポス十二神に関する断片的神話を抜きにしては、ギリシア古代史の検討は全く不可能である。

さて、所で、日本自身に移つて観ると、これはまことに驚く可き限りのものである。即ち、その起原を神代に有する所の、延喜式、神明帳に表示さるゝ、日本全国三千百三十二社と註せらる古代世界史上全く無比無類の大神社網組織のそれである。しかも、この大神社網組織の中心大本社は、高千穂宮、橿原宮を以て代表とするすめらみこと大神宮それ自体である。而してすめらみこと神話はすめらみこと大神宮史に外ならないのである。

この事は正に古代世界史上の歴史的根本大事実である。何人と雖も、狂せん限り、之を否定するやうな事は、絶対的に許されない。しかも、戦後派史学は高千穂宮の、そして、橿原宮の世界史的大実在を否定し、応神天皇以前の諸すめらみこと天皇の実在を否定し、日本民族の国家的起原を、魏史に探ね求めて、邪馬台論争の如き空論に全力を傾け尽すといふのである。これでは何もかもおしまひである。全く話にならない。

次に、日本考古学の業績に顧る所がなければなるまい。私は先づ、京都帝国大学考古学部の努力を取り上げて見る。そして、その報告の第十冊を取り出して見る。そして、全く驚かされずには措かれない。そのまことに美しい、美しい、その美しさこそ、とりもなほさず、すめらみこと文化無上の表象なる曲玉である。すめらみこと信仰すめらみこと祭祀の何であるかを知らぬ数多くの考古学者は、この美しい、美しい曲玉を祭具であると判断してゐる。すめらみこと神話は、それは伊邪那岐大神の神体であると説明してゐる。これがほんとなのである。詳しくは古語拾遺の天岩屋戸の段を看るとよろしい。――曲玉と一緒に円鏡と広形或は細形の銅鉾が、三副対となつて、方々から掘り出されてゐる。すめらみこと宗教の何たるかを知らない現代史学者は魔術師的性格を有する土酋的族長が使用した呪術宗教的祭具であるといふ判断を下してゐる。すめらみこと神話は鏡は天照大神大神体であつて、とりもなほさず一柱の天照大神であると説いてゐる。銅鉾は素戔嗚尊又は建御雷神の大神体であると説いてゐる。これがほんとである。

日本考古学とすめらみこと神話との日本古代国家検討上に占むる無上重要性は、厖大な著述を欠くことの出来ない未開拓問題である。此所でそれ以上に亘り得る性質のものではない。たゞ一言、右に一言する所によつてすらまことに明確に知り得る如く、曲玉、円鏡、銅鉾、所謂三種の神器の日本古代国家に於ける歴史的性格は、すめらみことと神話以外に之を明確に説明する者は他に絶無であるといふ根本事実が確認されなければならぬ。この根本事実の三種神器に於けるは、当すめらみことと大神宮に於けると全く同一である。而して、此等の出土品に対して、現代人常識判断を下すやうな錯誤を犯してはならないのである。

さて、次に土器及び石器に就て一言せねばなるまい。例へばまことに美事な弥生式甕、壺、高坏である。これもまたすめらみことと祭祀の神具であると判断される。これに対する最も明確な神話的説明を、日本書紀、神武紀、戊午年九月頃、丹生川上顕斎執行の段に見出し得るが、それは同時に大嘗祭の由加物に直結する。かやうにして、あの美しい弥生土器三具の日本民族史又は日本古代国家史的性格は、一にすめらみことと神話とすめらみことと祭祀形体の証明に拠つてのみ、之を明確になし得るものであつて、この方法に取つて代る可き他の方法は見出し得ない。それを、「神の代と人の世は何処までいつても別物である。」といふ、現代知識人的認識論を、いや、独断論をふりかざして、その検討に従ひ得るや否やの如き事は、絶対的に許されない。

所で、日本考古学の達成せる最も大いなる業績は縄文文化、弥生文化の二大文化系体の発見と、その二大文化系体の旧新時代性の発見にありとされてゐる。即ち、縄文文化は弥生文化に先行するといふ根本史実を明確にした点にありとされてゐる。而して、こゝに特に注目す可き問題は、縄文文化は東に起り、東に栄え、弥生文化は西に起り、西に栄えたといふ事実を明確にした点である。即ち、この日本考古学の教ふる所に従へば、我々は日本民族の国家史的歴史生活は西より起つたのではなくて東より起つたものであると判断せねばならん。真に驚く可き問題はこの日本考古学の教ふる所とすめらみこと神話の説く所とは、表裏全く一体、符節を合する点である。かくて、我々がこゝに最も声を大いにして強調力説せねばならぬ根本問題は、すめらみこと文明は応神天皇後、支那から導入されたといふやうな、そんな根柢の浅い空漠なものではなくて、旧石器時代より、幾万年といふ年代を経て、育ち上がつた所の、世界史上、最古にして最大なる一大文明形体であると判断されねばならぬ点である。そこで、私はこの最も重大な問題のために、次にクレテのクロノスを引合いに出さずに措かれなくなる。

第二十二章　クレテのクロノス

クレテのクロノス

初にあれませる大神の御名は混沌神カオス、次にあれませる大神の御名は大地神ガイア。ガイアは星の多い大空神ウラノスを生む。ガイアとウラノスと婚して巨人神の数々を生む。その最後に生れたのがクロノス大神である。

さて、大空の神ウラノスはその子の巨人神に恐れをなし、生れるそばから母神なるガイアの腹の中へぎゆうぎゆうつめこんで、地面へでられないやうにおしこめてしまつた。ガイアはウラノスの情け知らずの仕打ちをいきどほり子等に対して「仕返しろ。」と命令した。然し、誰も父殺しと曰ふ恐ろしい罪を犯さうとする子はない。ガイアは「こつちが悪いのではない。父の方が悪いのだ。」といふ。一番末のクロノスが母の言葉に促されて「おれが引受ける。」と云つてをどり上つた。ガイアはその勇気をほめた。さつそく、鋸歯の鋭鎌ををクロノスに与へ、策をさづけて隠場へ身をひそめさせた。夜が来た。大空の神ウラノスは大地の神ガイアを抱きしめようと上天から大地へ降りて来た。途端に鋭鎌をふりかざしてをどり出たクロノスは父神ウラノスの巨陽をぎゆつとにぎりしめたかと思ふと、それをぶつつり切り落してしまつた。その巨陽を、さつと、後方に遠く海へ投げ込んだ。見る間に泡立つ、その巨陽の泡になりませる神の御名は悪の女神アプロデイア即ちヴイナス。日本人にもあまねく知られた名である。――さて、父神ウラノスを殺害したクロノスは、取つて代つて神々の世界の支配者の地位に立つたのであるが、それもまた同じ運命を辿つて、その子ゼウスのために滅されて、地底の国タルタロスへ深くとぢこめられてしまふのである。ギリシア神話に有名な巨人戦である。——ざつと、かういふのが、ギリシア神話がクロノスに就て語る所である。

我がすめらみこと神話に説かれる所と右の如きギリシア神話と並べて見ると、その趣の相異は天と地である。ギリシヤ神話の大神クロノス及びゼウスの為す所は父殺の大罪を父子相続するといふのであるから、ムチヤクチヤもこれ以上はない。所が同じクロノスでも「クレテのクロノス」は、右の如き「ギリシアのクロノス」に比較すると、その相異は百八十度である。シシリアのデイオドロスはかく書いてゐる。

「〔一三〕（略）

さて、その次に現はれた国王がクロノスである。クロノスは妹のレアと婚して、オシリスとイシスを生むだと、或る神話学手は曰ふのであるが、一般には、クロノスが生んだのは、その偉業によつて全世界を支配するに至つたゼウスとヘラであると説かれてゐる。此等の最後の神々から、エジプト暦のうるう五日の日毎に一神づゝ五神が生れた。それはオシリス、イシス、チポン、アポロ、アプロヂテとである。そして、オシリス、ギリシア版は、デイオニユソスであり、イシスのそれはデメテルである。オシリスはイシスと婚してエジプト国王となり、人間の社会的福祉に貢献すること多大であつた。」（世界史、第一巻）

右の如く、エジプトのクロノスは文化現人神の根原神であり、オシリスの父となされてゐる。所で、かくの如きクロノスに就て、デイオドロスは、更に、かく書き伝へてゐる。

「ある史家がイシスとオシリスに就て下の如き事柄を伝へてゐるのを私も知らないといふ訳ではない。それはこの二神の神廟がアラビアのニユーサにあり、それ故ディオニユソスがニユーサエウスと称せられる事である。こゝにはこの二神の碑が立つてゐて、その碑名が神聖文字できざみつけられてゐるが、そのイシス碑文はかうである。

『私は各国の女王であつて、ヘルメスに教へられし者。如何なる法律と雖も我が定めし所のものを人が無効とすることを許さざる可し。我は最も年若きクロノス神の最年長の娘である。私は国王オシリスの妻にして妹である。我は人間の為に穀物を発見せる最初の者である。我は、犬座にある星（〇シリウス星）に昇り行く者である。ブバスチスは我が建てし都である。さらば、さらば、我をそだてはぐくみしエジプトよ、さらば。』

更に、オシリス碑文は次の如きものであると伝へられる。

『我が父はクロノス神にして、神々の中の最年少者である。我は国王オシリスである。印度の果ての人住まぬ処まで遍歴して、到らざる処なき者である。イステル河（〇ダニユーブ）の源をきはめ、また太平洋の果ての、世界のはてまでもめぐりし者である。我はクロノス神の長子、うづの霊子より生れし者にして、うるうう日子である。人の住みとし住める所に我が足跡の印せられざる処なくして、我は我が発見せし所の物事をあまねく敷き施したのである。』」（世界史、第一巻、二十七節）

クロノスは、尚、リビアとイタリアの国王でもあると説かれてゐる。（同前書、第三巻、六十一節）而して、ディオドロスはクレテのクロノスに就てかく書き伝へてゐる。

「六五 我々の知ることとの出来る物語によれば、イダ峯のダクチロス等の後に九柱のクレテタスが生れた。或る作者の話によれば、此等の神々は大地から生れたとも、またダクチロスが生んだのだとも曰ふ。彼等の住所は樹々の生ひ茂る狭間であつて、自然が住所を恵む場所であつた。神代の大古、未だ家を造る術を見出さなかつた時代であつたからであつた。クレタスの神々は智慧に優れてゐた者であつたので、家は人間の誰もに取つて有用である事を発見した。羊を群れ牧ふことを最初に発見したのもこの神々であつたし、家畜を馳らして肥えふとらせ、又は蜂蜜を採る方法もまたこの神々の発見する所であつた。同様にして、彼等は弓矢を用ゐて毛物を猟る術を導入し、且つ人間が如何にして集団を活く可きかを教へた。かくして、此等の神々は人間の協同生活と節度ある生活態度の創造者であつた。クレタス神は、なほまた、劔と兜と戦闘舞踊を発見して、クロノスを驚かして、だました。（〇中略）

「六六 所で、クレタ人の神話はかく語られてゐる。クレタスが未だ幼かつた頃、テイタンと彼等が称する巨人神はなほ活きてゐた。此等のテイタン族はクノオススのほとりにその住居を構へてゐた。今日もなほ昔の人が献つた絲杉の森のレアの土台を見ることが出来る。巨人神の数は男神九柱、女神九柱より成り立つてゐた。そのうちの一人の男神の名と、一人の女神の名を取つてテイタンと称したのであると曰ふ。男神の名はクロノス、ヒペリオン、コエウス、ヤペトス、クリウス、オケアヌスであり、女神の名はレア、テミス、ムネモシネ、ポエベ、テテイスである。此等各神はいづれも皆人間の福祉を増進するに足る物事の発見神であつて、人間はその恩恵に報ゆるにふさはしい崇拝と祭祀とをたえず献げた。
クロノスはテイタン神の上長であつて、王となり彼の臣下に属する人間の生活を野蛮から文明へと改善した。それ故彼は大いにあがめられ、各地に迎へられた。彼は迎へられた先々の人間の間に正義と誠実の精神を吹込んだ。この事に由つて、クロノス時代の人間は善意に満ちて邪心無く、歓喜にひたつたと曰ふ伝説が今日に伝へられてゐる。彼の王国は西方の最強を以て鳴り、且つ彼は実際にその名誉を享受した。それ故、比較的最近に至るまで、（○ディオドロスは紀元前一世紀の人。）ローマ人やカルタゴ人――今なほ彼等の都市がのこつてゐる。――や、その附近の他の民族によつて、この神のおまつりと犠牲がさゝげられて来て、多くの地名にこの神の名が遺つてゐる。この神が賜はつた律法に対する稀有な忠誠に基いて、如何なる時にも、何人によつても、不義の行為がはたらかれることなく、クロノス統治下の人民はあらゆる楽しみ事を満喫する事が出来て、此上ない幸福な生活を送つたのである。此に就て、詩人ヘシオドスは、之を立証す可く、次のやうに歌つてゐる。
『高御座ゆるぎなく、クロノスのしろしたまへる日の人々は
何の憂も心に無く、神の如く命ながらへき。
まがつみも近づかず、苦しみも来らず、悲しむことも絶えてなく、心いと安らかに、
且つまた、年波寄せず、手足共になへず、
何のなやみもわずらひもなく、常磐に楽しみ、眠るが如く死に就く。
尚ほ、恵はあまねくして、

肥えたる田畑は穀物をもたらすこと多く、
自らに湧き出づるが如くにして、すたりもくさりもせず、
人々は大地の上にいや栄えゆく国を営みつゝ、睦み、いそしみ、
羊の群れはいやまして、神々の恵みの露にうるほひつゝ。』
以上の如きものがクロノス大神（〇クレテの）に就て語り伝へられてゐる神話である。」（世界史、第五巻）

右に拠つて、最も明確に知る事が出来るが、ギリシア神話のクロノスと、クレテ神話のクロノスとはその性格を根本的に異ならしめる。クレテのクロノスは我が伊邪那岐大神とその性格を同一にする所の根原的ムスビ大神であるといふ点である。所で、前引せる所によつて知り得るやうに、デイオドロスに従へば、イタリアでも、クレテと同様にクロノスは根原的ムスビ大神とされるといふ。特に注目に値する。即ち、クレテのクロノスはローマのサツルヌスとその性格を同一ならしむるものと解さるゝ点である。そこで、この特に注目に値する問題に就て、宗教倫理大百科事典中に、左の如き記述を見出し得る。

「サツルヌス（より古は Saeturunus で、serere「蒔く」といふ動詞より出づ。）この神はイタリア万神団中にあつて、イタリアを「サルツニア」と呼んだ程主要な立場を占めてゐる。この神の根源的神能は種蒔をつかさどる所にある。が、後次第に其他の農作業をつかさどるに至つたものである。彼の祭祀サルツナリア祭の主要目的は各期播種された穀物の満足なる発育を確実にせんとする所にある。この神の地祇的性格はその配偶神なるオプス（〇キユベレ或はアステルタと同一。）との結合によるものである。

たゞ、クロノス神と配同されて、黄金時代の統治者と看做さるゝに及んで、此神に道徳的性格が賦与さるゝに至つたものである。」（第九巻、二四七、「自然」）

であるから、ヌマはサツルヌスの化身であつて、遠くクレテのクロノスの化身であると推論される。かくてまた、ヌマのローマ祭祀国家形体はクレテのクロノス国家形体を原型たらしむるものであるといふ推論を下し得る。而して、ヌマの祭祀国家形体は我がすめらみこと統一国家に最も近いものであつて、従つて、クレテのクロノス国家形体もまた我がすめらみこと統一国家形体に近似するものであるといふ推論を下し得る。最も注目に値する。（略）

私は、第十八章大嘗祭に於てエレウスのデメテル祭の宗教的性格を明確にして、それが我が大嘗祭と同一なる聖餐式、即ちサクラメントなることを明かにした。然し、それはミスタイに限られたる所の密儀であつて、大嘗祭に於けるが如き、公的公開饗宴でない点は、右に伝へられるクレテ人のクロノス神話に語り伝へられてゐる所と全く一致してゐる。最も注目す可き点である。即ち右に拠つて、クレテのクロノス聖餐式は思ふに我が大嘗祭に於けると等しく、公的にして公開的に執行されたる大饗宴式であるといふ判断を下し得、従つて、我が大嘗祭と、クロノス祭とは、世界最古、東西に並ぶ大聖餐大饗宴式であると断定し得るからである。――所で、デイオドロスは更に下の如く書き進んでゐる。

「更に、クレテは曰ふ。大多数の神々はクレテから起つたものである。ここから人間の住む地域に移り住んだのである。神々は往く往く、その発見したまひし福徳を到る処に敷き施して、人間の上にその恵をあまねく垂れさせ給ひしものである。例へばデメテルである。この女神は海を越えてアッチカに渡り、始にシシリーに行き、それからエジプトに遷つた。そして、この女神の最良の恵は穀物の種子とその播種法の伝授であつた。それ故、この女神は、その恵をさづけた人々の大いなる崇拝を受けた。それと同様に、アプロデイテもまたシシリー島のエリユク地区のシシリーに鎮座し、またキテラの近くの島や、キプロスのパポスに、また、アジアではシリアに、それ〴〵鎮座した。この女神がその姿を現はして、その地に鎮ります故に、その土地の人々は此を己が神であるとあがめて、それぞれエリユクスのアプロヂテと称して、キテラのアプロヂテ、又はパポスのそしてシリアのアプロヂテと称した。アポロも亦同様に、最も古くデロスとリキアとデルフイに現はれ、アルテミスはエペソスとポントスとペルシアとクレテに鎮りました。従つてこの地名或は其地で示した神業に基いて、アポロはデルフイの、リキアの、ピチアのアポロと称されたが、同様にアプロヂテはエペソスの、クレテの、タウロポリスの又はペルシアのアプロヂテと称せらるゝに至つたのであるが、その原は共にクレテに生れたのである。」（世界史、第五巻）

　右、デイオドロス初伝のクレテのクロノス神話の説く所は最も重大である。即ち、此に拠つてギリシアローマの古代において、大軍神ゼウス及びユピテルに我が伊邪那岐大神とその性格を同一にする文化的大創造神クロノスが先行する事を明確にすることが出来、且つ、オリンピック祭典の如き戦勝祭典に、聖餐式的大饗宴祭を固有とする歓喜宗教を特徴づける大歓喜祭典の先行する事を明確に考へ得、かくて、我がすめらみこと信仰とクレテのクロノス信仰の同時代性を明らかに考へ得るからである。――同時にクレテに学んだと称せらる、リユクルゴスが、又はソロンが、又はピタゴラスが、而してプラトーンさへもが、何事をクレテに学ばんとしたかを明かに考へ得るからである。即ち、此等の世界史的なるギリシアの諸聖賢がクレテに学ばんとした所のものは一に、クロノス信仰、クロノス祭祀に基づくクレテの理想的文化的クロノス統一国家であるといふ事を明確に考へ得るからである。換言すれば、リユクルゴス以下のギリシアの世界的大聖賢が学ばんとせる根本大事はとりもなほさず、我がすめらみこと統一国家であるといふ事を明かに考へ得るからである。――事の重大性は究まりなきものである。その事の重大性に鑑みて、私はプラトーンの理想国家を取り出して見なければならぬ。

プラトーンの理想国家に就て究明する前に、やはりエヴアンスのクロノス大発掘の業績に回顧することを挟まずには措かれなくなる。エヴアンスがその大発掘を根拠として示してゐるクレテ文明発掘の時代図は、全くと申すも過言でない程、日本考古学が明示するすめらみこと文明発達の時代図と同一である。まことに驚く可き事柄と言はねばならぬ。この場合特に注目す可き根本問題は、クレテを中心として、之を明確に考へ得る、ギリシア文明前、即ギリシア前史なるエーゲ海文明はヨーロッパ起原説、或はアリアン起原説を全面的に拒否する点である。換言すれば、ギリシア文明前期文明なるエーゲ文明はクレテ土着文明なる点である。即ち、また我がすめらみこと文明とその起原的性格を同一にする点である。而して、この根本問題に対する考古学の到達する成果と、我がすめらみこと神話及びデイオドロスのクロノス神話の説く所とは正に表裏一体完全に一致する点は、真に驚く可くして、最も注目す可き点である。一言挟まざるを得ないことを覚えしめられる。

右に投げ出された問題は全く未開拓、処女地問題である。日本の学会の何人かによつてか開拓されなければならぬ、人類文明史上の最も重大な、そして根本的な問題である。

第二十三章　プラトーンの理想国家

プラトーンの理想国家

プラトーンの理想国家論は、日本人の間にもあまねく知れわたつてをる。その中でプラトーンはこんな事を申してゐる。

「茲にアデイマントス質疑を介みて曰く、『ソークラテスよ、今若し人ありて君を評して――君は是等の人民を貧窮ならしむるものにして、又た之れ彼等不幸の原因なり。国家なるものは、実は是等人民に属するものなり。然るに人民は之れに由つて何の得る所もあらざるなり。熟々他国の人民を見るに、各皆な土地を所有し、広壮なる家屋を建築し、是等諸物に関して各種の美を尽くし、自己の費用を以て神を祭り、他国人を厚遇し、又た、今しも君が謂しが如く、金銀をも之を所持し、其他幸福なる者の普通に有する所のものは、皆尽く之れを有せり。然るに吾の貧乏なる人民は唯だ衛戍の為めに都市を屯営せる傭兵等に比較して何等優る所あらざるなりと。――言ふものありとせば、之に対する君の返答は如何。

余曰く、然り。而して君は尚ほ何ぞ之に附加して曰はざる。曰く――、是等人民は単に給養さるゝのみにして、其食物を得るの外、他国人の如くに厘毛も俸給を受くることなし。故に若し娯楽の旅行を為さんと欲すと雖も、彼等能はざるなり。彼等は金銭を所有せざるを以つて、娼婦と戯るゝこと能はず、又は、此等世間一般の視て以つて幸福なりとせる所の、如何なる奢侈の欲望をも之を充たすこと能はず。其他此の如きの非難尚ほ数多之れ有りと。

彼曰く、されども是等の非難は凡て之を包含するものと看做して可なり。

余曰く、然らば、君は之れに対する答弁如何を問はんとするものなるか。

然り。

余曰く、吾等若し以前の道を進行する以上は、余は答弁を発見するを得べしと信ず。余は答へて云はん、仮令是等人民は、此くの如き事情の下にありとするも、吾国の護国者は、人間中の最も幸福なる者なりと。然りと雖も、吾等の創建する国家の目的は、単に或一階級の人々の、不平均なる幸福に非ずして、人民全体の最大幸福にありとする。」（プラトーン全集、木村鷹太郎訳編、第二巻、二四七―二四九）

プラトーンの理想国家の機能は国家構成全員の最大幸福をもたらす所にあると称してゐる。而して哲学の任務は真理を探究して、理想国家建設の大道を開顕するに在りと主張してゐる。而して、プラトーンは国家悪の最大なるものは貧富の懸隔、是れであると強調する。従つて、プラトーンは貧富の懸隔を見ることなき、統一国家を先づ念頭してかく説いてゐる。

「君は他の国家を称するに凡て複数を用ゆべきなり。其等の一々は一国家に非ずして実は数多なること遊戯に云へるが如し。何となれば是等何れの国家も如何に小なりと雖も、其実皆な二個に分裂し、一は貧人の国家にして、他は富人の国家なり。而して此等両者は互いに相争ふのみに非ずして、両者何れもその内部に小党派の分裂あるを以つてなり。故に君若し是等を以て一国家なりと称するに措いては、之を誤謬と謂はざるべからず。然るに君若し彼等を以て数多の国家と看做し、其一者の有せる所の、富裕権勢或は又た其人民を、他の数者に喰はし、利を以つて誘ふ時は、君は大多数の敵に非ず、反つて大多数の味方を得べし。然るに吾国家には、前に言ひしが如き賢明なる政治行はる丶を以て、国家として最大の国家たるなり。最大の国家と云ふと雖、単に之れ虚名或は外観の謂ひに非ずして、其数を以てすれば、僅かに千人の防禦に過ぎずとするも、其実行と心理に於ては最大の国家と謂ふべし。素より之れに優りて、数倍大なるが如外観ある国家は数多之れなきに非ずと雖、真実に於ては、此吾国家に匹敵するものは君未だヘラス全土、或は野蛮人の諸国に於て、一たりとも之を発見すること能はざるべし。

彼れ曰く、真に然り。」（同前書、二五六）

プラトーンのこの言葉は注目に値する。何故なれば、プラトーンの当時、アジア及びヨーロッパ全地域に亘つて、我が橿原宮すめらみこと統一国家の如き理想国家は歴史的に実在しなかつた大事実に対する最も有力な証言を成すものであるからである。同時にプラトーンの理想とする国家は我が橿原宮すめらみこと統一国家そのものなる事を明確に知り得るからである。

「余曰く、今若し治者たるもの其国家の広袤と、其包含すべき土地とを定め、其限界を超えざるべき境界を定めんとする時は、何を以て最良の界限とすべきぞ。

君の提出せんとする所は、如何なる界限ぞ。

余は、国家にして能く其統一を保ち得る限りは膨張して可なりとなす。思ふに是れ当然の界限なるべし。

彼れ曰く、大いに善し。
余曰く、此に於て、吾護国者に与ふべき命令は――吾国家は大に過ぎず、小に失せず、たゞ能く統一されて自足せるものなるべし。――と云ふにあり。」(同前書、二五七)
であるから、プラトーンの理想国家の輪郭は、経済的には搾取被搾取、従つて、貧富の差なく、政治的には対立抗争、権力闘争なき所の自足統一国家といふことになる。かくの如き理想国家は、プラトーンの当時、歴史的に実在しなかつた。歴史的実在国家は経済的病態と政治的病態即ち国家悪にみちたる所の病態国家であつた。ペリクレスのアテネはその最も典型的なものであつた。この病態化アテネを救つて、健全状態につれもどさなければアテネはつぶれる外なかつた。その救済の任務をしよいこんで立つたのがソクラテスとプラトーンの崇高にして偉大なる二人の師弟であつたのであつて、その哲学と曰ふも国家救済大道の発見に対する愛国の至誠に根差す所の智的努力に外ならないのである。かくて、プラトーンは説き進める。
「今若し此教育を受くるの資格なき者が、哲学に接近して、彼等以上の位階に或る所の哲学と親交すとせば、果して如何の思想、如何の意見を産出すべき。たゞ之れ俗人の耳を喜ばす所の「ソフィスト」の言説と云ふべく、其内毫も純潔真正のものなきにあらずや。
彼れ曰く、勿論なり。
余曰く、然らばアデイマントスよ、哲学の真正の門弟は甚だ僅少の残余者にして、――(〇中略)
此の如きの人は宛も、野獣の群中に投ぜられたるが如きものにして、――其同輩と共に非行に加はることを為さずと雖、又単身彼等多数の獰猛なる性質に抵抗すること能はず、為に身は国家及び朋友に対して毫も益なきを悟り、自己にも他人にも何等の善をも為すことなきの一身は之れを放棄せんと欲し、こゝに自己の安静を保ち自適の途を進むなり。彼れは烈風吹きすさびて砂塵風雪難ます所となり、之を屋壁の蔭に避る者の如し。其他の人々は不善に充満せるを以て、彼れ若し能くす可くんば、たゞ自己の生命を完うし、不善および不正より其身を純潔に保ち、平和と善良なる心意を有して、光明ある希望を懐き、以て其死に至らんことに満足するものなり。」(同書、四四三―四四五)

ヌマがいきなりとび出しさうに思はれる。ペリクレスのアテネはロムルスのあとからどうしてもヌマがとび出さなければローマは滅びるのと同じ状態にあつたのである。

「彼れ曰く、然り、彼れ其の死するの前、必ずや大なる事業を為せしなるべし。然り、一種の大事業は之れを為さん。されども彼れ自己の精神に適ふ所の国家を創建するに非ざるよりは未だ以つて最大なる事業なりと云ふべからざるなり。何となれば、彼れの意志に適する国家に於てこそ、始めて其精神の一層の発達を為し、又た其国家及び自己の救済主たることを得べければなり。」(同前書、四四五)

「偉大なる哲学者は偉大なる救済主である。」こゝにプラトーンの哲学の神髄がある。かくてプラトーンはキリスト教の思想的父であると同時に、ソクラテスはキリストの大先駆者である。

「此くて彼等其業に従ふや、屢々眼を上の方に注ぎ、又下方に転ずべし。即ち、始に先づ絶対正義、絶対美及び絶対節制を見、次に人間界の模写を見て、以つて種々生活上の諸分子を混和して、之れを人間の形像に作成す。而して其の之れを為すには、他の形像に依順するものにして、其の形像の人間中に存するものは、ホメーロスの所謂神の姿、或は神に近似したるものと称する所のものなり。」（同前書、四五六）

言ひ換へれば「神の国」である。而して其の「神の国」を実現す可き任務と使命を帯びたる救済主的大哲学者は「神の姿」をせる者、或は神に近似したる者、即ち文化現人神である。

「此に於て調停は成就せりと謂ふべく、又た何人か他の論点を否む者あるか、乃ち其論点とは――王子或いは公子にして、性自ら哲学者たるもの、或は之れ有らんとのこと即ち是れなり。

彼れ曰く、何人も之れを否まざるべし。」（同書）

文化現人神の謂にして、即ち我がすめらみことを指すものに他ならない。

「此の如き人物起ることあらんには、果して、何人か、此くの如き人物はかならず腐敗を免る、こと能はずといふものぞ。其彼等が腐敗を救はる、の困難なるは吾等と雖之れを否まざるなり。然りと雖も長年月の間に於て、一人として之を免かる、ものなしとは、誰か能く之を断言するものぞ。

誰か之を能くせん。

余曰く、然りと雖、一人にて足れり。一人其自己の意志に従へる国家を有せば、世人が此くも疑へる所の理想の政治を実現せしむることを得べきなり。

然り、一人にて足れり。」（同前書、四五九）

救済主は一人の外ないといふ。そして、それは哲人元首であるとプラトーンは論断、力説、主調してかく述べてゐる。

「吾等は完全なる理想の国家を創造せんとするものにあらずや。

確かに然り。

吾等は、以上に述べし如き方法を以て、此国家を治むることの能くすべきことを証明し能はずとの理由を以て、吾等の説は不良なる説と云ふべきか。

決して其事なし。

余曰く、是れ真理なり。然りと雖、若し君の請求に由つて、如何にせば、又如何なる条件の下に在つて、此事の実行され得べき最も高き程度を論ぜんとせば、此事を目的として、君に願ふ所は、君の以前の許容を今一度ここに再陳すること之れなり。

許容とはなんぞや。

余は知らんことを欲す、——理想なるものは、果して十分に言語の中に実現され居るものなるか。——言語は事実以上の事を表はすものにあらざるか。——而して人は何事も考ふるも可なり。凡て実際なるものは事物の性質として、常に真理に及ばざるものに非ずや。君果して何とか云ふ。

余は同意なり。

然らば、君は余に迫りて、現実の国家なるものは、凡ての点に於て必ず理想と合体するものなることを証明すべしと主張すること勿れ。吾等は若したゞ、国家は殆んど吾等が提案したるに近く支配さるゝの方法を発見するを得ば、君は許容するに、吾等は君の要求せる所の、実行され得べきことを発見したるものなることを以てし、又た之れに満足するや否や。余は必ず之れに満足すべし。――君は然らざるか。

然り、余は満足せん。

次に余は諸国家に於ける現時弊政の原因果して那辺にあるか、――又些少の変改を加ふる時は、国家として真正の国家たらしむる其物の何なるか、――若し改変することを得るとせば、其変改たるや、たゞ一事のみ、若し一事にあらずとせば二事のみて可なるべく、――兎に角に、其改変たるや成らん限りの少数にて可なることの証明を試みんか。

彼れ答へて曰く、願はくは語れ。

余曰く、意ふにたゞ一事の変改を加ふれば、国家の改革は之れを行ふを得べし。されども其一事たるや、素より実行され得べき事なりと雖、決して小事に非ず、又容易なる事にも非ざるなり。

彼れ曰く其は何ぞや。

余曰く、今や余は自ら最大激浪に面せんとせる者に譬へんか。然りと雖、仮令激浪逆か巻き来りて、嘲笑と不名誉との中に余を沈むることあらんとも、余は言ふべきことは之を言はん。君願はくは余の言に注意せよ。

願はくは語り進め。

余曰く、――哲学者、帝王となるか、或は世間の帝王にして哲学者の精神と力とを有し、兼ねて政治上の大性格と智慧とを一身に統一し、以てかの現在の凡庸なる資質に由り、両者中の一を取りて非を排斥する者等を無くするに非ざるよりは、諸国には諸悪の息むことなく、――意ふに、人類全体亦た然るべし。」（同前書、三八七―三八九）

まことに崇高にして偉大、人類思想の最高峰に聳え立つ、歴史的現実主義的大哲学メシア思想である。しかも、真に驚嘆す可きことには、このプラトーン大思想の指差す所は「すめらみこと主義、すめらぎの道、即かむながらの道に還れ。」のそれである。

然し、更により驚く可き事はプラトーンの理想国家建設具体案である。実にプラトーンはかく説くのである。

「余曰く、思ふ所を以てすれば、国家は人間の必要より生起するものにして、何人と雖自己一人を以て事足るものには非ず。吾等人間は尽く数多の需要を有せるなり。国家の起源に就て吾等果して其他の理由を想像することを得るか。

他ある能はず。

然らば、吾等数多の需要あり。又た其必要を供給するには数多の人を要し、或者は一の目的の為めに其補助者を要し、他の者は又た他の人を要す。此く是等の仲間及び補助者の一住所の集合する時は、是等住人の一群を称して国家と謂ふ。

彼曰く、真に然り。

彼等相互に交換し、其交換は彼等の利益たるべしとの観念を以て、一は与へ、他は受くるなり。

真に然り。

余曰く、然らば吾等今まで理想に於て国家を構成せん。されども真正の建成者は「必要」と称すものにして、此必要なるものは、吾等の発明の母たるなり。

彼れ答へて曰く、勿論然り。

種々の必要中、其第一たり、且つ最大なるものは食物にして、之れ実に、生命及び存在の要件なり。

第二は住居なり。第三は衣服及び其他のものなり。

真に然り。

次に吾等の都市なるものは、如何にして此最大需要を供給することを得るか。意ふに一人は農夫たり。他は建築者たり、其他は衣服を織る者たるべく、――之に加ふるに、靴製者、及び其他身体の需要に対して之れが供給者を以てせざる可らざるに非ずや。

真に然り。

最も簡単なる国家の観念中には、四五人の人員を含有せざるものならざる可からず。

明かに然り。

然らば次に彼等は如何にすべきぞ。各人皆其の労力の結果を共通の全体に致す可きか。――例へば農夫は四人の分を生産し、他の人々及び自己の食料に供給するに必要なる分量を以つて、四倍の労働を為す可きか。或は彼れ他人の事に関しては何事も之れを為すことなく、他人の為めには毫も其生産の労を執ることなく、たゞ自己一身の為めにのみ、四分の一の時間を以つて四分の一の食を作ることを為し、残余の四分の三の時間を以て、一人の補助者だになく、家を建て、衣を作り、靴を製し以つて自己一切の需要を供給すべきか孰れぞや。

アデイマントス曰く、彼れたゞ食物を生産するのみを目的となし、一切のものを作らんことを力むべからず。

余答へて曰く、蓋し之れ最良なる方法なるべし。且つ余は君が此く言へるを聴きし時、思ひ出したのは、吾等人間は尽く同一なものに非ずして、吾等の間には性質の差異ありて、各以つて種々異なる業務に適当せることたるなり。

真に然り。

今若し職人にして数多の事を為すと、たゞ一事を為すと、孰れか最も善く其事を為すを得べきぞ。

唯だ一事を為す時然り。

且つ職業なるものは適当なる時に之を為さざる時は忽ち荒廃するものに非ずや。

疑ふべきなし。

何となれば業務なるものは、その業務を為す人の閑暇を得るを待つものに非ずして、人は其為す所に常に従事し、業務を以て第一の目的と為さざる可からず。

然り。

若し夫れ然りとせば、吾等推論して、人は自己に適当する一事を、適当なる時に為し、其他の事物は、之を他に委するときは、凡ての物は一層多く、容易に、且つ善良に之れを生産することを得べしと云はざる可からず。

疑ふべきなし。

然らば国家には四人以上の人員を要するなり。何となれば彼等若し何物に善たらんとせば、農夫は自己の鋤、鶴嘴鋤、或は其他の耕作用の器具を造らざるべく、建築者は又た其器具を作らざるべく、――彼れ又た数多くのものを要するなり。其他機織る者も、靴を造る者も亦然り。

真に然り。

又た大工、鍛冶、及び其他の工匠等も已に発達しつゝ、ある所の吾等の小国家の仲間なるべきか。

真に然り。

吾等尚ほ之れに加ふるに牧牛者、牧羊者及び其他の牧畜者を以つてし、以つて農夫をして耕作に使用する牛あらしめ、建築者及び農夫をして重きを牽くの家畜あらしめ、革商をして羊毛及び皮革を得せしむるやう為すとも、吾等の国家は尚ほ未だ甚だ大なりと謂ふべからざるなり。

君の言へるが如し。然りと雖、凡て是等の人間を包有せる国家は、甚だ小なりと云ふ可からざるなり。」（同前書、一一三―一一七）

プラトーンの有名なる国家分業論である。或は分業国家論である。この史上最も偉大なる理想家は、同時に最も偉大なる歴史的現実主義者である。而してこの史上最も偉大なる理想家にして歴史的現実主義なる大プラトーンの説く理想国家は分業協力統一国家形体のそれである。換言すれば、精神物質全面生活に亘つて、自利他利融合一致して悖ることなき国家共同体である。而してその中心主体は救済主を以てするといふのである。最も注目す可き問題はかゝる理想的国家共同体は、プラトーンの知り得る範囲に於ては、アジアの何処にも、またヨーロッパの何処にも実在しないといふのである。所が、実に驚く可き世界史的根本大事実と謂はねばならぬ。即ちこのプラトーン曰ふ所の理想的国家共同体こそ我が神武天皇の橿原宮すめらみこと統一国家そのものなのである。これこそプラトーンの理想とし目的とする所の理想的国家共同体の、しかも、歴史的に実在する大典型なのである。

逮二于神武天皇東征之年一。大伴氏遠祖日臣命帥二督将元戎一。（略）爰仰従二皇天二祖之詔一。建《ム》二樹神籬一。日臣命帥二来目部一。衛二護宮門一。掌二其開闔一。饒速日命帥二内物部一。造二備矛盾一。天富命率二諸斎部一。棒二持天爾鏡劔一。然後物部乃立二矛盾一。大伴来目建レ仗開レ門。（略）是以中臣斎部二氏倶掌二祠祀之職一。猿女君氏供二神楽之事一。自余諸氏各有二其職一也。

世界史上、まことに、偉大無比なる分業協力国家共同体である。是に中心主体、元首者たるもの即ち神日本磐余彦火々出見天皇その人である。而してこの偉大なる分業協力国家共同体の大元首神日本磐余彦火々出見天皇はその大元首職の就職式なる大嘗祭の主儀「みつほまつり」（瑞穂祭）の執行に於て、その密儀の大核心「みつほ」（瑞穂）を「頗る頭を低くしたまひて」拍手、称唯してふしをろがむのである。蓋し、「善」の尽くる所である。「真」の究まる所である。「美」の極まる所である。真善美の至上なるものであつて、また神聖無上である。而して神武天皇は、かくして、くづれ去らんとする豊葦原瑞穂国日本を救ひ、且つ興し建てたのである。こゝに我々はまことに、世界史上無比無類の崇高にして偉大なる大救済主を仰ぎ観る。而して、神武天皇の元首者性格の根本がこゝに厳存する。

若し、我が心にひめたる切なる念願がかなひさせらる、の神なるめぐみを辱けなくするとありて、アカデミアを訪ね得、人類史上最も崇高にして偉大なる理想家プラトーンの神霊の前に、この神武天皇を親しく告ぐるならば、それに答へてアカデミアは歓びにゆれ動くであらう。何故なれば、今全世界はプラトーンの大理想を大現実たらしめねば、全滅する人類史上、未曽有の破局に当面してゐるからである。

プラトーンの理想国家論は、理想の為めの理論を事とする抽象論至上主義的空論ではない。その分業協力国家共同体形体は「夢の国」、或は「ユートピア」ではない。史上最も偉大な理想主義者とされるプラトーンは空想家ではない。彼は最も偉大な歴史的現実主義者である．そしてその主著理想国家論は、鞏固な歴史的現実主義的基礎の上に立つてゐる。即ちリユクルゴスとヌマである。プラトーンの哲学者的救済主はリユクルゴスとヌマを抱き合せたものである。その分業協力国家共同形体もまたリユクルゴスとヌマのやうに、クレテに求め、且つエジプトに見出さんとしてゐる。（略）

尚、そのクレテの「法律」は神定法即ち神勅であつて、「天神のみことのり」に当る。

「アテーナイの客人　人々よ、願くは余に告げんことを、——諸君の国に在つては、法律は創めて神の制定したる所と為すか。はた又た或人間の制定したる所と為すかを。

クレイニアス（クレテ人）客人よ、是れ神なり。真に神なり。吾等クレーテー人は之を大神ゼウスと為すと雖も、友人の国なるラケダイモーンに在つては、人々アポローンの神を以て立法者なりと謂ふべしと信ず。」（プラトーン全集第四巻、三―四）

我々の念頭は直ちに高皇産霊大神の神勅が浮ぶであらう。

吾は則ち天津神籬及び天津磐境を起し樹てて、まさに吾孫の為めに斎ひ奉らむ。汝、天児屋命、太玉命よ宜しく葦原中国に降りて、天津神籬をたもちて、亦た吾孫の為に斎ひ奉れ。

又、天照皇大神神勅。

我が児、此の宝鏡を視まさんこと、まさに吾を視るがごとくすべし。与に床を同じくし、殿を共にして、以て斎鏡と為すべし。

○

惟れ、爾二も亦た同じく殿の内に侍ひて、善く防護ることを為せ。

吾が高天原にきこしめす斎庭の瑞穂を以て亦た我が児にきこしめさせよ。

プラトーンの

「彼等亜神は甚だ平易に且つ自ら楽しみ、又た大に吾等を楽しませて、吾等を注意し、吾等に与ふるに平和と、敬畏と、秩序と、誤ることなき正気を以つてし、以つて人類を幸福にし、又よく一致せしめたり。」

このクレテのクロノス大神に関する最も注目す可きプラトーンの名言は、直ぐ天神寿詞にとつて代られる。

かく依さし奉りしまにまに聞し食す由庭の瑞穂を、四国の卜部等太兆の卜事を持ちて仕へ奉りて、物部の人等、酒造児、酒波、稲実公等大嘗祭の斎庭に持ち斎まはり参来て、今年の十一月の中都卯の日に、ゆしりいつしり持ち、恐み、恐みも、きよまはりに仕へ奉り、献る悠紀、主基の黒酒白酒の大御酒を、大倭根子すめらみことが天都御膳の長御膳の遠御膳と、汁にも、実にも、赤丹の穂にも聞し食して、豊明りに明りましまして、天都神のよごとを、たたへごと定め奉る皇神等も千秋五百秋の相嘗にあひうづのひ奉り、堅磐に常磐に斎ひ奉りて、いかし御世に栄えしめ奉り、すめらみことのみかどに仕へ奉る、伴造、国造、天下四方の国のおほみたから、もろ〳〵うごなはり侍りて、見食べ、尊み食べ、歓び食べ、をろがみ食べ、すめらみことがみかどに、八桑枝の立ち栄へ仕へ奉るべき、よごとを聞し食せと、恐み恐みも申し給はくと申す。

プラトーンの偉大無比、神聖無比なる言霊の力に導かれて、皆人はアテネからスパルタ及びローマの根源に登つてゆく。更に、エジプト、クレテにのぼりゆく。その登りつめる頂上、最高所に我が橿原宮、すめらみこと統一国家が世界史的大実在として世界史上無比無類の聖容を厳然たらしめる。

エジプトもクレテもクロノス大神の、その大古、地中海につゞく紅海を最も安全な船路として、遠くセイロンをすぎてガンジス河口に結ばれて、稲の印度本来の大民族ドラヴイダとつながつてゐたのである。稲の民族ドラヴイダはジアヴアの稲の民族とつながつてゐたのである。そして、フイリピンから台湾へと、そして、稲の民族中の最も純粋而して典型的にして、世界史上最古最大なる稲の民族、日本人とつながつてゐるのである。

日本民族とドラヴイダ族との文化的同時代性はすめらみこと文明及び日本古代国家検討上の根柢に横はる、未開拓最重要問題であるが、この問題に対してH・R・ホールの発言は特に注目に値する。即ち、エーゲ海文明を築き上げた地中海族文化は、アリアン族文化に先行する事を、エヴアンスの業績に基づき、之を明かにしてゐる彼は、地中海族文化とドラヴィダ族文化の同時代性を指摘してゐる。この最も注目す可きホール発言を根拠として、我々はドラヴイダ文化を中にさしはさんで、我がすめらみこと文明とエーゲ海文明の同時代的連係を考へ得る。また、すめらみこと信仰とクレタのクロノス信仰との同時代性を考へ得る。即ち、我がすめらみこと文明は漢文明の輸入ではない。すめらみこと信仰形体は支那の氏族宗廟宗教の模写ではない。我がすめらみこと文明、すめらみこと信仰は、万年の時代を遠く、遠く神代に遡る、旧石器時代よりの土着自然発生的、世界最大最古なる文明なる事実を明確に為し得る大根拠発見の糸口を右に見出し得る可能性最も強きものゝあることを痛感せしめられる。ホール発言に就て一言挟まざるを得ない所以。

私は本稿の完了を出来るだけ速ならしめんとつとめてゐる。即ち、哲学論に亘ることを避けた。が、プラトーンの理想国家に言及した以上、も一人の、しかも、現代の西洋の大哲学者ベルグソンの説く所に就て是非共一言を費やさずには止まれない。

ベルグソン哲学は「創造哲学」の名称を以て、あまねく日本人の間に知れ亘つてゐる。即ち我が「ムスビ思想」とその真諦を同一ならしむるものである。と云ふよりはむしろ、プラトーン哲学が、我が皇道国家論に究極するのと同趣を以てベルグソン哲学は我が「ムスビ思想」に究極する。此の点に関して、メーゾン発言は頗る注目に値する。

「神道の神話的な物語を含む主要なる書物の他に補助的な価値を有する数種の英書がある。就中、サー・アーネスト・サトウの純神道の復興が最も優れてゐる。（〇中略）併し、私は外人批評家によつて試みられたる神道の説明には余り信頼してゐない。彼等の援助には感謝はするけれ共、私は神話の内面的と思はる丶者を表現せんことを試みた。而して神道の内面的意義に従へば、神道は現代的生活及び現代的思想傾向にも適用出来るものなのだ。私はアンリ・ベルグソンの哲学に非常に感化された。生命の創造的精神に関するベルグソンの研究は其の根柢に於て、古神道の包含する意義に非常に近いものだと思はれる。恐らく真理は神話の中に在りて発見を待つてゐることだらうとベルグソンは曰つてゐるが、私は神話に於て左様であることを確信する。

神話は絶えず日本人を感化して創造力を与へてゐるのであるが、私の希望する所は、私の誤謬と省略とに関する色々の批評が人々を刺戟して神話の根本思想——絶えず日本人に創造的感化を与へて来た神話の根本思想を闡明するに至らんことである。而して純粋な神話時代は人皇第一神武天皇を以て終結するから、私の解釈も神武天皇の御治世を以て終結する。」（神道神話の精神序文、六―八）

メーゾンはベルグソン哲学に出発して、真理のふるさとを我がムスビ思想に於て発見し得ると確信してゐる。一外人研究家のこの言に真に驚かされると同時に、我に省みて、まことに辱入る次第である。

だがベルグソン哲学は認識論的創造哲学であつて、歴史的創造哲学ではない。此に対して、我がムスビ思想は歴史的創造哲学の典型的なるものである。即ち、人間の歴史的自己淘汰の大理法、根本原理を説いて余す所なき性質のものである。而して、ベルグソンの求むる所、ベルグソンの目指す所はこゝムスビ思想そのものであると断言し得る。

「生命《エラン》の飛躍《ビタル》」

尚又、生命はそれだけで以て満足することが出来たであらう。そして、その成員が厳密なる責務に依つて互いに結びつけられるやうな閉ぢた社会を構成するといふより外に何事もなさぬことが出来たであらう。知性を具へた諸存在で構成されたかかる社会は、本能に依つて支配された動物社会の内には見出されない可変性を提示したであらう。然しその変化は根本的変形を夢想せしむる程には至らなかつたであらう。人間性は、総ての人間を包含する単一社会が可能と思はれた程には変容しなかつたであらう。事実、かゝる単一社会は未だに存在しないし、又、恐らくは未来も決して存在せぬであらう。——即ち、集団生活を営むために必要であつた道徳的形体を人間に与へたことが、自然が種の為に為し得た総てであつたらう。然し、知性の限界を拡大したところの多くの天才的人間が存在してゐたのと同様に、且つそのために一度で種に与へられ得たものよりはるかに多くのものが時折個人に与へられたと同様に、すべての魂と血縁であると自ら感じ、且つ集団の限界の中に止まらず、自然に依つて設定された連帯を以つて足れりとせず、愛の飛躍をなして人類一般に向つて進むやうな特異な魂を持つ人々が出現した。それらの特異な人物を振起させたところの、且つ漲溢する程の活力に外ならなかつたところの創造的情緒が彼等の周囲に拡がつた。（〇中略）そうして、創造的努力の本質そのものであると思はれる愛を独自な形で顕示した。それらの特異な人物を振起させたところの、且つ常に再燃し得るところの熱を放射してゐた。――即ち、熱情家であつた彼らは、決して完全に消え去らなかつたところの、且つ常に再燃し得るところの熱を放射してゐた。吾々は、今日それらの偉大な有徳者を思ひ浮かべ、彼等の言葉を聞き、彼等の行為を眺める時には、彼等の熱情が吾々に伝はり、吾々は彼等の運動のなかに引きづり込まれるやうに感ずる。――即ち、それは最早多少に緩和された強制ではなく、多少に不可抗力な魅力である。然し、後者は前者と同様に説明を必要とせぬ。諸君は、本能に対称する諸多の習慣に依つて加へられた反強制に従はざるを得ないし、魂の激動（即ち情緒）を経験せぬやうなことはあり得ない。――即ち、前の場合には諸君は本来の責務を有し、後の場合にはかかる責務の延長となる何物かを有つ。然し、この二つの場合、諸君は、固有な意味では、且つ専らの意味では、道徳とは云はれぬやうな、又倫理学者はそれの発生を説明するには及ばぬやうな力に当面してゐる。哲学者たちは、かかる力の発生を説明せんと欲したために、現実的形式の下に於けるの責務の混成的性質を見落した。その結果、彼等は、知性のかくかくの表象は意志の力をひきずり行く力を有つてゐると考へ得ねばならなかつた。——恰かも観念がかつて自己自身の実現を断言的に要求し得たかの如く、恰かも此処では観念が諸々の傾向と憧憬の総体（その或ものは純粋知性以下のもの、その或るものは純粋知性以上のものである）からの共通な、知的抜革とは、或いは更に適切に云へば、知性面上に於けるかかる総体とは別物ででもあつた如くに！、若し吾々が起源の二元性を確認するならば、諸多の困難は消失する。しかして、かかる二元性そのものは再び統一の中に消え去る。何故ならば、『社会的威圧』（Pression sociale）と『愛の飛躍』（Elan d' amour）とは生命の補足的な二つの顕現に外ならないからである。即ち生命は、人間を最初から特徴づけるものであつた社会的形式を概略的に保存する事に充用されるのが普通であるが、例外には、新しい種の発見の場合がさうであつたらう如く、その一人一人が創造的進化の努力を顕示するやうな多くの個人を媒介として、社会形式を変貌させることも亦出来るものである。」（「道徳・宗教の二源泉」平山高次訳、一〇四—一〇六）

右を以て之を観得るベルグソン哲学の中核思想エラン・ヴイタル論に於て、ベルグソンの「認識論的創造哲学」より「歴史的創造哲学」への移行を知ることが出来る。こゝから先へ進めば、実に我が「ムスビ思想」即ち創造的民族精神になる。而して、その核心は実にベルグソンの曰ふ「愛の飛躍」Elan d' amour そのものであつて、

高皇産霊大神

に、他ならないのである。而して「真理のふるさと」が此所にある。即ち、神日本磐余彦火々出見天皇の生づる根源力そのものである。

神武天皇は高皇産霊大神、——Elan d' amour——の生むだ世界史上無比の救済主的元首であつて、世界史上無比無類の創造的大人格である。

而して、神武肇国は高皇産霊大神、日本民族固有精神協力的創造精神の歴史的自己実現の最も崇高偉大な一発現に外ならないのである。而してこゝに神武天皇の元首者性格が厳存する。

第二十四章　神武天皇の元首者性格

神武天皇の元首者性格

イエス・キリストは極秘にであるが、十二使徒に対して、自から神の子、即ち現人神なる事を宣してゐる。また、自らユダヤ王を任じてゐる。新約全書の福音書に伝へられてゐるキリスト神話はイエス・キリストをユダヤの現人神国王であると説いてゐる。イエス・キリストの国家社会的性格は、我がすめらみことと天皇と同一であるとキリスト神話は説いてゐる。所が、ヱホバ信仰に忠誠なるユダヤ人は、この我がすめらみことと天皇とその性格を同一にする現人神ユダヤ国王イエス・キリストをヱホバに対する不敬神罪に詢ふて磔にした。

「さて、イエス方伯《つかさ》（〇ローマのポンテオ・ピラト）の前に立つ。方伯イエスに問ひて曰けるは、『爾はユダヤ人の王なるか。』

イエス之に曰けるは、『爾の言るが如し。』

祭司の長、長老たち、彼を訴ふれども何の答もせず。

是に於てピラト彼に曰けるは、『此人々なんぢに立つる証のかく大なるを爾きかざるか。』

方伯のいと奇しとするまでにイエス一言も答ざりき。この祭りの日には方伯より民の願に任せて一人の囚人を釈す例あり。時にバラバと云る一人の名高き囚人ありければ、ピトラ民の集まりし時彼等に曰ひけるは、『バラバか、又はキリストと称ふるイエスなる乎。なんぢら誰を釈さんと欲ふや。』これ娼嫉に由てイエスを解したりと知ばなり。方伯審判の座に坐りたる時、その妻いひ遣はしけるは、『此義人に爾、干ることなかれ。そは、われ今日夢の中に彼につきて多く憂へたり。』祭司の長、長老たちバラバを釈し、イエスを殺さんことを求へと民に唆む。

方伯こたへて彼等に曰ひけるは、『二人のうち孰れを我なんぢらに釈さんことを望むや。』

彼等、『バラバ』と答ふ。

ピラト曰けるは、『然ば、キリスト称ふるイエスに我何を処すべきか。』

衆曰ふ『十字架に釘よ。』と。

方伯いひけるは、『彼なにの悪事を行しや。』

彼等ますく〵喊叫て、『十字架に釘よ。』と。

ピラトその言の益なくして唯乱の起らんとするをしり、水を取りて人々の前に手をあらひ曰ひけるは、『此義曰の血に我は罪なし。爾曹みづから之に当れ。』

民皆答へて白けるは、『其血は我儕と我儕の子孫に係るべし。』

是に於て、バラバを彼等に釈し、イエスを鞭ちて之を十字架に釘ん為に付したり。方伯の兵卒イエスを携へ公庁に至り、全営を其もとに集め、彼の衣を褫て、絳色の袍を着せ、棘にて冕を編み、其首に冠しめ、又葦を右手に持たせ、且つその前に跪き嘲弄して曰けるは、『ユダヤ人の王安かれ。』また彼に唾し、其葦を取りて其首を撃り。嘲弄し畢りて其袍をはぎ故の衣をきせ、十字架に釘んとて彼を曳ゆく。』（マタイ伝、第二十七章）

これから先の記述は、悲惨と云ふか、残酷と云ふか、とても心ある者の読に堪えない所のものである。斯の如きものが、世界史上最大なる救済主的大人格の死の有様である。然し、も一人の世界史上最大なる救済主的大人格の死もまた、此と少しも異るものではない。

「日没の時は近づきたり。之れ、彼れの彼方に在りしは稍長時間なりしを以てなり。其此方に出で来るや、浴後又た吾等と共に坐せり。されども其後は多く言語することあらざりき。やがて十一行政官の従者たる獄吏入り来り、ソークラテースの側に立ちて曰く、ソークラテースよ、君は此所に入り来りし者の内最も高尚に、最も温和に、又最も善良なる人なることは余善く之れを知れり。然るに他の者等は、余が官命に従つて彼等に毒薬を飲むことを命ずるや、大いに余を怒り、又た余を詛ふと雖も、余は君に擬するに、決して此くの如き忿怒の情を以てするものに非ざるなり。――余は信ず、君は決して余を怒ることあらざるべしと。何となれば咎むべきは余に非ずして他に之れあればなり。さらばよ。君は余が宣告せんとする事の何たるやは、其知れる所なるべし。避くべからざる事は心静かに之を忍べ。と言ひ涙に咽び、彼方を向きて出で行けり。

ソークラテース彼を見て曰く、余は君の好意に報い、君の命ずる如く為さんと云ひつゝ吾等の方に向ひて曰く、彼れは実に愛す可き者なり。余の獄中に入りし以来、常に余を見舞ひ、又時には余と談話し、有り得る限り余に対して善良の者なりき。而して今や優しくも余の為めに泣けるなり。クリートンよ、余は彼の言へる如く為さざる可からず。若し毒薬準備整へば持ち来らしめよ。若し未だならんには、何人かをして準備せしめよ。

クリートン曰く、されども太陽尚ほ西山の上にあり。又た多くの人は成らん限り毒薬を仰ぐことを遷延するは余の知る所なり。且つ宣告を受けし後、其人或は飲み、或は食し、或は愛する人々と与なるを楽しむは通例なり。急ぐこと勿れ、時尚ほ十分に之れ有るなり。

ソークラテース曰く、然り、クリートンよ、君の謂ひし所の彼の人々にして、若し其時を遷延するを以て利ありと思ふに於ては、彼等の為す所或は正しかるべしと雖、余は僅少時間毒杯を仰ぐことを遷延したらんには、其間何物か利益あるべしとも思はざるを以て、余が人々の例に従はざるは亦余の正当の所為なりとなす。余の見る所を以つてすれば、已に没収されたる生命を暫しの間生き延びんとせば、余は実に滑稽たるべきなり。故に願くは余の言ふ如く為し、之を拒むこと勿れ。

クリートン、側に立てる所の家僕に目くばせする所ありしを以て、家僕は彼方に至り、暫時にして毒杯を持てる所の獄吏と共に帰り来れり。

ソークラテース獄吏に謂ふて曰く、善良なる友よ、君は此等の事に経験ある人なり。余に如何に為す可きやの方法を示す所あらば幸なりと。彼の人答へて曰く、毒杯を傾けたる後、君は其脚部に重きを感ずるに至るまで歩むべきのみ。脚部重きを感ぜば横臥せよ。然らば毒薬其作用を為すべしと。此して彼毒杯をソークラテースに渡したれば、ソークラテース平然として温和なる態度を以て、神色自若として人々を見詰めたり。ソークラテースよ、之れソークラテースの常に為す所状態なり。而して毒杯を取りて獄吏に謂ふて曰く、此毒杯を以て何れかの神に灌酒礼を為すは如何ん。可なりや、不可なりやと。彼答へて曰く、ソークラテースよ、余は毒杯の量は、たゞ飲むに足る丈けをこゝに用意し置きたるなりと。ソークラテース曰く、余は了会せり。されども余は神に禱るに、他界に到る余の旅行をして幸多からしめんことを以てするは可なるべく、又之れ為さざる可らざる事なり。故に余は禱らん。願くは禱りたる如くあれと。毒杯を挙げて之れを其唇頭に当て、従容として楽し気に飲みほしたり。」（プラトーン全集、第一巻、九六八―九七一、木村鷹太郎訳編）

釈迦は乞食する。孔子は流浪する。とまれキリストの十字架、ソクラテスの毒杯、人類が生むだ、史上最大なる救済主的、創造的大人格の大象徴をこゝに仰ぐを以て我々はならはしたらしめて来た。が、この位ゐ、本論に取つて厄介な錯覚はない。何故ならば、歴史のも一つ向ふ遠くに於てのみ見出し得る人類史本来の大救済主、創造的大人格の大象徴は、凡そこの十字架、この毒杯とはその形象を異ならしむる所の、我がすめらみことの高御座であり、すめらみことの赤丹の穂の御手に捧げらるゝ天之平瓮であるからである。

於是七媛女、高佐士野に遊行べる、伊須気余理比売其の中に在りき。大来米命其の伊須気余理比売を見て、歌以て天皇に白しけらく、

倭の　高佐士野を
七行く媛女ども
誰をし纏かむ

ここに伊須気余理比売は、其媛女等の前に立てりき。天皇其の媛女等を見そなはして、御心に伊須

気余理比売の最前に立てることを知りたまひて、歌以て答曰へたまはく、

かつがつも
いや前立てる
愛を纏かむ

ここに大来米命、天皇の命をその伊須気余理比売に詔れる時に、その大来米命の黥たる利目を見て、奇しと思ひて、

あめつつ
ちどりましと、
などさける利目

と歌ひければ、大来米命

をとめに
直ち逢はむと
わがさける利目

と歌ひてぞ答へる。故其の嬢子「仕へ奉らむ。」と白しき。

於是其の伊須気余理比売の家、狭井河の上に在りき。天皇其の伊須気余理比売之許幸行でまして、一宿御寝坐しき。其の河を狭葦河と謂ふ由は、其の河辺に山由理草多かりき。故其の山由理草の名を取りて狭葦河と号けき。山由理草の本の名佐葦と云ひき。

後に、其の伊須気余理比売、宮内に参入れる時に、天皇御歌曰したまはく、

葦原のしけこき小屋に
菅畳いやさや敷きて
わが二人寝し

然して、あれ坐せる御子の名は日子八井耳命、次に神八井耳、次に神沼河耳命。三柱。

かくて、

高天原に神留り坐す、皇神神漏岐神漏美の命を持ちて八百万の神等を集へ賜ひて、「皇孫命は、高天原に事始めて、豊葦原の瑞穂の国を、安国と平らけく知し食して、天津日嗣の天都高御座に御坐して、天都御膳の長御膳の遠御膳と、千秋の五百秋に瑞穂を平らけく、安らけく、由庭に知し食せ。」

と事依さ奉りしまにまに、神日本磐余彦火々出見命天皇は、瑞穂をばハハツと称して、頗る頭を低くして、拍手、最敬礼以てふしをろがむ事を、その天皇職のすべてたらしむる事に由つて、橿原宮すめらみこと統一国家をば現実に、具体的に創造して、由来綿々、二千六百年の今日まで、天皇を大元首として、而して、大元首たらしめざる可からざる日本民族の営む、皇道国民国家社会の大根柢大基礎を確立したのである。

惟ふにクレテのクロノスの成し遂げし所の歴史的大業は、我が天孫瓊々杵尊、又は彦火々出見尊の如きものであつたであらう。然し、それより出でしミノスはその貿易海洋国家建設によつて確立而して海上制覇がもたらすに至つた富と権勢が結果した所の奢侈と腐敗堕落によつて、遂にクレタを滅亡に陥れたであらう。同様の事がプリアモスのトロイにも当てはまるであらう。蓋し、ペリクレスのアテネを以て類推し得る所の歴史的大現象である。此に対照するものは即ちリユクルゴスのスパルタである。即ち、スパルタは五百年のヘゲモニーを堅持して、ギリシア文明の大根柢大基礎を確立したのである。我が神武肇国に比す可き歴史的現象を求めんとするならば独りリユクルゴスのスパルタ建国のみである。然し、リユクルゴスはスパルタを中心とせる理想的統一国家は創造し得なかつたのである。

わが橿原宮すめらみことゝ統一国家は、正に世界史上無類なる理想的大文化国家である。而して神武天皇は無比の救済主的大元首である。而して、こゝに神武天皇の元首者性格が厳存する。

第二十五章　結論

結論

以上総て、二十四章、本論の目的に従つて、必要とする検討を終る。而して結論してかく言ふ。神武肇国は日本民族の歴史的生活に於ける最初にして最大なる、日本民族固有の復古的大前進運動であり、且つ日本民族固有協力的創造精神の歴史的自己実現である。而して是に大中心主体する我が神武天皇は世界史上正に比類なき、崇高にして偉大なる救済主的大元首である。

（昭和三十九年四月二十九日）

（※昭和四十年九月二十日発行）

令和元年五月十五日
橘孝三郎研究会
篠原　裕　謹編写

橘孝三郎先生の足跡

明治	二六年三月一八日		水戸市上市馬口労町二丁目で、父、市五郎、母、もんの三男として生まれる。
	三二年四月	六歳	水戸市立第二尋常小学校に入学。
	三九年九月	一三歳	水戸中学に入学。
	四四年	一八歳	出席数不足で菊地兼次郎校長から一年の停学を命ぜられる。
大正	元年九月	一九歳	第一高等学校文科乙類（哲学専攻）に入学。
	二・三年		この頃一高校友会誌に論文発表。倉田百三と共に常連執筆家となる。
	四年三月	**二二歳**	**〝自己に忠実に生きん〟とし、一高を中退、水戸に帰る。**
	四年夏	二二歳	常盤村の橘家の土地を一人で開墾を始める。
	五年一二月	二三歳	母方の従妹、綿引ふく（当時二〇歳）と結婚。
	六年九月	二四歳	水戸中学以来の親友、林正三が東京美術学校洋画科を卒業。孝三郎と共に農業経営に参加。
	七年	二五歳	妹、うめと林正三結婚。前後して次兄徳次郎も孝三郎の農場に参加。
	八～九年	二六～二七歳	この頃、孝三郎は働き過ぎと過度の読書でしばしば身体をこわす。また白樺派の柳宗悦との交流で木喰上人を知る。近在の農民から「兄弟村」と称される。
	一〇年	二八歳	妹、はやが東京音楽学校を卒業。農場に居をかまえる。正三の弟、正五も水戸中学を卒業して農場に移り住む。正五は妹、すゑと結婚。

一〇年		二八歳	「兄弟村」の名称広く知られる。 長女、みよ生まれる。
一一年		二九歳	この頃から近隣の農村青年、水戸市内の学生、教師などの訪問相次ぐ。
一三年	三月	三一歳	長男、純一生まれる。
一五年	六月	三三歳	長兄、鉄太郎、母、もんも紺屋「小林屋」をたたんで参加。いずれも孝三郎の考え方に共鳴したためである。また、「兄弟村」のルポがしばしば新聞、雑誌に取り上げられる。
昭和			
二年	一一月	三四歳	第一回茨城県農会農政調査会の委員に任命さる。県下各地の農民、教師へもしばしば講演に出かける。次男、英次生まれる。（昭和二一年病死）
四年春		三六歳	風見章を知る。 愛郷会発足を意図して、後藤圀彦、信彦兄弟の応援で那珂五台村で講演。
	六月		愛郷会発足式。愛郷会則と愛郷道歌もつくる。
	一一月二三日		また昭和四年には「義公三百年祭」を記念して、水戸市内の著名人に呼びかけがあり、孝三郎もこれに参加。この集りも穏健な研究派と現状打破をめざす急進派に分裂。井上日召、藤井斉らが急進派であった。孝三郎はこの抗争に関りなく愛郷会に戻る。
五年	春	三七歳	那珂前渡小学校での講演の帰途、古内栄司に話しかけられる。「先生の考えでは今の日本は間に合うか」との質問を聞き、答に窮する。「農村学（前篇）」の原稿を脱稿。

六年	一月	三八歳	愛郷畜産購買販売利用組合を許可さる。
	二月		三男、秀作生まれる。
	四月一五日		自営的勤労学校愛郷塾設立。塾長となる。
			この頃から国内改造運動へのコミット深まる。
			主に古内栄司から東京での動きなどを聞く。井上日召とも会う。
	八月二五日		本郷西片町の日召宅で海軍の古賀清志、三上卓、山岸宏、中村義雄らと会う。
	八月二六日		日本青年会館の会合「郷詩会」に出席。
	九月		後藤圀彦、愛郷塾教師となる。
	一〇月		「十月事件」に加わるため、一部の塾生は愛郷塾で待機。
	一一月		日本村治派同盟第一回創立発起人会に出席し、執行委員となる。
	一二月		古賀清志、中村義雄愛郷塾を訪問。
七年	一月	三九歳	愛郷会幹部会、政治進出の意思を堅める。
	一月二三日		土浦の料亭「霞月」で、霞ヶ浦の教官、学生に農村問題を講演。(「日本愛国革新本義」として後に上梓)
	二月		長野朗、岡本利吉らと共に日本村治派同盟脱退。雑誌「農本連盟」創刊。
	二月 三日		井上日召傘下の青年の「血盟団事件」起こる。
	三月二〇日		古賀清志愛郷塾を訪問。決起を呼びかけられる。古賀らの単独決起は軍部独裁につながると参加を決意。後藤圀彦も参加を決意。この後、権藤成卿から、非合法への傾斜を注意される。
	三月		満州国から農業顧問として働いてほしいと勧められるが、断る。

四月一日	土浦「山水閣」で古賀、中村と共に決起具体案を練る。水戸への汽車の中で変電所襲撃を考える。二、三日後には決起に加わる塾生を選ぶ。（塙五百枝、小室力也、横須賀喜久雄、矢吹正吾ら）
四月九日	原宿の長野朗宅で、農村救済の署名運動を起こすことに決定。（稲村隆一、和合恒男ら）
四月一六日	古賀清志愛郷塾を訪問。（計画協議）
四月二一日	土浦「山水閣」で、後藤と共に、中村、古賀に会う。古賀から西田税暗殺を川崎長光に依頼してくれと頼まれる。またこの前後、塾生を連れて水戸の東部電力変電所を見学。
五月　五日	愛郷会幹部会、孝三郎の渡満、請願運動の積極的推進を決議。
五月一〇日	日本青年会館で、塾生との最後の打ち合わせ。
五月一二日	午後九時四五分、渡満のため、春田信義を同行して東京駅を発つ。一三日下関を発ち、一四日釜山に着く。一五日奉天着。
五月一五日	**五・一五事件。塾生は変電所襲撃に失敗。**
五月一六日	新京に着く。自治指導部の宿舎に泊る。事件の号外を見る。
五月一七～一八日	愛郷塾の参加が知れわたり、県下に衝撃の波。
五月一九～二〇日	第一実業倶楽部に隠れる。
五月二一日	天井裏に潜むが、春田は踏み込んだ警官に逮捕さる。
五月二三日	里見良作らの助けで天裏から脱出。ハルビンに向け出発。ハルビンでは支那人街の旅館に泊る。
六月　四日	里見から大沢準のルートにはいる。

	六月　七日		大沢準の経営する新聞社に新聞社に勤務するニコライ・パウリック大尉の家に隠まわれる。以降、この隠れ家で一千枚の原稿を書く。（後に「皇道国家農本建国論」として建国社から刊行さる。）
	七月二四日		大沢準につきそわれ、ハルビン憲兵隊に自首。
	七月三〇日		東京に護送さる。憲兵隊から警視庁に身柄を移される。
	七月		請願運動の署名、全国的に広がる。しかし茨城県内では事件の衝撃が大きく、一時的にストップ。その後はまた活発になった。
	一二月一八日		再興愛郷会の総会開かる。しかし、この後、一塾生の直訴未遂事件で、活動を封じられる。
八年		四〇歳	七月二四から海軍側公判、二五日からは陸軍側公判が始まる。全国的な減刑嘆願運動が起こる
	九月二六日		民間側の公判始まる
	一〇月三〇日		木内検事による論告求刑。「集団の動員が孝三郎の指導力によってなされた」として、無期懲役の求刑。
九年	**二月　三日**	**四一歳**	**東京地裁陪審第一号の大法廷で初決。爆発物取締罰則違反、殺人及び殺人未遂で無期懲役。控訴せず服役。※獄中三上卓の進言により、天皇論研究を始める。**
	一一年一〇月二日	四三歳	特別許可がおり、危篤の母を見舞う。
	一二年一月一〇日	四四歳	母、もん死去。
	一四年一月一四日	四六歳	妻、ふく死去。
	一五年二月一四日	四七歳	正式減刑、刑期変更が通知さる。

九月一八日		茨城県翼賛運動協議会の指導部に旧愛郷会会員参加。
一〇月一七日		**井上日召と共に仮釈放。**
一六年四月	四八歳	愛郷塾の再興を図る。
一六年～一七年	四九～五〇歳	海軍の食料現地供給計画に同調して、塾生塙五百枝らをニューギニアに渡航させる。
二〇年八月一五日	五二歳	旧愛郷会員、徹底抗戦を企図し、旧五・一五事件関係者、血盟団事件関係者と連絡をとるが挫折。
二一年春	五三歳	孝三郎、林正三、塙五百枝、矢吹正吾の四人は、G項該当者として追放（昭和二五年解除）。一方旧愛郷会員、県内の青年らにより、茨城農民党結成。衆議院二名、県会議員二名が立候補。
二八年四月	六〇歳	大川周明、本間憲一郎、橘孝三郎、井上日召の四人が発起人になり、全国の同志一二〇名を集め、救国懇談会を開催。（水戸市弘道館）その後、東京で救国総連合結成。
三三年四月一四日	六五歳	自宅書斎全焼。資料、書籍（計六〇〇〇冊）、執筆中の「天皇論」の原稿一万二〇〇〇枚半焼。
三四年 一〇月	六六歳	天皇論刊行会（会長、徳川義親氏）発足。秋に「神武天皇論」第一巻発行（四一〇P、B六判）一ツ橋の学士会館で出版記念会。
一一月		水戸のホテル「山水」で出版記念会。
三五年 三月	六七歳	「神武天皇論」第二巻、第三巻、同時に刊行。
春		上京。墨田区の積上義明氏の別宅で天皇論を執筆。（昭和三五年暮まで、この宅で執筆活動）

三六年	六八歳	女婿、塙三郎訪ソ。自作原稿（「天皇論」二巻）をリコピーでとり、宮内庁、伊勢神宮、靖国神社、明治神宮、水戸の常磐神社、鹿島神宮、笠間稲荷に配布する。
四〇年九月二〇日	**七二歳**	**天皇論第一部「神武天皇論」を天皇論刊行会から刊行。**
四一年一二月一日	七三歳	天皇論第二部「天智天皇論」を天皇論刊行会から刊行。
四二年二月一一日	七四歳	天皇論第三部「明治天皇論」を天皇論刊行会から刊行。
四三年五月一五日	七五歳	天皇論第四部「皇道文明優越論概説」と第五部「皇道哲学概論」を天皇論刊行会から刊行。
四四年	七六歳	この頃から、さらに稿を改めて、天皇学一五巻（最新改訂版）の執筆にはいる。一巻の原稿は四〇〇字詰一五〇〇枚、計二〇〇〇〇枚余。一五巻の原稿を書きあげる。うち三巻は英文（六・七・八巻）で書きあげた。これらの原稿は、天皇学の集大成として、出版を期したが、いまだ刊行に至らず。
四八年五月	八〇歳	**この頃から青年学徒への天皇道講演行脚を始める。**
四九年三月三〇日		**午後四時半、心筋梗塞の為逝去。行年八一歳。**

―「土とま心」第二巻（昭和四九年八月一五日発行）より転載―

中央が橘孝三郎で左が三上卓

・3236番)

神武天皇論（抄）

令和元年九月二十日　第一刷発行

著者　橘　孝三郎
編者　篠原　裕
発行人　荒岩　宏奨
発行　展転社

〒101-0051 東京都千代田区神田神保町2-46-402
TEL　〇三（五三一四）九四七〇
FAX　〇三（五三一四）九四八〇
振替〇〇一四〇―六―七九九九二

印刷　中央精版印刷

定価［本体＋税］はカバーに表示してあります。
ISBN978-4-88656-490-0